Colegio privado

# Curtis Sittenfeld

# Colegio privado

Traducción de Cecilia Pavón

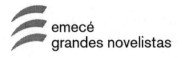

emecé
grandes novelistas

Sittenfeld, Curtis
     Colegio privado.- 1ª ed. – Buenos Aires : Emecé Editores, 2006.
     408 p. ; 23x15 cm.

     Traducido por: Cecilia Pavón

     ISBN 950-04-2828-8

     1. Narrativa Estadounidense-Novela I. Pavón, Cecilia, trad.
II. Título
     CDD 813

Título original: *Prep*

© *2005, Curtis Sittenfeld*

Derechos exclusivos de edición en castellano
reservados para todo el mundo excepto los Estados Unidos
© 2006, Emecé Editores S.A.
Independencia 1668, C 1100 ABQ, Buenos Aires, Argentina
www.editorialplaneta.com.ar

Diseño de cubierta: *Departamento de Arte de Editorial Planeta*
1ª edición: noviembre de 2006
Impreso en Printing Books,
Mario Bravo 835, Avellaneda,
en el mes de octubre de 2006.

IMPRESO EN LA ARGENTINA / PRINTED IN ARGENTINA
Queda hecho el depósito que previene la ley 11.723
ISBN-13: 978-950-04-2828-6
ISBN-10: 950-04-2828-8

*Para mis padres, Paul y Betty Sittenfeld;*
*mis hermanas, Tiernan y Josephine;*
*y mi hermano, P. G.*

# 1. Ladrones

Creo que todo, o al menos parte de todo lo que me sucedió, tuvo su origen en el malentendido sobre arquitectura romana. Historia Antigua era mi primera clase del día después de la misa matinal y del momento en que se pasaba lista, que, en realidad, no era exactamente lo que se hacía; en cambio se realizaba una serie de anuncios en un aula enorme con ventanas palladianas de seis metros de altura, filas y filas de pupitres plegables que uno levantaba para guardar los libros, y paneles de caoba en las paredes —uno por cada curso desde la fundación de Ault en 1882— grabados con los nombres de todos los graduados. Los dos tutores de último año coordinaban la pasada de lista; parados junto a un escritorio sobre una plataforma llamaban a los estudiantes que se había anotado previamente para hablar. Mi banco, asignado alfabéticamente, estaba cerca de la plataforma y dado que yo no hablaba con los otros alumnos sentados a mi alrededor, durante la pausa que precedía a la pasada de lista, me dedicaba a escuchar las palabras que intercambiaban los tutores con estudiantes y profesores o entre ellos. Los tutores se llamaban Henry Thorpe y Gates Medkowski. Era mi cuarta semana en la escuela y no sabía mucho sobre la historia de Ault, pero sí sabía que Gates era la primera chica que había sido elegida tutora en la historia de la escuela.

Los anuncios de los profesores eran simples y concisos: "Por favor, no olviden que el jueves al mediodía vence el plazo para entregar las solicitudes de consejeros". Los anuncios de los alumnos eran largos (mientras más se extendiera la pasada de lista, más corto sería el primer período de clases) y estaban llenos de dobles sentidos: "el equipo de fútbol masculino entrena hoy en el campo Coates que, por si no saben dónde queda, está detrás de la casa del director, y si todavía no se ubican pregúntenle a Fred. ¿Dónde estás, Fred?, amigo, ¿puedes levantar la mano? Ahí está. Fred, ¿todos ven a Fred? Muy bien. Entonces, el campo Coates. Y recuerden: traigan sus pelotas".

Una vez terminados los anuncios, Henry o Gates presionaban un botón al costado del escritorio, similar al timbre de una casa, que hacía sonar un timbrazo en todo el edificio y empezábamos a caminar con desgano hacia nuestras clases. En historia antigua estábamos disertando sobre distintos temas y yo debía hablar ese día junto con otros tres alumnos. Había tomado prestado un libro de la biblioteca del que fotocopié imágenes del Coliseo, el Panteón y las termas de Dioclesciano; las pegué sobre una cartulina y les remarqué los bordes con marcadores verdes y amarillos. La noche anterior había incluso empezado a practicar frente al espejo del baño lo que iba a decir, pero entonces alguien entró y fingí lavarme las manos, y me fui.

Yo era la tercera expositora, después de Jamie Lorison. La señora Van der Hoef había colocado un atril frente a la clase y Jamie se encontraba detrás sujetando con fuerza sus fichas. Comenzó:

—Los edificios que diseñaron hace más de dos mil años todavía existen para ser visitados y disfrutados por personas de nuestra época, prueba de la grandeza de los arquitectos romanos...

Mi corazón dio un tumbo. La arquitectura romana no era el tema de Jamie sino el mío. De repente perdí el hilo de lo que él decía, aunque podía reconocer, cada tanto, algunas frases familiares: "los acueductos, construidos para transportar agua... el Coliseo, originariamente llamado el Anfiteatro Flaviano..."

La señora Van der Hoef estaba parada a mi izquierda, me incliné hacia ella y susurré:

—Disculpe.

Pareció no oírme.

—¿Señora Van de Hoef? —Después me estiré para tocar su antebrazo, gesto que, luego me di cuenta, le resultó particularmente ofensivo. Tenía puesto un vestido de seda marrón, y un angosto cinturón de cuero del mismo color; yo sólo rocé mis dedos sobre la seda, pero ella se apartó como si la hubiera pellizcado. Me miró enfurecida, sacudió la cabeza, y se alejó varios pasos.

—Me gustaría hacer circular algunas imágenes —oí que decía Jamie. Levantó una pila de libros del piso. Cuando los abrió, vi fotos en color de los mismos edificios que yo había fotocopiado en blanco y negro y pegado en la cartulina.

Su presentación concluyó. Hasta ese día nunca había sentido nada particular por Jamie Lorison —que era pelirrojo y delgado y hacía ruido al respirar—, pero al verlo volver a su asiento con una apacible expresión de satisfacción, lo odié.

—Lee Fiora, creo que usted es la próxima —dijo la señora Van der Hoef.

—Sucede que... —comencé— creo que hay un problema.

Todos mis compañeros me miraban, y yo podía sentir cómo su interés iba en aumento. Ault se enorgullecía, entre otras cosas, de la poca cantidad de alumnos por profesor, y sólo éramos doce en la clase. Pero al tener todos los ojos clavados en mí, no me pareció una cifra pequeña.

—No puedo pasar —dije finalmente.

—¿Perdón? —La señora Van der Hoef estaba por cumplir sesenta años, era una mujer alta, delgada y de nariz huesuda. Yo había oído que era la viuda de un famoso arqueólogo, lo que no quería decir que yo supiera mucho de arqueólogos.

—Lo que pasa es que mi presentación es... o iba a ser... pensé que tenía que hablar sobre... pero ahora que Jamie...

—Lo que está diciendo no tiene sentido, señorita Fiora —dijo la señora Van der Hoef—. Por favor, hable con claridad.

—Si paso al frente, diré lo mismo que Jamie.

—Pero usted tiene otro tema.

—En realidad, también tengo arquitectura romana.

Ella caminó hasta su escritorio y deslizó el dedo por una hoja. Había estado mirándola mientras hablaba, y ahora que se había dado vuelta, no sabía qué hacer con mis ojos. Mis compañeros de clase todavía me observaban. En lo que iba del año, yo sólo había hablado en clase cuando el profesor me lo había pedido, algo poco frecuente; los otros chicos en Ault participaban con entusiasmo. Unos meses atrás, durante el último año de mi escuela primaria, en South Bend, Indiana, algunas clases habían parecido discusiones cara a cara entre el maestro y yo, mientras el resto de los alumnos pensaba en cualquier cosa o garabateaba sus hojas. Pero en Ault, solamente hacer la tarea no me hacía mejor que los demás. Y ahora, en mi intervención más larga hasta el momento, estaba demostrando ser rara y estúpida.

—Su tema no es arquitectura —dijo la señora Van der Hoef—, sino atletismo.

—¿Atletismo? —repetí. Era imposible que yo hubiera elegido ese tema por mi cuenta.

Me acercó bruscamente la hoja, y ahí estaba mi nombre: "Lee Fiora: Atletismo" escrito con su letra debajo de: "James Lorison: Arquitectura". Habíamos elegido los temas levantando la mano en clase; obviamente había sido un malentendido.

—Podría disertar sobre atletismo —dije vacilante—. Pero mañana.

—¿Está sugiriendo que los estudiantes que deben exponer mañana deben reducir su tiempo por usted?

—No, no, claro que no. Pero quizás otro día, o quizás... podría hacerlo en cualquier momento, pero no hoy. Hoy sólo puedo hablar de arquitectura.

—Entonces hablará sobre arquitectura. Por favor, use el atril.

La miré fijamente.

—Pero Jamie acaba de hacerlo.

—Señorita Fiora, nos está haciendo desperdiciar tiempo de clase.

Mientras me paraba y juntaba mis cuadernos y mi cartulina, pensé que haber venido a Ault había sido un gran error. Nunca tendría amigos; lo máximo que podría esperar de mis compañeros sería lástima. No me quedaba ninguna duda de que yo era diferente de ellos, pero había imaginado que podía mentir por un tiempo, captar su manera de ser y luego reinventarme a su imagen y semejanza. Sólo que ahora acababan de descubrirme.

Fui hacia el atril y miré mis notas

—Uno de los ejemplos más famosos de arquitectura romana es el Coliseo —comencé—. Los historiadores creen que el Coliseo fue llamado así por la gran estatua conocida como el Coloso de Nerón que se encontraba en los alrededores. —Levanté la vista. Los rostros de mis compañeros no eran ni hostiles ni amables, ni compasivos ni intolerantes, ni interesados ni aburridos.

—En el Coliseo se llevaban a cabo espectáculos celebrados por el emperador y otros aristócratas. El más famoso de esos espectáculos era… —hice una pausa. Desde niña siempre he sentido cuando se acercan las lágrimas por un temblor en mi mentón, y eso era lo que estaba sintiendo ahora. Pero yo no iba a llorar frente a desconocidos. —Disculpe —dije, y salí del aula.

Había un baño de chicas del otro lado del pasillo, pero sabía que no debía ir ahí porque me encontrarían con demasiada facilidad. Me dirigí hacia la escalera y bajé rápidamente hacia el primer piso en dirección a una puerta lateral. Afuera brillaba el sol y estaba frío, y con casi todo el mundo en clase, el campus era un lugar agradablemente vacío. Corrí hacia mi residencia. Quizá lo mejor sería irme de inmediato: hacer dedo hasta Boston, tomar un autobús, volver a Indiana. El otoño en el Medio Oeste sería bello aunque no demasiado bello; no como en Nueva Inglaterra donde a las hojas les decían "follaje". En South Bend, mis hermanos más chicos pasarían las tardes pateando la pelota de fútbol en el patio trasero y volverían a la cena oliendo a sudor de chico; elegirían sus disfraces de Halloween y cuando mi padre tallara la calabaza, levantaría el cuchillo sobre su cabeza y caminaría con pasos largos y lentos, y cara de desquiciado hacia mis hermanos, y mientras ellos corrieran chillando a su cuarto, mi madre diría: "Terry, deja de asustarlos".

Llegué al patio. La residencia de Broussard era una de las ocho que estaban del lado este del campus, cuatro residencias de chicos y cuatro de chicas que formaban un cuadrado con bancos de granito en el centro. Al mirar por la ventana de mi cuarto solía ver parejas usando los bancos: el chico sentado con las piernas abiertas, la chica frente a él, parada entre sus piernas, las manos de ella apoyadas brevemente sobre los hombros de él unos segundos antes de reír y levantarlas. En ese momento, sólo había un banco ocupado. Una chica con botas de cowboy y una falda larga estaba recostada boca arriba, tenía una pierna flexionada y se tapaba los ojos con un brazo.

Cuando pasé, levantó el brazo. Era Gates Medkowski.

—Oye —dijo.

Nuestras miradas estuvieron a punto de cruzarse, pero no lo hicieron. Eso me hizo dudar de si se estaría dirigiendo a mí; con frecuencia sentía esa incertidumbre cuando alguien me hablaba. Seguí caminando.

—Oye —dijo de nuevo—. ¿A quién crees que le estoy hablando? Somos las dos únicas personas aquí. —Pero su voz era amable; no se estaba burlando de mí.

—Perdón —dije.

—¿Eres de primer año?

Asentí con la cabeza.

—¿Vas hacia tu residencia?

Asentí nuevamente.

—Supongo que no lo sabes, pero no puedes estar en la residencia durante las horas de clase. —Giró las piernas para enderezarse. —No está permitido para nadie —dijo—. Por razones intrascendentes que no intentaría siquiera adivinar. Los del último año podemos deambular, pero deambular quiere decir sólo por fuera, en la biblioteca o la sala de correo, o sea que es lo mismo que nada.

No dije nada.

—¿Estás bien? —preguntó.

—Sí —contesté y me largué a llorar.

—Perdona —dijo Gates—. No quise molestarte. Ven, siéntate. —Dio unas palmaditas sobre el banco junto a ella, después se paró, caminó hacia mí, puso un brazo alrededor de mi espalda; mis hombros estaban tensos, y me guió hacia el banco. Una vez sentadas, me pasó un chal azul que olía a incienso; el tener la vista empañada por las lágrimas no impidió que me llamara la atención el hecho que ella llevara un accesorio como ése. Dudé en sonarme la nariz —el chal de Gates Medkowski se mancharía con mis mocos— pero toda mi cara parecía estar goteando.

—¿Cómo te llamas? —dijo.

—Lee. —Mi voz sonó alta y temblorosa.

—Bueno, ¿cuál es el problema? ¿Por qué no estás en clase o en la sala de estudio?

—No hay ningún problema.

Se rió.

—Algo me dice que eso no es cierto.

Cuando le conté lo sucedido, dijo:

—A Van der Hoef le gusta llevar la contra. Vaya uno a saber por qué. Quizá sea la menopausia. Pero en realidad, la mayoría de las veces es buena.

—Me parece que no le caigo muy bien.

—Oh, no te preocupes. El año acaba de empezar. Se habrá olvidado de todo esto en noviembre.

—Pero me fui en la mitad de la clase —dije.

Gates hizo un gesto con la mano.

—No te preocupes por eso —dijo—. Los profesores de aquí lo han visto todo. Creemos ser entidades diferenciadas, pero, a sus ojos, nos fundimos en una gran masa de adolescentes necesitados. ¿Sabes a qué me refiero?

Asentí, aunque estaba bastante segura de no tener idea; nunca había oído hablar así a alguien con una edad tan cercana a la mía.

—Ault puede ser un lugar difícil —continuó—. Especialmente al principio.

En ese punto, sentí el advenimiento de un nuevo torrente de lágrimas. Ella *sabía*. Pestañeé varias veces.

—Es igual para todo el mundo —aseguró.

La miré y por primera vez me di cuenta de que era muy atractiva: no exactamente bella, pero impactante, o quizá bonita. Medía casi un metro ochenta y era pálida, tenía rasgos delicados, ojos de un azul que de tan lavado parecía gris, y una gran cantidad de cabello castaño claro que formaba una masa encrespada cortada por capas; en ciertos sectores, el sol le daba reflejos dorados. Mientras hablábamos, se lo recogió en un rodete flojo con algunos mechones más cortos cayendo alrededor de su rostro. Según mi experiencia, para crear un rodete tan perfectamente desordenado se necesitaban al menos quince minutos de maniobras frente al espejo. Pero todo en Gates parecía espontáneo.

14

—Yo soy de Idaho, y era una completa pueblerina cuando llegué aquí —comentó—. Prácticamente llegué sobre un tractor.

—Yo soy de Indiana —dije.

—Ves, debes de ser mucho más *cool* que yo, porque al menos Indiana está más cerca de la costa Este que Idaho.

—Pero mucha gente de Ault va a esquiar a Idaho.

Sabía eso porque Dede Schwartz, una de mis compañeras de cuarto, tenía en su escritorio una foto de su familia con lentes de sol y bastones en la mano sobre una ladera nevada. Cuando le pregunté dónde había sido tomada, me dijo que en Sun Valley, y cuando busqué Sun Valley en mi Atlas, aprendí que era en Idaho.

—Es verdad —dijo Gates—. Pero yo no soy de las montañas. De todos modos, lo que es importante no olvidar nunca sobre Ault, es que fuiste tú la que decidió postular. Fue por el nivel académico, ¿no? No sé dónde estuviste antes, pero Ault es cien veces mejor que la escuela secundaria de mi pueblo. En cuanto a las normas de aquí, ¿qué puedes hacer? Hay mucha pose, pero todo eso no tiene mucho sentido.

No estaba segura a qué se refería exactamente con *pose*, la expresión me hacía pensar en una fila de chicas en camisones largos que muy erguidas sostenían libros de tapa dura sobre sus cabezas.

Gate miró su reloj, un reloj deportivo de hombre con correa de plástico negra.

—Oye —dijo—. Me tengo que ir. Tengo la clase de griego en la segunda hora. ¿Qué clase tienes tú?

—Álgebra. Pero dejé mi mochila en historia antigua.

—Entra y tómala cuando suene el timbre. No te preocupes en hablar con Van der Hoef. Pueden arreglar las cosas después, cuando las dos estén más calmadas.

Ella se paró y yo también. Empezamos a caminar hacia el edificio escolar. Al parecer, no volvería a South Bend, al menos no por hoy. Pasamos delante de la sala donde se pasaba lista, que durante el día funcionaba como sala de estudio. Me pregunté si habría algún estudiante mirando por la ventana, viéndome caminar con Gates Medkowski.


Era de noche cuando Dede hizo su descubrimiento. Había terminado de acomodar su ropa para el día siguiente. Cada noche, extendía las prendas sobre el piso ocupando el espacio de una persona real: zapatos, pantalones o medias y una falda, un camisa y luego una chaqueta o un suéter sobre la camisa. Nuestro cuarto no era grande; aunque éramos tres, yo había oído que en otros años había sido utilizado como doble. Pero a Dede esto la tenía sin cuidado. Para mí y nuestra otra compañera de cuarto, Sin-Jun Kim, el despliegue de las prendas de Dede implicaba pisar con el mismo cuidado que si hubiera que esquivar un cuerpo real. Pero no habíamos tenido ningún reparo durante los primeros días de clases y la costumbre de Dede ya estaba instalada.

La noche en que Dede hizo su descubrimiento, en nuestro cuarto reinaba el silencio, con excepción del sonido tenue de su estéreo y el clic del abrir y cerrar de los cajones de su armario. Sin-Jun estaba leyendo en su escritorio y yo ya estaba en la cama. Siempre me metía a la cama cuando me cansaba de estudiar —no se me ocurría otra cosa para hacer en ese caso— y me tendía bajo las sábanas boca arriba, con los ojos cerrados. Cuando alguien venía a ver a Dede y entraba en el cuarto hablando en voz normal, al verme a mí susurraba: "oh, perdón" o: "ay", lo que me hacía sentir extrañamente halagada. A veces hacía de cuenta que estaba en South Bend y que los sonidos de la residencia eran los sonidos de mi familia: el que había usado el inodoro era mi hermano Joseph, la risa en el vestíbulo era de mi madre hablando por teléfono con su hermana.

Desde nuestro encuentro la semana anterior, pensaba con frecuencia en Gates Medkowski. Antes de la pasada de lista yo la observaba, y unas pocas veces ella me había mirado a mí. Cuando nuestras miradas se cruzaban, ella sonreía o decía, "eh, Lee", antes de darse vuelta, y yo me ruborizaba al sentir que me había descubierto. No quería necesariamente hablar con ella, porque de seguro mi torpeza arruinaría todo; pero quería saber más cosas sobre su vida. Pensaba en si Gates tendría o no novio, cuando Dede gritó:

—¡Qué mierda!

Ni Sin-Jun ni yo dijimos nada.

—Ok, yo tenía cuarenta dólares en mi cajón de arriba esta mañana, y *no están más ahí* —dijo Dede—. Ninguna de ustedes los tomó, ¿no?

—Claro que no. —Me di vuelta. —¿Revisaste tus bolsillos?

—Estoy completamente segura de que estaban en mi cajón. Alguien me robó. No lo puedo creer.

—¿No están en el cajón? —dijo Sin-Jun.

Sin-Jun era de Corea y yo todavía no podía estimar exactamente cuánto inglés era capaz de entender. Como yo, ella no tenía amigos y, al igual que a mí, Dede solía ignorarla. A veces caminábamos juntas al comedor, lo que era mejor que caminar solas.

Aunque Dede hacía enormes esfuerzos por separarse de Sin-Jun y de mí (salía más temprano hacia la capilla o el comedor) ella no era lo que

16

se dice exactamente *cool*. En mi escuela primaria habría sido una reina, pero daba la impresión de que aquí no era ni tan rica ni tan linda como para ser realmente admirada. Hasta yo, que no era nadie, me daba cuenta de que si uno comparaba a Dede con las chicas más lindas de Ault, su nariz era un poco redonda, sus pantorrillas un poco gruesas, su cabello un poco, cómo decirlo, marrón. Ella era una seguidora, literalmente una seguidora: muchas veces la veía correr apurada tras otras chicas. La intensidad de sus esfuerzos me hacía sentir vergüenza por ella.

—Ya te dije que no está en mi cajón —dijo Dede—. Tú no lo tomaste prestado, Sin-Jun, ¿no?, quizá lo tomaste y pensabas devolvérmelo más adelante; si es así, no hay problema. —Ése fue un comentario notoriamente amable de parte de Dede.

Pero Sin-Jun negó con la cabeza.

—No prestado —dijo.

Dede suspiró disgustada.

—Genial —dijo—. Hay un ladrón en la residencia.

—Tal vez otra persona tomó prestado el dinero sin preguntarte —sugerí—. Pregúntale a Aspeth.

Aspeth Montgomery era la chica que Dede seguía con más entusiasmo. Su cuarto estaba al final del pasillo, y yo suponía que Dede consideraba un singular golpe de mala suerte el hecho que nosotras, y no Aspeth, le hubiéramos tocado como compañeras de cuarto.

—Aspeth nunca tomaría dinero prestado sin pedirlo —dijo Dede—. Tengo que informar a Madame de lo ocurrido.

En ese momento sentí que lo del dinero robado podía ser cierto, o que al menos Dede estaba convencida de que lo era. La noche siguiente, luego de decir nuestros nombres y marcarlos en la lista de los residentes, algo que sucedía todas las noches a las diez, Madame Broussard dijo:

—Es muy desagradable darles esta noticia, pero tengo que informarles que ha habido un robo. —Madame, directora de nuestra residencia y del departamento de francés, nacida en París, miró inquisitiva a través de sus lentes felinos de los que era difícil saber si eran anticuados o modernos-retro. Tenía algo más de cuarenta años, y usaba medias con costura, zapayos de taco alto de cuero marrón que se cerraban con una tira sujeta por un botón forrado en cuero, y faldas y blusas que destacaban su cintura pequeña y su trasero no tan pequeño.

—No diré de cuánto dinero se trata, ni tampoco a quién le fue sustraído —continuó—. Si saben algo sobre este incidente, les pido que den un paso adelante. Les recuerdo que robar es una violación grave de las normas y como tal es un hecho castigado con la expulsión.

—¿Cuánto dinero fue? —preguntó Amy Dennmaker. Amy era una chica de tercer año de voz ronca, cabello rojo ondulado y hombros anchos, y me asustó. Sólo había hablado con ella en una ocasión. Yo me encontraba en la sala de estar esperando para usar el teléfono público y ella entró, abrió la heladera y dijo: "¿De quién son estas cocacolas diet?" Yo le contesté que no sabía y entonces Amy tomó una y subió las escaleras. Pensé que quizás ella era la ladrona.

—La cantidad de dinero no es relevante. Sólo menciono el incidente para que tomen sus precauciones.

—¿Qué, cerrar nuestras puertas con llave? —dijo Amy, y todos se rieron. Ninguna de las puertas tenía cerradura.

—Les recomiendo que no guarden grandes sumas de dinero en sus cuartos —dijo Madame—. Con que tengan diez o quince dólares es suficiente.

En esto tenía razón: no se necesitaba efectivo en Ault. El dinero estaba omnipresente en el campus pero, por lo general, era invisible. A veces podías vislumbrarlo en objetos brillantes, como el capó del Mercedes del director, o la cúpula dorada del edificio escolar, o el pelo rubio largo y lacio de alguna chica. Pero nadie llevaba consigo billeteras. Cuando tenías que comprar un cuaderno, o pantalones de gimnasia en el local de ventas del campus, escribías tu número de estudiante en un formulario y luego tus padres recibían la factura.

—Si ven a algún desconocido en la residencia —continuó Madame—, por favor háganmelo saber. ¿Alguien tiene otro anuncio para hacer?

La amiga de Dede, Aspeth, levantó la mano:

—Quien sea que está dejando vello púbico en la pileta del baño, ¿podría limpiarlo, por favor? Es un asco.

Aspeth repetía este anuncio cada tanto. Era cierto que con frecuencia aparecían cabellos cortos e hirsutos en una de las piletas, pero, obviamente, las quejas de Aspeth no estaban conduciendo a nada. Uno llegaba a creer que su única intención era demostrar su terminante rechazo al vello púbico.

—Si eso es todo —dijo Madame—, hemos terminado.

Todo el mundo se levantó de los sillones, las sillas y el piso para darse la mano, un ritual al que, a esa altura, ya me había acostumbrado.

—Si iniciáramos un grupo de vigilancia ¿conseguiríamos financiamiento del comité de actividades estudiantiles? —preguntó Amy elevando la voz.

—No lo sé —contestó Madame con tono cansado.

—No se preocupe —dijo Amy—. Vamos a hacer guardia. Había vis-

18

to a Amy en acción otras veces —imitaba a Madame apretándose el pecho gritando frases como: "*Zut, alors!* ¡Alguien se ha sentado sobre mi *croissant!*"—, pero su broma, igual me sorprendió. Durante la misa, el director y el capellán solían hablar de conceptos como ciudadanía e integridad, y del precio que debíamos pagar por nuestros privilegios. En Ault no sólo se esperaba de nosotros que no actuáramos mal o inmoralmente; ni siquiera nos estaba permitido ser personas comunes. Y robar era mucho peor que eso. Era algo indecoroso, carente de sutileza, un gesto que revelaba el deseo por algo que no se estaba acostumbrado a poseer.

Mientras subía las escaleras hacia el segundo piso, me pregunté si sería posible que *yo* hubiera sido la ladrona. ¿Y si, sonámbula, hubiera abierto el cajón de Dede? ¿Y si tuviera amnesia o esquizofrenia, y no pudiera siquiera dar cuenta de mi comportamiento? No creía que hubiera robado el dinero, pero tampoco parecía algo completamente imposible.

—Llegaremos al fondo del asunto, *tout de suite!* —oí que decía Amy mientras yo llegaba al último escalón, y, después, alguien que estaba más cerca de mí dijo:

—Esta puta está loca.

Me di vuelta. Little Washington estaba justo a mis espaldas. Emití un ruido anodino para acusar recibo de su comentario, aunque ni siquiera estaba segura de si se refería a Amy o a Madame.

—La boquita que tiene —agregó Little—, y entonces supe que hablaba de Amy.

—A Amy le gusta bromear —dije. No habría tenido problema en compartir un momento de complicidad con Little hablando mal de Amy, pero me daba miedo hacerlo en el pasillo, donde podían oírnos.

—No me parece divertida —dijo Little.

Tuve ganas de darle la razón; no tanto porque de verdad pensara como ella, sino porque últimamente había estado considerando entablar amistad con Little. Había notado su existencia por primera vez una noche en que regresábamos al mismo tiempo de la cena formal. Estábamos en la sala de estar y, sin dirigirse a nadie en particular, dijo:

—Uf. Tengo que sacarme estos zapatos porque me duelen las patas.

Little era de Pittsburg y era la única chica negra de la residencia; yo había oído que era hija de un médico y una abogada. Era una estrella en *cross country* y se decía que era aun mejor en básquet. Era de segundo año y no tenía compañera de cuarto, lo que, por norma general, acarreaba un estigma: si vivías solo quería decir que no tenías ningún amigo tan cercano como para compartir un cuarto; pero su condición de negra le permitía existir por fuera de los estratos sociales de Ault. Aunque no automáticamente, no de un modo negativo. Más bien como algo que le daba la posibilidad de mantenerse al margen sin por eso parecer una perdedora.

—Esto del robo es extraño ¿no?

Little emitió un ruido desdeñoso:

—Seguramente se alegra de que haya pasado. Ahora es el centro de atención.

—¿Quién?

—¿Cómo quién? Tu compañera de cuarto, obviamente.

—¿Ya sabías que se trataba del dinero de Dede? Supongo que no hay secretos en la residencia.

Little permaneció en silencio por unos segundos.

—No hay secretos en toda la escuela —dijo.

Sentí un vuelco de incomodidad en mi estómago; deseé que ella estuviera equivocada. Estábamos paradas en la puerta de su cuarto y se me cruzó por la cabeza la idea de que me invitaría a entrar.

—¿Te gusta la escuela? —pregunté. Ése era mi problema: no sabía hablar con los demás sin hacerles preguntas. Algunos parecían encontrarme extraña y a otros les gustaba tanto hablar de sí mismos que ni siquiera lo notaban; pero en ambos casos, mi actitud provocaba que las conversaciones se agotaran rápidamente. Apenas mi interlocutor abría la boca para decir algo, yo ya estaba pensando en la siguiente pregunta para hacer.

—Hay algunas cosas buenas en Ault —dijo Little—. Pero te advierto que todo el mundo está pendiente de la vida de los demás.

—Me gusta tu nombre —declaré—. ¿Es tu verdadero nombre?

—Puedes averiguarlo por tu cuenta —dijo Little—. Y de paso comprobar mi teoría.

—Muy bien —dije—. Y luego vendré a contarte cómo me fue. —Ella no dijo nada; fue como pedirle permiso para volver a dirigirme a ella, algo en que pensar. Sin embargo, noté que no tenía la intención de invitarme a pasar a su cuarto: había abierto la puerta y estaba por entrar.

—No olvides esconder tu dinero —dije.

—Sí, claro. —Movió la cabeza. —Esta gente está perturbada.

Todo eso fue a principio de año, durante el comienzo de mi estada en Ault, cuando yo me sentía todo el tiempo exhausta debido tanto a mi autovigilancia, como a mi deseo de pasar inadvertida. Durante los entrenamientos de fútbol, temía perder la pelota; cuando tomábamos un bus para jugar en otra escuela, temía sentarme junto a alguien que no quisiera sentarse conmigo; en clase, temía decir algo tonto o incorrecto. Temía servirme demasiado durante las comidas o no despreciar los platos que estaba bien despreciar —croquetas de papa o tarta de lima—; y durante la noche, temía que Dede o Sin-Jun me oyeran roncar. Siempre temía que alguien se fijara en mí, y luego, cuando nadie lo hacía, me sentía sola.

Ir a Ault había sido idea mía. Había investigado sobre internados en la biblioteca pública, y mandado pedir catálogos por mi cuenta. Sus páginas brillantes mostraban fotos de adolescentes con suéteres de lana que cantaban himnos en la capilla, sujetaban raquetas de *lacrosse*, miraban intensamente una ecuación matemática escrita en el pizarrón. Había cambiado a mi familia por este brillo. Mentí, y dije que lo que me importaba era el nivel académico, pero nunca había sido así. La escuela secundaria Marvin Thompson, la escuela a la que habría ido en South Bend, tenía pasillos de linóleo amarillo claro y armarios mugrientos y chicos de cabello reseco que escribían el nombre de bandas de heavy metal en las espaldas de sus chaquetas de jean. Pero los chicos de internado, al menos los de los catálogos, que sostenían raquetas de *lacrosse* y sonreían ampliamente a través de sus protectores bucales, eran apuestos. Y seguramente también eran inteligentes por el solo hecho de estar en un internado. Imaginaba que si me fuera de South Bend, conocería a un chico melancólico y atlético que leyera tanto como yo, con el que saldría a caminar los domingos nublados, ambos con suéteres de lana.

Durante el proceso de postulación mis padres estaban perplejos. La única persona conocida por mi familia que había ido a un internado era el hijo de un agente de seguros en la oficina donde mi madre era tenedora de libros, y este "internado" estaba rodeado por rejas en la cima de un cerro en Colorado, y era un sitio para personas con problemas de conducta. Mis padres sospechaban —de una manera que era honesta, no por boicotearme— que yo nunca sería aceptada en los lugares a los que postulaba. Además, para ellos, mi interés en ir a un internado era comparable a otros pasatiempos que me habían durado poco, como el tejido (en sexto grado, había completado un tercio de un sombrero). Cuando fui aceptada, me dijeron cuán orgullosos se sentían y cuánto lamentaban no poder costear los gastos. Cuando llegó una carta de Ault ofreciéndome la beca Eloise Fielding Foster, que cubría más de tres cuartas partes de la cuota, grité de alegría porque que me iría de casa, pero al mismo tiempo sentí que quizá no había sido tan buena idea. En ese momento me di cuenta de que, al igual que mis padres, yo jamás había creído que de verdad iría.

A mediados de septiembre, semanas después de que las clases en South Bend hubiesen empezado para mis hermanos y mis antiguos compañeros, mi padre me llevó en su auto desde Indiana hasta Massachusetts. Cuando atravesamos las puertas de hierro forjado del campus, pude reconocer los edificios de las fotografías: ocho estructuras de ladrillo además de una capilla de estilo gótico alrededor de un círculo de césped que, yo ya sabía, tenía cuarenta y cinco metros de diámetro y no se podía pisar. En todas partes había autos con los baúles abiertos, chicos saludándose, padres cargando cajas. Yo llevaba puesto un vestido largo con flores color lavanda y durazno y cuello de encaje, pero noté inmediatamente que la mayoría de los estudiantes llevaban remeras desteñidas, shorts beige sueltos y ojotas. Entonces, supe lo difícil que sería todo para mí en Ault.

Una vez que encontramos mi residencia, mi padre se puso a hablar con el padre de Dede, que dijo: "así que South Bend. Seguramente es profesor en Notre Dame" a lo que mi padre respondió alegremente: "No señor, me dedico al negocio de los colchones". Sentí vergüenza de que mi padre le dijera "señor" al padre de Dede, vergüenza de su trabajo, vergüenza de nuestro Datsun blanco y oxidado. Quería que mi padre abandonara el campus lo antes posible para, al menos, poder extrañarlo.

Por la mañana, mientras me duchaba, pensaba: "Llevo veinticuatro horas en Ault. Llevo tres días en Ault. Llevo un mes en Ault". Trataba de imaginarme cómo me hablaría mi madre si realmente creyera que el internado era una buena idea: "Lo estás haciendo muy bien. Estoy orgullosa de ti, Lee". A veces lloraba al lavarme el cabello, pero la cuestión con Ault era siempre la misma: en ciertos aspectos, mis fantasías no habían sido incorrectas. El campus realmente era bello. Las montañas bajas, lejanas y borrosas que se tornaban azules por la tarde, los terrenos perfectamente rectangulares, la catedral gótica —en su humildad yanqui la llamaban capilla— con sus vitrales. Esa belleza le daba un matiz de nobleza y glamour hasta a la más pedestre de las nostalgias por el hogar.

Muchas veces, me sucedió reconocer a un estudiante que había visto en un una foto del catálogo. Fue desorientador, algo como ver a algún famoso en las calles de Nueva York o Los Ángeles. Estas personas se movían y respiraban, comían bagels en el comedor, llevaban libros, usaban ropa distinta de la que yo recordaba. Pertenecían al mundo real, físico; antes, me habían pertenecido a mí.

En la parte superior de los carteles estaba escrito con letras grandes: "¡Travístete y sal de la residencia!", y en letras más pequeñas: "¿Dónde? ¡El comedor! ¿Cuándo? ¡Este sábado! ¿Para qué? ¡Para bailar!" La cartulina era roja y tenía una foto del señor Byden, el director, vestido con falda.

—Es una fiesta para travestirse —escuché que Dede le explicaba a Sin-Jun una noche—. Debes travestirte.

—Travestirme —dijo Sin-Jun.

—Las chicas se visten como chicos y los chicos, como chicas —dije.

—Ahh —dijo Sin Jun—. ¡Muy bueno!

—Devin me prestará una corbata —dijo Dede—. Y una gorra de béisbol.

"Felicitaciones", pensé.

—Dev es tan divertido —dijo. A veces, sólo por el hecho de estar ahí y de que, a diferencia de Sin-Jun, yo no tenía problemas con el idioma, Dede me contaba detalles de su vida.

—¿A quién le pedirás ropa tú? —preguntó.

—Todavía no lo he decidido.

No iba a pedirle ropa a nadie porque no pensaba ir. Apenas podía intercambiar un par de palabras con mis compañeros, y sin duda no sabía bailar. Había intentado hacerlo en la boda de un primo sin dejar de pensar: "¿Es ésta es la parte en que debo mover mis brazos hacia arriba?"

Había clases con pasada de lista y todo, también los sábados por la mañana, lo que era —pronto lo supe— un buen detalle a la hora de que nuestros padres y hermanos confirmaran su sospecha de que un internado era sólo levemente diferente de la cárcel. El día del baile, ni Gates ni Henry Thorpe estaban en el escritorio cuando el timbre anunció el comienzo de la pasada de lista. Otra chica de cuarto año, cuyo nombre me era desconocido, tocó el timbre y luego bajó de la plataforma. Comenzó a oírse música y los estudiantes dejaron de murmurar. Era música disco. No reconocí la canción, pero muchas otras personas sí lo hicieron, y de repente estalló una risa colectiva. Sin moverme de mi asiento, miré hacia atrás. Vi que la música provenía de dos parlantes de estéreo sostenidos en el aire por alumnos de cuarto; no había suficientes bancos para que todos se sentaran durante la pasada de lista, así que los de tercero y cuarto solían permanecer de pie en el fondo de la sala. Los de cuarto año parecían estar mirando en dirección a la entrada. Unos segundos después entró Henry Thorpe. Llevaba un camisón corto de satén negro, medias de red y tacos altos; y bailaba mientras se acercaba al escritorio. Muchos estudiantes, especialmente de cuarto, aclamaban ahuecando sus manos alrededor de su boca. Algunos cantaban y seguían con palmas el ritmo de la música.

Henry estiró su brazo para señalar algo y luego señaló hacia su pecho. Miré para ver de qué se trataba. Gates había entrado por la puerta que había en la otra punta de la sala, la puerta que estaba cerca de la sala de profesores. Estaba vestida con un traje de fútbol norteamericano, hombreras debajo de la camiseta y dos franjas negras pintadas sobre los pómulos; pero nadie la habría confundido con un hombre: tenía el pelo suelto y sus pantorrillas —sin medias— se veían suaves y esbeltas. Ella también bailaba, tenía los brazos en alto y movía la cabeza. Cuando con Henry se treparon al escritorio, la sala estaba alborotada. Giraban. Di una mirada hacia la sala de profesores: la mayoría permanecía de pie con los brazos cruzados, ansiosos. Gates y Henry se separaron y giraron para mirar cada uno en dirección opuesta. Gates movía las caderas y chasqueaba los dedos. Me asombró su falta de inhibición. Ahí estaba ella, ante una sala con más de trescientas personas, a plena luz del día. Era de *mañana*, y ella estaba bailando.

Hizo un gesto en dirección al fondo de la sala, y la música se detuvo. Ella y Henry saltaron del escritorio, y tres estudiantes de cuarto —dos chicas y un chico— subieron los tres escalones hacia la plataforma.

—Hoy a las ocho en punto en el comedor... —dijo una de las chicas.

—... Es nuestro baile travestido número once —dijo la otra.

—¡Así que prepárense para divertirse! —Gritó el chico.

La sala volvió a sumirse en aclamaciones salvajes y aplausos. Alguien encendió la música, Gates sonrió ampliamente y sacudió la cabeza. La música paró.

—Lo siento, pero el show ha terminado —dijo, y los estudiantes abuchearon, pero incluso el abucheo tenía algo cariñoso. Gates se volvió hacia los tres chicos de cuarto que estaban a su lado:

—Gracias, chicos. —Tomó la lista con los nombres de las personas que se habían apuntado para hacer anuncios y dijo:

—¿Señor Archibald?

El señor Archibald subió a la plataforma. Unos segundos antes de que comenzara a hablar, un chico gritó desde el fondo de la sala:

—Gates, ¿quieres bailar conmigo?

Gates sonrió a medias.

—Adelante, señor Archibald —dijo.

Su anuncio tenía algo que ver con unas latas de gaseosa que alguien había dejado en el ala de Matemáticas.

Gates le pasó la lista a Henry.

—Dory Rogers —llamó Henry, y Dory dijo que la reunión de Amnesty agendada para las seis del domingo pasaba a las siete del mismo día. Durante los cinco o seis anuncios que siguieron estuve esperando más histrionismo; quería ver a Gates bailar nuevamente; pero parecía que verdaderamente el show había terminado.

Luego de que Henry hiciera sonar el timbre, me acerqué a la plataforma.

—Gates —dije. Ella estaba guardando un cuaderno en su bolso y no alzó la vista.

—Gates —repetí.

Esta vez me miró.

—¡Qué bien bailaste! —dije.

Ella suspiró.

—Siempre es divertido ver a la gente hacer el ridículo —dijo.

—Oh no, no hiciste el ridículo. En absoluto. A todo el mundo le encantó. —Sonrió, me di cuenta que ella ya sabía que a todos les había encantado. Pero no estaba buscando recibir un cumplido como hacía yo cuando decía algo modesto. Era más bien —se me ocurrió cuando la miré— como si ella aparentara ser común. A pesar de ser especial, estaba aparentando ser como el resto de nosotros.

—Gracias —dijo—. Es un lindo gesto de tu parte, Lee.


Por la tarde, una energía vertiginosa daba vueltas por el patio y la residencia. Aunque los varones tenían la entrada prohibida, salvo durante las horas de visita, en nuestra sala de estar aparecieron chicos de otras residencias buscando a ciertas chicas. Aspeth, no me sorprendió en absoluto, era muy solicitada, y Dede muchas veces corría escaleras abajo siguiéndola. Llevaban carteras y esmalte de uñas y sostenes que, entre gritos y risas, ajustaban sobre las camisetas de los chicos. Yo tenía que lavar ropa, y mientras circulaba con desgano entre el sótano y el segundo piso, observaba el desarrollo de los festejos. Sólo pensar en un chico usando mi sostén me parecía algo espantoso: las tazas vacías hundiéndose, la tela tensándose, o, aun peor, floja alrededor de su tórax; el hecho de que cuando se lo sacara pudiera ver el talle exacto en la etiqueta; o que pudiera dejarlo tirado y pisarlo antes de meterse en la cama. Aunque quizá mi miedo proviniera más bien del hecho de que —como empezaba a darme cuenta— yo no poseía sostenes especialmente lindos. Los míos eran de algodón beige con un moño entre las tazas; mi madre y yo los habíamos comprado un día de verano en la tienda JC Penny. Estos otros sostenes que daban vueltas por la residencia eran de satén o de encaje, negros, rojos o con estampado de leopardo, sostenes que, a mis ojos, sólo usaban las mujeres adultas.

Cuando la residencia quedó vacía (hasta Sin-Jun había ido a la fiesta con un bigote hecho con máscara de pestañas), estudié español por un rato, luego bajé a la sala de estar para leer los antiguos anuarios que estaban en una repisa. Me fascinaban los anuarios, eran algo así como tratados geográficos para comprender la escuela. Los que se encontraban en nuestra sala de estar llegaban hasta 1973, y en las últimas semanas yo los había leído casi por completo. A través de los años, el formato no había cambiado: simples planos frontales, planos de clubes, equipos deportivos, residencias, clases completas. Por ejemplo, en la sección correspondiente a segundo año en el libro de 1973, había un texto general sobre los hechos más importantes que habían tenido lugar entre septiembre y junio, y una pequeña broma sobre cada persona: "¿Podrían imaginarse a Lindsay sin su pinza para ondular?" Después venía la mejor parte, los de último año tenían páginas individuales. Además de las expresiones comunes de agradecimiento a familiares, profesores y amigos, y las citas —a ratos nostálgicas, a ratos literarias, a ratos incomprensibles—, estaban las fotos. Muchas de las fotos de los chicos consistían en tomas en movimiento durante partidos; muchas de las fotos de las chicas las mostraban abrazadas entre sí, sentadas en la cama o de pie junto al mar. Las chicas también parecían tener una inclinación a incluir fotos de infancia.

Con tiempo y dedicación, era posible deducir quién había sido amigo de quién, quién había salido con quién, quién había disfrutado de la simpatía general, quién había sido un buen deportista, o quién, alguien raro y retraído durante determinado año. Los graduados empezaron a parecerme primos lejanos: me aprendí sus apodos, los deportes que habían elegido, qué suéter o peinado habían llevado en determinadas ocasiones.

En los anuarios de los tres últimos años, encontré varias fotos de Gates. Jugaba al hockey sobre césped, básquet y *lacrosse*; en primero y segundo año había vivido en la residencia de Elwyn, y en tercero en la Jackson. En tercer año, la broma sobre ella era: "La bola de cristal predice que Henry y Gates comprarán una casa con una verja blanca y tendrán doce hijos". El único Henry en Ault era Henry Thorpe, y, hasta donde yo sabía, éste estaba saliendo con una chica de segundo año de aspecto presuntuoso llamada Molly. Me pregunté si realmente Henry y Gates habrían sido novios, y, si éste fuera el caso, si algún tipo de senti-

26

miento, negativo o positivo, todavía persistiría entre ellos. Cuando bailaban juntos durante la pasada de lista no parecía que fuera así.

Fue hacia el final del último anuario, el del tercer año de Gates, que me topé con la foto. En la sección final, después de las páginas de los de cuarto, había fotos de graduación: las chicas con vestidos blancos, los chicos con blazers azul marino y sombreros de paja. Había fotos de ellos sentados en filas en la ceremonia, una foto del orador de la graduación (un juez de la Corte Suprema), fotos de los graduados abrazándose. Entre esas fotos —no estaba buscándola a ella y bien se me podría haber pasado— había una foto de Gates sola. La mostraba de la cintura para arriba con una camiseta blanca abotonada. Llevaba un sombrero de cowboy del que brotaba su cabello resplandeciente desparramándose sobre sus hombros. La foto tendría que haber sido de perfil, pero daba la impresión que el fotógrafo había dicho su nombre justo antes de disparar el obturador, y ella había vuelto la cabeza. Seguramente habría reído y protestado a la vez, y habría dicho algo como "basta", pero de un modo afectuoso y simpático.

Me quedé mirando la foto por tanto tiempo que cuando volví a alzar la vista, me pareció extraño ver los sillones color naranja y las paredes color crema de la sala de estar. Me había olvidado de mí misma y me había olvidado de Ault, al menos de la versión real, tridimensional, dentro de la cual, yo, también, era una presencia. Decidí reportarme temprano con Madame e irme a la cama, y guardé los anuarios.

En el baño de arriba, Little, con una bata de baño rosa, se frotaba aceite en el cabello frente a una pileta.

—Hola —dije— .¿Qué tal la fiesta?

Hizo un gesto de desagrado.

—Jamás iría a una fiesta de travestidos.

—¿*Tú* no fuiste?

Yo sonreí, ella también.

—Tu compañera de cuarto seguramente estaba eufórica. Si yo viviera con esa chica, ya la habría abofeteado.

—No es tan mala.

—Ja.

—Juegas en el equipo superior de básquet, ¿no?

—Exactamente.

—Entonces, estás en el equipo con Gates Medkwoski, ¿verdad?

—Sí.

—¿Cómo es Gates? Me lo preguntaba, porque ella es la primera chica que ha sido elegida tutora, ¿no? Sé que eso es algo importante.

—Ella es como todo el mundo aquí.

—¿En serio? Parece distinta.

Little dejó la botella de aceite junto a la pileta, se inclinó para acercarse al espejo y observar su piel de cerca. Luego dijo:

—Ella es rica. Eso es Gates. Su familia tiene muchísimo dinero.

Dio un paso atrás e hizo una cara en el espejo que consistía en hundir las mejillas y levantar las cejas. Era la clase de gesto que yo misma habría hecho, pero jamás en presencia de otra persona. De alguna manera me gustaba que la atención de Little hacia mí fuera esporádica; me hacía sentir menos inhibida.

—Pensé que Gates venía de una granja —dije.

—Una granja que ocupa la mitad de Idaho. Su familia cultiva papas. Apuesto a que nunca pensaste que un tubérculo tan desagradable pudiera tener tanto valor.

—¿Gates es buena en básquet?

—No tan buena como yo. —Little sonrió mirándose al espejo.

—¿Averiguaste algo sobre mi nombre?

—No aún —dije—. Estoy conduciendo una investigación, pero todas mis pistas me han llevado a callejones sin salida.

—Sí, claro. Te diré porqué me llamo así: es porque tengo una hermana melliza.

—¿En serio?

—Sí. Yo soy la más chica, así que puedes adivinar cómo es el nombre de mi hermana. —Permaneció en silencio, y me di cuenta que de verdad esperaba que yo adivinara.

—Seguramente esto es demasiado obvio, pero, ¿acaso su nombre es Big?

—Adivinaste a la primera —dijo Little—. Esta chica se merece el primer premio. Ahora soy más alta que Big, pero estas cosas quedan.

—Genial —comenté—. ¿A qué escuela va Big?

—En una que queda en Pittsburgh, donde vivimos. ¿Alguna vez estuviste en Pittsburgh?

Sacudí la cabeza.

—Sólo te diré que es muy distinto de esto.

—Debes extrañar a Big.

Saber que Little tenía una hermana melliza, aunque se tratara de una hermana que estaba lejos, me hizo pensar en si ella no necesitaría una amiga.

—¿Tu tienes hermanas? —preguntó Little.

—Sólo hermanos

—Sí, yo también tengo un hermano. Tengo tres hermanos, pero no es lo mismo.

Ella metió su botella de aceite en su balde (una de las primeras noches en la residencia, Madame Broussard nos había dado baldes a todas para nuestros artículos de higiene) y me miró.

—Tú no eres mala —comentó—. La mayoría de la gente aquí no es genuina. Pero tú eres genuina.

—Oh —dije—. Gracias.

Una vez que se fue (al salir había dicho: "noches") saqué el cepillo y la pasta de dientes. Cuando puse mi cepillo bajo el grifo, noté que en la pileta contigua —la que había estado usando Little— habían quedado algunos cabellos negros, cortos y gruesos. Entonces los famosos vellos púbicos eran cabellos de Little. Los limpié con una toalla de papel.


El siguiente robo fue el de un billete de cien dólares que la abuela de Aspeth le había enviado para su cumpleaños. Estaba en su billetera, sobre su escritorio. Nos enteramos la noche posterior a la fiesta. Me enteré de la cantidad y el dueño del dinero, no por algo que Madame Broussard hubiera dicho (nuevamente, fue absolutamente discreta y permaneció inmutable), sino por Dede, que estaba indignada.

—Es como si sólo mis amigas y yo fuéramos los blancos —dijo Dede al volver a nuestro cuarto—. Se nos discrimina.

Se inclinó y puso un suéter de cachemira rojo en el piso, sobre un pantalón negro. Cuando volvió a levantarse, arrugó la nariz.

—Algo apesta.

Hice como que olía y que no sentía nada, pero estaba fingiendo. Ella tenía razón: apestaba, y no necesitaba comprobarlo porque desde hacía varios días era así. Al principio había pensado que esa fetidez era producto de mi imaginación, pero luego se hizo más intenso. Cuando Dede y Sin-Jun salieron, me había olido las axilas y la entrepierna, luego mis sábanas y mi ropa sucia. La fetidez no había aumentado en ninguno de esos lugares, pero tampoco había disminuido.

—Huele un poco raro —dije.

—Oye, Sin-Jun —dijo Dede—. ¿Sientes el olorcillo? Huele mal, ¿no? ¿Sientes el olorcillo?

—Huele el aire —dije—. Hice el gesto de inhalar profundamente.

—Nuestro cuarto huele raro —dije—. No muy bien.

—Ahh —dijo Sin-Jun y se dio vuelta para seguir trabajando.

Dede me miró y puso los ojos en blanco.

29

—Quizá venga del baño —dije. Eso parecía poco probable.

Dede abrió la puerta de nuestro cuarto y salió al pasillo. Luego entró nuevamente.

—No, es este cuarto —dijo—. No cabe duda de que es este cuarto ¿Qué comida guardan ustedes aquí?

—Sólo lo que está ahí. —Señalé el estante sobre mi escritorio, donde tenía un frasco de manteca de maní y una caja de galletitas.

—¿Y tú, Sin-Jun? —dijo Dede.

Antes de que Sin-Jun pudiera responder, dije:

—¿Por qué supones que somos nosotras? Podrías ser tú.

—Yo no soy la que tiene un almacén completo guardado aquí —dijo Dede, y era cierto que Sin-Jun tenía varios envases y paquetes bajo su cama, en su escritorio y en su armario.

—Pero no sabes si es comida —dije—. Podrían ser tus zapatos. —Tomé mi balde de higiene.

—¿Qué haces? —dijo Dede.

—Me preparo para ir a la cama.

—¿No vas a ayudarme a inspeccionar? —Dede permaneció con la boca abierta en un gesto de sorpresa o quizás indignación, y yo sentí la extraña tentación de meterle algo: el mango de mi cepillo de dientes o mi propio dedo.

—Lo siento —dije.

Mientras salía del cuarto, antes de cerrar la puerta, oí que decía:

—Sí, sí, seguramente.


Llegó diciembre ("He estado en Ault setenta y ocho días"). En una ocasión, Little y yo, cuando todo el mundo había salido, pasamos un sábado a la noche jugando al Boggle en la sala de estar mientras Sin-Jun nos observaba. En otra ocasión, Little y yo, solas, miramos una serie policial en la televisión, y ella hizo *popcorn* que se quemó pero que de todos modos comimos. ("Todavía tengo un poco de hambre": dije después, y Little dijo: "¿Hambre? Mi estómago y mi espalda están a punto de tocarse".) Hubo dos robos más, que Madame anunció durante el toque de queda. No supe con certeza a quién habían robado, pero no era ninguna de las amigas de Dede. El olor en nuestro cuarto se volvió más fuerte; hedía, y aunque estaba segura que no emanaba de mí, me preocupaba la posibilidad de llevarlo en mi ropa y mi piel. A veces, en clase, o incluso afuera, al salir de la iglesia, podía olerlo levemente. Cuando teníamos visitas en el cuarto, Dede hacía chistes embarazosos o directamente se disculpaba.

Una semana antes de las vacaciones de Navidad, mientras caminaba por la sala de correo, vi que Jimmy Cardigan, un chico de cuarto, daba un puñetazo contra la pared. Después, vi que Mary Gibbons y Charlotte Chan, también de cuarto año, se abrazaban; Charlotte estaba llorando. Por lo general, en la sala de correo había mucho bullicio durante la pausa matinal, pero ahora reinaba el silencio. Me pregunté si alguien habría muerto; quizá no un estudiante o un profesor, pero tal vez un miembro del plantel administrativo.

Me dirigí hacia la pared de casillas de correo. Uno se daba cuenta que tenía cartas porque podían verse de perfil, apoyadas en diagonal contra la pared de la casilla. Años después, cuando ya había salido de Ault, a veces soñaba que veía esas sombras delgadas.

Mi casilla estaba vacía. Miré hacia mi derecha y vi a Jamie Lorison de Historia Antigua. Podía oír su respiración pesada.

—Jamie, ¿por qué hay tanto silencio? —le pregunté.

—Los de cuarto que postularon a Harvard, acaban de recibir sus respuestas. Pero este año, todos quedaron afuera.

—¿Ninguno fue aceptado? —Años atrás, antes de que Ault admitiera chicas, un día antes de su graduación, los chicos iban a la oficina del director y escribían en un papelito "Harvard", "Yale" o "Princeton"; irían a la Universidad que escogieran.

—Hasta ahora, sólo dos —dijo Jamie—. Nevin Lunse y Gates Medkowski. Los demás fueron rechazados.

Sentí que mi pecho se hinchaba, el ascenso de una respiración. Inspeccioné la sala de correo esperando encontrar a Gates para felicitarla, pero no estaba.

Finalmente, la vi esa noche en el comedor. Era día de cena común, no cena formal en la que había que vestirse bien y sentarse en mesas asignadas. Mientras ponía mi plato en el carro de platos sucios, la vi haciendo fila para servirse. Mi corazón se aceleró. Me limpié la boca con el dorso de la mano, tragué, y caminé hacia donde estaba.

Me encontraba a menos de tres metros de ella cuando, en dirección opuesta, apareció Henry Thorpe.

—Ponla acá, Medkowski —dijo.

Gates se dio vuelta.

—Eso es —dijo Henry. Tenía una mano levantada. —¡Vengan esos cinco, superestrella!

Gates golpeó su palma contra la de él.

—Gracias, hermano.

—¿Cómo te sientes? —preguntó él.

31

Gates sonrió abiertamente.

—Con una suerte del tamaño de una casa.

—No hables de suerte. Todo el mundo sabía que serías aceptada.

Lo informal de su conversación me hizo comprender que no podía dirigirme a ella, no en un lugar público como ése. Hasta en la situación de felicitar a Gates se notaría mi ansiedad. Decidí, en cambio, escribirle una tarjeta que luego podría poner en su casilla o dejar en su cuarto.

De vuelta en mi cuarto, escribí con marcadores azul y rojo, cambiando de color para cada letra, "FELICITACIONES, GATES". Después puse "¡buena suerte en Harvard!" Con un marcador violeta, dibujé estrellas. La hoja todavía se veía un poco simple, así que añadí viñas en verde, entretejidas con las palabras. Tenía que firmar, y pensé en escribir "con amor, Lee", pero, ¿y si le parecía raro? Poner sólo mi nombre era demasiado parco, y "Afectuosamente" o "con cariño", eran demasiado formales e insípidos. Sostuve el marcador azul sobre el papel, dudé por unos segundos, y escribí: "con amor, Lee". Lo dejaría en un sobre junto a la puerta de su cuarto. De ese modo, era más probable que estuviera sola cuando lo encontrara.


Pronto comenzaría la cena formal y la mayoría de la gente se duchaba en el gimnasio luego de hacer deporte, e iba directamente al comedor. Pensé que si me apurara, tendría tiempo de regresar a mi cuarto, buscar la tarjeta y dejarla en la puerta de Gates; de todas maneras no me gustaba llegar temprano a la cena formal porque no había nada que hacer hasta que comenzara.

Antes de llegar al patio, empecé a correr. Cada vez oscurecía más temprano, y nadie me veía y se preguntaría por qué corría vestida con falda y zapatos bajos. La residencia de Broussard estaba en silencio. Subí las escaleras a saltos hasta el segundo piso. Cuando abrí la puerta del cuarto, Dede cerró con fuerza un cajón y se puso a dar vueltas, y entonces me di cuenta que no estaba parada frente a su escritorio, sino frente al de Sin-Jun. Estaba tan preocupada con lo mío que no lo habría notado de otra forma, y sólo lo noté por lo frenético del gesto.

—No es lo que piensas —dijo.

Di un paso atrás y ella se adelantó.

—Sólo estoy tratando de descubrir de dónde viene el olor —dijo—. Tiene que ser Sin-Jun, porque no somos nosotras, ¿no?

—Si piensas que es ella, deberías haberle pedido permiso para revisar sus cosas.

—No quiero ofenderla. —El tono de Dede era impaciente. —Lee, es obvio que no soy la ladrona; yo fui la primera a quien le robaron.

Nos miramos.

—Por favor —dijo—. ¿Piensas que me robaría a mí misma?

Continué retrocediendo en dirección a la puerta.

—¿Vas a decírselo a Madame? —dijo—. No hay nada que debas decirle. No miento, Lee ¿Acaso no confías en mí?

Permanecí en silencio, y ella arremetió contra mí, tomando con fuerza mis antebrazos. Mi corazón dio un salto. Estando tan cerca de ella, pude oler su perfume, pude ver los pelitos que empezaban a crecer de nuevo en sus cejas. Si hubiera sabido antes que se depilaba las cejas, le hubiera pedido que me enseñara a hacerlo. Luego pensé que no, que nunca llegaríamos a ser esa clase de compañeras de cuarto.

—Déjame —dije.

Finalmente me soltó.

—Yo misma le diré a Madame que estaba mirando en el escritorio de Sin-Jun —dijo—. ¿Me creerás entonces?

Dejé que la puerta se cerrara sin contestarle.


Aún no había salido de la residencia, cuando noté que había olvidado la tarjeta de Gates. Decidí no ir a la cena. Podría esconderme en la cabina telefónica de la sala de estar hasta tener la seguridad de que Dede hubiera salido. Luego, volvería a subir. De paso, tendría tiempo para decidir qué hacer con respecto al hecho de haberla descubierto.

En la cabina telefónica hacía calor y olía a medias sucias, y mi pulso estaba acelerado. Quería saltar para deshacerme de esa energía irritante. En cambio, me senté en la silla que había dentro de la cabina, las suelas de los zapatos contra el asiento, las rodillas juntas frente a mí y los brazos alrededor de ellas.

El recuerdo de la foto se me cruzó por la cabeza, y después fue, como cuando sabes que la torta está en la cocina, mientras tú estás sentada en el living y lo único que tienes que hacer es ir a buscarla. "No lo hagas", pensé. "Dede te oirá". Luego pensé: "Pero no sabrá que soy yo". Miré a través de la ventana de la cabina telefónica, que tenía marcas de dedos, empujé la puerta para que se abriera lentamente y caminé con cuidado hasta el estante con los libros. Con dedos temblorosos, saqué el último anuario y regresé a la cabina.

La foto era exactamente como la recordaba: su sombrero de cowboy, su cabello revuelto, su rostro perfecto. El momento de abrir el anuario en la página de la foto era como dar la primera mordida a la torta sabiendo que te esperaba el resto de la porción. Si Dede se fuera, podría llevar el anuario arriba, pensé. No es que quisiera contemplarlo por el resto de la eternidad. Sólo quería sentir que era mío, saber que podía mirarlo cuando quisiera. Imaginé que me acostaba en mi cama, apagaba las luces y tenía conversaciones imaginarias con Gates. Yo le hacía comentarios divertidos y ella se reía, pero no se trataba de una risa condescendiente que se usa para quedar bien con una chica de primero; era una risa de tú a tú, se reía demostrándome que me respetaba y que sabía que yo era su par.

Oí que alguien bajaba la escalera. Esperé, luego fui hasta la ventana, me agaché y espié por el borde del antepedio. Era Dede. Me levanté la blusa y me metí el libro debajo de la cintura de la falda. (Estaba segura de que nadie notaría la falta, ya que nadie miraba los anuarios.) Una vez arriba, lo puse en el estante de mi armario, debajo de un suéter. Por más ganas que tuviera, no tenía sentido meterme en la cama; Dede y Sin-Jun regresarían de la cena en una hora, encenderían las luces y conversarían. Además, me faltaba dejar la tarjeta en la puerta de Gates.

Estaba dentro de mi diccionario, donde la había dejado la noche anterior. La saqué y la puse sobre el escritorio. La "N" de "FELICITACIONES" se había borroneado. Me lamí el dedo y lo pasé sobre la mancha, lo que la empeoró. Me arrepentí de haber escrito "¡Buena suerte en Harvard!" Era estúpido, parecía un saludo de despedida, cuando en realidad le quedaban todavía siete meses en Ault. Las estrellas y las viñas, me parecieron, de pronto, como los esforzados dibujos de una niña de nueve años. Y "con amor": ¿amor?, ¿a quién quería engañar? Apenas nos conocíamos. Tomé la tarjeta y la rompí en tiras, luego las partí en tercios. Los papelitos revolotearon antes de posarse en el cesto.

Pensé en Dede, sus nerviosas desmentidas, sus dedos apretando mis brazos. Quería hablar con alguien sobre lo que había visto, pero todos estaban cenando. Tomé una de sus revistas sobre famosos, me recosté en la cama y traté de leer. El mundo fuera de Ault parecía extraño e irrelevante, y me costaba prestar atención a los artículos. No pasó mucho tiempo hasta que abandoné la revista, saqué el anuario de mi closet y me puse a mirar la foto. Al oír voces en el pasillo, salí hacia el baño para no tener que ver a Dede y me escondí en un compartimiento durante diez minutos. Luego me dirigí directamente al cuarto de Little.

—¿Te molesto? —pregunté cuando abrió la puerta.

—No sabría decirlo. —Llevaba anteojos y un buzo de gimnasia gris.

—¿Puedo entrar?

Se hizo a un a un costado para dejarme pasar. Aunque ella no me invitó a hacerlo, me senté en la silla de su escritorio. Ella se sentó sobre su cama con las piernas cruzadas frente a sus libros y cuadernos. Nunca había estado en el cuarto de Little. Era austero, sin pósteres, tapices ni fotos. Los únicos toques personales, además de su cubrecama y sus libros, eran una botella plástica de loción sobre la cómoda y un osito de peluche a los pies de la cama. El osito tenía puesto un suéter bordó. Al mirar ese juguete sentí una tristeza enorme que me hizo olvidar por completo mis sospechas sobre Dede y la irritación que eso me provocaba. Pero era un sentimiento demasiado fuerte, que no pude comprender, y que pronto desapareció.

—No vas a creer lo que pasó —dije—. Ya sé quién es el ladrón.

Little arqueó las cejas.

—Es Dede.

Little frunció el entrecejo.

—¿Estás segura?

—La pesqué *in fraganti*. Estaba revisando la cómoda de Sin-Jun.

Little murmuró:

—Dede Schwartz —y asintió con la cabeza—. Es probable.

—Es horrible —dije—. El modo en que aseguraba ser la primera víctima, la hace quedar como una mentirosa patológica.

—Sabía que no me gustaba esa chica. ¿Qué dijo Madame?

—Aún no se lo he dicho. Dede me rogó que no lo hiciera.

—Pero la viste revisando el cajón de Sin-Jun.

—Sí

—Si no la denuncias, seguirá haciéndolo.

—Lo sé. No me explico por qué lo hace. Recibe un montón de dinero de sus padres.

—Trata de entender a las personas aquí y sólo conseguirás un dolor de cabeza.

—¿Puedo dormir en tu cuarto esta noche?

Little dudó.

—No hay problema —dije—. No es de extrema necesidad. —Me levanté avergonzada. —Tarde o temprano tendré que toparme con Dede, ¿no? —Cuando me fui, Little no hizo ningún esfuerzo por detenerme.

Volví a esconderme en el baño, esta vez en una ducha que nadie utilizaba porque tenía poca presión. Todavía no me había cambiado la ropa de la cena formal, y sentarme con mi falda sobre el piso de mosaicos azules me pareció incómodo y sucio. En un momento oí la puerta del baño abrirse y Dede gritó:

—Lee, Lee, ¿estás ahí?

Antes de que se hicieran las diez, bajé las escaleras y encontré a Madame. Abrí la boca para contarle lo de Dede, pero parada en la puerta de su departamento me di cuenta de lo grave de la acusación, de cuánto alteraría tanto mi vida como la de Dede. No estaba preparada para hacerla.

—Voy a acostarme —dije—. ¿Puedo reportarme más temprano?

Le di la mano y luego regresé al baño.


En la enfermería, había seis habitaciones a ambos lados del pasillo que contenían sólo camas. También había una sala en la que estaba la enfermera, y donde te tomaban la temperatura apenas entrabas; una sala de televisión y una pequeña cocina con un póster que decía: "Comer chocolate liberaba la misma cantidad de químicos en el cerebro que estar enamorado". Cada tanto, durante todos los años que estuve en Ault, en el medio de cualquier conversación, alguien salía con la frase: "¿Sabías que el chocolate libera la misma cantidad de químicos en el cerebro que cuando estás enamorado?", y los demás contestaban: "Creo que lo oí antes" o: "Sí, me parece que lo leí en alguna parte". Pero uno nunca recordaba dónde, hasta que volvía a la enfermería, enfermo o fingiendo estarlo. Entonces, la rigidez de un día normal daba paso a un largo transcurrir de horas pálidas y neblinosas. Junto a otros estudiantes —amigos o desconocidos— que también habían terminado en la enfermería, dormías, comías flan y tostadas, mirabas los programas de la televisión que no verías si estuvieras en clase.

Ésa era mi primera visita a la enfermería. La noche anterior había regresado a mi cuarto después de medianoche, hora en la cual tenía la certeza de que Dede y Sin-Jun estarían dormidas. Al amanecer me levanté, me puse los jeans y salí de la residencia sin siquiera lavarme los dientes. Si sólo tuviera un día más para meditar, pensé mientras caminaba a través de la fría y todavía oscura mañana, sería capaz de decidir la forma de denunciar a Dede.

La enfermera me tomó la temperatura y me asignó un cuarto en el que caí profundamente dormida. Cuando me desperté, la luz el mediodía brillaba a través de la cortina, y se oía el sonido de un televisor. Salí al hall en medias.

En la sala de estar estaban Shannon Hormley, una chica de segundo año de pelo castaño claro, y un chico de cuarto, Meter Lords, uno de los que habían sostenido un parlante el día en que Gates bailó. Los dos me miraron cuando entré en la sala, pero no saludaron, así que yo tampoco lo hice. Me senté. Miraban una telenovela. En la pantalla, una mujer que llevaba un vestido de lentejuelas azules decía al teléfono: "Pero con Cristoph en Río, no veo cómo eso pueda ser posible". Me pregunté quién habría elegido el programa. Tenía ganas de levantarme e irme, pero pensé que hacer eso resultaría extraño. Eché un vistazo a la sala. En la mesa junto a mi silla, había varios panfletos dispuestos en forma de abanico. "Estoy pensando en suicidarme", decía uno en la parte de arriba. El siguiente decía: "Fui víctima de una violación", y el tercero: "¿Soy gay?" Algo en mi estómago se puso tenso. Desvié la mirada, y después miré de reojo a Shannon y Pete, para ver si me habían visto leer los panfletos. Parecía que no.

Fingí estar absorta en el programa y esperé a que se fueran. Cuando lo hicieron —Shannon desapareció luego de media hora, luego Pete caminó pesadamente hasta la cocina— tomé el tercer panfleto y volví rápidamente a mi cuarto. "Las mujeres que definen a sí mismas como lesbianas, se sienten sexualmente atraídas y se enamoran de otras mujeres. Sus sentimientos sexuales hacia las mujeres son normales y correctos para ellas. Estos sentimientos emergen durante la infancia y la adolescencia y continúan en la edad adulta". También había un pequeño test. "Cuando sueño o fantaseo sexualmente, ¿lo hago con chicas o con chicos? ¿Alguna vez me gustó mucho o me enamoré de una chica o una mujer? ¿Me siento distinta de las demás chicas".

Traté de imaginar cómo sería besar a Gates: De pie una frente a otra, me acercaría, seguramente tendría que ponerme en puntas de pie por su altura, inclinaría mi cabeza de modo que nuestras narices no se apretaran y apretaría mi boca contra la suya. Sus labios serían suaves y secos; cuando yo los abriera, ella abriría los suyos y nuestras lenguas se unirían.

La escena no me disgustó ni me excitó. Pero quizá se debía a un esfuerzo por no excitarme. Seguí leyendo el panfleto: "La primera vez que toqué los pechos de mi novia, lo sentí como lo más natural del mundo: Tina, 17". Pensé "Tina, ¿dónde estás ahora? ¿Todavía tienes 17 años o ya eras una adulta? ¿Tus vecinos y compañeros de trabajo saben tu secreto?" Podía imaginármela en Arizona u Oregon, pero dudé de que viviera en Nueva Inglaterra. Hasta donde yo sabía, en Ault no había ningún gay. De hecho, sólo había conocido a una persona gay en mi vida. Había sido en mi ciudad; se trataba del hijo de nuestro vecino, un tipo de unos treinta años, que se había mudado a Atlanta para trabajar de auxiliar de vuelo.

Imaginé que ponía mis dedos en los pechos de Gates. ¿Qué tenía que hacer después? ¿Apretarlos? ¿Moverlos para un lado y para el otro? La imagen era absurda. Pero aunque no sentía deseos de tocarla, tampoco estaba muy segura de lo que quería hacer. Metí el panfleto en el bolsillo de mi abrigo, fuera de mi vista, y deseé no haberlo tomado nunca.

Cuando regresé al cuarto por la tarde, Dede estaba sentada sobre su cama cortándose las uñas. Dio un salto al verme.

—¿Dónde has estado? Tengo algo para mostrarte. —Me tomó del brazo y me condujo fuera del cuarto. Nos detuvimos frente a un tacho de basura gigante en el hall, donde podía percibirse el mismo hedor que habíamos sentido en nuestro cuarto.

—Mira —dijo Dede, y señaló algo. Había un trozo de algo que parecía cera seca y áspera sobre unos diarios junto a una bolsa de papas fritas y restos de una maceta. La cosa era amarilla y anaranjada y medía unos treinta centímetros.

—Es calamar —dijo Dede—. Calamar seco. Eso es lo que apesta. Estaba en el armario de Sin-Jun. ¿No es lo más asqueroso que viste en tu vida? —Dede parecía feliz, ya no estaba desesperada. —Le pregunté a Sin-Jun si podía revisar sus cosas, ella dijo que sí y encontré esto. Te dije que era todo lo que estaba buscando.

—¿Es comida? —pregunté, y cuando Dede asintió con la cabeza, dije: —¿Dónde está Sin-Jun ahora?

—Hablando por teléfono con su mamá, creo. Se siente mal, pero está bien que así sea, porque es asqueroso.

—¿Le dijiste que habías revisado su escritorio?

—Lee, tienes que olvidarte de eso. Si me denuncias, sólo harás el ridículo. ¿Por qué no esperas y compruebas si Sin-Jun se queja de que algo le falta? Si no lo hace, significa que mi nombre está limpio.

—No creo que falte nada —dije—. Lo que sea que hayas sacado estoy segura de que volviste a ponerlo en su lugar. —Extrañamente, ahora que estaba empezando a creer que Dede era inocente, me dieron más ganas de acusarla.

—Bueno, Sherlock Holmes. —Se inclinó hacia mí. —Déjame decirte algo. No hace falta que seas tan rara. Si no hicieras cosas como ésta, podríamos ser amigas.

—Ay, Dede. —Traté de sonar seria, como una chica de una comedia de los años cincuenta. —¿Realmente piensas que podríamos ser amigas?

—Ser desagradable, me hacía sentir bien. Fue un alivio darme cuenta de que todavía tenía la capacidad de ser así bajo la docilidad y el sentimentalismo que Ault habían inducido en mí.

—Dede sacudió la cabeza. —Me das lástima.

Bajó a la sala de estar, con la tijerita de uñas en las manos, y supuse que iba a buscar a Aspeth para hablar sobre lo rara que era yo. Colgué mi abrigo y me recosté en la cama sin abrirla. Luego recordé el panfleto en el bolsillo de mi abrigo, lo busqué, y cuando vi ese estúpido título —"¿Soy gay?"— sentí una amargura crecer en mí. "No, no eres gay", pensé. "Eres un panfleto". Quise quemarlo.

Oí que giraba el picaporte de la puerta, abrí el cajón superior de mi escritorio y guardé el panfleto. Pensé que era Dede que volvía con nuevos insultos; pero era Sin-Jun.

—Siento mucho lo del calamar —dijo.

—Está bien.

—Fui mala compañera de cuarto.

—No es grave, en serio —le aseguré—. No te preocupes.

—Tú no aquí hoy —dijo.

—Estuve en la enfermería.

—¿Tener enferma?

—Sí, algo así.

—Hago té para ti.

—Gracias, pero no.

—¿No té?

—No ahora.

Parecía decepcionada, y pensé que debería haber aceptado lo que me ofrecía. Pero ya era tarde.


Lo recordé cuando estaba en la clase de español, inmediatamente después del almuerzo. El terror se apoderó de mí: el panfleto había quedado en mi escritorio, en el cajón superior: ¡el lugar más obvio que podía existir! El ladrón buscaría dinero, pero esto sería mucho más interesante, mucho más humillante.

Quedaban veinte minutos de clase. Traté de calmarme haciendo cálculos. Si éramos veinte en la residencia de Broussard, y si había habido cuatro robos en las últimas seis semanas, entonces la probabilidad de que se produjera otro robo antes de que terminara el entrenamiento de deportes y yo pudiera volver a mi cuarto era infinitesimal. Pero ya había habido un robo en mi cuarto. Y de todas formas, ¿por qué confiaba en la fría imparcialidad de los números? ¿Qué importancia tenían los números, ante el hecho de que todos pensaran que yo era lesbiana?

Faltaban quince minutos de clase, luego diez, ocho, cinco, cuatro, dos. Cuando sonó el timbre, huí del edificio escolar. Llegaría tarde a la clase de biología, si es que no la perdía por completo, pero no me importaba recibir una sanción si podía esconder el panfleto.

Mientras todos estaban en clase y yo me apresuraba a cruzar el campus, recordé el día en que me había ido llorando de historia antigua, y sentí una cierta ternura por mi antiguo yo. Las cosas no habían sido tan malas aquella vez, al menos no tan complicadas.

Corté camino por el patio, ante los bancos de granito vacíos donde había conocido a Gates. Era un día frío y con viento, y el picaporte de la puerta de Broussard estaba helado.

Ésta es la parte sobre la que hoy todavía reflexiono a veces: el modo en que se concatenan los hechos. A veces, pienso en los accidentes que tiene la gente —choques, caídas de ramas de árboles, incendios— y me pregunto ¿eran evitables o estaban predestinados? Una vez que deciden ocurrir, ¿las casualidades trágicas de tu vida te buscan, cambian su forma para mantener sus efectos? Quizá, su forma ni siquiera cambie, quizás su forma se mantenga y esperen por ti, pacientes como tortugas.

Little salió de mi cuarto justo cuando yo estaba por entrar. Fue como si me hubiera estado esperando para abrirme la puerta, sólo que una vez abierta, no dio un paso al costado y casi chocamos.

El tiempo que permanecimos en silencio fue tan largo que pensé que quizá no nos diríamos nada. Pero ese tipo de silencios sólo se da en las películas, en la vida real es extremadamente difícil no llenar los momentos significativos con palabras.

—Sus familias nadan en dinero —dijo finalmente—. Ellas no lo necesitan.

—Pero es de ellas, no tuyo.

—Sí, claro, y puedo ver cómo lo tiran. Si no les gusta la cena, piden pizza. Los ejercicios de calentamiento para *cross-country* cuestan setenta dólares, qué problema.

—Pero robar está mal.

—¿Vas a hacer como si no entendieras? No trates de fingir que eres uno de ellos.

—¿Qué quieres decir con eso?

—Quiere decir que no es difícil darse cuenta de que no estás pagando tu estada aquí.

—No lo sabes.

—Claro que lo sé.

—Aunque tuviera una beca —dije—, lo que no estoy afirmando ni negando, ¿cómo lo sabrías?

Se encogió de hombros, luego dijo:

—Tu colcha.

—¿Mi qué?

—Tu cubrecama, o como quieras llamarlo. No es floreado.

No estaba segura si ella sabía cuál era mi cama, pero tenía razón. Mi colcha era reversible, roja de un lado, azul del otro. Así que ésta era una de las pistas; tendría que recordarlo.

—Pero *tú* no tienes una beca, ¿o sí?

—Claro que sí. Cuesta veinte grandes al año venir aquí.

—¿Pero no son... eh... no son tu padre médico y tu madre abogada?

Estuvo a punto de sonreír pero se rió con acidez.

—¿Tú dices como en ese show de televisión en que dos blancos ricos adoptan a una chica negra?

Bajé la vista y me pregunté si ella me odiaría. Quería decirle "¿cómo pensaste que no te descubrirían?", o, "¿en realidad querías que te descubrieran?"

—Oye —dijo, y yo la miré—. No volveré a hacerlo. Sólo necesitaba un poco de dinero antes de las vacaciones de Navidad. Y el modo en que se han dado las cosas es bueno para las dos.

No comprendí.

—¿En qué sentido sería bueno para mí?

—Tu compañera de cuarto —dijo—, pero yo seguía sin saber a qué se refería. —Esta noche ya la habrán echado.

Entonces, esta vez, Little le había robado a Sin-Jun; la verdad es que su plan no estaba mal. Y se suponía que yo tenía que ayudar. Habría colaborado con ese plan sin saberlo, si es que hubiera denunciado a Dede cuando creía que ella era la ladrona. Si lo hiciera ahora, consciente de la inocencia de Dede, lo estaría haciendo adrede.

—No creerás que te robé a ti, ¿no? —dijo Little.

Aparté la mirada.

—Nunca te robaría a ti, niña tonta. —Su voz sonó animada; quizá, si no la hubiera mirado, habría creído en su falsa alegría. Pero sus ojos estaban llenos de tristeza y de una nostalgia indescriptible. Mientras estábamos en la puerta mirándonos, sentí algo así como fraternidad, un sentimiento tan profundo que casi creí que guardaría su secreto.

# 2. Todas las reglas de la escuela están en vigencia

## Invierno de primer año

Luego de reportarnos con Madame a las diez de la noche, la sala de estar se vació y sólo quedamos Dede, Amy Dennaker y yo. Amy estaba dentro de la cabina telefónica y no paraba de reírse y decir: "¡Cállate!"

Miré mi cuaderno.

—Bien —le dije a Dede—. ¿Cuál es el patrón reproductivo del protista Euglena?

—Fisión binaria —dijo Dede.

—Correcto. —En mi cabeza repetí: "fisión binaria, fisión binaria, fisión binaria". Me sorprendió que Dede, quien utilizaba la mayor parte de su energía en arreglarse y congraciarse con otros estudiantes más *cool* que ella, retuviera información como ésa sin esfuerzo mientras que mis notas en biología eran bastante bajas. No me quedaba claro cómo había llegado a esa situación, porque antes de entrar en Ault, nunca había recibido una nota menor que B+ en ninguna clase. O bien Ault era mucho más difícil que mi escuela primaria, o bien me estaba volviendo más tonta: yo sospechaba ambas cosas. No sé si me estaba volviendo literalmente más tonta, pero si de algo estaba segura era de haber perdido ese brillo que te rodea cuando los profesores piensan que eres uno de los inteligentes de la clase, esa aura que aumenta cada vez que levantas la mano para dar la respuesta exacta, o se te acaba el espacio en el cuaderno azul para las respuestas en un examen, y tienes que pedir otro. Dudaba de que en Ault tuviera que pedir un segundo cuaderno azul porque hasta mi letra había cambiado; antes mis letras habían sido redondas y desordenadas, ahora eran delgadas y pequeñas.

—¿Y para la bacteria? —dije—. ¿Cómo se llama el patrón reproductivo?

—Para las bacterias es fisión binaria y conjugación. Puede ser...

—¿Qué hacen, chicas? —Amy Dennaker había salido de la cabina telefónica y nos observaba con un interés mayor que el de costumbre. Un mes atrás, en febrero, Amy había anotado tres veces en un partido

42

de hockey sobre hielo contra St. Frances, y luego, en el tercer período, se había roto la nariz. Eso la hacía aún más intimidante.

—Si están estudiando para mañana, olvídenlo —dijo.

Dede y yo nos miramos.

—Tenemos examen de biología —dije yo.

—No, no tienen. —Amy sonrió. —No lo oyeron de mí, pero mañana es feriado sorpresa.

—¿Qué es eso? —pregunté, y al mismo tiempo, Dede dijo:

—¡Qué genial!, ¿estás segura?

Me dirigí a Dede.

—¿Qué es feriado sorpresa? —insistí.

—¿Cómo lo sabes? —Dede le preguntó a Amy.

—No puedo revelar mis fuentes. Y nunca se puede estar completamente segura. A veces, cuando el señor Byden se entera de que demasiados estudiantes están al tanto, lo cancela. Pero consideren lo siguiente: no puede ser un miércoles porque es día de deporte; normalmente no es ni un lunes ni un viernes porque sería tonto que estuviera pegado a un fin de semana, y casi siempre es antes de las vacaciones de primavera. Entonces, sólo quedan el martes y el jueves, y el partido de básquet de los chicos contra Overfield fue postergado para el próximo martes. El próximo jueves, en el cuarto período, va a hablar un tipo que le escribe los discursos al Presidente. Y la semana siguiente es la última semana antes de las vacaciones de primavera. No se puede saber con seguridad hasta que no aparezca la chaqueta verde, pero, básicamente, por descarte, sería mañana.

Dede asentía con la cabeza, al parecer había oído algo sobre la chaqueta verde.

—Y hay algo más —continuó Amy—. Alex Ellison tiene que entregar un ensayo de Historia mañana, pero, en la cena dijo que ni siquiera lo había empezado.

—¿Y eso qué tiene que ver?

—Alex es el compañero de cuarto de Henry Thorpe, y si hubiera feriado sorpresa, Henry con seguridad lo sabría. Los tutores son los únicos estudiantes que se enteran de antemano. Y él, sin duda, le contaría a Alex.

—Pero, ¿a Henry le estaría permitido contarlo? —pregunté. Ambas, Dede y Amy me miraron como si hubieran olvidado mi presencia.

—No —dijo Amy—. ¿Pero qué importa? Pareció, de repente, recordar quién era yo: una extraña chica de primero a quien no conocía muy bien, sentada con otra chica, apenas un poco más *cool*. Era obvio que no había pensado llegar a ser tan generosa con su tiempo o su información.

—Hagan lo que quieran —dijo—. Estudien toda la noche si les parece.

Esperé a que desapareciera por la escalera y me dirigí a Dede:

—Entonces ¿vas a explicarme de qué se trata esto, o no?

Dede seguía sin caerme particularmente bien, pero era la persona de la que más cerca me sentía en Ault. En diciembre, le habían pedido a Little Washington que se fuera el mismo día que yo había hablado con Madame Broussard, y cuando nos juntamos en la sala de estar por la noche pude sentir la diferencia, el nuevo vacío. Se había ido Little —sus padres habían venido a recogerla y en cosa de minutos su cuarto había sido vaciado— y con ella también el suspenso sobre quién era el ladrón o cuándo sería el próximo robo. Alrededor de las dos de la mañana tenía tanto dolor de estómago que fui al baño, me senté en el piso y me metí los dedos en la garganta. No salió nada, sólo hice algunas arcadas, luego me incliné sobre la taza y miré el inodoro; el agua calma, la porcelana curva. Había estado allí por veinte minutos cuando Dede empujó la puerta del compartimiento que estaba sin trabar. "¿Podrías dejarme sola?", pedí, y ella contestó: "Hiciste lo correcto. No tenías otra opción".

En la sala de estar Dede dijo:

—El feriado sorpresa es una tradición de Ault. Un día al año las clases se suspenden para darnos un descanso.

Pensé en mi "C" en biología y sentí que no estaba segura de si necesitaba un descanso.

—Si ves una chaqueta verde durante la pasada de lista, entonces lo sabes —continuó Dede—. Puede ser que el señor Byden esté haciendo algún anuncio, y de repente se saque la chaqueta y la chaqueta verde esté abajo; o que alguien escondido bajo el escritorio del perfecto, de repente salga y la tenga puesta, o algo así.

—Entonces, ¿no tenemos examen?

—Creo que no. Al menos hasta el viernes.

—Si es así, no necesitamos estudiar.

—Bueno. —Dede se mordió el labio. —Quizá deberíamos hacerlo, sólo para estar tranquilas.

—Estoy cansada —dije.

—Si estudiamos hoy, no tendremos que hacerlo mañana.

La miré: ¡era tan responsable! Era como estar viendo una versión mía del año anterior; la versión que había convencido a mis padres de dejarme venir a Ault diciéndoles que sería una experiencia educacional de primer nivel. Ahora era otra persona, no era como Dede. Ella podía estudiar porque abordaba su vida en forma directa; yo no podía, porque mis energías se me iban en ocultarme. No actuaba como quería, no decía lo que pensaba, y ser tan reprimida y contenida me dejaba exhausta; no importaba lo que hiciera, siempre me estaba imaginando otra cosa. Las notas eran algo secundario, pero el problema real era que todo parecía secundario.

—Me voy a la cama —dije. Dede se quedó en la sala de estar, estudiando sus apuntes de biología.

Durante el desayuno, Hunter Jergenson, contó un sueño con marcianos, lo que hizo que Tab Kinkead le preguntara si en lugar de un sueño no había sido una abducción, y luego, Andrea Sheldy-Smith, la compañera de cuarto de Hunter, contó una larga historia sobre cómo había utilizado accidentalmente el cepillo de dientes de Hunter, y Tab le dijo: "Entonces, es como si ustedes se hubieran besado".

Constantemente, me sorprendía lo ridículo de los temas que sacaba la gente, especialmente las chicas. Por supuesto: quizás acentuaban esa ridiculez, tal vez era sólo un modo de no mostrar lo penoso de la situación.

Nadie en la mesa sacó el tema del feriado sorpresa., y comencé a sospechar que Amy hubiera estado equivocada, o bien —esa posibilidad se me ocurrió a la noche— nos hubiera estado engañando. Durante la misa, el señor Byden habló de la importancia de la humildad, y yo escudriñé sus expresiones en busca de una señal de que no habría clases. No encontré ninguna. En general, me gustaba la capilla: los desvencijados asientos de paja, la luz tenue, los altísimos techos abovedados, el sonido del órgano cuando cantábamos himnos, y la pared de atrás en la que se leían, grabados en piedra, los nombres de los alumnos de Ault que habían muerto en guerras. Pero hoy estaba nerviosa.

Mientras se pasaba lista, pude percibir un ambiente de expectación fuera de lo común, un murmullo generalizado. En los escritorios de mi alrededor, nadie estudiaba como generalmente sucedía durante los anuncios; todos hablaban, y había frecuentes y estrepitosos estallidos de risa desde todas las direcciones. Aspeth Montgomery, la rubia engreída con respecto a la cual Dede funcionaba como un satélite, estaba sentada en el regazo de Darden Pittard, que era el chico negro *cool* de nuestra clase. Darden era bueno en básquet y se había criado en el Bronx; llevaba una cadena de oro y rubíes que colgaba de sus hombros anchos y musculosos. (El otro chico negro de nuestra clase, que no era *cool*, era Kevin Brown. Kevin, delgado, de anteojos, era un genio del ajedrez y sus padres eran ambos profesores en la universidad de Saint Louis). Vi que Darden trataba de besar a Aspeth, quien le tomaba la cara —su pulgar en una mejilla, y su dedo índice en otro— y hacía como que lo reprendía; y mientras veía eso, pensé que era muy probable, casi seguro, que hoy tuviéramos feriado sorpresa. ¿Cómo podía ser de otro modo?

Henry Thorpe tuvo que hacer sonar el timbre tres veces hasta que la gente se calló y fue posible comenzar a pasar lista. El primer anuncio, hecho por la señora Van der Hoef, era que todos aquellos que quisieran ir a Grecia en junio tenían que asegurarse de que sus padres hubieran enviado el depósito de quinientos dólares. Luego un chico de tercer año, cuyo nombre me era desconocido, dijo que había olvidado su cuaderno en la biblioteca, que si lo veían por favor se lo devolvieran. El tercero en pasar fue el decano Fletcher, que subió hasta la plataforma donde estaba el escritorio de los tutores, tras el cual estaban Henry y Gates. Luego de la expulsión de Little, mi interés en Gates había decrecido hasta desaparecer casi por completo. No por algo que Gates hubiera hecho, sino porque yo asociaba a Gates con Little y con todo mi malestar respecto de la situación. Pronto, fue como si Gates hubiera sido alguien importante para otra persona, para una amiga quizá, pero no para mí. Todavía sentía un destello de interés al verla, pero nada más.

—Un par de cosas —comenzó el decano Fletcher—. En primer lugar, el desayuno termina exactamente a las ocho menos cinco. Me he enterado de que hay estudiantes que molestan al personal de cocina porque se duermen, llegan tarde, y encima quieren sus panqueques. —La gente se rió, sobre todo porque todo el mundo le tenía afecto al decano Fletcher. —Cuando el personal les dice que ya no se sirve más, quiere decir que deben apurarse para llegar a misa. ¿Entendieron? El siguiente punto, tiene que ver con la sala de correos: está convertida en un chiquero. Sus madres se avergonzarían de ustedes. —Metió la mano en una caja de cartón que estaba sobre el escritorio y que yo no había notado hasta ese momento. —Objeto "A" —dijo, y mi corazón latió más rápido, pero lo único que sacó fue un diario viejo—. Los papeles se tiran en la papelera de reciclaje. —Luego sacó un par de orejeras. —¿Estas orejeras son de alguien? ¿No? Muy bien, me las guardo. —Se las ajustó en la cabeza, y entonces supe con certeza que no tendríamos clases.

—O... —dijo, y miró alrededor del auditorio donde todos estábamos expectantes—. ¿Qué les parece esto?

Todo lo que vi antes de que la sala entrara en erupción fue un flash de tela verde oscuro. Todos a mi alrededor gritaban. Las chicas se abrazaban y los chicos se palmeaban la espalda.

Yo no grité ni abracé a nadie. De hecho, mientras el ruido cobraba intensidad, mi ánimo iba en dirección contraria, pero la tensión no disminuía: mi cuerpo todavía estaba alerta. Extrañamente sentía ganas de llorar. No porque estuviera triste, sino porque no estaba feliz, y, como mis compañeros, yo también había experimentado un acceso de emoción que necesitaba expresar. Ya me había ocurrido, en una de esas rondas previas a un partido, eso de ser asaltada por una ola de emoción que claramente difería del sentimiento de los que me rodeaban: me sentía incómoda porque no quería que los demás notaran que yo no animaba al equipo, pero también me estremecía sentir que el mundo estaba lleno de posibilidades que podían hacer palpitar mi corazón. Al mirar hacia atrás, pienso que eso era lo mejor y casi lo único bueno de Ault, ese sentimiento de posibilidad. Vivíamos juntos, muy cerca unos de otros, pero —porque se trataba de un lugar donde había que mantener el decoro y la moderación, y porque además éramos adolescentes— nos ocultábamos. Y luego en las residencias, clases, equipos, cenas, y grupos de apoyo, se nos mezclaba y se nos empujaba a estar juntos, por lo que siempre existía la posibilidad de que uno pudiera averiguar alguna parte de la información oculta. Por eso me sentía emocionada cuando la vida era distinta de la vida normal; cuando pasaban cosas, nieve o un simulacro de incendio, o las ocasiones en que teníamos que asistir de noche a la capilla y el cielo del otro lado de los vitrales estaba totalmente oscuro. Dependiendo de las circunstancias, podías enterarte de un acontecimiento increíble o enamorarte perdidamente. En toda mi vida, Ault fue el lugar con la densidad más alta de personas de las que enamorarme.

Gates hizo sonar el timbre para pedir calma. El decano Fletcher, se metió dos dedos en la boca y emitió un chiflido poderoso.

—Bueno, chicos —dijo, e hizo un gesto para que nos calmáramos, empujando el aire con las palmas—. Suficiente. Escuchen: De la escuela saldrá un autobús a Boston a las diez, y otro al centro comercial Westmoor, al mediodía. Si quieren ir, apúntense en mi oficina. No tengo que recordarles que todas las normas de la escuela siguen vigentes aun fuera de ella. —Todos los profesores decían eso cuando uno abandonaba el campus.

Cuando concluyó la pasada de lista, los estudiantes salieron en masa hacia la oficina del decano Fletcher o hacia las residencias. Yo me dirigí a la sala de correos, que estaba en el sótano, y vi a través de la ventana de mi casilla que no tenía nada. No sabía muy bien qué hacer conmigo misma. Hasta ahora sólo había pensado en salvarme del examen de Biología, y ahora que lo había hecho, me encontraba perdida. El problema era que no tenía a nadie para ir a Boston o al centro comercial, seguía sin tener amigos. Curiosamente, ése no era un hecho que afectara en mayor medida mi vida cotidiana, al menos no desde el punto de vista logístico. Durante las comidas, el comedor estaba informalmente dividido por años, y —lo que era extrañamente democrático— dentro de tu año podías sentarte en cualquier mesa que tuviera un asiento libre; la cena formal era aun mejor porque los lugares estaban previamente asignados. En la capilla también podías sentarte en cualquier lado. Y el resto del tiempo, al deambular por los pasillos entre clases, o cambiarte en el vestuario antes del entrenamiento de deportes, podías pasar inadvertido caminando unos cuantos metros detrás de otras personas, o quedándote en la periferia.

Era cuando el ajetreo terminaba, y se suponía que había que relajarse y divertirse, que mi falta de amigos se hacía evidente: los sábados a la noche cuando había fiestas a las que yo no iba, o durante la hora de visita, cuando a chicos y chicas les estaba permitido estar en los cuartos de unos y otros. Entonces yo me escondía. La mayor parte de las demás chicas dejaban su puerta abierta durante la hora de visita, pero nosotros la manteníamos cerrada; a Sin-Jun parecía no importarle, y Dede bajaba al cuarto de Aspeth.

Aunque en ciertas ocasiones me era imposible ocultar mi falta de amigos. Una vez que tomamos un autobús para visitar la Plantación Plimoth, tuve que sentarme junto a Danny Black, un estudiante no interno, que siempre se estaba sonando la nariz debido a la alergia; cuando le pregunté si podía sentarme a su lado, me dijo con voz gangosa: "Bueno, pero yo quiero el pasillo", luego se paró por un momento y me dejó pasar. En otra ocasión, los de primer año organizaron una fiesta de patinaje en la pista de hockey, y yo fui porque no sabía lo siguiente: el hecho de que fuera por la noche, y se tratara de una fiesta, no implicaba que sería más fácil hablar con los demás. Las chicas daban vueltas sobre la pista de hielo, vestidas con jeans y suéteres rosados o grises; los chicos trataban de derribarse unos a otros. Tras la barrera de plástico, estábamos los que no sabíamos patinar o no teníamos patines. Parada ahí, en el aire gélido, sentía que mis pies eran bultos helados, y podía ver la respiración de la gente al hablar. De manera intermitente, trataba de iniciar una conversación con Rufina Sánchez, que había sido reclutada para venir a Ault en una escuela pública de San Diego y que, era tan linda que, si hubiera sido blanca, me habría sentido intimidada de hablar con ella; aunque, en realidad, mi atención estaba puesta en los patinadores. Al mirarlos, sentía esa familiar combinación de miseria y regocijo. Después de aproximadamente quince minutos, Rufina le dijo a Maria Oldego, que era gorda y venía de Albuquerque:

—Esto está aburrido, vayámonos. —"¿Aburrido?", pensé incrédula. Cuando Rufina y Marina se fueron, también lo hicieron otros chicos que estaban del mismo lado de la pista que nosotras, y me quedé sola, y también tuve que irme.

Quizá podría haberme simplificado la vida acercándome a Dede, pero el orgullo me lo impedía. A veces, me acercaba a Sin-Jun, pero luego me sentía deprimida, como si hubiera hablado demasiado y ella —dada la barrera lingüística— de todos modos no me hubiese entendido. Además, Sin-Jun acababa de hacerse amiga de Clara O'Hallahan, una chica regordeta y pesada de nuestra residencia.

Mientras los otros estudiantes entraban en la sala de correo, decidí quedarme en la residencia todo el día. Pensé que mientras mis compañeros gastaban dinero en ropa y casetes, yo bien podía estudiar. Quizás hasta podía obtener una buena nota en el examen de Biología. Salí del edificio escolar. Había empezado a llover y un grupo de chicos jugaba al fútbol norteamericano. Se resbalaban y rodaban por el pasto. Al oír sus gritos, sentí celos de los varones. No deseaba lo que ellos tenían, pero deseaba querer lo que ellos querían; me parecía que la felicidad les era más fácil.

Mientras caminaba hacia las residencias, oí una música. Aunque no provenía de la misma fuente, ni estaba sincronizada, noté que se trataba de la misma canción, *Holliday* de Madonna: "Si te tomas un día libre/tómate el tiempo de festejar/ sólo un día fuera de la vida/sería tan hermoso". Cuando llegué al patio vi que en las ventanas de las residencias —pero sólo en las de las chicas, no en las de los chicos— había parlantes apuntando hacia afuera que enviaban la música hacia el aire. Me pregunté cómo tantas chicas sabían que había que hacer eso. Parecía una suerte de intuición animal, como los elefantes de la sabana que, generación tras generación, conocen el punto preciso donde encontrar agua.

También había parlantes en las ventanas de nuestro cuarto. Eran los parlantes de Dede; sus padres le habían enviado un estéreo la segunda semana de clases. (La madre también le había enviado una encomienda con suéteres de cachemira y chocolate francés que venía en una caja en la que cada pieza, con forma de venera o medalla, tenía su cajita; Dede, que estaba siempre a dieta, le regaló los chocolates a Sin-Jun.) En cuanto a las encomiendas que me enviaba mi madre, aprendí a no abrirlas en la sala de correo sino a esperar para hacerlo una vez que estuviera sola en mi cuarto. (En una ocasión, me envió tres cajas rosadas y brillosas de toallas femeninas maxi, acompañadas por una nota que sólo decía: "Kroger estaba de liquidación. Te extraño. Mamá).

Cuando entré, Sin-Jun no estaba, y Dede corría entre el baño y nuestro cuarto, preparando sus cosas con su afán habitual: llenaba su botella de agua, cargaba su mochila. Desde el umbral de nuestro cuarto le gritó a Aspeth, que estaba en el pasillo:

—¿Va a ir Cross?

Aspeth dijo algo que no pude oír, Dede suspiró y volvió a gritar:

—¿Por qué no?

Aspeth no respondió. Luego de algunos segundos, Dede dijo:

—Cross ha estado de muy mal humor últimamente. —Considerando que había bajado el volumen de su voz, deduje que se dirigía a mí. —Salir con Sophie le hace mal —agregó.

Cross Sugarman era el chico más alto y más *cool* de nuestra clase, un chico blanco que jugaba al básquet mejor que Darden Pittard. Aunque Cross era de primer año, salía con una chica de tercero llamada Sophie. Me había enterado de esto en "Sottovoce", una sección de *La voz de Ault*, el periódico de la escuela. En esa sección —escrita en clave para escapar a la comprensión de los profesores— se hacían comentarios jocosos y malintencionados sobre las nuevas parejas, ex parejas y posibles parejas. Se utilizaban las iniciales de las personas y luego un juego de palabras en el que resonaban sus nombres: en el caso de Cross y Sophie había sido: "La filoSOfía es hacer acrósticos". El hecho de que Cross tuviera una novia, no había sido una barrera para que Dede se fijara cada vez más en él, lo cual me chocaba por predecible y patético; era obvio que Dede se obsesionaría con el chico más requerido de la clase. Que te gustara él equivalía a decir que "Grateful Dead" era tu banda favorita, que la misa era aburrida, o que la comida del comedor era mala. Yo sabía que Dede no tenía ninguna chance con Cross. Sí, ella era rica, pero también era judía, y con una nariz grande y el apellido Schwartz, no era la clase de judía que pudiera pasar inadvertida. Sí, se cuidaba, sus piernas siempre estaban recién afeitadas, su cabello siempre olía bien, pero la verdad es que no era linda.

Una vez, había visto a Dede y Cross Sugarman y otras personas juntos en la sala de correo. Dede gritaba y se reía, y miraba a Cross mientras le tomaba el brazo con ambas manos; la expresión de él era de tal tranquilidad y desapego, que en realidad sentí lástima por Dede.

—Si Cross pensara que Sophie le hace mal, seguramente no saldría con ella —le hice notar.

—Estuvo a punto de romper con ella como cinco veces —dijo Dede—. Sale con ella sólo porque es de tercero.

Me reí.

—Suena como si Cross no tuviera carácter. —Afirmar algo así era algo injurioso, pero me encantaba hacerlo.

—Tú no lo conoces tan bien como yo.

—Nunca dije que lo conociera. Jamás hablé con él.

—Exactamente.

Dede estaba parada frente al espejo sobre su escritorio. Se puso brillo labial y se apretó el labio superior contra el inferior mientras se miraba con ojos abiertos y serios.

—Está atrapado en una relación poco sana —dijo—. Ella no le gusta tanto, pero él se siente en deuda con ella.

—Quizá deberías interesarte en alguien que no tuviera novia.

—No me *gusta* Cross. Sólo somos buenos amigos. —Dede se dio vuelta y me miró. —No vas a Boston ¿no?

—No.

—Yo sí.

—Se nota

—Aspeth y yo vamos a ir de compras a la calle Newbury. Y vamos a almorzar en ese restaurante *thai* que tiene fama de ser muy bueno. ¿No te gusta la comida *thai*?

Yo nunca había probado la comida *thai*, algo que Dede seguramente podría haber deducido.

—Como el *pad thai* —dijo—. Mmm, ése es mi plato favorito. ¿Has visto mi hebilla de carey?

—No.

—No irás a quedarte todo el día aquí, Lee —dijo—. Deberías hacer algo divertido. Hay un solo feriado sorpresa en el año.

—Claro que no me voy a quedar aquí —dije.

—¿Vas a ir al centro comercial?

Asentí sin pensar.

—Es un centro comercial un poco venido a menos —dijo—. ¿Recuerdas aquella vez en que Aspeth y yo tomamos un taxi hasta allí? Fue una pérdida de tiempo. Hay cosas mucho mejores en Boston. Ah, pero probablemente irás al cine, ¿no?

Asentí nuevamente.

—¿Qué película vas a ver?

Dudé.

—En realidad —dije—, la razón por la que quiero ir al mall es... bueno, quiero hacerme perforar las orejas. —Mientras lo decía, sentí cómo la sangre llegaba a mis mejillas. Nunca había pensado en hacerme perforar las orejas. Ni siquiera sabía si mis padres lo permitirían.

—¡Oh, Lee! Eso es genial. Te quedará bien. ¿Y usarás también de esos aros que cuelgan, no?, no sólo aros pequeños...

—Sí, creo que sí.

—Será un gran avance.

Se me pasó por la cabeza ofenderme, pero estaba claro que Dede sólo trataba de ayudarme. Había algo casi cándido en ella; su lado desagradable estaba cerca de la superficie. Era como la corteza terrestre, una vez que la atravesabas, se volvía extrañamente inocente.


Dede tenía razón; el centro comercial estaba un poco venido a menos. La luz blanca era demasiado fuerte, y el piso estaba hecho de mosaicos anaranjados y brillantes de mala calidad. Muchas de los locales en los que alguna vez había habido negocios, tenían las vidrieras cubiertas por rejas de cromo, detrás de las cuales estaban oscuros y vacíos, salvo unas pocas cajas o alguna silla de oficina solitaria. Pasé por una tienda que vendía ropa para mujeres con talles grandes, un local de música y luego una hilera de restaurantes: un local de sándwiches, una pizzería, un local de comida rápida con paneles luminosos que mostraban hamburguesas brillantes. Todo el tiempo me topaba con otros estudiantes de Ault, en grupitos de dos o tres. Cuando el bus nos dejó en el centro comercial —no iba lleno, y nadie se sentó a mi lado— tuve la esperanza de poder fundirme en la multitud de desconocidos, pero el centro comercial estaba casi vacío. Me dije que los otros estudiantes seguramente irían a ver una película que empezaría en menos de una hora, y que entonces podría dar vueltas en paz. Primero tenía que hacerme perforar las orejas.

En el centro comercial no había ninguna de esas típicas tiendas para chicas, que venden boinas y bisutería. Mi única opción parecía ser la versión masculina de una de esas tiendas: una con llamas pintadas sobres las paredes, ropa de cuero, y una motocicleta en la vidriera.

Tras el mostrador, había un tipo de casi cuarenta años con el cabello largo recogido en una cola de caballo. Usaba una campera de jean con las mangas cortadas.

—¿Puedo ayudarte? —dijo.

—Sólo quería mirar. —Pensé que necesitaba un par de minutos. Caminé hasta un perchero con chaquetas de cuero y les toqué los hombros. Las chaquetas eran muy suaves y tenían ese característico olor profundo y amargo del cuero.

—¿Necesitas ayuda? —dijo el tipo, y me di vuelta. Pero esta vez no me había hablado a mí, sino a Cross Sugarman, que estaba en la puerta de la tienda echando un vistazo. Cuando volví a darme vuelta para seguir mirando las chaquetas, no pude evitar sonreír de satisfacción. La presencia de Cross no me importaba, lo que me resultaba gratificante era que su ausencia le arruinaría el día a Dede. Luego recordé la calidez que había demostrado Dede cuando le conté que me perforaría las orejas, y me pregunté si tendría que sentirme culpable por ser tan mala.

Me acerqué al mostrador.

—Quiero perforarme las orejas —hice una pausa—. Por favor.

—La perforación es gratis —dijo el hombre—. Los aros cuestan desde siete dólares en adelante. Abrió una puerta del mostrador, sacó una bandeja de terciopelo llena de aros, y me la acercó. Había lunas, cruces y cráneos, de oro y plata. Sentí una punzada de soledad. Hacerte perforar las orejas, era algo que hacías con otra chica, una amiga que te ayudara a escoger. Señalé un par de bolitas de plata, el par más común.

—Siéntate ahí. —El hombre señaló con su mentón un banco del otro lado del mostrador. Vino de este lado, y vi la pistola perforadora, un objeto blanco y cuadrado sin demasiados rasgos distintivos, con una barra plateada que saltaría hacia adelante y atravesaría mi oreja.

—¿Alguna vez fallaste? —pregunté. Solté una risa fuerte y nerviosa.

—No, dijo el hombre.

—¿Duele?

—No. —Apoyó la pistola contra mi lóbulo derecho.

Pensé que si tuviera una amiga a mi lado, aunque fuera Dede, le apretaría la mano. Sentí un pinchazo, luego un ardor.

—¡Ay! —dije.

El hombre se rió entre dientes.

Deseaba pararme y correr. Pero si lo hiciera tendría una sola oreja perforada. La idea de estar atrapada me impidió respirar con facilidad. Podía sentir la pistola tocando mi lóbulo izquierdo, los dedos del hombre en mi cabello. Apretó el gatillo, me estremecí y sacudí los hombros.

—¡Qué mierda pasa! —El hombre se movió para que pudiéramos estar frente a frente, y me miró. —¿Quieres que te haga esto o no?

—Perdón. —Mientras lo miraba, los rasgos de su rostro comenzaron a disolverse. Una mancha verdosa titilante —como cuando miras fijo un foco y luego apartas la vista— cubrió la punta de su nariz y parte de una de sus mejillas. Sentí una oleada en mi estómago.

—Dios mío —susurré.

Él salió de mi campo visual presionó la pistola contra mi lóbulo otra vez. La mancha verde permaneció en el aire, en el lugar donde había estado su cara; se expandió como titilando. Cerré los ojos.

Después, podía oír, pero no veía nada. Me sentía como si estuviera tirada junto a una vía y las ruedas de un tren pasaran cerca de mis oídos. Se sucedían imágenes y el mundo giraba vertiginosamente; y todo era culpa mía.

—¿La conoces? —dijo una voz grave, y otra voz dijo:

—No sé cómo se llama, pero está en mi clase.

—¿Tomó algo? —dijo la voz grave—. ¿Qué tomó? Ustedes dos, ¿por qué no están en la escuela?

—Tenemos el día libre. ¿Tiene una toalla?

—El baño está atrás.

—Si usted la va a buscar, yo me quedaré con ella.

Sentí la humedad contra mi frente antes de sentir mi propio cuerpo. Luego pude verlos, pero me encontraba entre el mundo verde giratorio y el mundo estático de sus rostros frente a mí.

—Está recuperándose —dijo la otra voz—. Oye, tú, ¿cómo te llamas?

Parpadeé. Traté de decir "Lee", pero lo que me salió fue más bien como un graznido prolongado.

—Te desmayaste. —Era Cross Sugarman quien me hablaba. —¿Eres diabética?

No podía responder.

Se dio vuelta y le dijo al hombre con cola de caballo:

—¿Tiene un caramelo, o alguna gaseosa?

—Esto no es un kiosco.

—Sí, me doy cuenta. —Cross volvió a mirarme. —¿Eres diabética?

Tragué saliva.

—No.

—¿Quieres que llamemos una ambulancia?

—No.

—¿Te habías desmayado antes?

—No lo sé. —Mis palabras emergían lentas. El mundo verde giratorio había desaparecido por completo. Me sentía exhausta.

—¿Cómo te llamas?

—Lee.

—Y eres alumna de Ault ¿verdad?

Asentí.

—Yo también —dijo—. Me llamo Cross.

Me impactó que, incluso en es momento, tuviera la humildad de presentarse. Claro que sabía su nombre.

Traté de sentarme (había estado recostada en el piso), Cross se inclinó hacia mí y puso sus manos bajo mis axilas.

—Con cuidado —dijo. Se dirigió al hombre: —¿No tiene ninguna gaseosa?

—Los restaurantes están allá. El tipo levantó la cabeza y señaló la entrada del local.

Cuando ya me había enderezado, Cross me observó fijamente.

—¿Qué día es? —dijo.

—Feriado sorpresa —dije.

Él sonrió.

—Haz esto.

Se limpió la boca con el dorso de la mano. Cuando yo imité el gesto, un hilo de saliva quedó colgando de mis nudillos.

—Vamos a conseguirte algo para comer —dijo.

Caminamos lentamente hacia la entrada del negocio.

—Espera —dije—. No pagué.

—Yo no me esforzaría mucho por hacerlo.

Cuando estuvimos otra vez bajo la iluminación potente y zumbante del centro comercial, él dijo:

—Qué pedazo de imbécil. —Cerca de un minuto después me tocó suavemente el brazo. —Por aquí.

Entramos en un restaurante y la camarera nos condujo hasta una mesa en la que nos sentamos uno frente a otro. El Cross real era impactante: su altura, la palidez de su piel, su cabello castaño bien cortado, sus ojos azules, que parecían contener a la vez inteligencia y aburrimiento. Nunca habría imaginado que Dede y yo tuviéramos el mismo gusto, pero Cross era el chico más apuesto junto al cual jamás me había sentado. Y ese hecho me emocionaba e incomodaba al mismo tiempo. Era algo del orden de los sueños, como si lo hubiese arrancado de su mundo —*lacrosse*, veleros, y chicas rubias de cabello largo vestidas con soleras— para traerlo al mío: un restaurante mugriento en un deprimente centro comercial un día de lluvia.

—Perdón —dije—. Por... quiero decir... no sé.

—No hay problema.

—Es que has sido tan bueno conmigo.

Él apartó la vista, y emitió un sonido que era como un suspiro que-joso, e inmediatamente supe que lo que había dicho era incorrecto.

Cuando volvió a mirarme, dijo:

—¿Te ha pasado esto antes?

—Me pasó una vez, hace unos años. Después de un partido de fút-bol cuando estaba en sexto grado.

—Mi hermana suele desmayarse —dijo.

Que Cross tuviera una hermana me resultaba un hecho interesante. ¿Pensaría que su hermano era atractivo o se sentiría contenta de vivir en la misma casa que él?

—Una vez se desmayó en un avión que volvía de California. La aza-fata le preguntó si quería que el piloto aterrizara, pero ella dijo que no. Yo pensé que tendría que haber dicho que sí.

—¡Oh! —dije. Había algo en la suavidad del tono y los gestos de Cross, que me hacía dudar sobre cómo reaccionar ante lo que decía. Por lo general, sólo con observar a la gente, uno podía saber si debía asen-tir, reírse o fruncir el entrecejo en señal de que comprendías. Pero los gestos de Cross decían tan poco, que parecía no prestarle atención a lo que conversábamos. Eran sus ojos los que me señalaban que no era así: estaban alerta, pero no del modo en que podía imaginar a mis propios ojos alerta; la suya era una vigilancia desinteresada, espontánea.

Apareció la camarera, y Cross pidió un batido de vainilla. Abrí el me-nú y la cantidad de palabras me resultó abrumadora. Lo cerré.

—Para mí, también un batido de vainilla —dije. Cuando la camare-ra se fue, dije:

—Me pregunto si no me caerá mal tomar leche ahora.

Cross se encogió de hombros.

—Vas a estar bien.

Había algo en su forma de encogerse de hombros que yo envidiaba, la capacidad de prevenir la desgracia al elegir no anticipársele.

Miré hacia la mesa, y luego nuevamente a él.

—No debes quedarte si no quieres —dije—. Seguramente ibas a ir al cine, ¿no? Yo estaré bien. No es que no aprecie... —lo único que se me ocurría para decir era: "que me hayas cuidado", y eso en realidad, sona-ba mucho peor que: "que hayas sido tan bueno conmigo". Sin convic-ción dije—: en serio te puedes ir si quieres.

—¿Y mi batido?

—Oh, yo puedo pagarlo. Sería una forma de retribuir tu ayuda.

—¿Y si lo quisiera?

—Bueno, puedes quedarte si quieres. No es que te esté diciendo que te vayas. Sólo pensé que...

—Relájate —dijo. Luego añadió: —Lee.

En ese momento, entendí por primera vez en mi vida lo que significaba sentirse atraído por alguien. No era pensar que esa persona era divertida, o disfrutar de su compañía, o encontrar que sus hoyuelos y sus manos eran lindas. Era sentirse físicamente empujado hacia esa persona. Sólo quería cerrar los ojos y tener mi cuerpo junto al de Cross.

—¿Eres de primero? —preguntó Cross.

Asentí con la cabeza.

—Yo también —dijo.

Pensé que él parecía mucho más grande; un hombre adulto, de dieciocho y veinte, quizá.

—Me parece que te he visto antes. ¿Vives en la residencia de McCormick?

—No, en la de Broussard. —No le pregunté dónde vivía él, porque ya lo sabía. Éramos más de setenta y cinco alumnos en nuestro año, y yo conocía el nombre de todos, incluso de aquellos con los que no había hablado nunca.

—Yo tengo a Madame Broussard en francés —dijo—. Es un poco estricta.

—¿Conoces a Amy Dennaker?

Cross asintió con la cabeza.

—Bueno, Amy imita a Madame. Hace algo así como... —hice una pausa. Tenía que hacer el acento; no sería gracioso sin el acento: —como, "¡hay *foie gras* en mi bidet!", o, también inventó un caniche que supuestamente le pertenece a Madame, se llama Oh la la, y ella le dice: "Oh la la, si no dejas de ladrar voy a enviarte a la guillotina".

Miré a Cross. Mi relato no parecía haberlo impresionado mucho.

—Hay que oírla personalmente —dije. Aunque casi no importaba que él no se hubiera reído, porque yo había dicho algo totalmente innecesario. Había contado una historia. Por un momento me había liberado de la personalidad achatada que normalmente tenía en Ault.

—¿De dónde eres? —dije.

—De la ciudad.

—¿Boston?

—Nueva York.

—¿Por qué viniste a Ault? —Sin duda algo había cambiado; yo estaba llevando adelante la conversación, y ni siquiera me parecía extraño. Cuando vivía en South Bend, tanto en casa como en la escuela, era curiosa y me gustaba hablar y opinar de todo. Hablaba con más soltura y desenvoltura que cualquier persona.

—Era Ault u Overfield —dijo Cross—. Los profesores de Ault parecían más relajados. En Overfield son todos unos viejos almidonados.

—Entonces, siempre supiste que irías a un internado.

—Creo que sí.

—Supongo que para ustedes, los de la costa Este, las cosas son así —dije—. Todo es distinto en el lugar donde yo nací.

—¿Y qué lugar es ése?

—Indiana.

—¿En serio? ¿Eres una *hoosier*[1]? —Quizá bromeaba, pero no estaba segura.— ¿Te gusta el básquet?

—No sigo mucho los deportes —dije—. Sin ofender.

—¿Qué quieres decir con eso?

—Bueno, dado que tú eres tan buen atleta, ¿no? —Mientras lo decía, caí en la cuenta de que estaba dejando traslucir que había mentido en el negocio cuando fingí no conocerlo. Era obvio que yo sabía quién era él.

—Me gustan los deportes —dijo pausado.

—Eso es exactamente lo que quise decir.

—¿Crees que eso me hace un estúpido?

—No es eso...

—Está bien. —Alzó sus manos con las palmas hacia mí. Eran enormes. —Creo que nos entendemos.

—Nunca dije que fueras un estúpido.

—Bueno, ceno con cubiertos de plata —dijo—. Al menos en público.

Mi corazón comenzó a latir más rápido. Ése era el tipo de tomadura de pelo que no me gustaba. Cuando los chicos se burlaban de ti de un modo que implicaba que tú no podías burlarte de ellos tan fácilmente, daban por hecho que ellos eran ingeniosos y tú pasiva y miedosa.

—También sé leer —dijo—. Leo el diario.

—Felicitaciones —dije—. ¿Y qué tal con el baño? ¿sabes reparar las cañerías?

Nos miramos. Mi cara estaba ardiendo.

—He oído que puede ser algo difícil —continué—. Pero puede hacer la vida en un ambiente comunitario mucho más agradable para todos.

[1] Manera informal de llamar a las personas nacidas en el estado de Indiana. (*N. de la T.*)

Ambos permanecimos en silencio. Luego él dijo:

—Bueno, bueno, bueno. —Lo dijo con una voz tan extraña —quizá la voz de una entusiasta abuela sureña— que supe que si se estaba burlando de mí, también lo estaba haciendo de sí mismo. Su torpeza me hizo perdonarlo; actitud que no tenía nada que ver con mi comportamiento habitual en Ault.

—Indiana, ¿eh? —dijo—. ¿Cómo es Indiana?

—Hay mucho campo. Nunca te sientes asfixiado, y la gente es amable. Sé que es un estereotipo sobre el Medio Oeste, pero es verdad.

—¿Y por qué viniste?

Lo miré rápidamente, y noté que esta vez su mirada sólo era curiosa, no sarcástica.

—No sé —dije—. Pensé que mi vida sería más interesante en Ault.

—¿Y lo es?

—Supongo que sí. Sin duda es distinta. —Desde mi llegada a Ault, seis meses atrás, nunca me había hecho esa pregunta. Mi vida en Ault era, de hecho, más interesante que mi vida anterior. Yo era menos feliz pero mi vida era más interesante. Quizás ese intercambio no estaba mal.

—Mi vida es mejor aquí —dijo Cross—. En Nueva York iba a una escuela sólo para chicos, y la verdad es que era horrible.

Me reí.

—¿Te gusta tener compañeras?

—Claro.

Después, para que no pensara que yo estaba sugiriendo que le gustaba ir a la escuela *conmigo*, dije:

—Sales con Sophie Thruler, ¿no?

—Dios mío —dijo—. ¿Acaso eres una espía?

—Pero sales con ella, ¿verdad?

—¿Trabajas para la KGB o para la CIA? Sólo dime eso.

—Para la KGB. Ellos están muy, pero muy interesados en tu vida sentimental.

—Lo lamento, pero tendrás que decirle a tu *apparatchik* que no has podido conseguir ninguna información

—¿Por qué no? Yo sé que sales con ella.

—A veces hacemos algo.

—¿Es verdadero amor? ¿Quieres casarte con ella?

Él sacudió la cabeza.

—Estás loca —dijo. Pero me di cuenta de que había algo de mí que no le molestaba.

La camarera apoyó nuestros batidos sobre la mesa. Venían con cucharas largas en vasos altos que se estrechaban en la base. Al ver cuán grandes eran, pensé que nos llevaría horas terminarlos, y que quizá tuviéramos que quedarnos sentados en esa mesa durante toda la tarde sin parar de conversar. Cuando bebí el primer sorbo, noté que era espumoso y dulce, y me pregunté por qué nunca bebía batidos en mi vida cotidiana.

—Nunca me casaría con Sophie —dijo Cross—. Y podría decirte por qué, pero luego tendría que matarte.

—No me refiero a que debes casarte ahora —dije—. Quizás en el futuro. El reverendo Orch podría oficiar la ceremonia.

—Jamás me casaría con Sophie —dijo Cross. Dejó su cuchara sobre la mesa, levantó el vaso, y lo inclinó. Mientras miraba cómo el batido caía en su boca, sentí el cariño que una siente por los chicos al notar que son distintos de nosotras de una forma positiva. Cuando volvió a apoyar su vaso en la mesa, quedaba menos de un tercio: estaba claro que él no compartía mi impulso por hacer que el batido durara lo máximo posible. Un bigote blanco se había impregnado sobre su labio superior; que Cross se viera tonto ante mí, parecía una inversión del orden natural de las cosas. Pero luego se limpió la boca. Obviamente, él no era de los que andan con comida sobre su cara sin darse cuenta.

—Ésta es una de las razones —dijo—. Sophie fuma.

Lo que inmediatamente pensé fue: "Eso va contra las reglas de la escuela". Pero me mordí la lengua.

—También porque cuando llueve no le gusta salir. Piensa que se le arruina el cabello, o algo así.

—¿Y cuando tiene que ir a clase?

—Sólo si debe ir lo hace. Pero no le gusta. —Cross tomó su vaso y bebió lo que quedaba del batido. —Pero puede ser *cool*. ¿Sabes qué es lo que me gusta de ella? En realidad, mejor olvídalo.

—Ay, por favor.

—Seguramente te parecerá ofensivo.

—Ahora tienes que decírmelo.

—Es algo que a la mayoría de las chicas no les gusta.

—Te prometo que no me ofenderé.

—Le gusta chuparla.

Parpadée.

—Sabía que no tenía que decírtelo —dijo Cross.

—No —bajé la vista—. Está bien. —Imaginé a Sophie arrodillada ante Cross sentado en una cama baja. Ambos estaban desnudos. La imagen parecía tan adulta, y tan extraña. Todo lo que no entendía y que me

60

era ajeno en Ault, se hizo presente de una manera amenazante, como los intimidantes edificios de una ciudad que aparecen repentinamente. Sentí que me encogía hasta volverme una silueta pequeña y sospechosa caminando contra el viento. Cuando levanté la vista, supe que mi capacidad de hablarle sin estar en guardia había desparecido. ¿Quién era yo para estar conversando, bromeando, con Cross Sugarman?

—No era mi intención... —empezó a decir él, y, subiendo demasiado la voz, dije:

—No, no, está bien.

Nos miramos por algunos segundos más.

—¿Y tú? —dijo—. ¿Tienes novio?

Negué rápidamente con la cabeza.

Se produjo un nuevo silencio en el que parecimos quedar atrapados.

—Oye —dijo finalmente—. Había pensado ir a ver una película. Quedé en encontrarme con John y Martin, ¿los conoces?

Asentí. Eran chicos de primero, estaban con Cross en el equipo de básquet; John Brindley estaba en mi clase de Biología.

Cross miró su reloj.

—Es un poco tarde, pero...

—Deberías ir —dije—. Sin duda deberías ir. —Mi deseo por que se fuera parecía desesperado por su intensidad. No entendía cómo la situación se había vuelto de repente tan incómoda, pero sabía que era mi culpa. Si nunca hubiéramos hablado, yo no le parecería tan rara. Sería sólo una chica cualquiera con la que se cruzaría en los pasillos.

Dejó unos dólares sobre la mesa, y se paró. "Vamos, Lee, compórtate como una chica normal aunque sea por un par de minutos", me dije. Traté de sonreír pero sentía mi cara como una calabaza pudriéndose.

—Espero que la película sea buena —dije.

—Nos vemos por ahí. —Levantó una mano como para saludar, pero la dejó en el aire y se fue.

Miré alrededor por primera vez, y no vi a ningún otro estudiante. Estaba sola; me sentí avergonzada y aliviada. Cuando la camarera regresó pensé en pedir más comida, un almuerzo de verdad, algo grande y pesado como una hamburguesa con pan esponjoso y muchas papas fritas. Tomé el menú que estaba bajo el servilletero, y estaba tratando de decidir entre una hamburguesa con queso y un sándwich de jamón y queso, cuando Cross reapareció.

—Oye —dijo—. ¿Por qué no vienes?

—¿Qué? —Cerré de golpe el menú.

—¿Por qué no vienes a ver la película? No tienes ningún plan, ¿no?

—Oh, está bien, quiero decir, gracias, pero no es necesario que...

—No, no es que...

—Está bien —dije—. Casi no conozco a John y Martin.

—Vamos, Lee. —Cross me miró fijo. —Es sólo una película. —Podía sentir que estaba apurado; la película estaba por empezar, si es que ya no había empezado.

—Estoy bien. —Hice un gesto señalando la mesa y las sillas. —No me molesta estar sola.

Inmediatamente supe que mi última negativa había estado de más; El esfuerzo por parte de él que yo necesitaba para convencerme de que estaba bien ir, de que él quería que yo fuera, excedía su interés.

—Sí, en realidad voy a ir.

En la billetera sólo tenía dos billetes de diez dólares, y no había tiempo para esperar el cambio porque la película estaba por comenzar. Puse un billete de diez sobre la mesa junto a los de un dólar que él había dejado, y aunque me pareció que podía tomarlos, pensé que sería de mal gusto. Salimos pronto del restaurante, y tuve que correr para que sus pasos largos no me dejaran atrás. Salimos del paseo hacia la lluvia, corrimos para atravesar el estacionamiento —normalmente no me gustaba correr frente a los varones, pero sabía que él no me estaba mirando— y llegamos a la puerta de vidrio del cine. Cross me abrió la puerta para que pasara, y por un momento pensé que quizás me pagaría la entrada, pero cuando no lo hizo, me pareció estúpido que se me hubiera ocurrido algo así. La película ya había empezado; lo seguí por el cine oscuro, la pantalla brillaba sobre nosotros. En un momento alguien susurró:

—Eh, Sugarman. —Cross me tomó del antebrazo y me condujo hacia esa fila.

Nos sentamos. Yo jadeaba levemente, y noté que él también. Mi ropa estaba húmeda por la lluvia. La imagen en la pantalla —un hombre le apuntaba a otro en una cocina sucia— parecía incomprensible y sin importancia. Nunca entraba en el cine si la película ya había empezado porque no entendía el argumento, y además no me gustaba perderme los avances. Pero esa película, una de gángsters que no habría visto por mi cuenta, rompía obviamente la regla.

Aunque miraba la pantalla, podía notar cada vez que Cross se movía o suspiraba, y también cada vez que se reía por más de que su risa fuera tenue. Del otro lado, John y Martin no paraban de reírse a carcajadas. Cross olía a jabón y a la lluvia de la que veníamos, el olor de la tierra en primavera. Nuestros cuerpos no se tocaron en ningún momento, pero nuestra ropa sí; nuestras mangas, las piernas de nuestros pantalones. No sabía si eso era algo en lo que alguien se fijaría aparte de mí.

Durante toda la película, tuve una sensación de conciencia aumentada que es como incomodidad pero no es exactamente eso, un estado de vigilancia estresante que, sin embargo, podía disfrutar. No pude comprender nada del argumento de la película, ni retener ninguno de los nombres de los personajes. Terminó, y cuando se encendieron las luces, me sentí insegura; en la oscuridad, podía ser cualquier chica, las piernas cruzadas, el cabello a la altura de los hombros, pero a la luz, ruborizada y nerviosa, yo era yo.

Como había entrado última, ahora iba delante de los chicos, caminando por el pasillo en dirección a la salida. No me había parado hasta que ellos lo hicieron, y ahora, mientras caminábamos, tenía miedo de darme vuelta para ver si todavía estaban detrás de mí. Quizás es éste el lugar en el que Cross y yo debemos separarnos, pensé. Y quizá ni siquiera debamos despedirnos ahora que él está con sus amigos.

En el hall del cine, me detuve en el bebedero y miré por sobre mi hombro. Sí, estaban detrás de mí. Siguieron caminando y luego se detuvieron a dos metros del bebedero como si me esperaran. Tragué, me enderecé, y me acerqué a ellos lentamente.

Martin estaba actuando una escena de la película en la que un tipo trataba de estrangular a otro; ese otro era John, que sacaba la lengua y abría los ojos lo más que podía.

—Y luego dice algo así como: "¿ahora recuerdas? ¿ahora recuerdas?" —dijo Martin. John hizo una arcada, y los tres chicos estallaron de risa. Yo estaba parada algo más lejos de ellos que lo que ellos estaban entre sí, y traté de aparentar que me estaba divirtiendo.

—¿Te gustó, Lee? —dijo Cross.

No sabía si se refería a toda la película, o a la escena de estrangulamiento en la película, o a la interpretación de Martin de esta escena.

—Era bastante buena.

—Había algunas partes un poco asquerosas, ¿no? —dijo John, y, por lo amigable de su tono, me di cuenta que mi presencia no era un problema para él. No nos habíamos presentado antes, y todo indicaba que no lo haríamos ahora.

—Cerré los ojos en las partes asquerosas —dije—. La parte en el contenedor, creo que me la perdí casi entera.

—La escena en el contenedor fue increíble —dijo Martin—. Deberías ir de vuelta ya mismo y ver la próxima función.

—¿Tienen hambre? —dijo Cross—. Yo tengo hambre.

—Me muero de hambre —dijo Martin.

Entonces atravesamos de nuevo el estacionamiento —había parado de llover, aunque el cielo todavía estaba cubierto— hasta el local de sándwiches, y yo seguía con ellos. Me parecía bien estar con ellos, que no parecían preguntarse por qué no los dejaba solos o no estaba con otras chicas. Todos pidieron sándwiches, y yo compré un paquete de pretzels. En la mesa siguieron hablando sobre la película, repitiendo frases que recordaban. Martin trató de estrangular a Cross, pero Cross se rió y se lo sacó de encima moviendo los hombros. Decidí que si Martin quería hacérmelo a mí, lo dejaría; pero no lo intentó.

Después fuimos a los videojuegos. Mientras caminábamos hacia allí, pensé que quizás ése era el momento en que tenía que irme —yo no sabía nada de videojuegos—, pero luego me pareció que separarme de ellos sería raro y demasiado formal. Y en el salón había máquinas de *pinball*, a las que yo sí sabía jugar. Conseguimos monedas de veinticinco centavos, y yo me paré frente a las máquinas luminosas, y me puse a jugar.

Acababa de evitar que una pelota se fuera, cuando oí que alguien detrás de mí decía:

—Nada mal.

Me di vuelta: era Cross. Oí que la bola se iba por la entrada de la máquina.

—¡Ay! —dije. Ambos miramos el lugar por el que había desaparecido la bola.

Mientras el sonido de la máquina indicaba que había ganado puntos, él dijo:

—Podrías ser mejor que yo en esto.

—¿*Podría*?

—No quería ofenderte.

—Estoy *segura* de que soy mejor que tú. —Sin pensarlo, dije: —Soy campeona nacional.

Él me miró con escepticismo.

—Era una niña prodigio —dije—. Viajaba por todo el país, pero luego perdí mi racha ganadora.

—Estás bromeando.

—Así es como entré en Ault. Que uno tenga un talento especial es algo que les encanta.

—No te creo —dijo—, pero yo sabía que sí me creía, al menos un poco, o no habría necesitado decirlo.

—Cuando tenía nueve años, fui elegida princesa del *pinball* de Idaho —dije—. Mis padres estaban orgullosos. Al mirarlo, sentí que las co-

64

misuras de mis labios se estiraban hacia arriba, entonces, él me golpeó la cabeza con la palma de su mano (más que golpearme me frotó) y dijo:

—Tonterías.

—Pero no estabas seguro —dije.

—Estaba seguro.

—No, no lo estabas. Lo sé, no lo estabas.

Nos miramos y sonreímos. Él es tan apuesto, pensé, y tan pronto como lo pensé el momento comenzó a arruinarse. Estaba todo bien cuando simplemente hablábamos, pero cuando lo veía como el Cross de Ault, comenzaban los problemas.

Me sentí aliviada cuando Martin vino.

—¿Quieren un trozo de pizza?

—¿Tienes hambre? —dije—. ¿Otra vez?

Compraron una pizza extragrande, y yo comí aunque tuviera salame y no comiera más salame desde que Dede me había dicho que lo ahumaban con semen de jabalí. En el medio de su cuarta porción, Martin la dejó sobre el plato de papel y se agarró el estómago.

—¿Quién tuvo esta idea?

—Lee —dijo Cross.

—¡Mentira! Podía escuchar una insistencia falsa en mi propia voz, ese tono de flirteo propio de las chicas.

—Fue una mala idea, Lee —dijo Martin—. Una pésima idea.

—¿Quieres un antiácido, Martin? —dijo John. Luego dijo: —¿Alguien sabe qué hora es? —Todos nos dimos vuelta para mirar el reloj sobre la pared. Eran las seis menos cinco, y el autobús hacia la escuela había partido a las cinco y media. —Mierda —dijo John—. Ya estoy castigado por haber faltado dos veces a misa esta semana.

—¿Llamamos a Fletcher? —preguntó Martin.

—Podemos tomar un taxi —dijo Cross—. No pasa nada. —El modo en que lo dijo, su calma, hizo que me preguntara si ya se había dado cuenta de que habíamos perdido el bus; quizá lo había notado antes que nosotros, y simplemente lo había dejado pasar.

Cross llamó desde un teléfono público y nosotros tres esperamos cerca. Martin seguía quejándose de lo lleno que estaba, y John no paraba de decir "¿Cómo mierda no nos dimos cuenta?" Yo tenía menos de cinco dólares en el bolsillo y era un viaje de media hora hasta la escuela. Pero nadie parecía preocupado por el dinero y no dije nada.

—Un taxi pasará a buscarnos por la puerta del cine —dijo Cross después de colgar. Cuando caminamos de vuelta hacia allí, había oscurecido y lloviznaba. Mientras esperábamos en el hall, ninguno habló. Parecía más un silencio incómodo que un silencio producido por el cansancio. Si fueran chicas, estarían hablando, pensé.

Sólo había viajado en taxi una vez en mi vida. Fue cuando mi madre dio a luz a mi hermano Tim, y mi hermano Joseph y yo fuimos al hospital para encontrarnos con nuestros padres y conocer a Tim. Era un domingo soleado. Yo tenía diez años y Joseph siete. Durante todo el viaje, creí que el conductor iba a secuestrarnos, y me vi abriendo la puerta con el auto en movimiento, y saltando con mi hermano de un brazo. Pero pronto el taxista nos dejó en la puerta del hospital, donde mi padre esperaba para pagarle.

En este taxi, sabía que no sería secuestrada; no sólo porque era menos tonta que cuando tenía diez años, sino también porque éramos demasiados, y Cross era alto y fuerte. Era un taxi color granate. Martin se sentó en el asiento de adelante, y John se ubicó en un extremo del asiento de atrás. Luego, Cross abrió la puerta que estaba más cerca de nosotros y se subió y yo lo seguí. Me sorprendió que se sentara en el medio; en mi pueblo, los chicos que conocía siempre decían que ese era el asiento de las perras.

Los asientos eran de cuero sintético azul, y en el interior del taxi olía a humo de cigarrillo rancio y desodorante de pino artificial. Un árbol de cartón colgaba del espejo retrovisor. La radio, sintonizada en una estación de *big bands*, se oía baja y con mucha interferencia. Los limpiaparabrisas se movían de un lado para otro, y en el intervalo, las cosas del otro lado del vidrio se volvían borrosas.

Estaba tan pendiente de los movimientos de Cross como lo había estado en el cine, pero esta vez, en lugar de sentirme nerviosa por cómo actuar cuando terminara la película, me sentía triste porque sabía que el día estaba por terminar. Volveríamos a la escuela, ¿y después qué? Era difícil imaginar que yo podía pasar de no tener ningún amigo, a convertirme en amiga de Cross Sugarman. Era un salto demasiado grande. Además, no tenía ninguna prueba sólida de caerle bien a Cross. Él había sido amable porque yo me había desmayado. No quería ser como Dede, presumir de ser amiga de la gente, usar lo que alguien te daba como una excusa para ir por más.

John se inclinó hacia adelante y volvió la cabeza para mirarme.

—¿Crees que lo de Biología será difícil? —preguntó.

El examen: no lo había recordado durante todo el día.

—Es muy probable —dije—. No he estudiado casi nada.

—Yo pensaba estudiar anoche pero, cuando oí lo del feriado sorpresa, largué todo.

Sonreí.

—Yo también.

—El feriado sorpresa es una ilusión. —John volvió a respaldarse en el asiento, y su voz sonó lejana.— Te hace creer que tienes todo el tiempo del mundo, pero antes de que te des cuenta, el día se ha terminado. Deberían darnos una semana sorpresa.

—Te aburrirías muchísimo —dijo Cross.

—En absoluto. Hay un millón de cosas que podría hacer. —John todavía hablaba cuando Cross levantó su brazo izquierdo. Primero pensé que lo estaba apoyando en el asiento, detrás de mi espalda, luego me di cuenta de que lo estaba apoyando sobre mí. Su mano se ahuecó en mi hombro, y un empujoncito me acercó a él. Me entregué. Mi cuerpo cayó contra el suyo: mi pierna apretada contra la suya, mi brazo llenando el vacío entre nosotros, la parte superior de mi cabeza contra su clavícula. Sentí ese vuelco de los hechos como algo extraordinario —ahí estaba yo, con el brazo de Cross rodeándome, mientras que John o Martin podrían darse vuelta en cualquier momento y vernos—, pero también lo sentí como algo natural. Cuando estábamos en el restaurante, después de mi desmayo, había deseado intensamente tocar a Cross y ahora lo estaba haciendo; podía sentir cómo su pecho subía y bajaba al respirar. Y hacíamos una buena pareja, nuestros cuerpos eran compatibles. En ese momento no tenía la suficiente experiencia como para darme cuenta de que no siempre es así; de que a veces no puedes descansar sobre otra persona: tu peso no encuentra el equilibrio, o tus huesos sobresalen.

Al responderle a John, la voz de Cross era siempre calma. En un momento Cross dijo:

—OK, ¿pero cuándo serían las vacaciones de primavera? —Todavía seguían hablando sobre una supuesta semana sorpresa, y era como si estuvieran sentados en una mesa del comedor, diciendo tonterías después de la cena. Decidí que me gustaba ese abismo entre la normalidad del tono de Cross y la anormalidad de la situación; de este modo, lo nuestro se volvía un secreto.

Él tocó mi cabello, primero tan brevemente que pareció algo accidental; luego metió los dedos entre mis cabellos y los estiró una y otra vez. Cada tanto, me tocaba la nuca con el pulgar. Todo mi cuerpo era líquido caliente, me sentía en deuda con él, y dolorosamente feliz. En la radio sonaban trompetas. La lluvia afuera volvía las cosas blandas, las ruedas que se deslizaban por la ruta, las luces borrosas de los autos; del otro lado de Cross, John no paraba de hablar, y deseé que siguiéramos toda la noche en ese auto, que durante todo el viaje las cosas permanecieran como en ese exacto momento.

Y duró, pero fue breve. Pronto estábamos cruzando la entrada de Ault. Cross se inclinó entre los dos asientos delanteros y sin que me diera cuenta su brazo dejó de rodarme, sus dedos se separaron de mi cabello.

—A la izquierda —le dijo al taxista—, pasando la capilla.

El taxi se detuvo frente al conjunto de residencias (no la mía, porque la de Broussard quebada del otro lado del círculo), y el taxista encendió la luz de la cabina. Parpadeé como si acabaran de despertarme. No me animaba a mirar a Cross, me di vuelta y miré por la ventana, pero lo único que vi fue oscuridad. Pensé que si alguien pasara, podría ver el interior del taxi, y deseé que no sucediera. No quería que nadie se preguntara qué hacía yo en un taxi con Cross, John y Martin.

—Ok —dijo Cross, y me di cuenta de que me estaba hablando a mí. Lo miré, y nos observamos por unos segundos. Martin y John estaban saliendo del auto. —Desde luego, Lee —Cross hizo un gesto afirmativo con la cabeza.

—Pero qué... —dije, y él se dio vuelta. No tenía idea de qué decir después, pero luego de unos segundos, el volvió a darse vuelta. Durante mucho tiempo, me pregunté qué habría sucedido si yo hubiera dicho algo en ese momento, quizás habría alterado el resultado de la situación. Me figuraba lo no dicho, como una sola oración perfecta, un rectángulo estrecho y discreto, similar a una regla; era algo inaccesible para mí, pero en algún lugar del mundo existía. Cuando Cross cerró la puerta detrás de sí, las luces del interior del taxi se apagaron y pude verlos alejarse. Cuando el taxi avanzó, oí risas.

Miré al taxista por el espejo retrovisor. En verdad, era la primera vez que lo miraba; tendría unos cuarenta años y era corpulento, tenía una barba canosa de varios días y llevaba una gorra a cuadros. —¿Ahora, a dónde?

—Ese edificio —le señalé.

Cuando el taxi se detuvo, descubrí horrorizada que el taxímetro marcaba 48,80. Dije:

—Tengo que ir a buscar dinero. Le prometo que regresaré.

Él movió la cabeza.

—Pagó tu novio.

—¿Mi novio?

—Pero puedes pagar otra vez si quieres, no haré nada para evitarlo. —Tenía una risa estruendosa.

—Gracias. —empujé la manija de la puerta.

—¿Qué escuela es ésta? —dijo el taxista.

—Es una escuela secundaria. Se llama Ault.

—¿Todo este espacio para una escuela secundaria? —Dio un silbido de admiración.

—Sí —dije—. tenemos suerte.


Cuando entré en el cuarto, Sin-Jun y Dede, levantaron la vista de sus escritorios.

—Volvió Lee —dijo Sin-Jun, y Dede añadió:

—Pensamos que habías muerto.

—Perdí el autobús en el centro comercial —dije—. Tuve que tomar un taxi.

—Bueno, ¿y entonces? —dijo Dede—. ¿Te lo hiciste?

—Oh —dije—. Sí. —Me levanté el cabello y volví la cabeza para mostrarles las orejas, primero la derecha y después la izquierda. Se acercaron a mí, y deseé haber elegido aros más interesantes; en realidad no había mucho que ver.

—Ahh —dijo Sin-Jun—. Muy hermoso.

—Tu oreja izquierda parece roja —dijo Dede—. Pero estoy segura de que si usas peróxido de hidrógeno estarás bien.

—¿Para qué sirve el peróxido de hidrógeno?

—¿No te lo explicaron cuando te perforaron?

—Fue un hombre el que lo hizo, era un poco hosco.

—Tienes que limpiarlos cada noche para que no se infecten. Debes hacerlo cuando te cambias los aros.

—¿Hay que cambiarse los aros?

—Dios, Lee, no te dijeron nada. Espera —Dede caminó hasta su cama, se agachó, tomó una caja de plástico que estaba debajo, y regresó hacia donde estábamos Sin-Jun y yo, con una botella marrón y varias bolitas de algodón.

Miré a Sin-Jun:

—¿Qué tal Boston?

—Boston es bueno, pero llueve todo el día.

—Sí —dije—, en el centro comercial también.

—Ven —dijo Dede—. Siéntate.

Me senté en la silla de su escritorio. Sin-Jun se sentó sobre el escritorio y apoyó su pie desnudo en el asiento de mi silla. Dede se paró detrás de mí, y me acomodó un mechón de pelo detrás de la oreja izquierda. La manera en que estábamos ubicadas me recordó al momento de la perforación, y pensé en contarles que me había desmayado. Pero no estaba segura de si era una historia divertida o simplemente una historia extraña, y además, si hablara del desmayo, indefectiblemente tendría que nombrar a Cross.

Dede desenroscó la tapa del peróxido de hidrógeno, puso una bola de algodón en la apertura, y giró la botella hacia abajo. Dejó la botella sobre el escritorio y puso el algodón sobre mi lóbulo. Con mucha suavidad, lo frotó alrededor del aro.

Pensé que no podía contarles lo de Cross. No podía contárselo porque a Dede le gustaba él, y porque ella no lo creería, o no lo entendería, y no podía contárselo porque ni yo misma estaba segura si había algo que creer o entender. No es que me hubiera besado o dicho que me amaba. ¿De qué podía jactarme? Por años y años sentí lo mismo no sólo con relación a Cross sino también a otros chicos: si no te besaban, no significaba nada. El interés de ellos en ti había sido tan insignificante, que tal vez fuera sólo producto de tu imaginación.

Recordé cómo había sido estar sentada tan cerca de Cross en el taxi, el peso de su brazo alrededor de mis hombros, el calor de su cuerpo bajo su ropa. Pensé que eso era exactamente lo que quería, que si solamente pudiera tener eso —sólo Cross a mi lado, ni flores, ni poemas, ni la aprobación de mis compañeros, ni padres ricos, ni siquiera buenas notas o un rostro más bonito— sería feliz. Si algo así estuviera sucediéndome a mí, no me distraería ni desearía estar en otro lugar; sólo eso sería suficiente. Mientras pensaba eso, también pensé que nunca lo tendría —sin duda, no lo tendría—, y sentí que mis ojos se humedecían. Cuando parpadeé, algunas lágrimas rodaron por mi rostro.

—Oh, Lee —dijo Dede—. Oh, linda. —Sin-Jun se inclinó hacia adelante y me palmeó el hombro, y Dede dijo: —En dos segundos habré terminado. —Quitó el algodón de mi oreja y me di cuenta de que ellas creían que lloraba porque me dolía.

# 3. Asesino

Conocí a Conchita Maxwell en primavera, el primer día de entrenamiento de *lacrosse*. La señora Barret nos dijo que nos separáramos en parejas y nos pasáramos la pelota, y pude ver cómo las otras chicas a mi alrededor se juntaban, murmurando y haciéndose señas con la cabeza. El momento de ponerse en parejas se había vuelto un ritual tanto en deportes como en las clases, y yo nunca tenía a nadie con quien hacerlo. Entonces, el entrenador o el profesor decían: "¿A alguien le falta compañero?", y yo y uno o dos estudiantes más levantábamos la mano con resignación.

—Oye —dijo una voz detrás de mí. Me di vuelta y vi a Conchita.
—¿Quieres ser mi compañera?

Dudé.

—¡Diez minutos! —gritó la señora Barret—. Sientan cómo es enviar y recibir la pelota.

—Vamos hacia allá. —Conchita señaló hacia un extremo contiguo al lugar dónde comenzaba el bosque. Aunque todavía no había aceptado su oferta, ambas sabíamos que yo no iba a recibir otra.

—A propósito —dijo—, soy Conchita.
—Yo soy Lee.

—Ésta es la primera vez que juego *lacrosse* —dijo animada. También era la primera vez para mí —en realidad, había comprado la raqueta hacía menos de una hora en el local de la escuela, y podía sentir su olor a cuero nuevo y metal—, pero no dije nada.

Aunque yo nunca había hablado con Conchita antes, sabía quién era ella. Es más, creo que todos en Ault lo sabían, debido, en gran parte, a su forma de vestir. Era una chica delgada de piel oscura, con abundante cabello corto y abultado. Recordaba haberme fijado en ella por primera unos meses atrás en el comedor. Llevaba zuecos violeta, medias con rayas horizontales violetas y rojas, pantaloncitos cortos violeta (quizás hayan sido bermudas) y una blusa roja con un enorme cuello fruncido. El accesorio final era una boina violeta, que descansaba un poco inclinada sobre su cabeza. Recuerdo haber pensado que se parecía a un

71

miembro de un grupo de teatro especializado en visitas a escuelas primarias. Para el entrenamiento de *lacrosse*, Conchita estaba algo más conservadora: llevaba un top verde claro, pantalones cortos blancos y medias verdes hasta las rodillas. Aparentemente una entusiasta de los sombreros, lucía una gorra de béisbol de Ault, que se notaba recién comprada porque todavía tenía el borde rígido. La gorra me hizo pensar en si, después de todo, no estaría tratando de integrarse en lugar de llamar la atención.

Mientras caminábamos, Conchita estornudó tres veces seguidas. Pensé decirle "salud", pero no lo hice.

Sacó un pañuelo del bolsillo de sus pantalones y se sonó la nariz con fuerza.

—Alergia —dijo. Recién comenzaba abril y acabábamos de volver de las vacaciones de primavera, era una tarde perfecta en la que sol brillaba en un cielo de cobalto. —Nombra alguna cosa, seguro que también soy alérgica.

Yo no hice el intento de nombrar nada.

—Pasto —dijo Conchita—. Polen, cloro, hongos.

—¿Hongos?

—Si como uno, me lleno de urticaria por una semana.

—Qué horror —dije. Y pude notar que en mi propia voz había, no maldad exactamente, pero sí falta de interés.

Nos ubicamos a diez metros la una de la otra. Conchita puso la pelota, un globo blanco de goma como el huevo de algún pájaro exótico, en la red de su raqueta y movió el palo hacia adelante. La pelota aterrizó en el pasto, algunos metros a mi izquierda.

—No digas que no te avisé —dijo.

—Tomé la pelota con la red y volví a lanzarla; aterrizó aún más lejos de ella de lo que su tiro lo había hecho de mí.

—Supongo que te gusta Dylan —dijo Conchita.

—¿Qué?

—Tu camiseta.

Bajé la vista. Llevaba una vieja camiseta de mi padre color azul claro con la inscripción *The Times They Are A-Changin* en letras blancas. No tenía idea de dónde la había sacado él, pero yo solía usarla para hacer jogging, y la tomé cuando partí para Ault; era muy suave y por algunas semanas su olor me había recordado mi casa.

—Sí —dije—. Claro. En Ault, había tantas cosas que yo no sabía. Casi siempre tenían que ver con el dinero (qué era una debutante, cómo se pronunciaba Greenwich, Connecticut) o con el sexo (que un collar de perlas no siempre era una joya), pero a veces eran cosas relacionadas con información general sobre vestimenta, comida o geografía. En una ocasión durante el desayuno, cuando se hablaba de un hotel cuyo nombre yo nunca había oído, alguien dijo: "Queda en la esquina de la cuarenta y siete y Lex", y no sólo el nombre de las calles no me dijo nada, sino que también tardé varios minutos en darme cuenta de qué ciudad hablaba. Lo que sí había aprendido desde septiembre, era cómo disimular mi ignorancia. Si parecía ignorante, esperaba también parecer desinteresada.

—Estoy segura de que has escuchado esa canción —dijo Conchita, y comenzó a cantar: —Vengan y agrúpense a mi alrededor, gente que anda errante por cualquier lugar, y admitan que las aguas alrededor de ustedes han crecido y... no puedo recordar lo que sigue...algo, algo, algo... si para ustedes vale la pena salvar su época. —Me sorprendió que tuviera una linda voz.

—Me suena familiar —dije. Pero estaba mintiendo.

—Es triste observar lo que le sucedió a Dylan, porque en los sesenta su mensaje era tan poderoso —dijo Conchita—. No era solamente música para besarse.

Me pregunté por qué razón la música para besarse sería algo malo.

—Tengo casi todos sus discos —dijo Conchita—. Si quieres puedes venir a escucharlos a mi cuarto.

—Oh —dije. Luego, como no quería ni aceptar ni rechazar la invitación, dije mientras hacía volar la pelota: —Ahí va. —Y agregué: —Perdón.

Ella corrió tras la pelota y volvió a pasármela.

—Seguramente no tendremos que ir a los partidos fuera de la escuela. Oí que cuando se trata de uno de los equipos grandes, a veces la señora Barrett deja que las que no son tan buenas se queden en el campus. Por supuesto que lo digo sin intención de ofender.

—La verdad, nunca lo oí —dije.

—Quizá sea sólo un deseo. Pero ese tiempo no me vendría nada mal.

"¿Para hacer qué?", pensé. Sabía que Conchita no tenía novio —sólo doce personas de las setenta y cinco de nuestra clase salían con alguien, y siempre estaban juntas—, y no creía que ella tuviera muchos amigos tampoco. Con la única persona que recordaba haberla visto alguna vez era Martha Porter, una chica pelirroja de mi clase de latín, sobre cuyo último examen la profesora había escrito (lo había visto, porque Martha se sentaba junto a mí): "*Saluto Martha!*, ¡nuevamente tu desempeño es excelente!" En el mismo examen yo había obtenido una

C menos, y, sobre mi hoja, la profesora había escrito: "Lee, estoy preocupada. Por favor, habla conmigo después de la clase".

—¿Sabías que el *lacrosse* fue inventado por los indios hurones?

—Sí.

—¿En serio? ¿Ya lo sabías?

La mentirita se me había escapado sin pensar; cuando Conchita me presionó, me resultó difícil mantenerla.

—En realidad, no —dije.

Se remonta al siglo xv. Uno se pregunta cómo se convirtió en el deporte preferido de las escuelas secundarias de la Costa Este. Tú eres de Indiana, ¿no?

Me pregunté cómo habría averiguado de dónde era yo. De hecho, yo sabía que ella era de Texas, pero sólo porque, además de leer los anuarios antiguos, yo solía examinar el catálogo escolar de nuestro año, que tenía impreso en la contratapa el nombre completo de todos y sus ciudades de origen: "Aspeth Meriweather Montgomery, Greenwich, Connectitut. Cross Algeron Sugarman, Nueva York, Nueva York. Conchita Rosalinda Maxwell, Fort Worth, Texas". O, para mí: "Lee Fiora, South Bend, Indiana". Entre las cosas que me faltaban, estaba también un segundo nombre.

—Apuesto a que la gente no juega al *lacrosse* en Indiana —dijo Conchita—. Pero algunas de estas chicas lo han jugado desde primer grado.

—Las cosas son distintas en la Costa Este. —Traté de sonar despreocupada.

—Yo diría que te quedas corta. —Conchita se rió. —Cuando llegué aquí, pensé que había aterrizado en otro planeta. Una noche servían comida mejicana y yo estaba muy contenta, pero cuando llegué al comedor, la salsa era como ketchup con cebolla.

Yo recordaba aquella noche. No por la comida, sino porque me había derramado esa misma salsa sobre la camisa y había tenido que quedarme el resto de la cena con una mancha roja justo debajo de mi clavícula.

—Mi mamá es mejicana —dijo Conchita—. Me malcría con su comida.

Eso sí me interesaba.

—¿Tu padre también es mejicano? —pregunté.

—No, él es norteamericano. Se conocieron en el trabajo, mi madre era inmigrante. Y tengo dos medias hermanas, pero son mucho más grandes. Son como adultas.

Por primera vez atajé la pelota en mi red.

—Bien hecho —dijo Conchita—. Entonces, ¿te gusta estar aquí?

—Sí, claro.

—¿Qué es exactamente lo que te gusta?

—Qué pregunta tan extraña —lamenté—. ¿Acaso a ti no te gusta?

Mi brusquedad no pareció irritarla.

—Ehhh. —Puso la punta de su raqueta contra el pasto. —No sé si tú y yo estamos siendo sinceras. Al principio pensé que sí. Tenía la impresión de que tú eras distinta del resto, pero ahora pienso que quizá me haya equivocado. —Tal vez parecía un poco triste, pero no mostraba ningún signo de enojo. Ella era mucho más astuta de lo que yo había creído.

—Nunca habíamos hablado antes —dije—. No entiendo cómo podías haberte hecho cualquier idea sobre mí.

—Por favor, Lee. No vas a negar ahora que todos pensamos algo de los demás, ¿no?

Su comentario me sorprendió. Por cierto, yo tenía mis ideas sobre la gente, pero Conchita era la primera persona que conocía que parecía haberse hecho una idea sobre mí. Además, aparte de mi entusiasmo por obtener información sobre otros estudiantes, yo nunca habría revelado a las personas involucradas lo que sabía sobre ellas. Estaba claro para mí que si, por ejemplo, durante la cena, le decías a algún chico con el que nunca habías hablado antes: "Tienes una hermana que estuvo en Ault, también, ¿no? Alice, que se graduó en 1983", sólo lograrías espantarlo. No es que yo me sintiera espantada por la investigación de Conchita; más bien sentía curiosidad.

—Bueno —dije—. ¿Qué es lo que piensas de mí, entonces?

Ella podría haber bromeado conmigo, como lo estaba haciendo yo con ella, pero no lo hizo.

—Me cuesta mucho creer que te guste Ault —dijo—. Eso, para empezar. —Volvió a agitar su raqueta en el aire y le pegó a la bola que cayó a mitad de camino entre nosotras.

—Siempre caminas mirando por ahí con la vista clavada en el suelo. O, durante la pasada de lista, lo único que haces es estudiar y no hablas con nadie.

Mi humor cambió abruptamente. En vez de devolver la pelota, me quedé parada donde estaba con la base de mi raqueta apoyada contra mi cadera derecha —no del modo correcto, ni siquiera del lado correcto, según más tarde aprendería—, y clavé la vista en el logo de la marca pintada sobre el aluminio.

Pareces alguien que piensa mucho las cosas —dijo Conchita—. Y no se me ocurre cómo alguien así puede no tener ningún problema con esta escuela.

Siempre me han parecido extraños y tristes los momentos en que otra persona te reconoce. Sospecho que el *pathos* de esos momentos está dado por su rareza, el modo en que contrastan con la mayoría de las interacciones cotidianas. Te recuerdan que todo podría ser distinto, que no hace falta que vayas como un desconocido por tu propia vida, pero también te indican que es muy probable que nada cambie: ésta es la parte que se vuelve casi insoportable.

—Quizá seamos iguales —dijo Conchita.

La miré. No estaba segura de querer dar ese salto.

—Siempre pensé que podríamos ser amigas —dijo Conchita—. Siempre tuve esa intuición. Pero si me equivoco, puedes decírmelo.

Pensé en el día que usó la boina, en su lana de color violeta oscuro; si yo la había visto, seguramente otras personas también lo habían hecho. Luego pensé que mi vida en Ault consistía en interactuar y evitar interactuar, fingiendo siempre que no me importaba estar sola todo el tiempo; sólo había estado en Ault siete meses, y mi soledad ya se empezaba a hacer sentir como algo extenuante a nivel físico.

Pero sonó el silbato, la señora Barrett nos convocaba, y el cambio de actividad me liberó de tener que darle una respuesta a Conchita.


A la mañana siguiente, Gates estaba pasando lista sola, pero, cerca del final, llegó Henry Thorpe y se paró sobre la plataforma. Gates se hizo a un lado y Henry se colocó frente al escritorio, y aunque no hubiera abierto la boca, todos empezaron a reírse: parecía hacer una imitación de sí mismo pasando lista cualquier otro día. Muchas veces, algunos estudiantes hacían parodias en lugar de anuncios, y ocasionalmente, si los de cuarto tenían un examen importante, trataban de que se suspendiera haciendo una parodia tras otra, o anuncios en broma. Una vez, casi veinte alumnos de cuarto, pasaron, uno por uno, para desearle feliz cumpleaños al decano Fletcher.

—Supongo que eso es todo por hoy —dijo Henry—. Tocaré el timbre ahora. Con gestos exagerados, casi en cámara lenta, se acercó al lado izquierdo del escritorio, donde se encontraba el timbre que sonaba en toda la escuela, pero antes de tocarlo, una persona salió de la chimenea que estaba en un extremo de la sala. Llevaba una túnica negra con una capucha también negra y sostenía una enorme pistola de agua. Cuando se la apuntó a Henry, un arco de agua pasó por sobre las cabe-

76

zas de los estudiantes sentados entre la plataforma y la chimenea. El agua le pegó a Henry cerca del corazón y le empapó la camisa.

—Aghh —gritó—. ¡Me dieron! ¡Me dieron! Se puso la mano sobre el pecho y caminó tambaleándose alrededor de la plataforma. Miré a Gates, que estaba detrás de él y le sonreía como una hermana mayor comprensiva. Henry caminó hacia adelante y cayó con la cara sobre el escritorio; sus brazos colgaban flojos delante de él.

Los estudiantes se mostraron entusiasmados. No tanto los que estaban a mi alrededor, porque yo me sentaba adelante con los de de primero, y la mayoría de mis compañeros, no parecían tener idea de lo que estaba pasando. Pero mientras más atrás fuera en la sala, más fuerte sonaban los gritos y los aplausos. La persona con la túnica, se sacó la capucha —era Adam Rabinovitz, un chico de cuarto— y agitó los puños en el aire. Dijo, o al menos eso es lo que yo oí:

—La victoria es mía.

Yo sabía tres cosas sobre Adam Rabinovitz, que me intrigaban pero no me provocaban ningún deseo de hablar con él. La primera pertenecía a la tradición popular, y había tenido lugar dos años antes de que yo llegara a Ault. Con frecuencia, durante la pasada de lista, la gente hacía anuncios sobre cosas que había perdido, como cuadernos o prendas de vestir ("dejé una chaqueta verde de lana en la biblioteca el lunes por la tarde"); cuentan que cuando estaba en segundo año, Adam subió a la plataforma una mañana y con una voz completamente normal dijo "Anoche, Jimmy Galloway perdió su virginidad en la sala de música, así que si la encuentran, devuélvansela", después bajó de la plataforma mientras el señor Byden le arrojaba una mirada de ira y los estudiantes se miraban unos a otros sorprendidos y risueños. Jimmy era el compañero de cuarto de Adam, un chico rubio y apuesto, y yo siempre me preguntaba quién habría sido la chica porque esa información nunca se daba cuando se contaba la historia.

La segunda cosa que yo sabía de Adam también estaba relacionada con el sexo de algún modo. En el otoño, una muestra de trabajos en yeso fue exhibida en la sala de arte, un proyecto conjunto de dos chicas de cuarto que usaban pañuelos de seda y aros de plata y seguramente fumaban, o comenzarían a hacerlo cuando entraran en la universidad. Decían que se tomaban su arte en serio, y quizá por eso les permitieron en la muestra una serie de partes del cuerpo hechas en yeso que incluían un pecho y un pene; nunca se identificó el pecho, pero luego de grandes especulaciones, la teoría que dominaba en el campus, era la de que el pene pertenecía a Adam Rabinovitz. La tercera cosa que sabía sobre él, y eso hacía las otras dos aun más interesantes, era que supuestamente él tenía el mejor promedio de la clase y estaba destinado a llegar, por lo menos, a Yale.

Sobre la plataforma, Henry revivió y Adam se paró a su lado.

—Bueno, la cosa es así —dijo Adam—. El juego "Asesino" va a comenzar nuevamente y este año lo haremos del siguiente modo. Si eres un estudiante, suponemos que quieres jugar, así que, si no quieres, tacha tu nombre de la lista en la salsa de correo antes del mediodía de hoy. Si eres profesor, suponemos que no quieres jugar. —En este punto el decano Fletcher emitió un alarido de alegría que produjo risas en la sala. —Eso quiere decir que tú sí quieres jugar, ¿no, Fletchy? —dijo Adam—. Si les toca Fletchy, recuerden: Él está realmente contento con el juego. La gente volvió a reírse. Adam continuó: —Entonces, chicos y chicas de primero, los pondré al día. El objetivo del juego es matar a todos sus compañeros. —Hubo más risas, risas que hicieron que aquel día pareciera más largo de lo que en realidad fue. Algunos profesores y alumnos se mostraron en contra de "Asesino", pero la gente simplemente los consideró una minoría sin humor.

—El modo de matarlos es muy simple —dijo Adam—. El juego comienza mañana a la una de la tarde. Miren sus casillas de correo cerca del mediodía, y encontrarán un papel con un nombre escrito y un montón de adhesivos color naranja. El nombre que reciben es su objetivo, y esa persona no sabrá que ustedes la tienen. Tienen que matarla pegándole un adhesivo, sin que nadie los vea. Si hay un testigo, deben esperar veinticuatro horas antes de hacer otro intento. Cuando matan a su objetivo, heredan el objetivo de él o ella y sus adhesivos. Y no olviden que alguien está tratando de matarlos a ustedes. ¿Alguna pregunta?

—¿Cuántas chupadas hacen falta para llegar al centro de un chupetín? —gritó una chica.

—Depende de tu lengua —dijo Adam—. ¿Eso es todo lo que se te ocurre?

—¿Cuál es el sentido de la vida? —gritó alguien más.

El señor Byden que estaba parado junto a Gates, tocó a Henry en el hombro, y Henry se inclinó y le susurró algo a Adam.

Adam asintió con la cabeza.

—De arriba me piden que vayamos cerrando. Entonces, lo principal es que se cuiden las espaldas y no confíen en nadie. Y si tienen alguna pregunta acérquense a mí, Galloway o Thorpe. —Bajó de la plataforma y Henry lo siguió.

—Deberías haberles dicho que el ganador obtiene el título de "Gran asesino maestro" —oí que Henry decía mientras pasaban delante de mi banco. El anuncio siguiente había comenzado, pero yo seguía prestándoles atención a ellos dos.

—O tienen que chupártela —dijo Adam—. Lo que ellos elijan. Se rieron por lo bajo, y yo sonreí, como si el chiste también hubiese estado dirigido a mí.

Mientras los escuchaba, no pensaba mucho en el juego. Aunque no hubiera podido articularlo en ese momento, y tampoco lo habría aceptado si alguien me lo hubiese sugerido, el anuncio sobre el juego, antes que nada, me había dejado con la sensación de querer ser Adam Rabinovitz. El interés que tenía por ciertos chicos me confundía. Porque no era algo romántico, pero tampoco estaba segura de qué otra cosa podría ser. Ahora lo sé: quería ser capaz de acaparar el tiempo de las personas con chistes, tomarle el pelo al decano delante de toda la escuela, llamarlo con un sobrenombre. Lo que quería era ser un chico de secundaria engreído y estar completamente segura de mi lugar en el mundo.

Salía del gimnasio cuando oí que Conchita me llamaba. Durante las últimas veinticuatro horas había recordado con cierta vergüenza lo grosera que había sido con ella durante el entrenamiento de *lacrosse*. Esperé que se acercara y comenzamos a caminar por el sendero de baldosas hacia el círculo.

—¡Qué entrenamiento difícil! —dijo.

Me había dado cuenta de eso cuando el equipo corría ida y vuelta hacia el varadero. Conchita era una de las rezagadas: cuando la mayoría de nosotras comenzábamos el regreso, alejándonos del río, ella todavía estaba yendo; caminaba en lugar de correr, y cada tanto se detenía a aspirar de su inhalador para asmáticos. Por una fracción de segundo pensé en detenerme, pero vi que Clara O'Hallahan ya caminaba detrás de ella.

—Cuando vi el río, pensé en unirme al equipo de remo —dijo Conchita—. ¿Has visto a los timoneles? Lo único que hacen es estar sentados y dar órdenes.

—Pero he oído que cuando ganan una carrera, tus compañeros de equipo te tiran al agua. Imagínate que caes al río Raymond. Darías a luz a un bebé de dos cabezas.

Conchita se rió.

—No daré a luz a ningún bebé, a no ser que sea a través de la Inmaculada Concepción. —Y como si yo no hubiera entendido, agregó: —Soy virgen, por supuesto.

Sentí el impulso de darme vuelta y mirarla a los ojos. ¿Qué clase de persona va por ahí anunciando su virginidad?

—Oye, ¿quieres venir a escuchar a Bob Dylan a mi cuarto? —preguntó. Habíamos llegado al final del camino; su residencia estaba al oeste del círculo y la mía al este.

—¿Ahora? —dije. Una cosa era salir del gimnasio con Conchita porque las dos íbamos en la misma dirección, y otra cosa completamente distinta era acompañarla hasta su residencia, ir a alguna parte con ella.

—Está bien si no puedes.

—No, creo que sí —dije—. Sólo por un rato.

Mientras subíamos las escaleras dentro de la residencia de Conchita, dije:

—¿Quiénes son tus compañeras de cuarto?

—Tengo una single.

—Pensé que eras de primero. —A pesar de ser totalmente indeseadas, los de primero nunca recibían singles.

—Sí, lo soy —dijo—. Pero sufro de insomnio, e hicieron una excepción. Algunas noches no duermo en absoluto.

—Qué horror. —Nunca había conocido a un insomne de mi edad.

—Cuando puedo, duermo siestas.

Entramos en su cuarto, y lo primero que pensé fue que había sido amoblada por alguien que estaba tratando de decorar la habitación de una adolescente sin haber conocido nunca a ninguna. Tenía algo de profesional, que era escalofriante, como la escenografía de un programa de televisión: las cortinas rosadas con volados (normalmente sólo había persianas en las ventanas de los cuartos), la alfombra azul claro puesta sobre la carpeta beige Standard, el póster enmarcado de la Torre Eiffel, el espejo con forma de corazón con marco de mimbre blanco. Había una mesa baja de plástico con un gran plato lleno de caramelos, y un florero rosado con flores azules y almohadones blancos a cada lado. (Todo lo blanco me impresionó un poco, porque en mi casa, mi madre nunca compraba nada de ese color; ni muebles, ni sábanas, ni ropa. Todos los años, hasta que cumplí doce, yo pedía zapatos de cuero blanco para Pascua, y todos los años mi madre se negaba a comprármelos con la misma frase: "Se ensucian tan rápido que te volverías loca".) Sobre la cama de Conchita, estaba su nombre escrito en neón con letra cursiva. Pensar en el neón encendido durante el día en la habitación vacía, me pareció algo profundamente deprimente. Sobre el escritorio había un estéreo que era, para variar, también rosado, pero lo que era realmente llamativo de la habitación —más que la decoración— era el tamaño. Sin duda no se trataba de una single, era una doble con una sola cama.

—Siéntate donde quieras —dijo, y yo me senté sobre los almohadones—. ¿Tienes hambre? Tengo algo de comida.

—No, gracias.

Sin prestarme atención, se puso en puntas de pie para tomar algo del estante de su armario. Cuando lo bajó, vi que era un gran cesto que contenía paquetes sin abrir de papas fritas, semillas de girasol, nueces, galletitas con trozos de chocolate, galletitas saladas con forma de animales y varias bolsitas de cacao en polvo. Hasta la disposición de los productos en el cesto parecía hecha por un profesional. De pronto tuve la sensación de estar en un piyama party, a la que todos las demás invitadas habían decidido no ir.

—Sólo comeré algunos caramelos —dije, y señalé la mesa—. Pero gracias por tu ofrecimiento. —Cuando volvió a subir el cesto, me incliné hacia adelante y tomé un caramelo. Vi que todos los envoltorios de los caramelos estaban cubiertos con una fina capa de polvo.

—Hay algo que debo hacer —dijo Conchita—. ¿Puedes guardar un secreto?

Me reanimé.

—Claro.

Levantó el volado que cubría la parte inferior de su cama, y sacó un teléfono.

—Ni siquiera sabía que había conexiones en los cuartos —dije, aunque en lo que a secretos se refiere, ése no era un muy interesante. Los que más me gustaban eran los que trataban sobre ciertas personas.

—Lo hicimos instalar. El decano Fletcher y la señora Parnasset dieron su aprobación, pero no deben saberlo otros estudiantes. Mi mamá los convenció. Puedo tener un ataque de asma en medio de la noche.

—Pero si tuvieras un ataque de asma, no podrías hablar por teléfono.

—Podría marcar el número de emergencias. —Conchita hizo una pausa. —La verdad es que mi mamá es un poco sobreprotectora. Cuando recién llegué a Ault, ella trataba de llamarme al teléfono público, pero estaba siempre ocupado, o bien nadie atendía y ella no podía dejar un mensaje. Pero no hablemos de esto, pondré la música en un segundo. Sólo tengo que llamarla muy brevemente.

Marcó y luego de un momento, dijo:

—Hola, mamá. —Aunque yo estaba tomando clases de español, no entendí nada de lo que dijo después, salvo, quizá, mi propio nombre.

Pensé en cuánto habría costado amoblar esa habitación, y luego pensé que quizá se tratara de algo cultural; quizá su familia no tuviera mucho dinero, pero querían derrochar el poco tenían en objetos tangibles y evidentes. Unos días antes, había leído un artículo sobre las fiestas de quince en México, y pensé que probablemente Conchita tendría una fiesta así cuando cumpliera quince años. Y seguramente me invitaría, y yo aceptaría la invitación, porque sería algo fascinante en un lugar muy lejos de Ault. Podría pedirles a mis padres el dinero para el boleto de avión como regalo de cumpleaños y Navidad juntos.

Cuando Conchita colgó, dije:

—¿Hablas con tu madre todos los días?

—Sí, al menos una vez. Mi ausencia es para ella muy difícil de sobrellevar.

Yo hablaba con mi madre los domingos, cuando las tarifas telefónicas eran más bajas, y nunca hablábamos por mucho tiempo porque, al parecer, yo siempre llamaba cuando ella empezaba a cocinar o acostaba a mis hermanos. A veces, luego de colgar, aunque hubiera otras chicas esperando, lo que era habitual, me quedaba en al cabina por un momento, sin hacer nada. Recordaba cómo mis padres se habían opuesto a que yo viniera a Ault, cómo habían llorado mis hermanos el día que partí, y pensaba con cuánta rapidez, sin embargo, parecían haberse adaptado a mi ausencia. Yo sabía que me extrañaban, pero, a esta altura, parecía que el hecho de que yo no viviera en casa les parecía mucho menos sorprendente que a mí.

Conchita caminó hasta el estéreo.

—Lo prometido —dijo—. Señoras y Señores, con ustedes: el señor Bob Dylan.

Cuando oyó una guitarra, Conchita giró la perilla de volumen en sentido del reloj. Oí una voz suave y profunda tararear la canción *Lay, Lady, Lay*. La voz era más suave y gangosa de la que yo esperaba oír. Lo que más me sorprendió es que sí sonaba como música para besarse o quizá música para hacer el amor: Dylan cantaba sobre un hombre con la ropa sucia pero con las manos limpias, y decía que la mujer acostada en una cama, era lo más bello que el hombre jamás había visto.

—Me gusta.

Conchita bajó el volumen.

—¿Qué?

—Me gusta.

—Oh. A mí también. —Volvió a subir el volumen.

"¿Por qué seguir esperando a que el mundo comience?", cantaba

Dylan. "¿Por qué seguir esperando al amado, cuando está parado frente a ti?"

Afuera, la luz amarilla y brillante de la tarde iba apagándose. Ésta era la hora del día en que más triste me sentía, la hora en la que creía con más fuerza que mi vida tenía que cambiar. Y la música era igual a mi sentimiento. Deseé vivir dentro de la canción, recostada entre esas sábanas blancas mientras el hombre, el tímido hombre de ropa sucia, se me acercaba. Podría amar a un hombre así, pensé, un hombre con camisa de franela al que abrazaría para sentir el calor de su piel atravesando la tela.

La canción terminó. No quería levantar la vista y mirar a Conchita; estar en la misma habitación que ella no era algo que deseara especialmente.

—Ésta es otra muy buena —dijo—. Se llama *Blues nostálgicos del subterráneo.*

La palabra "nostálgicos" me dio esperanza, pero la canción sólo era inteligente. Sonaba política y yo quería otra canción melancólica. Conchita puso algunas canciones más, cambiando de CD, y cortando a veces las canciones por la mitad. Al final, *Lay, Lady, Lay* seguía siendo mi preferida. Cuando me iba, Conchita dijo:

—Puedo prestarte el CD.

—No hace falta.

—Cuando quieras te lo puedes llevar.

—No tengo un lector de CD —dije.

—¿Y tus compañeras de cuarto no tienen? Son Dede y Sin-Jun, ¿no?

Ella realmente se había tomado el trabajo de investigar sobre mí.

—Dede tiene un estéreo —dije—. Pero no somos buenas amigas.

Tenía mi mano en el picaporte cuando dijo:

—¿Quieres cenar conmigo en el pueblo? En el comedor hoy se sirve halibut y pensé que quizá si no estás muy ocupada…

Si no había cena formal, uno podía salir del campus, pero yo nunca lo hacía. Sólo iba al pueblo los fines de semana con la bicicleta de Sin-Jun, para comprar pasta de dientes o galletas.

—Podríamos pedir pizza o ir a un restorán chino —dijo Conchita.

Nunca había pisado esos restoranes. De algún modo, mientras más tiempo pasaba sin ir, más sentía que necesitaba una invitación para hacerlo; me parecía que esos lugares le pertenecían a otra clase de gente, los de tercero y cuarto, o los estudiantes ricos. Y ahora, acababa de recibir una invitación. Yo le agradaba a Conchita, pensé. Ella era amable. Si aceptara la invitación podría hacer las cosas que hacían los demás.

—Comamos pizza —propuse—. Voy a buscar la bicicleta, espérame aquí.

—Espera

Me di vuelta.

—No tengo bicicleta —dijo.

—Yo tampoco. Uso la de Sin-Jun.

Dudó.

—Lo que quiero decir es que no sé andar en bicicleta.

La miré y parpadeé.

—He caminado hasta allí otras veces —dijo—. No es tan lejos.

Salimos de su residencia, cruzamos las puertas de entrada al campus y doblamos hacia la carretera.

—Entonces, ¿nunca aprendiste? —dije con la esperanza de que no notara mi asombro. Nunca había conocido a nadie de más de cinco años de edad que no supiera andar en bicicleta.

—No hay ninguna razón especial, si ésa es tu pregunta.

—Pero cuando eras chica, ¿no andaban en bicicleta los niños del barrio?

—No me juntaba mucho con los niños del barrio.

Recordé mi barrio, las pandillas de niños de entre ocho y doce años andando en bicicleta por todos lados. Yo también lo había hecho. Íbamos al parque, y cuando oscurecía, y las luces de las calles empezaban a encenderse y el zumbido de las cigarras se volvía más fuerte, pedaleábamos de regreso a casa, transpirados, con nuestras caras llenas de tierra.

—¿Te gustaría saber?

—Nunca pensé demasiado sobre eso.

Las dos nos quedamos calladas. Luego, dije:

—Yo podría enseñarte. Al menos podría intentarlo.

No contestó inmediatamente, pero pude sentir que una especie de felicidad nerviosa se apoderaba de ella, una tentativa de emoción. No podía ver su cara, porque caminábamos a la par, pero sentí que estaba sonriendo.

—¿No crees que es demasiado tarde para mí? —preguntó.

—Claro que no. Es una de esas cosas que una vez que aprendes, no puedes creer cómo alguna vez no la sabías. Seguramente sólo te llevará unos pocos días. —Pensé que probablemente Conchita no querría que otros estudiantes nos vieran. —Podríamos usar la calle que está detrás de la enfermería —dije—. Podríamos hacerlo por la mañana, quizás antes de misa.

Mi primer objetivo en Asesino fue Devin Billinger, un chico de mi clase que, en ese momento, no tenía ninguna importancia para mí. En mi casilla de correo encontré una hoja con su nombre y el mío y unida con un clip la hoja con los adhesivos redondos color naranja. A mi alrededor, los otros estudiantes hablaban fuerte mientras descubrían quién les había tocado. Comenzaba el sexto período, y salí de la sala de correo para ir al comedor. Estaba junto a la escalera que conecta la planta baja con el primer piso, cuando —algo increíble— me topé cara a cara con Devin. Como yo, estaba solo. Cruzamos miradas sin saludarnos, y él giró hacia la escalera.

Todavía tenía la hoja con su nombre y los adhesivos en mi mano. Despegué un adhesivo con mi dedo índice y mi pulgar, y me lo pegué en la yema del dedo. Mis manos comenzaron inmediatamente a temblar. Subí un escalón.

—Devin —dije.

Él se detuvo algunos escalones más arriba y se dio vuelta.

—¿Eh?

Sin decir nada, me acerqué a él. Cuando estábamos parados en el mismo escalón, me incliné hacia él y puse el adhesivo en la parte superior de su brazo izquierdo.

—Estás muerto —dije, y me mordí el labio para no sonreír.

Miró su brazo como si yo hubiera escupido sobre él.

—¿Qué mierda es eso?

—Es de "Asesino", tú eres mi objetivo.

—No ha empezado todavía.

—Sí, sí ha empezado. —Le mostré mi muñeca para que pudiera leer la hora en mi reloj: era la una y diez.

—Esto no puede ser. —Su voz sonaba más que irritada. Aunque no lo conocía lo suficiente para asegurarlo, pensé que quizás estuviera furioso. Me miró y se dio vuelta, con la intención de seguir subiendo la escalera.

—Espera —dije—. Tienes que darme tu objetivo.

—No tengo que hacer nada.

Nos miramos, y yo me reí. Teóricamente, hacer enojar a Devin Billinger tendría que haberme puesto nerviosa. Él era parte de un grupo de seis o siete chicos de nuestra clase conocidos como los chicos banqueros. La mayoría de ellos eran de Nueva York y sus padres trabajaban en la Bolsa, el mundo de las inversiones y otros asuntos relacionados con el dinero de los que yo no tenía la más mínima idea.

(Técnicamente, un chico banquero no tenía necesariamente que ser de Nueva York, o tener un padre banquero, sólo tenía que parecerlo.) Pero la ira de Devin daba más risa que miedo; parecía un chico de seis años haciendo pucheros.

—¿Piensas hacer trampa? —pregunté.

—¿Por qué eres tan correcta? Es sólo un juego.

—Y yo sólo estoy respetando las reglas.

Devin me miró, luego movió la cabeza. Metió la mano en su bolsillo, sacó unos papelitos arrugados y me los arrojó.

—Acá tienes, ¿estás contenta ahora?

—Completamente —dije—. Gracias.


A la mañana siguiente, cuando debíamos encontrarnos con Conchita para su primera lección de bicicleta, el cielo estaba gris y una tormenta retumbaba a la distancia. Me pregunté si ella vendría; daba la impresión de ser una de esas personas que cambian sus planes sólo porque el pronóstico dice que habrá mal tiempo. Pero cuando llegué a la calle detrás de la enfermería, me estaba esperando. Llevaba una capa para la lluvia de plástico rosado y un sombrero haciendo juego, como los que usan los pescadores si es que uno pudiera imaginarse a un pescador de rosado.

Había venido en la bicicleta de Sin-Jun. Bajé la velocidad, me detuve junto a Conchita y me bajé.

—Primero, súbete a la bicicleta —dije.

Pasó una pierna de modo de montar el travesaño, y apoyó ambos pies en el suelo.

—Ahora, siéntate —dije.

Se acomodó hacia atrás.

—Pon los pies en los pedales.

—¿Me sostendrás?

—Por supuesto. —Había estado tomando la cesta, pero tomé el travesaño con una mano y la parte posterior del asiento con otra.

—¿Se siente más firme así?

Levantó su pie derecho y lo puso sobre el pedal, luego levantó el pie izquierdo. Pero los pedales tenían punteras, y Conchita no logró introducir su pie en ellas; pateó el pedal que giró varias veces.

—Perdón —dijo.

—Inténtalo nuevamente.

La segunda vez lo logró.

—Muy bien —dije—. Ahora intenta empujar hacia abajo. Creo que debes hacer fuerza con tu muslo.

Empujó. El pedal derecho bajó y el izquierdo subió, y eso fue todo.

—Debes seguir haciéndolo —dije—. Eso es lo que hace avanzar la bicicleta.

Comenzó a pedalear nuevamente. Sus movimientos aún eran torpes pero continuos, y se estaba moviendo. Corrí a su lado.

—Siento que me estoy cayendo para un lado —dijo.

—Sí, estás perdiendo un poco de equilibrio. Mientras más rápido vayas, más suave será.

—Ésta es la bicicleta de Sin-Jun, ¿verdad? —dijo—. Con ella te debes de llevar mejor que con Dede, porque a Dede no quisiste pedirle el estéreo.

—Sin Jun es más relajada —dije—. Está todo bien con Dede, pero no es relajada.

—El problema de Dede es que ella quiere ser Aspeth Montgomery.

Su observación era acertada. Pero también era extraña: El tono con el que hablaba Conchita hacía pensar que ella conocía bien a Dede, cuando yo estaba casi segura de que nunca habían cruzado palabra.

—¿Crees que Dede y Aspeth compartirán cuarto el año que viene? —preguntó Conchita. Aunque los pedidos oficiales no se hacían hasta fines de mayo, el tema de con quién se compartiría cuarto el año siguiente, era un tema de conversación habitual luego de las vacaciones de primavera.

—Lo dudo. —Yo sabía que Dede lo deseaba con todas sus fuerzas, pero estaba segura de que en el momento final, Aspeth la rechazaría.

—¿Quién puede querer compartir cuarto con Aspeht? —dijo Conchita—. Es tan mala.

—¿La conoces?

—Oh, la conozco desde siempre

Eso no parecía posible. Aspeth vivía en mi residencia, no en la de Conchita, y aunque compartieran clases o equipos, Aspeth estaba siempre rodeada de un grupo de chicas como Dede que literalmente la separaban del resto de Ault. Pensé en el cabello claro y largo de Aspeth, en la ropa que usaba —ahora que era primavera, camisetas color pastel y faldas color caqui con alpargatas blancas o azul marino—, en sus piernas bronceadas y bien formadas, y en las suaves pecas sobre su nariz que hacían que siempre pareciera como si viniera de jugar un partido de tenis bajo el sol. Luego observé a Conchita sobre la bicicleta, su capa de lluvia y sombrero rosados, su pelo oscuro y abultado.

—No me había dado cuenta de que ustedes fueran amigas —dije.

—Conozco a Aspeth desde que tengo memoria. Nuestros padres trabajaban juntos. Hemos estado en la misma clase desde el jardín de infantes.

—Pensé que Aspeth era de Connecticut.

—Su familia se mudó allí sólo hace algunos años. Antes vivían en Texas.

—¿Y ustedes dos pasan tiempo juntas?

Conchita se dio vuelta para mirarme; en su cara había una leve expresión de picardía.

—Sí, todo el tiempo. —Luego dijo: —Lee, ¿cuándo dejarás de hacerte la tonta conmigo? Aspeth y yo éramos amigas cuando éramos niñas, pero ella dejó de hablarme en quinto grado porque se volvió demasiado *cool*. —En la voz de Conchita no había ningún resentimiento, hablaba con el tono de alguien que da cuenta de un hecho objetivo. Ahora pienso que ella siempre aceptó su estatus de marginal, quizás incluso desde antes de llegar a Ault; yo, en cambio, siempre conservé la eterna esperanza de que las circunstancias conspirarían para que los demás me amaran.

—¿Y qué hay de Sin-Jun? —dijo Conchita—. ¿Crees que ustedes dos compartirán cuarto el año que viene?

—Tal vez. —Yo estaba bastante segura de que Sin-Jun quería compartir cuarto con la gordita Clara O'Hallahan. Pensaba que quizá me dejarían estar en una triple con ellas, lo cual sería mejor que una single, aunque no mucho mejor, a decir verdad. Así como Dede iba a asegurar su estatus de persona *cool* si lograra compartir cuarto con Aspeth, yo iba a confirmar que era una de las chicas buenas, aburridas y periféricas, si lo hacía con Sin-Jun y Clara.

Habíamos pasado la enfermería.

—Volvamos —dije—. Podemos ir y volver varias veces.

El miércoles, luego de matar a Devin, maté a Sage Christensen (era una chica de segundo que estaba en mi equipo de *lacrosse*), y durante la cena maté a Allie Wray, de cuarto. Ambas exclamaron sorprendidas cuando les pegué el adhesivo, pero a ninguna de las dos pareció importarle mucho.

—Soy tan mala para estos juegos —dijo Allie conciliatoria mientras me pasaba su objetivo y sus adhesivos.

Yo parecía tener un talento para Asesino y me encontré a mí misma preguntándome (era imposible no hacerlo) si tendría alguna posibilidad de ganar todo el juego. ¿Y si sorprendiera a todos? ¿Y si todos los chicos (los chicos sin duda estaban más interesados en el juego) se esforzaran tanto en matarse entre ellos que se olvidaran de mí? Era innegable que las cualidades que siempre había lamentado en mí —ser invisible, estar siempre pendiente de los demás—, ahora me eran útiles. Quizás, al final la victoria se volviera inevitable, como cuando jugaba a las cartas con mi familia.

Y aunque no ganara en "Asesino", me gustaba la tensión inusual que creaba en el comedor y el edificio escolar. Algunos te contaban a quien tenían y otros lo mantenían en secreto —lo mismo que pasaba con las notas—, y se decía que un grupo de chicos de segundo había dibujado un cuadro enorme, similar a un árbol genealógico, que conectaba a todos los jugadores. Claro que ese cuadro no podía mantenerse actualizado por mucho tiempo, porque el estatus de las personas cambiaba de un momento a otro. También oí que la señora Velle, secretaria general, les había dado el horario de clases de otros alumnos a Mundy Keffer y Albert Shuman, dos chicos de cuarto, pero que cuando otras personas habían venido a pedir horarios se había negado a darlos. Mientras hacía fila para recibir el desayuno, Richie Secrest, también de primero, me dijo que al menos la mitad de los alumnos habían sido asesinados durante las primeras veinticuatro horas. No me sorprendió; tanto Dede como Sin-Jun habían sido eliminadas la misma tarde de inicio del juego. Estaba tostando mi bagel, cuando oí que Aspeth le decía a Cross Sugarman:

—Si oigo una palabra más sobre ese maldito juego, grito.

—Claro, porque tú ya estás afuera —dijo Cross—. No seas una mala deportista.

(Al sentir a Cross tan cerca, clavé la vista en el piso y el hecho de haber estado con Conchita un momento atrás me hizo sentir avergonzada y poco atractiva.)

—No —replicó Aspeth—. Lo odio porque es estúpido y porque ya hay suficientes lunáticos en esta escuela como para agregarle este juego.

—Claro —dijo Cross—. Te creo, te creo.

Estaban parados como a un metro de mí. Cuando sus bagels estuvieron listos, se fueron. Entonces, Cross todavía no había sido eliminado, pensé, y se me ocurrió que si lograra mantenerme viva finalmente el juego me conduciría hacia él. O a él lo conduciría hacia mí, lo que sería aun mejor. Cross con un papel con mi nombre en su mano buscándome por el campus para acercarse y pegarme un adhesivo: la posibilidad de que eso sucediera me hacía sentir una esperanza que me provocaba tristeza y terror. Por primera vez, desde que habíamos tomando ese taxi juntos un mes atrás, nos veríamos obligados a hablar el uno con el otro y él tendría que reconocerme.

La vida es más clara cuando está guiada por motivos ulteriores; mientras caminaba hacia la iglesia me sentía poseída por el sentimiento de tener un propósito verdadero. Iba a matar a McGrath Mills, un chico de tercero oriundo de Dallas que había heredado de Allie Wray. Había oído decir que McGrath era bueno en *lacrosse*, y pensé que un atleta sería más difícil de matar porque había más probabilidades de que le interesara el juego.

La noche anterior había decidido que lo mejor sería intentarlo después de misa, cuando todos se apuraran para llegar a sus clases. Por eso, después del desayuno me fui del comedor sola y más temprano de lo habitual, y me senté en la capilla cerca de la salida. Solía sentarme más adelante, pero sabía que la parte trasera era el territorio de los chicos somnolientos de tercero y cuarto, y de estudiantes que usaban el tiempo de la misa para terminar sus tareas. Mientras los asientos a mi alrededor iban siendo ocupados, permanecí alerta esperando a McGrath. A las siete y cincuenta y ocho, tomó asiento dos filas delante de mí. Mientras el señor Coker, un profesor de química, hablaba sobre cómo había desarrollado su paciencia observando a su abuelo pescar durante su infancia, yo miraba con atención la nuca de McGrath.

Aunque uno estaba libre de abandonar la capilla durante el himno, por lo general yo esperaba a que terminara. Esa mañana, sin embargo, seguí a McGrath hacia la salida, cuando las últimas notas de *Jerusalén* todavía no se habían extinguido. Se había producido una congestión en la puerta de salida (ésa era la razón por la que yo siempre esperaba) y los estudiantes se empujaban unos a otros y bromeaban. Parker Farre, de cuarto, dijo:

—Oye, Dooley, ¡cuida tus espaldas!

Y luego alguien gritó:

—¡Deja de tocar a mi asesino!

Había dos personas entre McGrath y yo. Logré colarme y pasar una, y luego la otra. Con la mano derecha en el bolsillo, logré sacar un adhesivo anaranjado de la hoja y pegármelo en el dedo. En el umbral de la capilla, McGrath estaba sólo a unos centímetros de mí; ver el tejido de su polo rojo era como ver los poros de la cara de otra persona.

Saqué la mano del bolsillo y le pegué el adhesivo en la parte baja de la espalda. No había sacado mi mano, cuando Max Cobey, un chico de tercero que estaba a mi izquierda, dijo:

—Te vi, chica de primero como quiera que te llames. Oye, Mills, mira tu espalda.

McGrath se dio vuelta. Yo estaba mirando al piso sonrojándome furiosamente. Sin levantar el mentón, miré hacia arriba, y vi que McGrath sonreía.

—¿Tú? —dijo.

La masa estaba avanzando, y de repente nos encontramos los tres fuera frente a la capilla.

—Te vi, te vi —volvió a decir Max elevando la voz, y me señaló. Era varios centímetros más alto que yo, pero no parecía hostil como lo había sido Devin; su actitud era más bien de entusiasmo. Algunos otros chicos de tercero, amigos de McGrath o de Max, se acercaron a nosotros.

—¿Cómo te llamas? —dijo McGrath—. Tenía un acento sureño, algo gangoso. Había sacado el adhesivo de su camisa y lo había pegado en su dedo medio.

—Mi nombre es Lee.

—¿Estabas tratando de matarme, Lee?

Eché un vistazo a los rostros de los otros chicos, luego miré nuevamente a McGrath.

—Algo así —dije, y me reí.

—Escucha bien lo que te voy a decir —dijo McGrath—. No tengo ningún problema con que lo *intentes,* pero me molestaría mucho si lo lograras. ¿Entendiste?

—Díselo —dijo uno de los otros chicos.

—Resumamos. —McGrath tenía su mano derecha, la que tenía el adhesivo, en alto. —Tratar, bien —dijo. Levantó su mano izquierda. —Lograrlo, mal. —Sacudió la cabeza. —Muy, muy mal.

—Veré si puedo recordarlo.

—Oh —dijo Max—. Ella está decidida.

A esa altura, ya sentía que me gustaban tanto él como McGrath.

—Ya es suficiente, Lee —dijo McGrath mientras se daba vuelta—. Te estaré vigilando.

—Yo también —dijo uno de los otros chicos, e hizo el gesto de sostener binoculares frente a sus ojos. Luego me sonrió y corrió para alcanzar a sus compañeros. ("Simon Thomworth, Allard, Nanover, New Hampshire": esa tarde, estudié el catálogo hasta que averigüé quién era).

Salía del comedor después de la cena empujando la bicicleta de Sin-Jun junto a mí para la lección de Conchita del día siguiente, cuando miré por sobre mi hombro y vi a Edmundo Saldana, un chico de segundo, de aspecto tranquilo, con el que no había hablado nunca. Aunque muchos estudiantes habían salido del comedor al mismo tiempo que yo, Edmundo y yo estábamos solos. Estaba como tres metros delante de él.

—¿Tratas de matarme? —dije.

Frunció el entrecejo con indolencia.

El corazón se me aceleró.

—Si lo intentas, gritaré —dije—. Y alguien vendrá. —Señalé alrededor. No estaba hablando en serio. Probablemente no gritaría, porque sería algo demasiado melodramático. Pero también existía la posibilidad de que lo hiciera por la intensidad de mi deseo de seguir en el juego.

—Todo esto es un poco estúpido —dijo Edmundo. Hablaba entre dientes pero yo lo escuchaba con atención. —No me interesa tanto este juego ¿sabes?

—Entonces sí estás tratando de matarme. —No podía creer que mi primera impresión hubiera sido correcta: cuando le pregunté si estaba tratando de matarme, inmediatamente me di cuenta de que perfectamente podría haber estado yendo a la biblioteca.

—No me importa mucho —masculló Edmundo—. ¿Quieres vivir? No te mataré. No sé por qué juegan a esto. —Casi no me miraba, y me pregunté si no sería una trampa; fingía que no le importaba para acercarse y abalanzarse sobre mí. Pero cuando traté de recordarlo en otras ocasiones, me pareció que quizá fuera cierto que era tímido y evasivo. Edmundo era de Phoenix y yo estaba casi segura de que tenía una beca. Se decía que él y su compañero de cuarto, Philip Ivers, un chico blanco, rico y lleno de granos, de Boston, se pasaban jugando al backgammon en su cuarto. Era obvio que él estaba más incómodo consigo mismo que yo.

—Si no te importa, ¿entonces, me dejas vivir? —dije—. ¿Te das vuelta, o te quedas ahí y yo sigo caminando?

—Es lo mismo —dijo Edmundo—. Sigue caminando, no hay problema.

Cuando le conté a Conchita lo sucedido, ella dijo:

—¿Edmundo te tiene? ¿Edmundo Saldana?

—Sí, ¿por qué?

Se había subido a la bicicleta y estaba pedaleando mientras yo la sostenía. Sin duda mejoraba, aun si sólo habíamos tenido una sola clase.

—Por nada en especial —dijo—. Estamos juntos en AEM; AEM era la sigla de Alianza de Estudiantes de la Minoría, y yo no sabía prácticamente nada sobre el grupo, salvo que se juntaban los domingos a la noche.

—No te gustará él, ¿no? —pregunté.

—¿Edmundo? ¿Hablas en serio?

—Te noté algo nerviosa cuando lo mencioné.

—No creo en esa clase de cosas —dijo Conchita—. ¿Qué sentido tienen?

La pregunta no podía responderse. ¿Qué sentido tenía ser una persona? ¿Qué sentido tenía respirar?

—No me digas que a ti te gusta alguien —dijo. Me miró y sin darse cuenta giró los brazos mientras movía la cabeza. La bicicleta viró levemente hacia la izquierda, pero rápidamente ella enderezó el manubrio.

—¿Quién? —dijo—. Prometo no decirlo.

—No voy a contárselo a alguien que no le encuentra sentido a esas cosas. —En realidad, no había hablado con nadie sobre Cross. Ni siquiera había vuelto a pronunciar su nombre desde el feriado sorpresa. Pero había pensado en él con tanta frecuencia, que al cruzármelo sentía una sensación extraña. El Cross real, el Cross que se movía, que hablaba con sus amigos, ¿era la misma persona en la que yo tanto pensaba?

No se lo había contado a nadie, en parte, porque quería que él siguiera siendo especial para mí, pero también porque nunca había tenido a nadie que quisiera escucharme.

—Debes prometerme que no se lo dirás absolutamente a nadie —dije—. En serio.

—Creí que sabías que podías confiar en mí —dijo Conchita, y sonaba herida.

—Se trata de Cross —dije—. En el feriado sorpresa…

—¿Cross? ¿te gusta *Cross*?

—Conchita, ¿quieres que te lo cuente o no?

—Perdón.

—Como te estaba diciendo, era el día del feriado sorpresa —continué, y terminamos en un… ¿Qué hay de malo que me guste Cross? ¿Acaso lo conoces? —De repente me acordé de alguien, pero pasaron algunos segundos hasta que me diera cuenta de que ese alguien era Dede.

—Está en mi clase de Matemáticas —dijo Conchita—. Parece un buen chico, pero me imaginé que te gustaría más alguien como…quizá como Ian Schulman.

—Ni si quiera sé quién es.

—Es un chico de segundo muy bueno en Artes. Dibuja historietas y cosas así. Y usa zapatillas negras Converse.

—¿Estás segura de que no te gusta a ti?

—No tengo tiempo —dijo Conchita—. Visto que Edmundo y yo estamos tan apasionadamente enamorados.

Me reí a pesar mío.

—Bueno, continúa —dijo—. ¿Era el feriado sorpresa y qué pasó?

Después de que le conté todo (el centro comercial, el taxi, Cross acariciando mi cabello), ella dijo:

—¿Te besó?

—John y Matin lo habrían visto —dije, y me di cuenta de que estaba intentando sugerir que eran las circunstancias las que habían impedido que nos besáramos. Las posibilidades de interpretación de una historia aumentaban cada vez que uno volvía a contarla: pensé que quizás era sólo por esa razón que uno contaba sus cosas a los demás.

—Espera un momento —dijo Conchita—. Cross tiene novia.

—Pero él no la estaba engañando —dije. Conchita doblaba (yo ya había perdido la cuenta de cuántas veces habíamos ido y venido) por lo que podía mirarme a los ojos sin miedo a que la bicicleta se inclinara.

—No la estaba engañando de ningún modo —dije—. Besar es engañar, ir en un taxi sentado junto a alguien no lo es.

—¿Pensarías así si fueras Sophie Thruler?

Conchita había girado la bicicleta completamente y volvía a mirar hacia el norte.

—Vamos —dije—. Pedalea. —La verdad es que yo pensaba muy poco en Sophie. Ella era hermosa, iba a tercero y Cross podía ser su novio, pero era imposible que él significara tanto para ella como lo significaba para mí. Si cortaban, seguramente ella comenzaría a salir con otro tipo en menos de una semana. Pero yo no quería que ellos terminaran; si Cross estuviera solo, yo tendría miedo de la mirada de cualquier otra chica; de la proximidad de ellas en la capilla, de sus risas durante las conversaciones. Mientras estuviera fuera de mi alcance, estaría fuera del alcance del resto de la población femenina.

—Olvida lo de Sophie —dije—. Lo que me importa ahora es que me toque Cross en "Asesino" o que yo le toque a él.

—Pensé que no podías controlar quién te tocaba.

—Es cierto, pero los participantes se están reduciendo exponencialmente. —Por un segundo pensé que mi uso de la palabra "exponencialmente" podía ser incorrecto, pero también pensé que no había problema en equivocarme frente a Conchita porque ella no era de juzgar a la gente. —Mientras más personas mate, más posibilidades tengo de llegar a él.

—Presupones que él no será asesinado antes.

—Me parece que se está cuidando. Otra cosa ¿no te parece admirable el modo en que estoy utilizando "Asesino" como el medio para un fin? Estoy siendo maquiavélica. —En el otoño, todos los de primer año habíamos leído *El príncipe*.

—El señor Brewster estaría orgulloso de ti —dijo Conchita—. Imagínate si logras casarte con Cross, hasta te daría puntos extras en tus calificaciones.

La miré, y estaba sonriendo. Ambas estábamos sudando por el ejercicio que hacíamos con la bicicleta. Sentí que había cedido ante Conchita. Éramos amigas. Ella debe de haber sentido lo mismo, porque dijo:

—Hay algo que quiero preguntarte.

Yo estaba segura de lo que diría, pero fingí ignorarlo

—¿Qué?

—Estuve pensando que quizás podríamos ser compañeras de cuarto el año que viene.

Podría imaginármelo con facilidad. De hecho, ya lo había hecho: nuestro cuarto tendría cortinas rosadas con volados, yo me comería toda su comida y escucharíamos a Bob Dylan mientras estudiábamos. No era le peor posibilidad imaginable pero me hacía sentir incómoda. Había algunas cosas que teníamos en común —ambas éramos extrañas y teníamos becas— y había otras que podían surgir de nuestra convivencia (yo temía mi propia maleabilidad). Nos vi en la residencia los sábados por la noche: nos poníamos el piyama temprano y pedíamos comida china, nos tirábamos bombitas de agua la una a la otra, tonteábamos. Y no estaba segura de querer hacer eso. Quería tener novios, quería que mi vida fuera triste, complicada e insana; al menos un poco insana.

—Ah —dije—. No lo había pensado. Tendría que consultar algunas cosas con Sin-Jun antes de poder darte una respuesta segura.

—¿Cosas con Sin-Jun?

Asentí.

—¿Y Martha Porter? —dije—. ¿Ustedes no son buenas amigas?

—Marta es genial. Pero su compañera de cuarto, Elizabeth, era bulímica y no regresó a la escuela después de Navidad. Marta dice que se acostumbró tanto a estar sola que seguramente pedirá una single el año que viene.

Entonces otras personas sentían las mismas dudas que yo con respecto a compartir cuarto con Conchita. No me sorprendía.

—Házmelo saber —dijo Conchita—. De todos modos todavía queda tiempo para presentar los formularios de pedido de cuartos. Mi mamá vendrá a Boston este fin de semana, y quería invitarte a almorzar con nosotras este sábado. Martha vendrá también.

Boston quedaba sólo a una hora, pero yo no podía decir que había estado realmente allí. Sólo había cruzado la ciudad yendo y viniendo al aeropuerto en un autobús de Ault. Ahora, cuando la gente en mi pueblo me preguntara si me gustaba, podría dar una respuesta real.

—Le he hablado de ti a mi mamá —dijo Conchita. Y no pude evitar preguntarme por qué Conchita me apreciaba tanto, sobre todo cuando nadie más lo hacía. ¿Cómo había logrado cautivarla con tan poco esfuerzo, o incluso sin proponérmelo? ¿Había sido mi falta de interés? ¿Acaso era posible que la explicación fuera tan simple y obvia?

—Trataré de no decepcionarla —dije.

Mientras esperaba que se hiciera la hora de presentarse ante Madame —Sin Jun no estaba y Dede dormía una siesta, lo que seguramente significaba que planeaba quedarse despierta hasta tarde estudiando para algún examen—, vi mi reflejo en el espejo sobre el escritorio de Dede y pensé que no tenía el aspecto de alguien que pudiera ganar un juego de toda la escuela. No estaba segura de cómo podría ser esa persona, pero no cabía duda de que no se parecía a mí. Mi cabello era castaño, mis labios finos y mis cejas anchas (no tan anchas como las de un hombre, pero anchas para una chica) y era consciente de que tenía una mirada intensa. "Por qué me miras así?", solía decir mi madre mientras conducía, o, en la mesa de la cocina: "¿Qué? ¿Tengo algo en los dientes?" A veces hasta me daba cuenta de que lo hacía, que inspeccionaba la cara del otro cuando estábamos cerca, pero era difícil de dejar de hacerlo: ¿Dónde se suponía que tenía que fijar mi mirada? Mucho más raro era si no mirabas a la otra persona en absoluto.

Me acerqué al espejo de Dede e inspeccioné mi piel buscando potenciales granos. Había girado mi rostro y estaba revisando el lado izquierdo de mi mandíbula cuando Dede dijo con voz amortiguada:

—¿Qué haces?

—Nada.

—Si no termino el texto de latín —dijo—, me volveré loca.

Durante la reunión de la noche, Sin-Jun y yo estuvimos paradas frente a la kitchenette comiendo masa de galletitas cruda. Cuando todos terminaron de registrarse y cesaron los anuncios, habíamos comido casi dos tercios del paquete y yo me empezaba a sentir mal. Amy Dennaker se acercó a la heladera, sacó una coca cola diet, me miró y dijo:

—A McGrath le pareció divertido que hayas tratado de matarlo hoy en la capilla. Es tan pagado de sí mismo. —Había algo relajado, casi amigable en el tono de Amy, lo que no era común. —¿Sabías que su cuarto está justo debajo del de Alexis y Heidi? —agregó, y por la burbuja de felicidad que había en su voz, supe que a ella le gustaba McGrath.

Le pasé la masa de galletitas a Sin-Jun y ella dudó:

—Quizá no quiero, no más.

Amy nos estaba observando.

—¿Quieres un poco? —pregunté, y aunque sabía que era de Sin-Jun, le acerqué el paquete.

Amy sacó un poco de masa usando el pulgar y el índice, y me chocó la idea de que pudiera ser una de esas personas que no se lavan las manos después de ir al baño.

—Estoy de tu lado —dijo Amy—. Destruye a McGrath.

Así tienes una excusa para bromear con él, pensé. No estaba siendo poco solidaria: veía claramente cómo funcionaban las maquinaciones.

—El problema es que ahora sus amigos serán como sus guardaespaldas —dije.

—Es verdad —asintió Amy.

—Quizá poder meterte por la ventana de su cuarto mientras duerme —dijo Sin-Jun—. De noche no tiene guardaespaldas.

Me reí y luego mi mirada se encontró con la de Amy.

—Estaría transgrediendo el horario de visitas —dije—. Me enviarían al comité de disciplina.

—No hace falta que entres en su cuarto —comenzó, y luego yo dije:

—Oh, quizá pueda enviarle una amenaza, o colgar algo frente a su ventana

—Sí, algo que lo ponga nervioso.

—Ya sé —dijo Sin-Jun—. ¡Podemos usar hilo de pescar!

—¿Y dónde mierda vamos a encontrar hilo de pescar? —Aunque en el tono de Amy había algo de desdén, me recordé a mí misma que ella estaba hablando con nosotras por voluntad propia.

—Hay un poco en sótano —dijo Sin-Jun—. He visto guardado.

—Sí, sé a qué te refieres —dije—. Detrás de ese armario de metal.

El sótano se extendía por debajo de varias residencias, y creaba un pasadizo del que se rumoreaba que era usado por algunos estudiantes para hacer visitas ilícitas a miembros del sexo opuesto.

—Pero no podemos ir allí luego de las diez —dije.

—Preguntamos a Madame —sugirió Sin-Jun.

—¿Preguntarle a ella? —dijo Amy.

—No perdemos nada con intentarlo —dije.

Cuando tocamos a la puerta del departamento de Madame Broussard, ella respondió inmediatamente. Ni Amy ni Sin-Jun dijeron nada, y caí en la cuenta de que yo era la líder por defecto.

—Hola —dije—. Tenemos una pregunta. Es un poco extraña, pero ¿sabe lo que es "Asesino"? ¿y sabe quién es McGrath Mills? Es mi objetivo, y queremos asustarlo. Sólo para bromear. Ya sé que son más de las diez, pero estábamos pensando si...

—Necesitamos ir al sótano y buscar hilo de pescar —dijo Amy—. Sólo nos llevará dos minutos ¿Podemos?

—¿Para qué necesitan hilo de pescar? —preguntó Madame que parecía menos sorprendida de nuestra presencia de lo que yo había imaginado.

—Queremos enviar algo al cuarto de McGrath, una nota —dije—. Su cuarto queda debajo del de Heidi y Alexis. Pero no haremos ruido, y no demoraremos mucho.

—Pero si hacen algo así —comenzó Madame, y pensé que diría: "violarán el horario límite para salir de la residencia", pero lo que dijo fue:

—McGrath sabrá que eres su objetivo.

—Ya lo sabe —dije—. Traté de matarlo cuando salíamos de misa, pero sus amigos me vieron.

—¿Había otros chicos de tercero? —Era sorprendente: el interés de Madame parecía genuino.

—Sí —dije—. Casi todos de su equipo de *lacrosse*.

—Muy bien. —Madame asintió con la cabeza mostrando decisión. —Creo que vamos a darles una lección a estos chicos.

Y luego, las tres, Amy, Sin-Jun y yo, la seguimos hacia el sótano, pero el hilo de pescar no estaba dónde creíamos, y nos detuvimos, perplejas por un momento, y yo dije:

—No necesitamos hilo de pescar. Podríamos usar una escoba o algo así —y subimos las escaleras y revolvimos el armario de la sala de estar y luego corrimos por el pasillo hacia la habitación de Heidi y Alexis y mientras les contábamos otra vez el plan (esta vez con Madame como participante), sus caras pasaron de la confusión a la risa y de la risa al entusiasmo, un entusiasmo que parecía tan espontáneo y sincero como el nuestro.

—Deberías usar la funda de una almohada —dijo Heidi—. Así podrías escribirlo bien grande. —Revolvió en su cesto de ropa sucia. Hoy puedo decir que cosas como éstas son completamente típicas de Ault, el sacrificio casual de una funda de almohada al servicio de una broma. El hecho de que las fundas de almohadas, como todo el resto de las cosas, costaran dinero, no era algo relevante. Heidi me la lanzó, y Alexis me pasó un marcador negro.

Con el marcador destapado, hice una pausa.

—¿Qué escribo?

Todas nos quedamos calladas. Era un silencio cargado, eléctrico.

—Sé dónde vives —sugirió Alexis.

—Puedo verte mientras duermes —dijo Heidi.

—Puedo oler tu sangre —dijo Amy—. Y huele —miró a Madame— *très délicieuse.*

—Dejaremos al idioma francés fuera de esto —dijo Madame.

—Hasta ahora el que más me gusta es "Puedo verte mientras duermes" —dije—. ¿Pero no suena un poco como si lo dijera Papá Noel?

—Siempre te vigilo —dijo Sin-Jun.

Las seis nos miramos —parecíamos parte de una reunión para tomar alguna decisión importantes— y mientras Heidi y Amy asentían con la cabeza, yo dije:

—¡Buenísimo! Es simple pero intimidatorio.

Amy sacó varios libros del escritorio para que pudiéramos extender la funda. Luego escribí en letras mayúsculas: SIEMPRE TE VIGILO.

—Dibuja un ojo —dijo Heidi.

Dudé.

—¿Escribo mi nombre? O no, qué les parece... —Escribí: "con amor, tu asesina", y Sin-Jun aplaudió.

—Es perfecto.

Cuando sujetamos la funda al palo de la escoba nos dimos cuenta de que era mejor usar dos palos; Alexis corrió y trajo un lampazo. Heidi abrió la ventana y Amy y yo (yo sabía que ella quería estar directamente involucrada en esa parte de la broma, podía sentir cuánto le importaba McGrath) nos asomamos. Yo sostenía el lampazo al revés, tomándolo cerca del manojos y ella sostenía la escoba. De la ventana debajo de nosotras salía luz, lo que quería decir que las persianas no estaban bajas. Inclinándose, Amy golpeó la manija de la escoba contra los ladrillos exteriores del edificio.

—¡Oigan, chicos! —gritó—. Entrega especial.

Pasaron diez segundos. Comencé a temer que ni McGrath, ni su compañero de cuarto, Spencer, notaran la funda. Y en realidad mi temor no tenía que ver con ellos sino con nosotras, no quería que todo nuestro plan hubiera sido en vano. Y luego oí algunas voces masculinas abajo.

—Oye, Mills —dijo alguien, y unos pocos segundos después, se oyó la inconfundible risa de McGrath. Sacó la cabeza por la ventana y miró hacia arriba buscándonos.

—Oye, cariño —gritó Amy. (Yo jamás en la vida le diría "oye, cariño" a Cross Sugarman)

—Hola, McGrath —dije.

—¿Qué es esto? —dijo McGrath—. Están todas locas.

Otro chico sacó la cabeza y dirigiéndose, no a nosotras, sino a alguien en la habitación dijo:

—Esto es *hard-core*.

Detrás de mí, se agolparon Alexis, Heidi, Sin-Jun y Madame. Heidi abrió la otra ventana, y en un segundo su cuerpo también estaba fuera del cuarto.

Parecía haber un grupo de chicos en el cuarto de Mills, al menos tres o cuatro, y alguien se acercó y tomó la funda.

—¡Eh! —dijo Amy—. ¡Sin tocar!

—¡Eso no es lo que les dices a la mayoría de los tipos, Dennaker! —dijo el chico que había tomado la funda; era Max Cobey.

—Chúpamela —contestó Amy.

—¿Quién más está ahí abajo? —preguntó Heidi.

—¿Quién más está ahí arriba? —dijo Max—. Suena como una manada de elefantes.

—En realidad, se trata de un montón de chicas increíblemente bellas que no llevan más que ropa interior y lápiz labial —dijo Amy—. Y por sólo noventa y nueve centavos el minuto, puedes llamar y hablar con cualquiera de nosotras. Las operadores están esperando…

—Es suficiente, Amy —dijo Madame, y me sentí aliviada por un lado, pero decepcionada por otro—. Dejaremos a los chicos en paz.

—Tenemos que irnos —gritó Amy—. Adiós, hasta pronto, *auf Wiedersehen, adieu*.

Comenzamos a subir el lampazo y la escoba, y McGrath, que había desaparecido, volvió a sacar la cabeza.

—¿No me la puedo quedar? —dijo—. ¿Después de todo lo que me acosaron?

—Te la puedes quedar —dije, como si la funda fuera mía—. Pero sólo si prometes usarla esta noche.

—Voy a usarla *todas* las noches —dijo McGrath, y fue lo último que oí antes de volver a entrar en el cuarto.

El viernes a la mañana después de la clase de latín, mientras recogíamos nuestros libros, le dije a Martha:

—Vas a ir mañana con Conchita, ¿no? —A pesar de habernos sentado juntas durante siete meses en la clase de latín, Martha y yo nunca habíamos hablado mucho e iniciar una conversación con ella hacía que mi corazón se acelerara. Pero pensé que si íbamos a ir juntas a Boston era mejor que habláramos antes. Quería hacer eso porque, en realidad, tenía la sensación de que era mi culpa que nos hubiéramos comunicado tan poco. El primer día de clases cuando yo estaba tan aterrada de estar en Ault que casi no podía mirar a nadie a los ojos, Marta me había dicho: "Nunca antes he tenido latín ¿y tú?", y yo sólo había contestado con un parco "no", luego había mirado hacia otro lado y me había cruzado de brazos. Unos meses después, Tab Kinkhead se tiró un pedo mientras trataba de traducir la oración "Sextus es un vecino de Claudia", la mayoría de los estudiantes no lo notaron, pero cuando vi a Marta tratar infructuosamente de reprimir una carcajada, supe que me había equivocado: ella era alguien con quien sí podría llevarme bien.

Cuando salimos de la clase, Martha dijo:

—La mamá de Conchita es muy simpática.

—¿Sabes dónde comeremos? —En mi opinión las preguntas logísticas eran las mejores, las más inocuas.

—Vamos a encontrarnos en el hotel Maxwell, así que probablemente iremos a algún restaurante cerca de ahí —dijo Martha—. Eres compañera de Conchita en *lacrosse*, ¿no? Ella te aprecia mucho.

Sabía lo que tenía que responder ("Conchita es genial", o "el aprecio es mutuo"), pero simplemente no pude formar la frase. Por sus comentarios Martha parecía —no de un modo negativo—, una coordinadora de campamento: generosa y comprensiva, feliz de ver que la gente se entiende.

—¿Qué deporte haces tú? —pregunté.

—Remo. En realidad estoy casi segura de que éste será mi único sábado libre por el resto de la primavera, así que me alegro de salir.

—¿Remo es tan intenso como se dice?

—Es muy lindo como espectador, pero cuando estás en el bote, lo único que haces es gruñir y transpirar.

—Siempre que veo a personas remando, no puedo evitar pensar en Jonas Ault, en 1880 o algo así —dije—. Puedo imaginármelo, tiene bigotes en punta y lleva puesto uno de esos pantalones ceñidos.

Martha se rió. Más tarde, cuando nos hicimos amigas, siempre bromeamos acerca de la facilidad con que se reía. Algo que siempre aprecié de ella fue su capacidad para hacerte sentir ingenioso.

—Oh, sí —dijo con tono afectado—. El remo es un deporte muy civilizado.

—Un deporte de caballeros —dije, y me pregunté por qué nunca había hablando con Martha antes.

Yo sabía, por la lista pegada en la puerta de la oficina del decano Fletcher, que, esa semana, a McGrath le tocaba servir en la mesa de la señora Prosek, y mientras daba vueltas en la cama esto me ayudó a formular un plan para matarlo. Como todos los que debían servir, McGrath llegaría para poner la mesa veinte minutos antes de que comenzara la cena formal. Decidí (y fue una decisión tan emocionante, una idea tan perfecta que no pude volver a dormirme en toda la noche) esperarlo bajo la mesa para pegarle el adhesivo sobre la pierna.

Luego del entrenamiento de *lacrosse*, corrí hacia el comedor y llegué a las cinco y media, diez minutos antes de la hora en que supuestamente llegaría McGrath. Sólo había cinco o seis estudiantes en el comedor, entre los que estaba el prefecto del comedor de esa noche, Oli Kehlmeir, un chico de cuarto. Ser uno de los tres prefectos del comedor era algo que muchos deseaban; su tarea era supervisar a los camareros, lo que significaba que podían darles órdenes a los de años inferiores, y flirtear con las chicas. Oli extendía manteles blancos sobre las mesas —me sorprendió ver a un prefecto trabajando— y decidí, tomar, yo también, uno de los manteles que estaban en un estante junto a la puerta de la cocina.

Puse el mantel sobre la mesa de la señora Prosek, luego inspeccioné el comedor. Nadie me estaba mirando. Moví una silla, me agaché, me escondí gateando bajo la mesa, y volví a poner la silla en su lugar. Primero me senté con el trasero sobre los tobillos y las rodillas hacia adelante, pero la posición se volvió demasiado incómoda y decidí sentarme con las piernas cruzadas. No había mucho espacio para moverse. Mi codo dio contra una silla, y me paralicé, pero no oí nada del otro lado —nadie que gritara que había un fantasma, ninguna cara que apareciera a mi altura y me preguntara qué diablos hacía ahí—, así que me relajé. En la cara interna de la mesa había algunas bolas de goma de mascar que tenían el aspecto de estar ahí hacía mucho tiempo. Podía sentir tanto el olor de la mesa como el del piso, aunque ninguno de los dos olía particularmente a madera; olían más bien a zapatos, a zapatillas de correr no demasiado sucias, o a sandalias de niño.

A las seis menos veinte, comencé a ponerme nerviosa pensando en la llegada de McGrath. Cada vez que llegaba un ayudante, yo estaba segura de oír sus pasos. Parecía que habían llegado los ayudantes de todas las mesas cercanas, y pensé que iba a ser imposible ocultarme. Sin duda notarían la tela celeste de mi falda (¿era grosero que me sentara sobre el piso llevando una falda?), o verían mis pies. Pero nadie se acercó. Por la voz, me di cuenta de que la ayudante en la mesa a mi derecha era Clara O'Hallahan; tarareaba una canción mientras trabajaba, *I got a name* de Jim Croce. Unos momentos después oí que un chico decía: "¡Qué mal humor que tenía Reed hoy!" Y una chica le contestaba: "El mismo mal humor de siempre". Esperaba que alguien hablara de Asesino, pero nadie lo hizo. Finalmente, las voces se transformaron en un zumbido confuso, que aumentaba su intensidad punteado por el sonido de cubiertos y platos. Eran las seis menos diez. Pensé que McGrath no podía faltar a la cena formal dado que lo habían asignado como ayudante. ¿O quizá sí? Por faltar a la cena formal el castigo era limpiar las mesas, pero estaba segura de que si eras ayudante recibías un fin de semana sin salir.

Llegó a las seis menos cuatro. Pude oír su acento vivaz mucho antes de que llegara a la mesa. Alguien debe de haberle señalado su tardanza porque cuando se acercó estaba diciendo: "Es el método de los dos minutos. Mira y aprende". Sobre mi cabeza apoyó algo que sonaba como platos y cubiertos. Antes de que pudiera pegarle el adhesivo, volvió a alejarse, y regresó con una bandeja de vasos. Silbaba. Pude ver sus pantorrillas a unos pocos centímetros de mí, llevaba shorts y el vello de sus piernas era grueso y rubio.

En este momento, dos sentimientos completamente identificables se apoderaron de mí. En primer lugar, por unos segundos me costó creer que realmente estuviera por matar a McGrath Mills. Cuando uno se acostumbra a la negación y al fracaso, como quizá yo lo había hecho o tal vez sólo creía que lo había hecho, el éxito puede resultar desorientador, paralizante. En ocasiones, tenía que narrarme a mí misma, al menos en mi cabeza, los éxitos obtenidos para convencerme de su realidad. Y no sólo los grandes triunfos (claro que era discutible si existía en mi vida otro gran triunfo aparte de haber entrado en Ault), sino también los pequeños logros, hechos de la vida cotidiana que había deseado: "Ahora estoy comiendo pizza", "Ahora me estoy bajando del auto". (Y más tarde: "Estoy besando a este chico", "Él está sobre mí"). Hacía eso porque me resultaba extremadamente difícil creer que mis deseos se cum-

103

plían; experimentar la falta de la cosa era siempre mucho más fácil que enfrentarse a la cosa misma.

En segundo lugar, sentí una tristeza repentina, una apatía incontrolable. Creo que tuvo que ver con el vello de la pierna de McGrath, o con su manera de silbar. McGrath era una persona. No quería ser asesinado, no sabía que yo lo esperaba debajo de la mesa. Y me pareció injusto atraparlo de ese modo. De repente, sentí que no quería ganar todo el juego. Quería admiración, por supuesto, admiración en toda la escuela, pero no tenía ganas de pasar por todos los pequeños momentos que eso requería; momentos en los que sólo seríamos yo y la persona que me había tocado como objetivo. Con Devin, no había tenido problema, porque él era un imbécil, y tampoco con Sage y Allie, porque a ellas les daba lo mismo seguir en el juego o perder. Pero McGrath era simpático, y le importaba seguir vivo. Aunque por otro lado, también había sido ridículo si yo no lo hubiera sacado del juego cuando tenía la oportunidad de hacerlo literalmente tan cerca de mí. Y tampoco es que yo *no quisiera* hacerlo, una parte de mí quería, pero me parecía complicado. Me di ánimos pensando que matar a McGrath era necesario para llegar a Cross. Pero decidí que no lo haría con entusiasmo, no lo haría pensando en que el juego era importante. Mientras tomaba esa decisión, extendí mi brazo y pegué el adhesivo sobre la pantorrilla de McGrath. Lo pegué junto a su tibia, casi exactamente a medio camino entre el tobillo y la rodilla. Luego empujé la silla que estaba delante de mí y salí de debajo de la mesa en cuatro patas. Al mirar a McGrath desde esa posición, no pude evitar sentirme un poco como un perro.

Su expresión, como había temido, fue de pura sorpresa. Ni siquiera sé si me reconoció inmediatamente. Me paré, y dije con poca convicción:

—Acabo de matarte.

McGrath soltó una carcajada, pero yo creo que lo hizo sólo por que era un buen jugador.

—Vaya —dijo con su acento sureño—. Me pescaste. Lo tuyo fue bueno. ¿Cuánto tiempo estuviste allí abajo?

Me encogí de hombros.

—Es una victoria merecida. Oye, Coles, mira quién estaba bajo mi mesa. ¡Sabía que me estaba cercando! McGrath se dio vuelta y me miró.

—Lo siento —dije.

—No hay nada por lo que debas disculparte. Me atrapaste en buena ley. Debo darte mis adhesivos, ¿no? pero, ¿sabes qué? —Buscó en el bolsillo trasero de su pantalón y en los bolsillos laterales de su blazer—.

Los dejé en mi cuarto —dijo—. ¿Puedo dártelos más tarde? Prometo llevártelos personalmente a tu cuarto.

—Está bien —dije—. Como quieras. (Claro que no tenía sus adhesivos: el juego no le importaba realmente.)

De inmediato supe que había arruinado nuestra relación. Si alguna vez había existido un cierto humor que nos unía, yo había matado su sustancia. De ahora en más McGrath sería amable conmigo (y no me equivoqué: durante el año y medio que quedaba hasta su graduación, siempre lo fue), pero sería una amabilidad vacía. Al matarlo había terminado con la única coincidencia de nuestras vidas. "¿Y,?, ¿has asesinado a alguien últimamente?": solía preguntarme meses después cuando nos cruzábamos en algún pasillo. O, "¿Cómo andan esas fundas?" Yo me reía, o contestaba: "Ellas están muy bien", o alguna frase corta. Estaba claro que McGrath no quería hablar; tampoco había nada que quisiéramos decirnos en particular. Yo sabía todo eso, entendía los códigos compartidos, pero, de todos modos, nada me daba más pena que la lenta muerte de una broma compartida que alguna vez había sido genuinamente divertida.


El sábado por la mañana, esperé fuera del patio de la residencia. Conchita había dicho que su madre enviaría un auto para recogernos a las once. Hacía veinte grados, era un día soleado y con brisa, y recordé que Martha había dicho que estaba contenta de salir; yo también estaba contenta. Vi que una limusina negra cruzaba el círculo (en el círculo mismo dos chicos se lanzaban una pelota de softball). Incliné mi cabeza hacia el cielo y cerré los ojos. Cuando los abrí nuevamente, tal vez un minuto después, la limusina estaba frente a mí, y la cabeza de Conchita sobresalía de la ventanilla trasera.

—Vamos, Lee —gritó—. Sube.

Mientras caminaba hacia el vehículo traté de fingir una expresión de naturalidad. Nunca había viajado en limusina. En el interior, había asientos de cuero gris y un vidrio polarizado nos separaba del conductor. Vi que Conchita llevaba una camiseta violeta, un jumper de jean con botones anaranjados enormes, medias blancas y sandalias de taco con la puntera abierta; esta vez no parecía tanto una integrante de un grupo de teatro sino más bien una niña de cuatro años a la que se le permitía vestirse sola por primera vez. El aspecto de Martha era absolutamente normal, y, para mi alivio, no llevaba falda.

—Estamos tratando de decidir qué música escuchar —dijo Conchita—. La única estación que se sintoniza bien es una de *reggae* y ¿cómo dijiste, Martha?

—Jazz suave —dijo Martha.

—Yo voto por el *reggae* —dije.

—Pensábamos que ibas a decir eso, pero queríamos asegurarnos.

—Conchita apretó un botón, y la ventana que nos separaba del conductor bajó algunos centímetros.

—¿Podría ponerla en la primera estación? —dijo—. Gracias.

Sin esperar una respuesta, volvió a apretar el botón y la ventana subió. Entonces supe, finalmente lo comprendí, que Conchita era rica. Y comprender esto me confundía sobre todo el resto de las cosas que yo sabía sobre ella. ¿Por qué necesitaba actuar de manera extraña? ¿Por qué mencionaba su condición de mejicana con tanta frecuencia? ¿Por qué decía que se sentía como una marginal? Si era rica, Ault era su mundo. La ecuación era así de simple. Al fin de cuentas, ser rica era lo que más importaba. Importaba, incluso, más que ser linda. Y al pensar esto, caí en la cuenta que Conchita nunca me había ocultado nada. La elaborada decoración de su cuarto, hasta su ropa, que era peculiar pero no parecía barata, habían sido señales que yo me había negado a interpretar. Mi suposición de que ella estaba en la escuela gracias a una beca había sido ofensiva, y me sentí avergonzada. (Me sentía avergonzada, y sin embargo, todavía estaba a tiempo de aceptar su invitación para ser compañeras de cuarto. Podría haberlo hecho, habría estado bien. Pero pensar eso me hacía sentir como cuando tienes cinco o seis años y te haces pis encima, un alivio complicado porque aún ignoras que existe una solución mejor.)

—Bien, oigan esto —dijo—. He estado esperando a que estemos las tres juntas para contárselo. Oí que el señor Byden salió con Madame Broussard.

—No puede ser —dijo Martha.

—¿Te refieres al director? —dije—. Pero si está casado.

—Fue hace mucho tiempo —dijo Conchita—. Pero él aún siente algo por ella.

—¿Y tú cómo lo sabes? —pregunté.

—Me lo contó Aspeth. Su padre y el señor Byden fueron compañeros en Harvard en los sesenta, y creo que Madame vivía entonces en Boston.

—Imagínate besar al señor Byden —dije—. Te haría mantener un metro de distancia. —Ésa era una de las normas para el horario de visitas; además, la pareja debía dejar la puerta abierta. —Y lo que es realmente asqueroso —agregué— es pensar que al señor Byden se le pare.

—*Lee* —dijo Conchita, y pensé que quizás la había ofendido en serio.

—Que tenga una erección —dije—. Lo que sea.

—Termina ya. —Se tapó los oídos con las manos.

—Seguramente tenían sobrenombres el uno para el otro —dijo Martha.

—Cosita —sugerí.

—Pastelito de manzana —siguió Martha.

—Tarta de queso —dije, y, sin ningún motivo aparente, ambas estallamos en carcajadas.

—¿Qué? —dijo Conchita. El problema no era que no hubiera oído, hacía rato que había quitado las manos de los oídos

—No es... —comencé, y al mirarla a Martha empezamos a reírnos otra vez.

—¿Qué? —Conchita nos miraba.— ¿Qué quiere decir tarta de queso?

—Martha se limpió una lágrima. —No significa nada —dijo—. Es algo que se lo ocurrió a Lee.

—¿Y qué tiene de gracioso?

—Bueno... —Martha luchaba para mantener la compostura —es que suena gracioso, ¿*tarta de queso*?

—Pastelito de manzana —repetí, y ambas comenzamos a resoplar.

—Martha dejó que un chico le tocara las tetas —dijo Conchita.

—Gracias, Conchita. —El comentario no pareció molestar a Martha.

—Yo nunca permitiría que me hicieran eso —dijo Conchita—. Al menos, no antes de casarme, y entonces sólo tendré sexo con la luz apagada.

—Sí, claro —dijo Martha con tono cariñoso.

—¿Tú sí tuviste sexo alguna vez? —le pregunté, y apenas lo hube dicho me sentí tensa. Casi ni la conocía, había olvidado que sólo habíamos hablado un par de veces.

—Por Dios, no —dijo Martha—. Mi madre me mataría. —Pero no hablaba como si la pregunta la hubiera importunado. —Conchita, cuando un chico te toca bajo tu camisa no es más que piel —dijo Martha—. En realidad es agradable.

—¿Tú dejarías que un chico te tocara las tetas, Lee? —preguntó Conchita.

—Dependería del chico —Pensé en la canción *Lay, Lady, Lay,* en el hombre de ropa sucia.

—Realmente me sorprende —dijo Conchita—. No sabía que tú también eras promiscua.

Por tercera vez, Martha y yo estallamos en carcajadas.

—*Ojalá* fuera promiscua —dije.

—No digas eso. —Conchita parecía afligida.

—Estoy bromeando —dije y ella pareció aliviada, y luego no pude resistirme a decir: —En parte. —Y ella volvió a parecer afligida. —Oh, Conchita —dije—, y me senté junto a ella y pasé un brazo por su hombro y la acuné hacia atrás y adelante. En ese momento, la encontré infantil y encantadora. Ya habíamos tomado la Ruta 128, y había algo en la velocidad del auto, en el hecho de que el auto fuera una limusina, en el sol que brillaba afuera y en nuestra conversación, que me hacía sentir verdaderamente feliz. Como si se esa sensación de no tener nada adecuado para ofrecer que me acompañaba permanentemente en Ault me abandonara lentamente.

El hotel se encontraba cerca de la Municipalidad de Boston. Era el hotel más lujoso que yo jamás hubiera visto, pero, a esa altura, el hecho no me sorprendió en absoluto. Columnas corintias flanqueaban el lobby, y el piso y las paredes eran de mármol verde. Conchita se acercó a la recepción para preguntar dónde estaba el restaurante, y Martha y yo la seguimos, todavía un poco mareadas por el viaje. Pude sentir que los empleados del hotel y los otros huéspedes en el lobby nos observaban; para ellos sólo éramos tres chicas más, tres chicas comunes y en ese momento no sentí que eso fuera algo negativo. Al contrario, con nuestra ropa informal, nuestras mochilas, nuestra charla un poco estridente, estábamos encarnando la idea que ellos tenían de los adolescentes, y eso me hizo sentir orgullosa.

En el restaurante, Conchita gritó:

—Mamá —y corrió a los brazos de una mujer que era al mismo tiempo muy gorda y muy bella. La señora Maxwell besó a Conchita en las mejillas y el mentón, y ambas comenzaron a hablar en español y a gritar y a pedirnos disculpas por gritar. La señora Maxwell estaba sentada y no se paró para saludarnos, sólo nos extendió el brazo, muy bronceado y lleno de pulseras de oro.

—Estoy encantada de conocer a las amigas de mi hija. —dijo y cuando Conchita me presentó a mí: —Ah, la fan de Bob Dylan. —Llevaba pantalones sueltos de seda verde y una camisa de la misma tela con cuello chato y mangas anchas; aun estando a varios metros, podía oler su perfume. Su piel era suave y marrón, más oscura que la de Conchita y su cabello oscuro estaba recogido en un rodete flojo.

—Gracias por invitarnos a almorzar —dijo Martha, y yo añadí:

—Sí, es realmente amable de su parte.

Sólo había unas pocas mesas ocupadas en todo el restaurante; cerca de nuestra mesa, un hombre robusto almorzaba solo. Un camarero nos trajo los menús, largos rectángulos de cuero con las descripciones de los platos escritas con letras elegantes. Sólo una de las entradas costaba menos de veinte dólares y consistía en vegetales asados. Me sentí extrañamente aliviada cuando me di cuenta de que sólo tenía quince dólares en el bolsillo: no tendría que pagar, ni siquiera lo intentaría porque de todos modos no podría hacerlo. En la parte superior del menú estaba la fecha, y me pareció algo notable el hecho de que cada día imprimieran un menú nuevo. Yo sospechaba que el dinero podía hacerte la vida más agradable, y ese día se confirmó mi sospecha. Se podía desear ser rico no por ambición, sino por motivos de confort, para mandar a buscar a tu hija y sus amigas en una limusina, para comer platos deliciosos en un entorno agradable, para ser gorda y aun así usar ropa linda. Una de las amigas de mi madre era casi tan gorda como la señora Maxwell, pero siempre usaba pantalones deportivos y blusones floreados.

La señora Maxwell dijo:

—Me gustaría que cada una de ustedes me contara la historia de su vida. Lee, tú primero.

Me reí. Pero luego lo hice. Comencé con mi madre haciendo trabajo de parto en una piscina, les conté que en el jardín de infantes había insistido en usar las mismas botas de cowboy de goma durante todo el año; que tenía un amigo imaginario llamado Pig; la edad que tenía cuando nacieron mis hermanos. Les conté los detalles más importantes de mi vida hasta llegar a Ault. Cada tanto, ellas me preguntaban algo, pero no eran preguntas intimidantes. Pronto llegaron las entradas (todas habíamos pedido entradas, parecía que había que hacerlo), y Martha contó su historia: Que había creído que iba a morir cuando perdió su primer diente; que había ganado el concurso de ortografía en segundo grado; que la nieve era terrible en Vermont. Llegaron los platos principales, el mío era pollo asado con puré de papas y salsa de arándano; parecía Día de Acción de Gracias.

También comimos postre. Cada una pidió distintas tartas y mousses y las compartimos metiendo tenedores y cucharas en platos ajenos. La madre de Conchita hablaba sobre cosas de la casa, gente que conocían, una boda a la que ella y el padre de Conchita habían ido el fin de semana anterior.

—Y tengo algo divertido para contarte, hijita —dijo—. Hemos contratado a alguien para ayudarlo a Miguel en el jardín, y su nombre es Burro.

—¿Es su nombre real o su apodo? —dijo Conchita—. Y al mirar a Martha, me di cuenta de que estaba pensando lo mismo que yo: "¿alguien para.ayudarlo a Miguel en el jardín?"

Las cuatro tomamos café, aunque yo no lo hacía habitualmente, y luego seguimos hablando por una hora más. Se hizo la hora que habíamos arreglado para que el conductor de la limusina nos recogiera a Martha y a mí; Conchita pasaría la noche con su madre en el hotel. Nos paramos y abrazamos a la señora Maxwell antes de irnos. Al apretarme contra ella e inhalar su perfume, sentí una especie de amor hacia ella. ¡Qué suerte había tenido en toparme con este mundo!

En la limusina, tan pronto como el conductor cerró nuestra puerta, Martha y yo nos pusimos a conversar.

—¡Qué *cool* que es la señora Maxwell!

—Se notaba que realmente le interesaba saber sobre nosotras.

—¡Comí tanto! La mousse de lima estaba increíble.

—Y ese postre de chocolate: si hubiera comido otro bocado tendría que haberme desabotonado los pantalones.

—¿Qué te pareció lo del guardaespaldas? —dijo Martha—. Eso sí que fue emocionante.

—¿De qué hablas?

—El tipo con el audífono sentado en la mesa junto a la nuestra.

No había visto ningún audífono, pero era cierto que el hombre había permanecido en su mesa hasta que nos levantamos. Yo pensaba que era porque encontraba nuestra conversación divertida.

—¿Por qué necesita un guardaespaldas la mamá de Conchita? —pregunté.

—No sé si lo *necesita*, pero sin duda lo tiene. ¿No sabes quiénes son los Maxwell?

Negué con la cabeza.

El papá de Conchita es el director de Tanico.

Había una estación de servicio Tanico a tres cuadras de mi casa en South Bend: al parecer, mucho antes de conocernos, una parte de la vida de Conchita había tocado una parte de la mía.

—Hay miles de historias sobre los Maxwell —dijo Martha—. Empezando por el casamiento de sus padres, que fue un escándalo. Su mamá hacía la limpieza en la oficina de su papá. Así es como se conocieron.

—No me digas.

—Sí. En ese momento él estaba casado con otra mujer. La mamá de Conchita tenía como diecinueve años, y acababa de llegar de México y no hablaba casi nada de inglés. Allá por los setenta, todos hablaban de esto. Cuando les mencioné a mis padres que tenía a Conchita de compañera dijeron sorprendidos "¿No será la hija de Ernie Maxwell?"

—¿Por qué? ¿Cómo es su padre?

—Hace poco salió una biografía de él en la revista *Fortuna*. Había un ejemplar en la biblioteca hasta que alguien lo tomó. Pero parece que su apodo es "el rey del petróleo". Viene de una familia que ha estado en ese negocio por mucho tiempo y ellos ya tenían mucho dinero, pero dicen que él es despiadado y muy exitoso. Es bastante viejo. En las fotos de la revista, parece al menos de setenta, y es pequeño y pelado. En realidad Conchita es parecida a él. Además, llevaba polainas anaranjadas.

—¿En serio?

Marta se rió.

—No, Lee. Llevaba un traje gris.

—Nunca la oí a Conchita hablar sobre esto.

—A veces cuenta algunas cosas, pero trata de restarles importancia. Creo que por eso vino a Ault, para tratar de integrarse. Pero creo que no ha sido como ella esperaba.

—Nuevamente, volvía a sentir esa impaciencia por Conchita que había sentido cuando vi la limusina. Podría integrarse si quisiera.

—Extraña mucho a su mamá. Aquí nadie la mima, quizá por eso es hipocondríaca.

—¿Es hipocondríaca?

—Sin duda no padece de insomnio. Mi cuarto está junto al suyo y ronca como un oso. Con esto no quiero decir que esté mintiendo. Su realidad es distinta del resto de las personas. Pero es lo que me fascina de ella.

—Si no tiene ningún problema de salud, ¿entonces por qué le permiten tener un teléfono y ese cuarto enorme y todas esas cosas?

—Lee —dijo Martha—. Por favor. —Hizo el gesto de contar dinero. —Seguramente a Ault se le hace agua la boca sólo de pensar en el pabellón de ciencia, y en los estudios de arte que los Maxwell pueden construir.

Al oírla, me sorprendió con cuánta franqueza Martha hablaba del dinero de los Maxwell. Luego, cuando visité la casa de la familia de Martha en Vermont por primera vez, pude ver que ellos también eran ricos. Pero con el tiempo aprendí que había distintas clases de ricos. Estaban los ricos normales, los ricos dignos, de los que nadie hablaba, y estaban los extremadamente ricos, los cómicamente ricos, que no tenían sutileza y hacían cosas como mandarse a decorar el cuarto por decoradores profesionales o viajar en limusina hasta Boston para encontrarse con su madre, y sobre esos ricos estaba permitido hablar.

—¿Compartirías tu cuarto con Conchita? —pregunté.

Martha hizo una mueca, no una mueca de disgusto sino más bien de culpa.

—Ella me lo preguntó, pero me cuesta imaginármelo.

Miré por la ventana; había un taxi en nuestro carril. Cuando volví a mirar a Martha, dije:

—Quizás esto te suene extraño, pero ¿qué piensas de nosotras dos como compañeras de cuarto?

—¡Qué increíble! He estado pensando en eso durante todo el día.

—Martha sonrió y yo también. Y el motivo de mi alegría no se basaba únicamente en el hecho de que ya no tendría que compartir cuarto con Conchita. Ahí en la limusina pagada por los Maxwell, supe de inmediato que mientras estuviera en Ault ya no volvería a estar sola. Supe que Martha y yo siempre nos llevaríamos bien y que nuestra amistad duraría para siempre. Me sentí segura y aliviada. Años después, oí que un sacerdote en una boda describía el matrimonio como aquello que divide el dolor y multiplica la alegría, y no fue en el chico con el que estaba saliendo entonces en quien pensé; ni siquiera en un perfecto esposo imaginario que podría conocer más adelante, pensé inmediatamente en Martha.


Esa noche, en el campus, me crucé con Edmundo que iba con su compañero de cuarto Philip.

—Hola, Edmundo —dije—. Hola, Phillip. —Traté de sonar tranquila y segura. No quería que me hicieran lo mismo que unos días antes Matt Relman y su compañero de cuarto Jaspid Chowdhury le habían hecho a Laura Bice: Jaspid había cerrado los ojos, mientras Matt la mataba.

—Hola —dijo Edmundo, como siempre, sin mirarme a los ojos.

Su timidez me dio coraje.

—Linda noche, ¿no? —dije.

—Dejaste de ser mi objetivo —dijo—. Me mataron hace algunos días.

—¿Quién? —Mi pulso se aceleraba, había estado caminando distraída y podrían haberme eliminado en cualquier momento, lo que también hubiera eliminado mis posibilidades de llegar a Cross.

—No puedo decírtelo —dijo Edmundo, y si él hubiera sonreído, yo hubiera confiado en mi capacidad para seducirlo y sacarle la información (¿acaso los chicos tímidos y retraídos no estaban todo el tiempo esperando ser adulados por chicas alegres como yo?), pero su tono y su expresión eran serios. De hecho, ni siquiera parecía tener muchas ganas de hablar conmigo. Y noté esta misma falta de interés en Phillip, cuya expresión reflejaba una cierta impaciencia. ¿Tan bajo era mi estatus que hasta los perdedores oficiales me evitaban?

—¿Por qué no puedes decírmelo? —insistí.

—Porque no.

Los tres permanecimos en silencio, yo mirándolos a ellos y ellos mirando hacia otro lado. La piel de Phillip era realmente horrible, cubierta, especialmente en el área del mentón, de costras y pústulas de punta blanca. Si mi piel estuviera así, pensé, tendría miedo de salir de mi cuarto. Sentí una cierta afabilidad hacia él, y, aunque yo no le cayera bien, también hacia Edmundo por ser algo bueno en la espantosa vida llena de acné de Phillip.

—Está bien —dije—, no hay problema.

Acababa abrir la puerta de Broussard cuando Edmundo me gritó algo. Pronunciaba las palabras de una manera tan poco clara, que sólo entendí lo que decía cuando terminó la frase:

—Te lo tomas demasiado en serio.


Conchita y yo nos vimos para la lección de bicicleta el domingo por la tarde luego de su regreso de Boston. Cuando terminamos, la acompañé caminando hacia su residencia, empujando a mi lado la bicicleta de Sin-Jun. Martha me había dicho que sería mejor esperar un tiempo para revelarle nuestra decisión a Conchita. Esperar, al menos, a que Conchita sacara el tema, pero ocultar la noticia me provocaba ansiedad. Cuando pasamos frente a la biblioteca le dije:

—Hay algo que quiero decirte. No se trata de nada muy importante, pero Martha y yo vamos a ser compañeras de cuarto el año que viene.

Conchita se detuvo, y vi sus ojos llenos de lágrimas. Le toqué el hombro:

—No llores.

Levantó ambos brazos a la altura de su cara, como para crear una barrera entre nosotras. Algunos chicos venían caminando en dirección contraria.

—Vamos hacia allá. —Señalé un banco de mármol justo bajo la biblioteca. (El banco había sido donado por la clase de 1956 y tenía un querubín en el centro, y yo nunca había visto a nadie usarlo.)

—Siéntate aquí. —Di una palmadita sobre el mármol. —Lo siento Conchita —dije—. Realmente lo siento, pero tienes que calmarte.

—¿Y nosotras?

—¿Con ese "nosotras" te refieres a Martha y a ti, o a ti y a mí?

—Tú y yo.

—Te considero una muy buena amiga. Pero pienso que es difícil compartir un espacio pequeño.

—Tú y Martha compartirán un espacio pequeño.

—Sí, pero… tú tienes demasiadas cosas.

—Es por el decorador que contrató mi madre. A mí ni siquiera me gusta la mayor parte de ellas.

—Además, Martha y yo tenemos mucho en común. Nos llevamos bien.

—Tú ni siquiera habías hablado con Martha antes de que yo las presentara.

—Habíamos hablado algunas veces. En la clase de latín. —Debería haber cedido sobre ese punto, pero me sentía poseída por la justicia de lo que era, técnicamente, la verdad.

—¿Cuándo lo decidieron?

—Ayer. Además, Conchita, tú padeces de insomnio.

—¿Lo decidieron en el viaje de vuelta a la escuela? ¿Tú le preguntaste a ella, o ella te lo preguntó a ti?

—Fue mutuo. Llegamos a una decisión.

Conchita había parado de llorar. Pero cuando volvió a hablar, su voz tembló; creo que de esperanza.

—Podríamos estar las tres juntas —dijo—. Pedir una habitación triple.

Podría haber dicho que sí. Me constaba que Martha prefería una doble, pero estaba bastante segura de que podría convencerla de que compartiéramos una triple.

—No funcionaría —dije—. Los grupos de tres siempre pelean.

—No peleamos en Boston.

—Eso fue sólo un día. Pero, Conchita, esto no cambia nada. Yo todavía quiero que hagamos cosas juntas. Este año nos hicimos amigas sin vivir siquiera en la misma residencia.

—Nosotras no somos amigas. —Sacó un pañuelo de color lavanda de su bolsillo y se limpió la nariz, pero no se la sonó y le quedó un poco de moco en las ventanas de la nariz.

—Claro que somos amigas. —Nunca pensé que llegaríamos al punto en que yo tuviera que convencerla. —Tú estás exagerando. Mañana ni siquiera te acordarás de esto. Déjame acompañarte hasta tu residencia. —Me detuve y miré sus hombros esqueléticos que subían y bajaban; en la luz borrosa del atardecer, noté por primera vez que los cordones de sus zapatillas eran a rayas amarillas y anaranjadas. —Conchita, ¿qué quieres que haga?

—Déjame sola.

Las campanas de la capilla sonaron una vez; eran las ocho y media.

Cuando alguien dice "déjame solo", no lo dice en serio, esto era algo que yo sabía.

—Bien —dije—. Si eso es lo que quieres.

Cuando maté a McGrath, él me dijo que su objetivo era Alexander Héverd, de segundo. Alexander era de París, y se decía que le gustaban las drogas. Tenía una belleza delicada, pero no en el sentido femenino. Era de altura media y bastante delgado, con caderas angostas, y cuando usaba jeans —las noches en que no teníamos cena formal—, en vez de usar zapatillas, como lo hacía la mayoría de los chicos de Ault, usaba zapatos de cuero marrón que uno podría haber tomado por anticuados, o hasta por zapatos ortopédicos porque tenían una gruesa suela de goma; pero el hecho de que Alexander Héverd los llevara significaba que aunque no te dieras cuenta, tenían que ser profundamente *cool*. Yo nunca había hablado con él, pero me había tocado estar detrás de él en la fila para la comida, y al oírlo hablar —casi no tenía acento— me había parecido muy seguro de sí mismo y hasta un poco arrogante. Aunque tal vez mi juicio había estado influenciado por el hecho de que él fuera francés.

El problema era que aunque McGrath me había dicho que tenía que matar a Alexander, no me había dado el papel que lo confirmaba ni sus adhesivos. Todavía me quedaban adhesivos —de hecho, varias hojas— pero me parecía importante tener la hoja con el nombre de Alexander. Aunque nadie, ni siquiera Devin, me había pedido esa prueba, yo quería la hoja para estar completamente segura. Podía ser que McGrath se hubiese confundido y en realidad mi objetivo fuera Alex Ellison de cuarto.

El lunes, McGrath, aún no había pasado a dejarme el papel. Es verdad que yo había estado fuera del campus casi todo el sábado, pero el domingo podría haberme encontrado en la capilla o en el almuerzo después de misa (El almuerzo del domingo tenía la reputación de ser el mejor de la semana, y, por lo tanto, con frecuencia era el peor, y muchas veces consistía en cordero poco cocido.) Finalmente, me acerqué a él el lunes durante la cena formal, en el mismo lugar de nuestro último y terrible encuentro. Se golpeó la cabeza y me dijo que me lo llevaría esa misma noche, y que esta vez con seguridad no lo olvidaría. Y no lo olvidó. Maté a Alexander al día siguiente, después de seguirlo luego de la pasada de lista. Su objetivo era Riley Haddix, también de segundo. Mientras esperaba a que Alexander encontrara sus adhesivos (luego de unos

115

segundos, me pareció que ya era demasiado tarde para decirle que no los necesitaba: si lo hacía, él iba a pensar que yo había estado haciéndole perder el tiempo) me sentí fornida y norteamericana y acalorada.

Pero debía seguir jugando, porque ¿de qué otra forma, sino, podría llegar a Cross? Y con cada día que pasaba me resultaba menos claro cuántas personas quedaban, cuán lejos estaba de él, y cuánto tiempo quedaría hasta que alguno de los dos fuera eliminado. Nadie había tratado de matarme desde que Edmundo me había dicho que él estaba eliminado, al menos nadie que yo hubiera notado. Pero si la persona que lo había matado a él no me estaba buscando, sí lo estaría haciendo el asesino del asesino, o el asesino del asesino del asesino. Sobre todo porque el grupo de jugadores que quedábamos —quizá quince, quizá cincuenta— tenía que ser autoselectivo. Por eso, yo siempre miraba por sobre mi hombro mientras caminaba, y trataba de no estar sola en espacios abiertos. Pero no era mi muerte lo que más temía, sino la de Cross. ¿Y si se hubiese cansado del juego, si ya no le interesara? Por lo general, cuando lo veía en el campus, me gustaba mirarlo, pero siempre me mantenía a una cierta distancia de él. En el último tiempo, en cambio, había comenzado a acercarme lentamente. Durante el desayuno y el almuerzo, me sentaba a la mesa contigua a la suya con la esperanza de oír algún retazo de conversación sobre el juego, y hasta abandonaba el comedor al mismo tiempo que él: si estuviera atento quizás hasta haya llegado a considerar que yo quería matarlo. Finalmente, obtuve lo que había estado esperando. Él estaba a tres cuatro metros de mí conversando con John Brindley y Devin Billinger. Devin dijo algo de lo que no oí el principio pero sí el final:

—...a no ser que trate de agarrarte en la ducha.

Los tres se rieron.

—Si viene a buscarme a la ducha —dijo Cross—, entonces, bueno, está todo bien, compañero, es algo importante para ti.

Bingo, pensé. Cross sigue vivo.

En la clase de latín, Martha me dijo que Conchita había ido a la enfermería antes del desayuno. Ese día no vino al entrenamiento de *lacrosse*, y tampoco lo hizo al día siguiente. Durante ese tiempo, Martha y yo hablábamos con frecuencia sobre qué hacer; o al menos yo le pedía consejos a Martha. Lo primero que había hecho el domingo después de dejar a Conchita sentada en ese banco, había sido llamar a Martha desde el teléfono público. (Si fuera a su residencia, obviamente correría el ries-

116

go de toparme con Conchita.) Había sido raro —la verdad es que había sido emocionante— necesitar hablar por teléfono con alguien que también se encontraba en el campus.

—Sin duda está enojada —me dijo Martha el lunes, cuando le pregunté si con las dos o sólo conmigo, ella me contestó: —Contigo sobre todo. Actúa irracionalmente porque está herida, pero lo superará. —Como de costumbre, la frase no sonaba cruel en boca de Martha.

El segundo día que Conchita faltó al entrenamiento, fui a la enfermería para verla, pero la enfermera me dijo que ya había regresado a su residencia. En la puerta de su cuarto, oí una música que parecía Dylan. Golpeé, y Conchita gritó:

—Adelante.

Era claro que estaba esperando a otra persona. Cuando vio que era yo, juntó los labios y frunció el entrecejo, como un niño haciendo una cara de enojo.

Señalé el estéreo.

—Buena canción.

—¿Qué quieres?

—Estaba preocupada por ti.

—¿Antes o después de robarme a mi mejor amiga? Pero lo que de verdad me gustaría saber es si me estabas usando para acercarte a Martha, o si aprovechaste la oportunidad cuando la viste.

—Conchita. —No quería hacerlo, pero sonreí.

Ella me miró.

—No estamos en una telenovela —dije—. En la vida real uno no roba amigos.

—¿Y cómo podrías tú saber eso? No tenías ninguna amiga antes de conocerme.

—Eso no es cierto. —Pensé en Sin-Jun y luego en Heidi y Alexis, con quienes no había vuelto a hablar después de la noche de la funda; estaba bastante segura de que ellas no contaban.

—Te sobrevaloré —pensé que eras inteligente y sencilla. Pero en realidad eres superficial y conformista. No tienes identidad propia, y te defines con relación a la persona con la que estás, por eso te pones nerviosa cuando piensas que estás con la persona incorrecta. Lo lamento por Martha, porque estoy segura de que ella no tiene idea de cómo eres realmente. Si Aspeth Montgomery te dijera que quiere ser tu compañera de cuarto el próximo año, la cambiarías por Martha en un segundo.

Nuevamente, al escuchar el análisis de Conchita sentí el aguijoneo de la verdad, y ese viejo alivio, un alivio cercano a la gratitud, porque alguien se había dado cuenta de quién era yo. Imperfecta como era, alguien había visto dentro de mí.

—¿Por qué no tratas de ser una persona mejor? —dijo. Y con más suavidad, agregó:

—Todavía podríamos ser compañeras de cuarto. Podría perdonarte.

—¿No aceptarás mis disculpas si no comparto cuarto contigo?

—Si todo lo que quieres es que acepte tus disculpas, lo haré. Ahí tienes, las acepto.

—¿Volverás a *lacrosse*?

—Mi ausencia de *lacrosse* no tiene nada que ver contigo. El nivel de polen ha estado muy alto últimamente. —Apartó la mirada. —Tengo que ducharme.

Estaba en el pasillo cuando oí que la puerta volvía a abrirse, y cuando sentí su mano sobre mi espalda se me ocurrió que estaba tratando de abrazarme desde atrás —hasta llegue a pensar que su abrazo era sexual, quizá Conchita estuviera enamorada de mí— pero a la vez supe, en la parte más pequeña y más certera de mi mente, que me estaba matando.

Me di vuelta.

—Estás muerta. —Su voz era anodina, no mostraba ningún signo de satisfacción. Ahora que lo vuelvo a pensar, creo que ella me mató, no porque hacerlo le produjera placer, sino porque no hacerlo —concederme una excepción, cuando yo la había tratado del modo en que lo había hecho— le habría dolido. Más tarde traté de reconstruir la manera en que se habían dado las cosas, pero como no podía hablar con ella, mi idea de lo que había sucedido era incompleta. La conclusión a la que llegué es la siguiente: ella tenía a Edmundo, al enterarse que él era mi asesino decidió matarlo para protegerme (lo hizo ates de salir del campus el fin de semana de modo de que, a su vez, no pudieran matarla a ella). Ella quería colaborar conmigo en mi intento de ganar, y luego dejó de hacerlo. O quizá se tratara de algo más complicado, quizás hubiera matado a más personas con el fin de llegar a mí y ofrecerme protección. En aquel momento me parecía importante averiguar las posibles conexiones entre nosotras, la cronología exacta de los eventos, pero en muy poco tiempo eso dejó de importarme. Nunca volví a jugar a "Asesino" después de primer año, aunque la mayoría de mis compañeros lo hicieron siempre mientras estuve en Ault. No estoy segura de cuando se dejó de jugar, o tal vez todavía se juegue con otro nombre: "Adhesivo", o "Eliminación". Éste es el tipo de cosas que comienzas a ignorar cuando te vas de un lugar. Pero "Asesino" dejó de interesarme mucho antes de irme; me volví una de esas personas que encontraban el juego ridículo y aburrido.

Pero aquel día en el pasillo, miré el rostro de Conchita buscando alguna evidencia de que estuviera bromeando, o de que fuera a renunciar a mi muerte. Eso tenía que ser posible, porque, en mi opinión, estaba muy mal que me hubiera matado. "Asesino" no tenía nada que ver con nosotras dos. Tenía que ver con Cross, ¿y cómo era el corazón de Conchita si ella podía impedir que otra chica se encontrara con el chico que le gustaba? Algo así sólo era justificable si a ella le gustara también el chico; de otro modo hacer algo como eso estaba siempre mal.

Y sí vi signos —en sus ojos, alrededor de su boca— de que ella podría revertir su decisión, pero sólo por una razón, sólo si yo aceptara ser su compañera de cuarto. Y a la vez, Conchita era inocente porque no creo que ella supiera que fuera capaz de hacer eso, y si lo sabía, también sabía que yo no lo aceptaría. Lo que quiero decir es que no se trataba de un chantaje. Nuestra amistad ya no existía. Quizá podríamos haberla recuperado si ella hubiera encontrado una razón para herirme sin que yo encontrara una razón para devolverle la ofensa. Puedo imaginar que una asimetría tal hubiera creado un frágil equilibrio que hubiera requerido perdón de sólo una de nosotras. En cambio, nuestro resentimiento era mutuo, como una pared sostenida con la misma fuerza de ambos lados.

Ahora pienso que quedé en deuda con Conchita, porque sin proponérselo, me dio a Martha. Creó las circunstancias que me permitieron conocer a Martha, pero Conchita también hizo algo más importante que eso: Me recordó que yo podía hacer amigos. Por eso, yo le debía mucho. Pero en aquel momento creí que al matarme se había cobrado su venganza, y pensé que estábamos a mano.

Y había algo más que sucedió aquella extraña semana. Fue el domingo por la tarde, antes de que le contara a Conchita que Martha y yo íbamos a compartir cuarto, antes de que Conchita me matara y nos dijéramos cosas terribles e imposibles de olvidar: Conchita aprendió a andar en bicicleta.

Esa tarde cuando aparecí detrás de la enfermería, Conchita estaba sentada con las piernas cruzadas en el pasto. Me bajé de la bicicleta y ella se subió. Tomé la cesta.

—Bien —dije—. Vamos. —Comencé a correr y avanzamos.

Ella me miró por sobre el hombro.

—Ahora también mi papá quiere conocerte —dijo.

Me imaginé a Ernie Maxwell, pequeño y pelado (todavía no había visto ninguna foto de él) y pensé cuán extraño sería decirle "mi papá" a una persona de la que todo el mundo había oído hablar.

—Me encantaría —dije.

Un mechón de pelo me cubrió los ojos, y levanté la mano para acomodarlo detrás de la oreja. De repente Conchita se alejó de mí y un poco asustada me di cuenta de que ya no la estaba sosteniendo. Estaba andando en bicicleta sola, deslizándose hacia adelante en perfecto equilibrio. Seguí corriendo, tratando de acortar el espacio entre nosotras, pero al dejar de sostenerla había tomado velocidad.

—Oye, Conchita —dije—. No te asustes, pero no estoy tocando la bicicleta. Estás andando sin mi ayuda.

Inmediatamente apretó los frenos y apoyó los pies en el piso.

—Lo estabas haciendo muy bien —dije—. No deberías haberte detenido, comenzaremos de nuevo. —Pensé que ella no volvería a andar sola, al menos no inmediatamente. Pero estaba bien. Había progresado. Al haber podido hacerlo una vez, se sentiría más segura.

—Me estás sosteniendo, ¿verdad?

—Sí, te estoy sosteniendo. Ahora pedalea.

Yo la estaba sosteniendo, pero no con mucha fuerza, y saqué mis manos cuando ella empezó a cobrar velocidad. Siguió avanzando y yo me detuve, y ella se alejó de mí.

—¡Lee! —gritó—. ¡Me soltaste!

—Sí, pero no me necesitas: mírate.

—Voy a detenerme. ¿Okey? Voy a detenerme. —Se detuvo y dobló del modo que siempre lo hacía, bajándose del asiento y empujando la bicicleta hacia el costado.

—Ahora ven hacia donde estoy yo —grité. Ella estaba a unos veinte metros y se me cruzó por la cabeza que alguien podía oírnos gritar. Luego pensé que no me importaba.

—¿Empiezo?

—Sí —dije—. Igual que cuando yo estoy ahí.

Incluso estando lejos pude ver que inhalaba y exhalaba varias veces y luego enderezaba los hombros.

—Tú puedes —grité.

Y lo logró. Vino hacia mí, y estaba sonriendo. Su cabello oscuro volaba con el viento, y cuando se acercó observé que sus nudillos eran blancos. Comencé a aplaudir.

—¡Bravo! —grité—. ¡Lo estás haciendo! ¡Nadie puede detenerte! Me pasó.

—Mírenla —grité—. ¿Quién puede detener a Conchita Maxwell?

Levantó la mano derecha, quizá para saludarme, y la bicicleta se tambaleó, por lo que volvió a bajarla rápidamente. Contuve al aliento por un minuto, pero recuperó el equilibrio. Ella lo hacía bien; mejor que bien, maravillosamente bien. Mientas su figura se volvía cada vez más pequeña a la distancia, me sentí tan feliz por mí misma como por ella. Le había enseñado a Conchita a andar en bicicleta, era increíble. Tal vez, ése fue el único sentimiento de nuestra corta amistad que nunca se deterioró.

# 4. Cero a la izquierda
## Otoño de segundo año

En momentos distendidos de la clase de inglés de segundo año solía mirar el prendedor de la señorita Moray y especular acerca de la manera en que ella lo había adquirido. Era de plata, imitaba un libro abierto, las páginas se derramaban generosamente como cabello ondulado peinado al medio. Usaba el prendedor tres o cuatro veces a la semana y yo me preguntaba si había alguna lógica en eso. Imaginaba que el prendedor era un regalo de sus padres —de su madre, para ser exacta— o de un ex profesor que quiso desearle suerte en esa respetable aunque dura profesión. O quizá lo recibió de un viejo vecino o de un pariente. No era el regalo de un novio o un amigo, de eso yo estaba casi segura; cuando vino por un año a enseñar en Ault como profesora en residencia. La señorita Moray tenía veintidós años, lo que no me parecía tan joven debido a que yo tenía quince años, pero definitivamente me parecía demasiado joven como para recibir ese adefesio de accesorio de un par. Los prendedores estaban bien para mujeres de cuarenta, y hasta treinta años, pero antes de esa edad parecía más adecuado llevar aros y collares.

Cuando entré en la clase de la señorita Moray en septiembre, la primera cosa que noté fue que Cross Sugarman, en quien había pensado horas y horas durante el verano, no estaba. Como ya había tenido inglés y no había visto a Cross en ninguna de las otras clases, su ausencia exacerbaba mi miedo a no volver a verlo ese año; probablemente nunca hablaríamos y definitivamente no se enamoraría de mí. La segunda cosa que noté luego de entrar en la clase fue que, escrito con tiza en el pizarrón, decía: "La literatura es un hacha ante el mar congelado que llevamos dentro. Franz Kafka". La tercera cosa que noté fue que había algún tipo de desorden al fondo de la sala, cerca de las ventanas palladianas. Darden Pittard blandía una zapatilla mientras otros alumnos sentados en la amplia mesa rectangular, le daban instrucciones.

—Pégale —dijo Aspeth Montgomery, y mi compañera de cuarto de primero, Dede, dijo:

—Harás que se ponga agresiva —y Aspeth dijo:

—A quién le importa, va a morir de todos modos.

122

Norie Cleehan, una chica pálida de Colorado, de pelo lacio y largo y voz suave, dijo:

—Déjala en paz, Darden, no está molestando a nadie.

Me senté en una silla desocupada junto a Norie. Se trataba de una abeja, ésa era la fuente de todo el caos.

A través de la mesa, Dede, que estaba torcida en su silla para mirar a Darden, dio una mirada por sobre sus hombros y nuestras miradas se encontraron.

—Hola, Lee, ¿qué tal tu verano?

Titubeé, buscando en la pregunta el matiz de sarcasmo u hostilidad.

—Estuvo bien, ¿qué tal estuvo el tuyo?

—Buenísimo, estuve... ¡ay, fuera, fuera! —La abeja había zumbado en el oído derecho de Dede, que hacía movimientos bruscos con la cabeza. La abeja estaba justo tras ella, que gritaba:

—¿Dónde está?, ¿dónde se ha ido?

A su lado, Aspeth se reía, histérica.

—La tengo —dijo Darden. Pero mientras se acercaba a la abeja, ésta se alejó de él y se acerco a mí. Era un zumbido en mi cara. Sin pensarlo, golpeé las manos frente a mi nariz, y cuando sentí el aguijón y luego una viscosidad, me di cuenta de que la tenía. De lo que no estaba segura es de si quería hacerlo. La sala estaba silenciosa. Luego de algunos segundos, Darden dijo:

—¡Bien y mierda, Fiora! —Y al mismo tiempo, la profesora caminó desde la puerta.

—Haré como que no oí eso —dijo, y luego sonrió y se podía sentir la impresión que había provocado en el aula, todos nosotros pensando lo mismo: "Ella es *cool*, ¡tenemos una profesora *cool* de lengua!" No era exactamente hermosa —tenía una nariz respingada, y cejas castañas que parecían más espesas y oscuras de lo que eran debido a que su pelo largo hasta el mentón era rubio— pero era armónica, con algo deportivo. Usaba una camisa oxford de mangas cortas, una falda de denim y zuecos sin medias. Sus pantorrillas eran doradas y musculosas, las piernas de alguien que había jugado hockey sobre césped en Dartmouth. Cada otoño Ault tenía tres o cuatro profesores en residencia, recién graduados, que venían a enseñar y obtener su práctica.

Se aproximó a la cabecera de la mesa, sacó una carpeta de un bolso de gamuza celeste.

—Soy la señorita Moray —dijo—. Que no se les pase ni por la cabeza tratarme de señora Moray, porque ésa es mi madre.

Todos rieron.

—Estoy aquí par enseñar lengua y literatura I. De manera que recomiendo que los que no estén aquí para tomar esa asignatura, usen esta oportunidad para hacer una rápida fuga.

Darden se paró, todos se rieron, y se sentó nuevamente.

La señorita Moray dirigió su atención hacia Darden.

—Muy bien, joven sensato, usted es la primera persona cuyo nombre deseo saber.

—Mi nombre es Darden Pittard.

Inspeccionó la lista de clases:

—Vaya, un nombre muy asonante, ¿alguien sabe lo que es una asonancia?

Dede levantó la mano.

—¿Es como en "rápido rielan las ruedas del ferrocarril"?

—Cerca, pero eso es una aliteración, lo que se repite ahí son las consonantes. Asonancia es la repetición de vocales, como en D*arden* Pit*tard*. En pocas palabras, señor Pittard, usted lleva la poesía consigo y la lleva donde sea que vaya.

—Tengo un nombre asonante. Me gusta —dijo Darden.

Me pregunté si, dado que Darden era el más popular del curso, el hecho de establecer una relación cordial con él no sería una movida estratégica de parte de la señorita Moray. La gente lo quería de verdad, y además de eso, le gustaba el hecho de que genuinamente le gustara un negro gigantón del Bronx.

—Bien —dijo la señorita Moray—. Ahora el resto de ustedes.

No podía aguantar más. Hice el gesto de levantarme, las manos todavía apretadas, dije:

—Disculpe, ¿puedo ir al baño?

—¿Por qué no fue antes?

—Sólo necesito lavarme las manos —dije— y todo el curso empezó a reírse. No creo que se hubieran estado riendo de mí, no exactamente, y yo no estaba exactamente incómoda, pero podía sentir cierta incomodidad en el aire. Matar una abeja con las palmas de las manos podría ser considerado, por mis compañeros de curso, grosero o raro, como ponerles crema de queso a los panqueques o llevar contigo las toallas femeninas usadas durante las horas de clase y luego arrojarlas de noche en tu residencia, cosas que —se rumoreaba— hacía una chica llamada Audrey Flaherty, una chica de tercero que tocaba el cello. Yo no quería ser la versión de Audrey de mi clase.

Mientras mis compañeros se reían disimuladamente, la señorita Moray clavaba su mirada en distintos lugares de la sala. A ratos parecía confundida, pero luego, abruptamente resuelta.

—Puede esperar hasta que pase lista. —Volvió la mirada a la hoja de papel. Bien, Oliver...

—Perdón, pero seré muy breve y además el timbre aún no ha sonado.

Me puse de pie completamente. Sentía como un antojo físico el deseo de deshacerme de la evidencia en mis manos.

Nuestros ojos se volvieron a encontrar. Podía notar que la señorita Moray me veía como lo que no era, una alborotadora o una de esas que interrumpen la clase. Mientras nos examinábamos con la mirada, sonó el timbre.

—Ya sonó —dijo la señorita Moray—. Tome asiento. Y el resto de ustedes, procuren vaciar sus vejigas antes de entrar en clases.

Mis compañeros de clases rieron entre dientes —un profesor había usado la palabreja *vejiga*— y yo sentí rabia.

—Muy bien —continuó la señorita Moray—, ¿quién sería Oliver Amunsen?

Oliver levantó la mano.

—¿Norie Cleehan?

—Presente —dijo Norie con su voz tenue.

Cuando la señorita Moray mencionó mi nombre, dije "aquí". Hicimos contacto visual y ella asintió con la cabeza, como archivando información: el nombre de la chica odiosa y desagradable es Lee Fiora.

Aspeth dijo en voz baja:

—Levanta la mano, Lee.

La ignoré; mis manos juntas, que me ardían y picaban, se mantuvieron unidas, sobre mi falda bajo la mesa.

—Vamos —dijo Aspeth—. Míranos al menos.

—¿Hay algún problema? —La señorita Moray intercambiaba su mirada entre Aspeth y yo, y se detuvo en mí.

—No —dije.

—¿Hay algo que desee compartir con el resto de nosotros?

Nadie habló, y me di cuenta de que todos esperaban mi respuesta. Dije:

—Bueno, hay esto. —Alcé los brazos y abrí las manos para revelar una masa informe de un líquido negro y amarillento coagulado y partes de alas y pequeños vellosidades negras y amarillas; había una hinchazón en mi palma izquierda, en donde la abeja me había picado. Pensé que era mejor no llamar la atención, pero el gesto tenía cierto irresistible histrionismo. A veces puedes sentir la presión de lo que los demás esperan de ti, y te sacrificas, te arriesgas a parecer raro o indeseable para no depcepcionarlos.

Como si se tratara de la audiencia de una comedia televisiva, se oyó un suspiro y luego una risa sofocada.

—¿Qué es eso? —preguntó la señorita Moray.

—Maté una abeja.

Hizo un sonido que me tomó algunos segundos reconocer como un suspiro de irritación.

—Bien —dijo—. Vaya a lavarse las manos y vuelva.

Su irritación me sorprendió. Pensé que todo se iba a arreglar entre nosotras una vez que ella se enterara de cuál era el problema.

De pie frente al espejo del baño, sentí, por debajo del sentimiento de agitación de haber hecho enojar a un profesor el primer día de clases, una vaga y sorprendente sensación de felicidad. Y traté de pensar por qué. Rebobiné la secuencia de eventos recién ocurridos, y luego recordé: inmediatamete después de haber matado la abeja, Darden Pittard me había llamado por mi nombre de pila. Había dicho: "Bien, mierda, Fiora!" Y había sonado muy natural, como si se dirigiera a cualquier chica, una con la que un chico puede ser casualmente amigable. Ésos eran los tipos de cuasicumplidos que yo atesoraba.

Cuando volví a la clase, Dede estaba diciendo:

—Y mi libro favorito es *Marjorie Morningstar*, porque es algo con lo que te puedes identificar. Oh, se me olvidaba, soy del condado Westchester. Mientras Aspeth decía cuál era su libro favorito y de dónde era, pensé en lo que diría yo cuando fuera mi turno. *Jane Eyre*, quizá: durante el verano, en South Bend lo había leído de una sola vez, durante un período ininterrumpido de veinticuatro horas, aunque creo que eso tuvo mucho que ver con le hecho de que me encontrara aburrida. Pero resultó que Aspeth fue la última en hablar. O bien la señorita Moray se había olvidado de mí, o simplemente no era su deseo escucharme.

—Muy bien —dijo. Ahora me gustaría que le prestaran atención a...

—¿Señorita Moray —dijo Aspeth—. Disculpe, pero, antes de continuar, ¿podría señalarnos cuál es su libro favorito?

—¿Por qué quieren saberlo? —El tono de la señorita Moray era, si se pudiera aplicar esta palabra en esta situación, de flirteo: complacida pero reticente.

—Nosotros le dijimos cuál era el nuestro —dijo Aspeth.

—Ajá, ojo por ojo —dijo la señorita Moray.

—Queremos familiarizarnos con usted y profundizar en su personalidad —dijo Darden.

—Crecí en Dubuque, Iowa, que está en el norte, e hice mi pregrado en la Universidad de Iowa. ¡Vamos hawkeyes! —Alzó un brazo como alentando a los hawkeyes y un par de alumnos se rieron. Entonces ella no había jugado hockey por Dartmouth, pensé, y al enterarme que era de Iowa, reconocí ciertos rasgos del Medio Oeste en ella. La manera de vestirse, especialmente su falda de denim, y también algo en sus gestos. Me di cuenta de que no se sentía completamente cómoda, y luego pensé *por supuesto* que no está cómoda. No sólo era su primer día de profesora en Ault, era también su primer día como profesora, punto. Ése había sido el momento en el que distinguí su prendedor. Lo llevaba en el lado derecho de su camisa, bajo su clavícula. —Estudié literatura —continuó— y estuve en la sociedad honorífica a la que sólo los mejores promedios pueden ingresar, Phi, Beta, Kappa, ya saben, lo digo para echarme flores. —Se rió pero nadie más lo hizo. En Ault, nadie se echaba flores; además, reconocer que lo habías hecho tampoco lo arreglaba. —Es difícil escoger un solo libro favorito —la señorita Moray continuó—, pero probablemente mi elección sería *My Ántonia*

Noté cómo Dede apuntaba "My Ántonia" en su cuaderno.

—¿Quién es el autor? —preguntó—. ¿Quién quiere contestar? —La señorita Moray dio una mirada a la lista de asistencia. —Dede, ¿quién escribió *My Ántonia*?

Nadie dijo nada.

—Todos lo saben, ¿no?

Nuevamente se produjo un silencio.

—No me digan que los alumnos de una institución de elite como Ault no saben quién es Willa Cather. Pensé que ustedes eran los mejores, los más brillantes. —La señorita Moray se rió nuevamente, y aunque no me resultaba simpática, me sentí mal por ella. Ése era otro resbalón, referirse a Ault de la manera en que lo haría un artículo de revista, o alguien del pueblo, alguien del almacén o de la peluquería.

—¿Es Willa Cather la de *Oh, Pioneros*? —dijo finalmente Jenny Carter—. Creo que mi hermana tuvo que leerla para una clase en Princeton.

—¿O sea que su hermana tuvo que leerla por obligación? —dijo la señorita Moray—. Cather es una de las más importantes escritoras del siglo XX, no deberían dejar de leer al menos una de sus novelas. —Hizo un gesto hacia la pizarra que estaba detrás de mi sector de la mesa, en donde se encontraba la frase de Kafka. Me lo imaginé: había entrado en la sala antes de clases, escrito la frase y luego había salido.

—¿Quién reparó en esto al entrar?

Algunas personas —yo no— levantaron la mano.

—¿Quién quiere leerla en voz alta?

Dede mantuvo su mano arriba. Luego de que Dede leyera la frase, la señorita Moray dijo:

—¿Quién está de acuerdo con Kafka?

Yo me hice a un lado. Nunca había participado mucho en las discusiones de las clases en Ault, siempre había alguien que expresaba lo que yo pensaba, en general, de una manera más inteligente de lo que yo podría haberlo hecho. Y mientras el tiempo pasaba, mientras menos hablara, menos —me parecía a mí— tenía para decir. Hacia el fin de la clase, la señorita Moray nos dio un deber, había que leer las primeras treinta páginas de *Walden* y, para el próximo lunes, escribir doscientas palabras acerca de un lugar al que habíamos ido para reflexionar acerca de nuestras vidas.

—Sean tan creativos como... —mientras decía eso, sonó el timbre—. Ay —dijo—, ¿creerán que tenemos problemas de audición? Como les decía, sean totalmente creativos en este ejercicio. Si no existe tal lugar, invéntenlo. ¿Entendido?

Algunos asintieron.

—Entonces están libres hasta mañana.

Nos pusimos de pie y tomamos nuestras mochilas. Yo miré al suelo alrededor de mi silla para asegurarme de que no se me hubiera caído nada. Me aterraba la idea de dejar un papel con mis deseos y humillaciones íntimas sin saberlo. El hecho de que ningún pedazo de papel de ese tipo existiera, de que yo ni siquiera mantuviera un diario ni escribiera cartas, no hizo que mi miedo menguara. Sólo escribía esas cartas fervorosas y falsamente alegres a mi familia ("Perdimos con San Francisco en fútbol, pero creo que les ganaremos el próximo sábado; estamos trabajando en autorretratos en la clase de arte, y lo más difícil para mí es dibujar mi propia nariz").

Fui una de las últimas en abandonar la clase, y cuando llegué al hall, Darden, Aspeth y Dede caminaban un par de metros delante de mí. Bajé la velocidad, dejando que el espacio entre nosotros se ampliara. Todos reían al desaparecer por el hueco de la escalera, y yo esperé hasta que la puerta se cerrara tras ellos para abrirla nuevamente.

Estaba de pie frente a la cocina, en piyama, calentando una sopa de pollo, cuando Tullis Haskell apareció en la sala de estar. Habían pasado unos minutos de las nueve de la noche del sábado, y casi todos en la residencia, así como casi todos en el campus, estaban en la primera fiesta del año escolar. Mientras Martha se había estado vistiendo, poniéndose el brazalete, aplicándose brillo de labios, me senté ante mi escritorio y conversamos. El hecho de que ella no intentara convencerme me hizo sentir ligeramente desilusionada, aunque sentí también un torrente de alivio, el sentimiento de que finalmente tenía una amiga que me entendía. Una vez que Martha se fue, escuché cómo los sonidos de la residencia se hicieron más leves —agua corriente, radios, voces de otras chicas— para luego cesar completamente. Luego me pondría el pantalón de mi piyama de algodón celeste y una camiseta vieja, bajaría a la sala de estar, encendería el televisor, vaciaría el contenido de una lata de sopa en una cacerola. No estaba mal pasar una noche de sábado sola. En realidad todo era cuestión de expectativas, y en mi segundo año en Ault yo no tenía muchas. Cuando estaba en primero, a veces creía que si mi tristeza era lo suficientemente intensa, atraería magnéticamente a un chico apuesto a mi cuarto para consolarme. Y eso había servido como incentivo, para echarme sobre la cama a sollozar cuando me encontraba sola. Pero mis esfuerzos nunca dieron resultado, hasta que finalmente me di cuenta de que el tiempo pasaba más rápidamente si mirabas la tele o leías una revista. Además, mi nebuloso deseo por un chico se había reducido a mi deseo por Cross Sugarman, y él estaría en la fiesta, y aunque yo me retorciera y gimiera e invocara su nombre, él aún estaría en la fiesta.

Me encontraba revolviendo la sopa cuando oí una voz masculina que decía:

—Oye, tú. —Y cuando me di vuelta, Tullis estaba en la entrada de la sala de estar.

—Hola —le dije.

Tullis era un chico de cuarto que, en el show de talentos del invierno anterior, había tocado *Fire and Rain* en la guitarra. Sentada en el público (yo había ido al show de talentos porque podía observar pasivamente, mirando a los demás actuar de manera entusiasta sin tener que, como en una fiesta, inventarme el entusiasmo) había experimentado un poderoso sentimiento hacia ese chico —Tullis— en el cual nunca antes había reparado. Primero, puso un taburete en el escenario, desapareció, y apareció nuevamente cargando su guitarra, que colgaba de una cinta verde y azul. Mientras cruzaba el escenario, un tipo bromeó "Cántame una serenata" y Tullis no reaccionó en absoluto. (Su rostro era serio y ligeramente vulnerable, como si recién hubiera despertado de una siesta, tenía un aspecto pensativo y una cola de caballo de varios centímetros, algo inusual para un chico de Ault.) Mirándolo en el escenario, me preguntaba si él agradaba o desagradaba a sus compañeros y, mientras me lo preguntaba, sentí la afinidad por él que yo reservaba para todos los injustamente marginados; no por los definitivamente raros o feos (de los cuales, en Ault había pocos), sino por esas personas que, según mi punto de vista, podrían perfectamente haber sido populares pero que habían terminado —¿por elección? ¿tenía la elección algo que ver en eso?— en la periferia. Tullis se sentó, hizo un par de arpegios y, sin decir nada, comenzó a tocar. Reconocí la canción antes de que empezara a cantar, y el sentimiento de afinidad que tenía por él, comenzó a crecer y convertirse en otra cosa, algo más afectuoso que un sentimiento fraternal. Él entendía perfectamente la tristeza porque, ¿quién podría escoger una canción como *Fire and Rain* sin comprender la tristeza? Intenté determinar si era lindo y, mientras él tocaba, pensé: "¡definitivamente sí!" Por el segundo verso ya me imaginaba que ocurriría algo entre nosotros: nos encontraríamos en la sala de correo y yo, tímidamente, elogiaría su actuación (una actuación que había sido, yo me imaginaba, menos que incompleta), y él, también tímidamente, me agradecería. Luego hablaríamos, y pronto nos convertíamos inevitablemente en una pareja. Sólo ocurriría, y luego sólo nos tendríamos el uno al otro, y el resto de Ault parecería distante: nos sentaríamos juntos en la capilla y haríamos el amor en la sala de música durante la noche y yo iría a la casa de su familia durante el día de Acción de Gracias —no sé por qué imaginaba que él era de Maine— y luego de la merienda iríamos de paseo en una playa rocosa mirando el mar, yo llevaría la cazadora de su abuelo muerto y enlazaríamos las manos mientras él me diría por primera vez que me amaba. En el escenario, Tullis mantenía la cabeza baja, y cuando llegó al verso: "los dulces sueños despedazados como un avión en el suelo", alzó la cabeza solemnemente y pude percibir un cambio en la audiencia. Miré primero hacia un lado, luego hacia el otro, y vi que todas las chicas de mi hilera de asientos y en las otras hileras que pude vislumbrar, estaban extasiadas. Tuve pánico. Que los dos fuéramos solitarios era una cosa, pero si había una horda completa de chicas compitiendo por su atención, no tenía esperanza. ¿Qué avance podía desplegar yo sin parecer rara? No podía; era imposible. La canción terminó, y cuando estalló la ovación del auditorio, el tono de las voces era notoriamente femenino. Tullis se puso de pie e hizo una reverencia, y entonces, mientras la algarabía continuaba, hizo una señal de despedida y desapareció del escenario. A mi lado, Evie Landers miró a Katherine Pound y dijo: "Nunca me había dado cuenta de que Tullis era tan atractivo". "¡No!", pensé, "¡No!" Luego mi pensamiento dio un vuelco repentino: "Está bien, Tullis, ve con otra chica y olvídate de mí, podría haberte cuidado y hecho feliz, pero si no lo crees no puedo convencerte". Durante la reunión de las diez, aquella noche, la gente aún estaba hablando de él, y alguien dijo: "Isabel es tan afortunada". Y repentinamente recordé, tal como había recordado que Tullis era de Maine, que Tullis salía con una hermosa y pequeña muchacha llamada Isabel Burten. Por entonces, y aunque sólo unas pocas horas habían pasado, mi manantial de emociones me pareció ridículo. Era como si hubiera abrazado a un extraño en un aeropuerto tomándolo por un pariente: Tullis era alguien que me amaba y que yo amaba. Por todos los cielos, ¡ni siquiera habíamos hablado! Y extrañamente, había pasado apenas una semana cuando nos topamos en la sala de correos, que estaba silenciosa, de manera que yo perfectamente podría haberle dicho, ya sin conmoverme, algo acerca de su actuación. Pero no le dije, ni tampoco sentí, nada.

Al verlo en la sala de estar siete meses más tarde tampoco sentí nada, o casi nada —quise al menos haber tenido puesto el corpiño—, y me sentí bien por estar haciendo una inocente e insípida sopa de pollo. Tenía la idea de que mientras más consistente y condimentada fuera la comida, más incriminatoria era para una chica: un arrollado de carne y queso con cebollas, que no podría haber sido comprado en la Raymond's House of Pizza en una tarde de domingo, sería, por ejemplo, completamente vergonzoso.

—¿Sabes cortar el pelo? —preguntó Tullis.

—¿Qué?

—El pelo —dijo—. Hizo el gesto de tijeretear con el dedo índice y el anular.

Lo miré. Había imaginado que lo que iba a pedirme era si podía ir a buscar a alguien en el piso de arriba, y aunque estaba segura de que la residencia estaba completamente vacía, estaba preparada para cumplir con su pedido por cortesía.

—¿Tu pelo o el de otra persona?

—Mi pelo, me tiene un poco... —Se encogió de hombros y se agarró la cola de caballo —... cansado.

Consideré mi experiencia: En el jardín de infantes le había cortado el pelo a una muñeca y me había encantado hacerlo, aunque el resultado hubiera sido que la muñeca luciera horrible y mi madre se enojara. También, a la edad de nueve años, cuando mi madre no quiso que la mujer de Easy Cuts (Corte fácil) me hiciera un corte escalonado porque según ella eso era para chicas mayores, tuve que hacérme yo misma en el baño una vez que llegué a casa. El resultado tampoco había sido particularmente atractivo. Pero cortar el pelo de Tullis me parecía algo atractivo por la rareza de la situación.

—Seguro —dije—. Te cortaré el pelo.

—Genial. —Sonrió y pensé que si hubiese sabido que tendría una sonrisa como ésa, le habría dicho sí antes de la primera pregunta.

—¿Quieres que te lo corte aquí? —Miré alrededor de la sala de estar, en donde había una chimenea, un televisor, dos sofás color naranja, cinco o seis sillas azules, algunos estantes instalados en la pared y, al lado de la kitchinette, una mesa redonda con varias sillas de madera.

—Aquí está bien —dijo Tullis—. ¿Tienes tijeras?

—Claro, pero no son tijeras de peluquero.

—Está bien. Y probablemente necesitemos una toalla. ¿Quieres que vaya a buscar una? Estoy aquí mismo en lo de Walleys.

Entonces ése era el motivo por el que había venido a la sala de estar, porque esa sala de estar era la de la residencia femenina más cercana a la suya. Se me ocurrió que quizá cortar el pelo era una de esas cosas —como cocinar galletitas de chocolate o tomar a un bebé en brazos— que los chicos pensaban que todas las chicas sabían cómo hacer. Era muy dulce si él pensaba eso, y yo no quería ser la que le revelara que no era cierto.

—Yo puedo subir a buscar una toalla —dije—. Sólo tenía mis propias toallas, que lavaba en las máquinas del sótano, pero Martha, como muchos estudiantes, tenía el servicio de lavado. Cada martes por la mañana, antes de la misa, dejabas tus toallas usadas, con el resto de su ropa sucia en una bolsa amarilla de lona con su apellido impreso, en los escalones de la residencia. Cuando salías de la iglesia, había una nueva bolsa esperando con toallas limpias y la ropa de la última semana, limpia. Esa transformación mágica ocurría por una tarifa de tres mil dólares al año. Cuando mi padre vio el precio en uno de los tantos correos que le habían enviado desde Ault durante el verano antes de que me matriculara, dijo que por la mitad de eso por estudiante, usando una tabla de lavado y una barra de jabón, el abandonaría a mi madre y hermanos y se iría a Massachusetts conmigo para lavar la ropa de cada alumno de Ault.

Apagué la sopa en la hornalla y me apresuré a subir las escaleras. Tomé de nuestro cuarto una toalla que todavía estaba en su bolsa de plástico (a Martha no le importaría, y, de todos modos, ella no alcanzaba a usar todas las toallas en una semana), y saqué las tijeras del cajón de mi escritorio y el cepillo de mi cómoda. Aproveché el viaje para ponerme un corpiño. Consideré cambiarme la blusa, pero pensé que Tullis podía darse cuenta y pensar que yo estaba tratando de impresionarlo; él podía pensar que yo era tan tonta como para creer que lo único que hacía falta para conquistarlo era una vestimenta diferente. Al dirigirme hacia la sala de estar, bajé las escaleras de a dos peldaños.

—¿Por qué no te sientas aquí? —Puse una de las sillas de la cocina frente al televisor, de manera que él pudiera mirarlo mientras yo le cortaba el pelo. Se sentó, y desde atrás envolví su cuello con la toalla, caminé hasta que quedamos de frente, junté las puntas de la toalla hasta que quedaron una sobre otra de manera que no quedara espacio libre en su cuello.

—Desátate la cola de caballo —dije. Y él accedió. Lo examiné. Nuestros rostros estaban separados por unos pocos centímetros, mi cabeza más alta que la suya, y aunque normalmente me avergonzaba estar tan cerca de un chico (imaginaba que mis poros se verían enormes y mi piel manchada) en este caso no me afectó; estaba parada ante Tullis con una actitud desapasionada, casi profesional.

—¿Quieres la misma forma pero más corto, o quieres el típico corte masculino, regular corto?

—¿Tú qué me recomendarías?

—No creo que lo quieras tan corto. —"Porque la verdad, yo tampoco sabría cortarlo de esa manera", pensé, pero no se lo dije—. Pero podría quedar moldeado a tu cabeza. —Caminé a su alrededor y comencé a cepillar su cabello. Era castaño con algunos sectores más claros, no tan suave como el de una mujer, pero, de todos modos, agradable. Le pasé el brazo por el hombro derecho y le di unos golpecitos en el mentón: —Mantén la cabeza erguida. —Corté un mechón de pelo. Había cierto placer físico en el acto, el pelo contra el metal, cómo se sentía el sonido de las hojas de la tijera. Me di cuenta de que no sabía qué hacer con lo que había cortado —Espera un segundo. —Tomé algunos diarios que había cerca del tacho de basura y los dispuse en el piso. Dejé caer el mechón y empecé con otro.

—¿No crees que mi pelo debería estar húmedo? —dijo.

—No, todo bien, puedo hacerlo de esta manera.

Luego de un momento, dijo:

—Siempre me pregunté para qué te humedecen el pelo en las peluquerías. ¿Para qué lo hacen?

Traté de sacar el tono risueño de mi voz.

—Es cosa de gustos, algunos creen que es más fácil cortarlo de esa manera. Pero en realidad —agregué, convincente— puede confundir, ya que el pelo parece más largo cuando está húmedo y puedes cortar más de lo que habías planeado. —Lo que acababa de decir, era cierto, pero no tenía idea de dónde lo había sacado, probablemente de alguna revista.

No hablamos por varios minutos, primero no cortaba más de un centímetro y medio de una vez, luego hacía otra vuelta y cortaba otro centímetro y medio más. Pero él quería mucho más corto y tenía el pelo demasiado largo, de manera que mi método no serviría. De un solo tijeretazo corté diez centímetros, y sentí, al hacerlo, el regocijo de lo irreversible. Me daba cuenta de que Tullis estaba absorto en el programa de televisión, un programa acerca de la búsqueda de la isla perdida de Atlántida. Pasaron unos minutos. Él tenía una parte del pelo con el que se había levantado en la mañana. Pensé que, debido a lo drástico del cambio, los demás alumnos harían una observación al respecto, y que él mencionaría que yo lo había hecho. "¿Lee Fiora?", dirían, "¿cómo llegó a ocurrir eso?" O simplemente: "¿Quién es ésa?" Incluso era posible que las noticias llegaran a los oídos de Cross Sugarman.

—¿Por qué no esperaste hasta el lunes para ir a la peluquería del pueblo? —pregunté.

—¿Viste cuando se te mete una idea en la cabeza y dices "para qué esperar, es el momento"? Eso es lo que sentí.

Titubeé y dije:

—¿Por qué no estabas en la fiesta?

—¿La fiesta?

—La del centro de alumnos.

Se rió.

—Conozco todas esas fiestas, no son lo mío.

—Claro —dije—. Y luego de una pausa agregué: —lo mío tampoco.

—Iba durante los primeros años que estuve aquí, pero es lo mismo semana tras semana.

—Supongo que sí. —No habiendo ido a una sola fiesta, no estaba en posición de argumentar, pero pensé que podía decir que estaba de acuerdo.

—Muy bien —dije—. Ya está suficientemente corto.

Hizo el gesto de agarrarse la cola de caballo, que ya no existía. —¡Vaya! —dijo.

—¿Todo bien?

—No, sí, está genial. —Se pasó las yemas de los dedos por la línea de pelo que termina en el cuello. —Es exactamente lo que quería.

—Todavía me quedan algunos detalles. Apóyate nuevamente.

Hizo como le señalé y yo reanudé mi trabajo emparejando. La parte de la que estaba menos segura eran la de los pelos que coronaban su cabeza, ¿cuánto se supone que debía recortar? Me puse enfrente de él, entre él y la tele e hice hacia atrás el pelo que le caía en las sienes:

—¿Te vas a dejar patillas?

—¿A ti qué te parece?

—Me parece que quedarían un poco raras.

—Entonces no, todo bien.

—Cierra los ojos.

Lo hizo, y durante varios segundos, miré su rostro. En la nariz y en los pómulos tenía pequitas que no podían verse desde lejos y, en el lado derecho de su mentón, un grano reventado hacía unos tres días. También tenía una barba de tres días en la punta de la pera y sobre la boca. Sentí ternura, un instinto de protección hacia él que me sorprendió. Era raro recordar que había tenido un flechazo con él, aunque sabía que ese flechazo falso —si es que no lo son todos por definición— podía empezar a crecer nuevamente, esta vez con distancia. Pero ahora, en esa situación, al tenerlo tan cerca, él me recordaba demasiado a mí misma; era muy parecido a mí como para que lo amara.

Continué cortando, y cada vez que me alejaba de él para examinar cómo iba, pensaba: "nada mal". En realidad, quizás era una buena peluquera.

Finalmente dije:

—Abre los ojos, me parece que terminamos.

—¿Hay algún espejo por aquí?

—En el baño —Apunté a la puerta próxima a la cabina telefónica, y cuando caminamos, lo seguí y permanecí de pie tras él.

—¡Vaya! —dijo, y mi corazón de encogió de súbito, pero luego él esbozó una sonrisa. Se pasó la mano por la nuca.

—Oye, buen trabajo —dijo—. Muchas gracias.

Le devolví la sonrisa:

—Fue un placer.

—¿Te pago o algo?

—¡Oh, Dios! —negué con la cabeza—. Por supuesto que no. —El sólo hecho de pensarlo fue embarazoso, incómodo, como que te paguen luego de pasar la aspiradora.

—Una última cosa —dijo Tullis—. ¿Sería mucho pedirte que me afeitaras la parte de atrás del cuello?

De hecho, me sentí halagada por la petición.

—Voy a buscar una máquina de afeitar —agregó.

—Puedo usar una de las mías, no es gran cosa. —La máquina que saqué de mi balde de higiene era de plástico rosado. Llené un tazón con agua de la pileta de la cocina y puse el tazón y la barra de jabón sobre el televisor. Tullis se sentó nuevamente en la silla con su espalda hacia el televisor. Metí los dedos en el agua, los froté contra el jabón y luego contra su nuca. Tan pronto como toqué su piel, con él mirando hacia otra parte, recordé nuevamente lo del flechazo. No hablamos en absoluto mientras yo le esparcía la espuma, le afeitaba el cuello, mojaba la maquinita en el agua y repetía el procedimiento.

—Las pruebas de que Atlántida era una isla de Thera —decía el locutor en la televisión— son respaldadas por la evidencia de una erupción volcánica en Thera en el año 1500 antes de Cristo, lo que provocó que la mayor parte de la isla se hundiera en el mar.

"¿Qué estaría pensando Tullis?", me preguntaba. "¿Cómo sentiría mis dedos?"

Pero dudaba de que yo fuera el tipo de las chicas que los chicos ven de esa manera. Sólo en el taxi con Cross sentí la certeza que alguien lo hacía.

Cuando ya estaba segura de haber afeitado el vello de su nuca, pasé mis dedos por su piel, que se sentía muy suave.

—Muy bien —dije, y mi voz sonó muy normal—, terminado.

Se incorporó y se frotó la nuca.

—Gracias —dijo—. Podría haberlo intentado yo mismo pero me habría cortado unas diez veces. —Se paró, llevó la silla de vuelta a la mesa, y mientras lo hacía, envolví los diarios con pelo y los tiré a la basura. Podía sentir la inminencia de su partida. Hasta ese momento yo había deseado que nadie volviera a la residencia porque no quería tener que explicar lo que estaba pasando. Si empezara a analizar todo, Tullis podría cambiar de opinión a medio camino. Además, con Tullis estábamos desarrollando una especie de amistad que, aunque de bajo perfil —yo estaba consciente de que no significaba que desde ese momento íbamos a ser amigos—, yo tampoco quería ver interrumpida. Podía imaginar a una de las chicas de la residencia, interrumpirme para decirle: "¡Tullis, no puedo creer que la hayas dejado cortarte tanto pelo! ¿acaso te volviste loco?" Pero ahora que el corte estaba concluido y que él aprestaba a irse, sentí un dejo de decepción por el hecho de que nadie me hubiese visto cortándole el pelo. Me había gustado esta faceta de mí misma y me había dado cuenta de que no me habría importado tener público observando. Era como cuando Tim, el menos de mis dos hermanos había nacido, y mi madre me dejaba llevar el cochecito el tiempo que yo quisiera, y siempre pensé —tenía once años entonces—, que si me vieran mis compañeros de curso, algunos de los cuales vivían cerca, seguramente quedarían flechados de inmediato debido a lo madura y *cool* que parecía con el coche. Quiero decir, ¿cuidando de mi hermanito? ¿y sola?

Vertí el agua con jabón y puse el tazón en la pileta. Todavía tenía la afeitadora. Podía imaginarme conservándola, no para usarla, no para hacer nada en especial, sólo para ponerla en la cajita de cartón debajo de la cama en donde tenía cuadernos viejos, y programas de las actividades escolares; pero Tullis podría notarlo, y si yo no tirara la maquina afeitadora, podría parecer raro, podría parecer algo estilo Audrey Flaherty. La arrojé al tacho.

—Gracias de nuevo —dijo Tullis.

—No hay problema.

Se aproximó a la pileta, y permanecimos de frente. Nos dimos la mano. —Avizoro un próspero futuro para ti —dijo—. Salones de peluquería en todo el país, clientes famosos.

Entorné los ojos.

—Eso sería darle un buen uso a la educación recibida en Ault.

—Podría ser peor. Muy bien. Nos vemos por ahí. —Estaba a pasos de la puerta cuando se volvió. —Lo siento mucho, esto es terrible, pero ¿cuál es tu nombre?

—Lee —dije—. Lee Fiora.

—Bien —asintió—. Ault es pequeño, pero cuando estás en cuarto...

—Todo bien —dije.

—Bueno, gracias, Lee. —Sonrió, y pensé de nuevo que en realidad tenía la sonrisa más hermosa del mundo. Concluí también que le había hecho un corte de primera. Cómo había ocurrido esto me superaba.

—Oh, disculpa, yo soy Tullis.

—No, sé quién eres. Sólo quería decirte, sé que esto pasó hace mucho, pero quería decirte que cuando tocaste la guitarra en el show de talentos estuvo buenísimo.

Todavía sonreía. Amaba a los chicos. A todos ellos.

Cuando se fue, hizo el gesto de despedida que había hecho en el escenario antes de cantar *Fire and Rain*.


El lugar al que Dede iba a reflexionar sobre la vida, de acuerdo con su ensayo para la clase de inglés, era el asiento formado por el rellano de la ventana que está entre el primer y segundo piso de la casa de su familia en Scarsdale. Darden dijo que pensaba en la vida cuando iba en la línea 2 del metro, y Aspeth dijo que reflexionaba acerca de la vida cuando manejaba una embarcación de su abuelo en el estrecho de Long Island. (Pensaba que Aspeth pasaba el verano en Long Island, y que su abuelo tenía alguna especie de barco que ella abordaba, pero jamás pensé que ella misma lo manejara, tenía la creencia de que la gente popular nunca pasaba tiempo sola.) Martin Weiher leyó acerca de sus reflexiones sobre la vida en el baño, lo que provocó risas, y luego Jeff Otiss leyó acerca del mismo lugar, pero ya nadie se rió tanto, porque él no era tan *cool* como Martin, y porque además había leído segundo.

Nadie se ofreció voluntariamente cuando la señorita Moray preguntó si alguien quería leer su trabajo en voz alta, de manera que señaló a Dede, luego a Darden, que estaba al lado de Dede dijo que él leería, y la ronda continuó en ese orden. Luego de Jeff, al parecer, era mi turno. Mientras los que leían se iban acercando a mí, mi corazón empezaba a latir más rápido y el calor se apoderaba de mi rostro. Me sentí angustiada por mi ensayo. Dudé de si estaba particularmente bien escrito, y definitivamente no era divertido, pero más que cualquier otra cosa, sentía la infeliz presión de los demás mirándome y escuchándome. Y ahora que se suponía que yo tenía que leer, me di cuenta de que no podía hacerlo, que mi voz saldría temblorosa y con poco aliento, y que el hecho de estar consciente de ese hecho, sólo lo exacerbaba, hasta que, finalmente, mi agitación hizo imposible que soportara siquiera un segundo. Parecía que el momento se replegaría en sí mismo, aunque no estaba segura de lo que eso implicaba, de qué se trataba, tal vez combustión espontánea o quizás el piso se haría como un panqueque que nos enrollara como un ingrediente.

—Paso —dije—. ¿Se puede, no?

—¿Por qué no quieres leer?

—Es sólo que...

La señorita Moray suspiró, como si yo estuviera intentando ganar tiempo con mi vacilación, como si ella no lo hubiera hecho parecer opcional.

—Todos leyeron, sería injusto si no lo haces.

No estaba segura de haberle oído alguna vez a un adulto el argumento de la injusticia. Pero si desafiaba a la señorita Moray nuevamente, ya veía que eso —lo que fuera— se haría sólido y tangible, sería una de esas situaciones que se comentan luego de que la clase se termina.

Miré mi ensayo, que había escrito la noche anterior en la computadora de Martha.

—"Reflexionar acerca de nuestra vida es una parte importante en nuestra toma de decisiones y en el entendimiento de la ética y valores personales" —comencé, y podía darme cuenta de que mi voz apenas se oía—. "Muchas personas, como Henry David Thoreau, tienen un lugar especial al que van, un lugar cómodo y silencioso. Para mí, ese lugar es el negocio de mi padre... —En ese punto, sentí que me desvanecía completamente. Abruptamente, comprendí por qué me había sentido tan vacilante anteriormente. —No puedo leer esto.

—Lo estabas haciendo bien —dijo la señorita Moray.

No la miré ni a ella ni a mis compañeros de curso, aunque sentí cómo me miraban.

—Puedes empezar nuevamente si lo deseas. —Dijo la señorita Moray, y su voz sonó con una amabilidad que no tenía antes.

—No —dije.

—Lee, nadie está juzgándote. Necesitas sentirte cómoda al leer tu trabajo ya que lo haremos muchas veces durante el año.

No dije nada.

—¿Me puedes decir por qué no quieres leer?

Entonces sentí, no que iba a llorar, sino que podría hacerlo; había emergido la posibilidad. Era mejor hablar lo menos posible.

La señorita Moray suspiró nuevamente, pero era otro tipo de suspiro, no un suspiro de impaciencia como el de hacía un rato.

—No tienes que hacerlo hoy —dijo—. Pero hazte a la idea de que tendrás que leer tus ensayos en las próximas clases, y esto va para todo el curso, sin excepciones. Norie, se acabó el plazo.

Al final de la clase, la señorita Moray dijo:

—Lee, tenemos que conversar luego de la clase.

Terminé de guardar mis libros y permanecí en mi silla con la mochila cerrada frente a mí. Mantuve el ensayo en mi regazo, lista para entregárselo. Después de todo, no importaba mucho lo que *ella* pensara, yo tenía la idea de que los profesores eran como los médicos, objetivos e impersonales en sus juicios.

Cuando no quedó nadie en la sala, la señorita Moray se sentó frente a mí. Llevaba un suéter de cuello alto color lavanda, y un blazer negro —en los últimos días había refrescado—, y el prendedor de librito estaba fijo a la solapa izquierda del blazer. Bajo su pecho izquierdo había una línea horizontal, quizá de ocho centímetros, de tiza blanca, que yo estaba segura ella no había notado; además, tenía la piel grasa, sobre todo a los lados de la nariz.

—Quiero que leas el ensayo en voz alta —dijo—. Ahora, entre nosotras. Entiendo que seas reacia a leer en clase, pero es algo que debes superar.

No dije nada.

—Lo leeré de todas formas —dijo—. A menos que decidas no entregarlo y sacar un cero en este trabajo. —Por la manera en que lo dijo, era obvio que no consideraba ni remotamente esa posibilidad. Pero no era una mala idea. Por lo general, mi miedo residía en lo hipotético, y una consecuencia específica real, cualquiera que fuese, casi siempre parecía menos severa que cualquier serie amorfa de hechos de los que yo tuviera que cuidarme. Un cero en mi ensayo, que probablemente era el cinco por ciento de mi nota semestral, no era gran cosa.

—Puedo aceptar el cero —dije—. Definitivamente era la mejor opción. A esas alturas, ya había dirigido demasiado la atención hacia mi ensayo y ella podría hacer preguntas, perder la imparcialidad. Mi ensayo podría haber parecido normal, pero yo había hecho demasiados aspavientos.

Me miró por el rabillo del ojo.

—Pero tú hiciste el trabajo.

—Sí, pero cambié de opinión.

La señorita Moray abrió la boca como si fuera a hablar, luego la cerró, luego la abrió nuevamente.

—Entonces léeme el trabajo a mí —dijo—. No te doy otra opción.

Nunca discutí absolutos.

—Bien —dije, noté que ella estaba sorprendida—. ¿Comienzo ahora?

—De inmediato. Vamos —su voz tomó la consistencia del entusiasmo. "No", pensé, "estamos en el mismo lugar que al principio".

Saqué el papel de mi regazo y lo puse en la mesa.

—"Reflexionar acerca de nuestra vida es una parte importante en nuestra toma de decisiones y para entender nuestros valores y nuestra ética. Muchas personas, como Henry David Thoreau, tenían reservado un lugar apacible y silencioso para esto. Para mí, este lugar es el almacén de mi padre. El negocio de mi padre se llama El rey de los colchones, y está situado en South Bend, Indiana. Cuando vivía en casa, no visitaba ese lugar durante la semana porque iba a la escuela. Pero sí iba los fines de semana. En la parte trasera del local hay una oficina, y detrás de la oficina hay un depósito con muchos colchones. Ése es el cuarto en que reflexiono porque es apacible y silencioso, y puedo recostarme en todos los colchones. Algunas pilas llegan hasta el techo. Lo mejor de ese cuarto es que puedo oír cuando los demás hablan, mi padre especialmente, que habla fuerte. Escucho a mi padre y a otras personas como clientes y empleados y así tengo la certeza de no estar sola, pero no tengo que participar de las conversaciones. En ese lugar pienso muchas cosas, tales como qué profesión voy a seguir, la universidad, política.

Creo que reflexionar es muy importante para desarrollarse como persona y establecer prioridades." —Levanté la cabeza: —Eso es.

—Debo decir que no entiendo qué es lo que provocaba tanta timidez. Lo que acabas de leer es exactamente lo que pedí. Y habérmelo leído no fue tan difícil, ¿no?

Me encogí de hombros.

—Me gustó especialmente la parte en donde puedes oír la voz de tu padre.

El hecho de que la señorita Moray fuera tan amable —compasivamente amable— me indicaba que a pesar de su primera impresión, ella se había hecho una idea acerca de qué tipo de persona era yo: sabía que yo no era, en absoluto, una sabelotodo.

—Es sólo que no entiendo por qué no querías leerlo antes —dijo.

Ésa había sido mi mayor preocupación: que ella lo supiera de inmediato. Que ella no lo supiera me aliviaba y me hacía pensar menos en ella.

—Quizá sientas que has empezado con el pie izquierdo en esta clase —dijo—. Pero quiero que sepas que soy totalmente abierta. A cualquiera que en mi clase muestre la voluntad de trabajar le irá bien. Además —agregó, y para mi horror, hizo un guiño. Éramos las únicas en la sala, ¿qué se suponía que debía hacer yo? ¿Acaso no sabía ella que ésa no era una película acerca de un internado, en donde el alumno y el maestro pueden tener un momento de familiaridad y luego hay un corte y aparece otra escena con el alumno jugando al fútbol en la cancha o el profesor dirigiéndose en bicicleta a su casa de madera? No, estábamos en la misma sala y ambas teníamos que respirar y hablar luego de la pausa que dejó su guiño. —Admito que haré una pequeña concesión tratándose de una coterránea del Medio Oeste —continuó—. Al parecer no hay muchos de nosotros en Ault.

Traté de sonreír.

—Dijiste que eras de Indiana, ¿no?

—Sí —dije—. De South Bend.

—¿Sabes una cosa? Salí con un chico que creció ahí —dijo—. Evan Anderson. ¿No lo conoces? Se rió de sí misma, como par demostrar que sabía lo improbable que era eso.

—No lo creo. —Acerqué hacia ella mi ensayo con la mano a través de la mesa, me puse de pie y tomé mi mochila.

Mientras me iba, ella dijo:

—¿Lee?

Me di vuelta, desde el marco de la puerta.

Ella estaba de pie también, hizo los hombros hacia atrás y empuñó las manos en posición de combate:

—¡Confianza! —dijo.

Nuevamente, cuando intenté sonreír, no pude determinar cuán convincente había sido. Al caminar a través de las aulas vacías de vuelta a mi residencia, pensaba en lo extenuante que era Ault, todo el parloteo y las expresiones que había que hacer: ¡Atenta! ¡Indaga! Estaba permitiendo que mi rostro cediera, que descansara por un momento cuando vi a alguien a unos diez metros enfrente de mí que venía desde el patio. Era Charlie Soco, un chico de cuarto, alguien con quien nunca había hablado. Le di una rápida mirada y me di cuenta de que no me estaba mirando, luego miré al suelo, y luego mientras nos fuimos acercando, me saqué uno de los tirantes de la mochila, que quedó delante de mí, entonces abrí uno de los bolsillos exteriores y fingí hurgar en él. De esa manera, cuando Charles y yo nos cruzamos, evité saludarlo.

Bastantes pocas personas me hicieron comentarios acerca del corte de pelo de Tullis, y un día durante el almuerzo, Aspeth y Dede lo estaban comentando cuando me senté. Esperé que alguna de las dos reconociera mi papel en el corte, pero ninguna lo hizo.

—Está diez veces mejor —decía Aspeth.

—Lee —dijo Emily Phillips, que estaba sentada a mi lado—. ¿No fuiste tú quien se lo cortó?

Cuando asentí, Dede dijo:

—¿Tú?

Asentí nuevamente.

—Pero ¡si ni siquiera conoces a Tullis!

Era cierto que desde el comienzo del año escolar, cada vez que habíamos asistido a la clase de inglés, Dede había sido perfectamente civilizada, a ratos hasta incluso amistosa. Aun así, no podía evitar mi gozo al verla inquietarse con esta noticia.

—Él me lo pidió —dije.

Dede entornó los ojos.

—¿Sabes cortar el pelo? —Podía verla inquietarse por el hecho de que le hubiera ocultado esa habilidad durante el año que habíamos vivido juntos. Seguramente se preguntaba qué más podría haberle ocultado. "Soy trapecista", quería decirle. "Hablo swahili".

—Por supuesto que sí —dije.

—¿Me podrías cortar a mí? —dijo Nick Chafee, que estaba sentado en la cabecera de la mesa.

—Claro.

La boca de Dede estaba abierta, del modo en que solía abrirse cuando ella estaba confundida o indignada. Nick Chafee no era lindo, pero se sabía que era especialmente rico, y ciertamente Dede dudaba de mi capacidad para interactuar con él sin supervisión.

—¿Puedes hacerlo luego de la cena? —dijo Nick—. O puedo ir yo a tu residencia.

—O yo puedo ir a la tuya —jamás había puesto un pie en la sala común de los varones, pero yo misma pude oír lo natural que había sonado, y era porque Dede estaba mirando: desafiar sus expectativas era irresistible. Si hubiera hecho contacto visual con ella, seguramente me habría reído y se habría notado que estaba fingiendo. Me concentré con esfuerzo en masticar mi sándwich de atún. Emily Phillips dijo:

—¿Podrías cortármelo a mí también?

Antes de que pudiera responder, Dede dijo:

—¿Están locos? ¡El pelo de una chica y el de un chico son cosas completamente diferentes!

—Sólo quiero cortarme las puntas abiertas —dijo Emily.

—Ningún problema —dije. De hecho, sería más fácil de lo que había hecho por Tullis. —Esta misma noche me puedo hacer cargo de ti también.

—La verdad es que tengo un examen de francés mañana, pero, ¿qué tal el miércoles en la noche? —Yo tenía un examen de español el jueves, pero no me importaba, nunca me iba bien en ninguna materia, así que era mejor utilizar mi tiempo como peluquera que estudiar.

—No puedo creerlo —dijo Dede.

—¿Quieres que te corte a ti?

—¡No! —gritó, y todos en la mesa se rieron.


Durante las semanas que siguieron, le corté el pelo a más y más gente, quizá ya eran cerca de veinticinco a fines de octubre. Algunas de las cosas que había hecho cuando le corté el pelo a Tullis se convirtieron en hábitos: nunca humedecer el pelo antes, que cerraran los ojos cuando yo me ponía frente a ellos y, obviamente, jamás cobrar. En el campus la gente comenzó a hablarme más, especialmente los profesores y los chicos. El mismo Tullis siempre me saludaba cálidamente tratándome por mi nombre. En una ocasión, cuando me apresuraba para llegar a la cancha de fútbol, Reynolds Coffey, el prefecto de cuarto, gritó: "Lee, ¿dónde dejaste las tijeras?" Y en otra ocasión, mientras yo abandonaba el comedor luego de la cena formal, el reverendo Orch, el capellán completamente calvo, me tomó de los antebrazos y dijo: "Por todo lo que he oído, señorita Fiora, es una gran pena que yo no pueda hacer uso de sus servicios". En tales situaciones, yo mantenía una recatada coquetería que nunca después pude emular. Pero en el acto mismo de cortar el pelo, sentía una confianza en mí misma que no había experimentado en ninguna otra situación desde mi llegada a Ault. A veces ni siquiera les hacía el corte de pelo que me solicitaban, hacía el que yo pensaba que les quedaría mejor, cortando varios centímetros demás, y la persona parecía perpleja (no enojada, jamás enojada, sólo perpleja), pero a los demás les encantaba. Aprendí a usar la afeitadora eléctrica, qué números correspondían a qué medidas, y aun cuando eso era algo que los chicos podían hacer por sí solos, muchos me lo pedían a mí. Oliver Amunsen me dijo: "Confío en ti más que en mí".

En mis manos, bajo mis dedos, las cabezas de las personas se sentían cálidas y vulnerables, y yo tenía la sensación de haber podido cortar el pelo con los ojos cerrados, sólo por el tacto. Nunca me puse nerviosa; de hecho, había experimentado la suspensión de cualquier sentimiento consciente. Casi siempre charlaba con ellos un poco, casi nunca durante todo el tiempo, y jamás me preocupó hablar mucho o que los silencios entre nosotros parecieran extraños. Al final, cuando la persona se iba y yo quedaba sola, al pasar la aspiradora o barrer el pelo, experimentaba un sentimiento de haber alcanzado algo. Estaba orgullosa de mi habilidad. Aunque normalmente pensaba que el orgullo de cualquier tipo era desagradable, ése en cambio estaba bien porque cortar el pelo era un acto neutral, nada para fanfarronear. Era como ser bueno desatando nudos o leyendo mapas.

Habíamos terminado *La cabaña del tío Tom* un poco antes del día de las presentaciones grupales. La tarea había sido escoger una escena importante del libro, decir por qué era importante, y actuarla. Mis compañeros eran Lorie Cleehan y Jennie Carter, y representamos la parte en la cual Casey y Emmeline se esconden en el desván y fingen ser fantasmas para asustar a Simon Legree; yo hice de Legree.

Luego de nosotros, el único grupo que quedaba era el de Darden, Aspeth y Dede.

—Tenemos que ir a ponernos los disfraces —anunció Dede.

—Muy bien —dijo la señorita Moray. Nadie se había molestado con disfraces. Abandonaron el cuarto, y mientras esperábamos, una vertiginosa energía se apoderó de la sala. Nos habíamos puesto de pie; habíamos hecho malas imitaciones del acento sureño; habíamos aplaudido luego de cada presentación. Durante cada estallido de aplausos, yo pensaba que estábamos haciendo tanto ruido como el que hacían esas clases que se oyen desde el hall, especialmente cuando estás en un examen de matemáticas, en las que gritan y se ríen como si estuvieran en una fiesta.

Aspeth asomó la cabeza en la sala.

—Sólo una cosa —dijo—. Ésta es una interpretación moderna, ¿de acuerdo?

—Absolutamente —asintió la señorita Moray.

Es la parte en la cual los esclavos de Shelby se juntan en la Cabaña del tío Tom y la tía Chloe. Aspeth estaba aún visible del cuello hacia arriba.

—Es la parte en la cual el señor Shelby se encuentra en la casa grande cantando acerca del tío Tom.

—¿Y por qué es importante? —preguntó la señorita Moray.

Queremos demostrar el sentido de comunidad que tienen los esclavos y por qué el tío Tom es el líder y todos se reúnen alrededor de él cuando se enteran de que va a partir.

—Excelente. Adelante entonces.

—Sólo un segundo.

Aspeth desapareció y cerró la puerta. Un minuto después, Darden la abrió de golpe y caminó con pasos largos, Aspeth tras él, agarrada de su cintura como en una fila de conga, y Dede tras Aspeth. Darden llevaba un sombrero tirolés ladeado, unos lentes de sol enormes, collares de oro y plata y un largo impermeable rojo brillante que le quedaba apretado de hombros y que, pude notar, era de Dede. En su mano derecha llevaba un bastón. Dede llevaba ropa interior de seda color crema hasta la rodilla, y Aspeth llevaba la parte de arriba de un bikini a rayas rosadas, verde menta y celeste y una minifalda de tenis; ambas llevaban tacos altos.

—Chucuchúuuu —hizo Darden, imitando un tren. Blandía su puño hacia delante haciéndolo girar. Luego inclinó la cabeza hacia atrás, hacia Aspeth y Dede.

—¿No es el tren más lindo que jamás hayan visto?

Desde varias partes de la mesa se sintieron bufidos de risa, y alguien que pudo haber sido Oliver exclamó:

—Ajá, hermano.

145

En respuesta, Aspeth y Dede alzaron sus mentones y giraron la cabeza pestañeando. Luego los tres se deslizaron contoneándose a lo largo del espacio del pizarrón, hasta que estuvieron entre el borde de la mesa y la ventana. Darden se apoyó y puso su mejilla hacia Jenny Carter:

—¿Le darás a papi Tom un poco de amor, nena?

Jenny hizo un gesto entre la sorpresa y la risa. Su mirada luego saltó a la señorita Moray, y cuando yo también la miré, la señorita Moray miraba de soslayo como no entendiendo nada. Y yo compartía esa confusión. Literalmente no entendía lo que Darden, Aspeth y Dede estaban haciendo, cuál era el principio unificador tras esos atuendos extraños, sus gestos, la jerigonza de Darden. Percibí también que muchos de mis compañeros de curso tampoco entendían. Jenny frunció los labios y besó a Darden.

—Gracias, nena —dijo Darden. Retrocedió un paso. Aspeth y Dede se reacomodaron y quedaron a ambos lados de Darden, con sus brazos alrededor de él, acariciando sus hombros o su frente. —Nenas, ¿saben por qué estamos aquí esta noche? —dijo Darden—. Papi puede irse, pero pueden estar seguras de que siempre cuidará de ustedes. No es fácil cuando el Amo Shelby...

—¡Basta! —dijo la señorita Moray, y su voz sonó fuerte y aguda. Fue raro oír una voz normal. —Con eso es suficiente. Siéntense, los tres. Pero primero cámbiense esa ropa.

Darden, Aspeth y Dede la miraban en silencio. Sus posturas eran ahora diferentes: los brazos de Aspeth estaban doblados, ya no tocaba a Darden, y ninguno de los tres sonreía.

—Nosotros sólo... —comenzó Dede.

—Ahora mismo —dijo la señorita Moray—. Rápido.

Caminaron rápidamente de vuelta al pasillo. En su ausencia, el resto de nosotros nos mirábamos, mirábamos a otra parte, mirábamos hacia atrás. Chris Graves apoyó la cabeza en la mesa. Cuando Darden, Aspeth y Dede volvieron, se sentaron en silencio.

—¿Podría alguien explicar qué fue eso? —dio la señorita Moray.

Nadie dijo nada. No sabía si les preguntaba a ellos o a todos nosotros, y tampoco pude determinar si ella realmente quería una explicación —si, como yo, ella no había entendido—, o si estaba pidiendo una justificación.

—En serio —dijo la señorita Moray—. Quiero saber qué les hizo pensar a ustedes tres que era adecuado retratar al Tío Tom como un proxeneta y a las esclavas como prostitutas.

Por cierto. Fui una estúpida.

—El Tío Tom es una figura de Cristo —prosiguió la señorita Moray—. Es un héroe.

Darden miraba hacia abajo, y Aspeth miraba a través de la sala, su cara inexpresiva, los brazos nuevamente cruzados. Observar cómo regañaban a Aspeth era chocante y no —como yo había imaginado— divertido. Podría haber sentido lástima por ella, si no fuera porque a ella parecían no afectarle los comentarios de la señorita Moray. Parecía más bien aburrida. De los tres, sólo Dede miraba a la señorita Moray.

—Quisimos ser creativos —dijo.

La señorita Moray sonrió molesta

—¿Creativos de qué manera?

—Al... bueno... nosotros —bueno, al hacer un paralelo con la vida actual, nosotros pensamos que sería divertido.

—Les diré algo —dijo la señorita Moray—. Y ésta es una lección que les podría servir a todos ustedes en ese día no tan lejano que será el futuro, cuando se encuentren en el mundo real. La próxima vez que sean creativos, la próxima vez que quieran *divertirse*, bien podrían detenerse a pensar cómo les cae su comportamiento a las demás personas. Porque, les digo, lo que esto me parece a mí no es otra cosa que *racismo*.

Todos la miraron, incluso Darden y Aspeth. No había racismo en Ault. O había, por supuesto, pero no de ese tipo. Los chicos provenían de diversos entornos culturales, con padres emigrados de Pakistán, Tailandia o Colombia, y algunos tenían familias que aún vivían lejos: en mi residencia había chicas de Zimbabwe y Latvia. Pero nadie los estigmatizaba, no era que te ignoraran porque no fueras blanco. El racismo me parecía a mí un resabio de la generación de mis padres, algo que aún no se extinguía del todo, pero que ya no era bien visto, como un cinturón pasado de moda o un pastel de carne.

—No fuimos racistas —dijo Aspeth—. Su voz no contenía nada de la ansiosa impaciencia de Dede, el fervoroso deseo de Dede de enderezar las cosas. Aspeth sabía que tenía razón, y la única pregunta era si valía la pena demostrar eso a un espíritu inferior como la señorita Moray.

—¿Cómo podríamos serlo? —adujo Aspeth—. Darden es negro.

Ésa era una palabra atrevida y probablemente inapropiada: la condición de negro de Darden, en nuestro ambiente posracista, no era algo que se destacara.

—¿Ésa es su defensa? —dijo la señorita Moray—. ¿Qué Darden es...? —Incluso ella parecía incapaz de decir que Darden era negro, lo que confirmaba el poder de Aspeth. Pero entonces la señorita Moray pareció retomar el control:

—Escuchen —dijo—. El racismo internalizado sigue siendo racismo. El odio a sí mismo *no es* una excusa.

Di una mirada a Darden, quien nuevamente miraba hacia abajo. Inhaló, infló las mejillas, exhaló y sacudió la cabeza. No creo que él tuviera odio por sí mismo, y ciertamente no quería que lo tuviera. *Yo* sentía odio por mí misma. ¿No era suficiente con eso?, ¿tenían que existir tantas personas que se odiaran a sí mismas?

—También está el asunto de... —dijo la señorita Moray pero Darden la interrumpió:

—Cometimos un error —dijo—. Qué tal si lo dejamos así.

Miraba a la señorita Moray, con franqueza. En ese momento me pareció un adulto. Su voz profunda, su imponente presencia física y su sensatez, daba la impresión que él deseaba más que la situación se resolviera que ser disculpado. Me habría gustado ser su amiga de manera de haber podido decirle luego de clase lo impresionada que estaba por su comportamiento, y así no parecería que me estaba poniendo de su parte de un momento a otro.

La señorita Moray titubeó. Lo anterior había parecido un precalentamiento, pero ahora se presentaba una salida fácil al problema.

—Bien —dijo—. Pero haré otra observación. Y es que esto no es sólo ofensivo en términos de los estereotipos raciales que ustedes representaban. Estoy también terriblemente perpleja por el sexismo que hubo en su representación. Y no, el hecho de ser mujeres no significa que esté bien el hecho de que hagan de su cuerpo un objeto. Esta cultura le enseña a la mujer que su primer valor es su cuerpo, pero no tenemos que aceptar esa idea. Podemos hacer gala de nuestros cuerpos, o podemos elegir la integridad y el respeto por nosotras mismas. —La señorita Moray había elevado el tono de voz, y sonaba demasiado apasionada. Vi a Aspeth entornarle los ojos a Dede. La señorita Moray no debió haber usado la palabra "mujeres", pensé. Todas en la sala, a excepción de la señorita Moray, éramos "chicas".

Más tarde ese mismo día —las noticias de lo que había ocurrido ese día corrieron rápidamente e incluso Martha me exigió detalles— yo estaba en el vestuario cuando oí a Aspeth hablando del asunto nuevamente: Hizo una rima que terminaba en algo como "quememos nuestra ropa interior".

Al día siguiente, mientras esperábamos antes de clase a que sonara la campana de ingreso. La señorita Moray dijo:

—¿Quién está mentalizado para aprender?

Luego fingió ser una porrista, agitando las manos y gritando "¡L-e-ng-u-a-j-e! ¿cómo se deletrea?, Dame una ele, dame una e", etc. Nosotros no teníamos porristas en Ault, y ella bromeaba para hacernos entender que nos había perdonado, de lo que no se daba cuenta era de que nosotros no la habíamos perdonado a ella.

Una tarde de sábado a principios de noviembre, Martha y yo leíamos en nuestro cuarto. Ella estaba en su escritorio, y yo estaba boca arriba en la litera inferior, con mi libro de historia europea hasta que mis manos se durmieron y cerré los ojos con el libro abierto sobre ellos, las páginas presionando mis mejillas mientras esperaba que ese sentimiento de agujas de las manos dormidas, se pasara. Mientras la tarde transcurría, los intervalos durante los cuales yo leía se achicaban y aquellos en los que dormía se extendían. Fue durante uno de esos últimos períodos cuando escuché que Martha estaba de pie y sonaba como si se estuviera poniendo una chaqueta. Me saqué el libro.

—Voy al pueblo —dijo—. ¿Quieres algo?

Me enderecé:

—Quizá te compañe.

—Sólo te pregunté si querías encargar algo.

Aunque parecía como si ella no quisiera que yo fuera, no podía imaginarme que ése fuera el caso. El sentimiento que Martha me daba, un sentimiento que nadie me daba, excepto mis padres, era de que yo era una excelente compañía, que no había situación que no pudiera ser mejorada con la adición de mis incisivas observaciones e ingenio ladino.

—Martha, ¿no te parece que comprar crema hemorroidal no es para avergonzarse?

Sonrió.

—Prometo que si alguna vez tengo hemorroides, serás la primera en saberlo. Le subió el cierre a la mochila.

—Martha, ¿por qué...? —comencé, y al mismo tiempo ella dijo:

—Me voy a cortar el pelo. —Luego agregó: —¿Qué era lo que ibas a preguntarme?

—Nada —dije—. ¿Te vas a cortar el pelo?

—No te ofendas, creo que eres una excelente peluquera. Honestamente.

—No estoy ofendida. —En realidad, no estaba segura de si lo estaba o no. —Pero, ¿por qué actúas tan extrañamente?

Suspiró y, aún con su mochila, se sentó ante el escritorio. Con remordimiento, preguntó:

—¿En serio quieres saber?

—Sí.

—Es sólo que me parece divertido —dijo—. Eso de que le cortes el pelo a la gente, ¿por qué lo haces?

—¿Por qué le corto el pelo a la gente? No lo sé, ¿por qué lo preguntas?

No era que estuviéramos discutiendo. En realidad, era difícil imaginarse una pelea con Martha ya que ella era la persona menos peleadora que yo haya conocido. Incluso durante ese momento, si ella me parecía algo, era triste. Aun así, sentí una tensión poco familiar entre nosotras.

—Te lo pregunto porque... oh, no sé.

—Dilo —dije—. Lo que sea que ibas a decir, dilo.

Hizo una pausa.

—Creo que le cortas el pelo a la gente, especialmente a los chicos, como una manera de tener contacto con ellos sin tener que abordarlos de verdad.

—¿Quieres decir contacto físico o simplemente contacto social?

—Bien —consideró la pregunta—. Me parece que ambos.

—Entonces soy una pervertida.

—No, oh no, Lee, no es eso lo que quería decir, en absoluto. Es totalmente normal querer estar cerca de la gente.

El objetivo de Martha era ser una profesora de lenguas clásicas, pero había ocasiones en que uno se la imaginaba más como una terapeuta o posiblemente una directora de primaria.

—Pero es como si les hicieras un favor, y ¿qué obtienes a cambio? Ni siquiera limpian su propio pelo. No es un trato justo. Yo sólo creo que te mereces algo mejor.

Miré mis muslos y nuevamente el colchón.

—Puedes ser amiga de, digamos, Nick Chafee —dijo Martha—. Si quieres saberlo, personalmente no creo que Nick sea para tanto. Pero no es que tengas que cortarle el pelo para acercate a él.

Creo que Martha de verdad pensaba eso. Si Nick Chafee creía lo mismo, ésa era otra historia.

—Quizás estoy agrandando el problema —dijo Martha.

—No, te agradezco que hayas dicho algo. —Tragué saliva. —En serio.

Martha se puso de pie nuevamente:

—Sólo siento que es mejor para mí si me corto el pelo en el pueblo. No necesitas hacer nada por mí.

—Pero me haría feliz cortarte el pelo —dije.

—Lo sé. —Estaba cerca de la puerta con el manubrio de la bicicleta agarrado con una mano. —Gracias.

—Martha —dije mientras ella se dirigía al pasillo.

Se dio vuelta.

—¿Todos piensan eso de mí? Que corto el pelo para... —quería decir: "para hablar con los chicos a pesar de que soy un perdedora", pero a Martha no le gustaba cuando yo me autoinsultaba.

—Por supuesto que no —sonrió—. Las personas están demasiado ocupadas pensando en sí mismas.

(Nadie era mejor para hacerme recuperar la confianza que Martha —antes de los exámenes, me convencía de que los iba a aprobar; antes de las cenas formales, me convencía de que tenía buen aspecto, y antes de que fuera a casa para Navidad, de que mi avión no se caería; me convencía de que nadie había notado cuando tropecé al salir de misa, de que me sentiría bien en la universidad, de que no importaba si derramar bebida sin alcohol en el cobertor de su futón, de que no tenía mal aliento. Si yo dudaba, ella inclinaba la cabeza y decía: "Muy bien, respira en mi cara. Adelante, no me importa".)

A veces, todavía pienso: "qué te di a cambio".

—Estaré fuera por un par de horas —dijo Martha—. No vayas a la cena sin mí, ¿está bien?

Asentí

—Habría notado que te habías cortado el pelo aun si no me lo hubieras dicho.

—Sí, bueno... —sonrió—. Recuérdame de que nunca me meta a espía.

Mientras la miraba irse, mi mente voló hacia un tiempo en el futuro en el que ya no compartiríamos cuarto, cuando nuestras vidas cotidianas ya no estarían unidas. La idea me hizo sentir como si me tuviesen bajo el agua. Luego pensé: "Eres ridícula, nos quedan casi tres años juntas", y pude respirar nuevamente. Pero sabía, siempre supe —y, eso nunca me hizo sentir mejor; por el contrario, siempre me pareció lo peor— que estábamos en Ault sólo temporariamente.

La señorita Moray estaba ante la mesa, mostrándonos cómo dividir un verso en sílabas acentuadas y no acentuadas, cuando sentí un codazo de Dede en mi muslo. Me volví hacia ella, pero ella miraba impávida hacia el frente.

Segundos después, sentí un pinchazo. Miré hacia abajo y vi que estaba tratando de entregarme un trozo de papel. En el encabezado del papel, en manuscrita, reconocí la letra de Aspeth, decía: "Evaluación". Bajo eso había una grilla con las palabras "Vestido", "Zapatos", y a "Maquillaje" de horizontales, y de verticales: "Aspeth", "Dede, y "Lee".

En los casilleros contiguos a su nombre, Aspeth había escrito, para "Vestido", "3,4", para "Zapatos", "6,0", y para "Maquillaje" había puesto, "0,8". Y había escrito dentro de un casillero, las letras apenas entraban: "¿Puede alguien explicarle a esta mujer que los días del delineador líquido pasaron hace mucho tiempo?" Dede, por su parte, le había dado 2,8 al vestido, 6,2 a los zapatos y 1 al maquillaje. Y bajo el comentario de Dede había escrito: ¡De acuerdo!, que era el más adecuado y sucinto resumen de su relación con Aspeth que yo podía imaginar.

La señorita Moray volvió a la mesa, y yo dejé el trozo de papel en mi regazo, sin tocarlo, como una servilleta. Pero la verdad era que me sentía acorralada por ese papel. Sí, había cosas que no me gustaban acerca de la señorita Moray, pero no tenían nada que ver con su atuendo. Y además, ¿acaso Aspeth y Dede no sabían que las palabras escritas te comprometen? Un trozo de papel podía deslizarse de un cuaderno, volarse desde una ventana, ser extraído de la basura y desarrugado, mientras que una observación que te incrimina realizada en una conversación no tiene peso y es invisible y eventualmente puede ser negada.

Pero ¿cómo podía negarme a participar? Me habían extendido una invitación, y si la rechazara, seguramente no habría otra. Al mismo tiempo que Jeff Oltis comenzó a leer en voz alta el poema de Emily Dickinson que comenzaba: "El pájaro más glorioso que nunca conocí/ se embarcó hoy en una pequeña rama", me puse a escribir sobre el papel, y, sobre los casilleros vacíos que esperaban mi evaluación, escribí: "Todo eclipsado por el prendedor: deslumbrante". Antes de poder pensar cualquier otra cosa, le pasé el papel a Dede.

Después de clases, me quedé perdiendo el tiempo, como siempre. En las escaleras, Aspeth dio una mirada hacia atrás. Ella y Dede estaban tres metros de mí y nuestras miradas se encontraron.

—Buenísimo lo del prendedor, Lee —dijo. Había dejado de caminar, de manera que Dede dejó de caminar también, y las alcancé. —Es co-

152

mo... ¿a cuál de las dos abuelas se lo robó? ¡Desde ahora los accesorios también tendrán puntaje!

—Definitivamente —dijo Dede.

—Por cierto, Lee, tengo algo que preguntarte.

El miedo se apoderó de mí. Quizá me preguntaría: "¿Alguna vez besaste a un chico?" o "¿Qué automóvil tienen tus padres?"

—¿Puedes cortarme el pelo? —preguntó.

—Seguro —dije. Tan grande fue mi alivio ante la suavidad de la solicitud que sólo una vez que había contestado recordé mi conversación con Martha. No había hecho que decidiera dejar de cortar el pelo definitivamente, pero había dejado de hacerlo por un tiempo.

—Ya que no hay cena formal esta noche, que sea a las seis —dijo Aspeth—. Entonces habrá todavía tiempo para llegar a la cena antes que cierren.

Durante las noches en que no había cena formal, Martha y yo íbamos a la sala de cena a las seis, el minuto en que abrían las puertas, y, por lo general, yo ya sentía hambre desde las cinco menos cuarto. Había un grupo de gente con la que nos sentábamos, otras chicas de segundo que también aparecían temprano. Eran el tipo de chicas inadaptadas, y yo empezaba a veces a participar activamente en las conversaciones en vez de simplemente esperar hasta que alguien requiriera una respuesta. Pero aun así, se trataba de Aspeth.

—A las seis está bien —dije.


Golpeé en su puerta tres minutos pasadas las seis, habiendo llegado cinco minutos antes, esperé hasta las seis exactas, luego decidí que aparecer a las seis exactas era peor que llegar un poco antes, y esperé unos minutos. Desde la parte de afuera de la puerta, pude oír una música machacosa, y tuve que golpear repetidamente antes que Aspeth contestara. Llevaba una camiseta, un cardigan con pequeños botones en forma de perlas, y ropa interior, sin pantalones. Su largo pelo rubio estaba húmedo, con surcos y tomado hacia atrás. Me hizo un gesto entre broma y disculpa, luego se precipitó a un rincón a bajar el volumen del estéreo dejándome una visión íntegra de sus piernas doradas: muslos flacos y suaves, y las paletas gemelas de su trasero encapsuladas en una bombacha de algodón blanco, algo que momentáneamente me sorprendió pero luego comprendí: la elección era a la vez clásica y sexy. Lo que sonaba en el estéreo eran los Rolling Stones, y me pasó por la cabeza que Aspeth era el tipo de chica a la que estaban dedicadas las canciones de rock. ¿Cómo Dede soportaba estar alrededor de ella? Incluso en el cuarto, encontrándonos las dos solas, yo me sentía como su dama de compañía.

Después de bajarle el volumen al estéreo, Aspeth dijo:

—Dame un par de segundos. Pensé que mis jeans estarían secos, pero me parece que no lo están —toqueteó en varias partes un par de jeans que colgaban de una silla—. Por lo cual tendré que usar los otros. —Sacó un segundo par de jeans desde un canasto de lavado, saltó en ellos y los tironeó para acomodárselos, abotonándolos sobre su estómago plano. Mientras lo hacía, sentí cuán insignificante era yo; yo era alguien frente a quien ella podía andar en ropa interior y revolver visiblemente ropa sucia, y no era porque tuviéramos confianza o fuéramos amigas íntimas, era porque a ella no le importaba lo que yo pensara. Mientras yo ensayaba mentalmente frases para decir —del tipo "¿te has fijado el frío que hace?"— y las rechazaba por forzadas o aburridas, o por ser el tipo de frases que un chico enamorado de ella le diría para tratar de entablar un diálogo.

Miré alrededor. A pesar de que Aspeth y yo habíamos estado en la misma residencia el año anterior, yo nunca había entrado en su cuarto. La compañera de cuarto de Aspeth ese año era una chica de Biloxi llamada Horton Kinelly —Dede había deseado de corazón ser la compañera de cuarto de Aspeth en segundo año y hasta llegó a pensar que lo sería; pero no creo que alguien más haya compartido ese anhelo— y en las dos camas sin hacer habían cubrecamas floreados (que me hicieron pensar en Little Washington). Luces de navidad blancas, permanentemente encendidas, estaban adheridas en lo alto de las paredes, y en la pared norte habían colgado un enorme tapiz verde y naranja. Sobre uno de los escritorios había varias postales con mapas del Tíbet, y sobre los otros había un banderín de fieltro que decía "Ole Miss" en letras blancas. En el tercer y cuarto muro había varios pósteres con fotografías en blanco y negro —uno de John Coltrane, otro con un delgado y descamisado Jim Morrison (muchas chicas tenían pósteres de naturalezas muertas del Museo de Bellas Artes de Boston)— así como los collages de fotos engrapadas que había en los cuartos de todas las chicas de Ault: fotos en donde aparecías con tus amigas con gorritos de lana, esquiando o en trajes de baño en la playa; con tus amigas en ropa formal, antes de la cena, antes de un baile; con el uniforme deportivo de Ault, todas abrazándose luego de haber ganado un partido. Había computadoras en ambos escritorios, y dos estéreos, y en la superficie de los escritorios había cuadernos y libros de texto, catálogos y una colección de elementos de baño caros y baratos: un envase de plástico alargado con loción para manos, talco, lápices de labios de envase dorado, enjuague bucal, un frasco de Chanel (jamás había visto un frasco de Chanel en vivo), una caja con curitas genéricas, y en el piso frente a la puerta había una chaqueta de marinero con forro se satén que Aspeth pisó mientras salíamos del cuarto. También dejó encendidas las luces, las de Navidad y las otras, además del estéreo. Cuando la seguía a través del pasillo —antes del corte de pelo, teníamos que recoger a alguien, pero, o yo no sabía de quién se trataba, o ella no lo había mencionado— me sentí sobreestimulada y vagamente irritada. El cuarto que yo compartía con Martha parecía tan tranquilo y llano, nuestras vidas parecían tan tranquilas y llanas, ¿Aspeth había nacido *cool* —me preguntaba— o alguien, como una hermana mayor o una prima le había enseñado a serlo?

—¿A quién vamos a recoger? —pregunté. Aspeth caminaba con rapidez y yo iba dos pasos tras ella.

Dijo algo, pero creí haberla oído mal, entonces dije:

—¿Quién?

Ella se volvió:

—¿Qué? ¿Acaso no te agrada?

—No —dije—. Sólo que no… ¿dijiste Cross? ¿Cross Sugarman?

Ella sonrió.

—¿El único Cross Sugarman? ¿El famoso Cross Sugarman? ¿Por qué lo preguntas? ¿Acaso estás enamorada de él?

—No —dije. Pero recordé que mientras más vehemente me mostrara, más obvio sería que estaba mintiendo. —Casi no lo conozco —agregué.

—Le conté que me iba a cortar el pelo, y dijo: "tengo que ver eso". Entonces le dije que pasaríamos por su residencia a buscarlo.


En los últimos dos meses yo había estado en la sala de estar de casi todas las residencias de chicos. Muchas de ellas olían raro y había cajas de pizza desparramadas por todos lados, y mientras más chicas hubiera, más desagradables se volvían los chicos; desplomados sobre los sillones con las manos en los bolsillos, hablaban y se reían acerca de un tema que probablemente fuera sexo, y me miraban con la esperanza de que yo no entendiera sus observaciones en código, para ver si estaba o no ofendida. O si no, jugaban a algo, lanzando una pelota de básquet que pasaba cerca de mi cabeza y yo tenía que hacerme a un lado tambaleando, a medio cortar el pelo de alguien, o quizás el juego era aún más rebuscado, quizás estaban pateando una caja de pizza y evitando que tocara el suelo mientras se llenaba de agujeros. El televisor siempre estaba encendido en algún programa estridente o realmente aburrido, o ambas cosas, como en el caso del domingo en el que le corté el pelo a Martin Weiher mientras él miraba un show de camionetas con neumáticos gigantes. Siempre antes de aparecer en alguna residencia de chicos, me aseguraba de lucir hermosa (a veces le pedía prestado a Martha un poco de perfume), pero una vez ahí me sentía completamente irrelevante, o incluso peor, como una intrusa. A las chicas siempre les gustaba cuando los chicos estaban cerca, pero a mí con frecuencia me parecía que los chicos preferían estar solos, hablando de manera ávida, yo sospechaba que de esa manera se sentían mejor que con la presencia real de una chica. Aun así, extrañamente, en esos estridentes, agrios e inhóspitos refugios de mis pares masculinos, aunque me sintiera fuera de lugar, nunca pensaba salir; a veces extendía el tiempo de un corte emparejando artificialmente algunos mechones (una vez que terminaba un corte, era inconcebible que permaneciera ahí a pasar el rato, lo que podría haber estado bien para otras chicas, pero yo necesitaba un motivo). Quería permanecer, pienso, porque ese comportamiento de los chicos, su brusquedad, el placer que sentían en actos físicos como luchar o eructar, el desorden y la estridencia: todo eso parecía preferible, más genuino y vital que la manera en que actuaban las chicas. Al menos, parecía preferible a la manera en que yo me comportaba: tratando de lucir hermosa, tratando de parecer inteligente, cuando en realidad, ¿no estaba llena de instintos repugnantes como los chicos?

Dentro de la sala de estar de la residencia de Cross, un grupo de chicos estaba sentado en los sillones comiendo hamburguesas y papas fritas y bebiendo de enormes vasos de papel: alguno debe de haber convencido a un profesor para que lo llevara a McDonald's e hizo el pedido para toda la residencia. Permanecí en el umbral, esperando que alguien se fijara en mí y me ofreciera ayuda. Cuando entré con Aspeth, Mike Duane, un chico de cuarto que jugaba al fútbol norteamericano, se puso inmediatamente de pie y caminó hacia nosotras.

—¿Cuál es la contraseña? —preguntó, y atrajo a Aspeth hacia él con un abrazo de oso. Yo nunca, literalmente nunca, había sido abrazada por ningún chico de Ault.

—Dile a Sug que traiga su trasero aquí —dijo Aspeth.

—Iré a buscarla —dijo otro chico abriéndose paso a través del pasillo.

—Dios, Aspeth, ¿por qué siempre vienes aquí buscando a Sug? —dijo Mike—. ¿Por qué no vienes a preguntar por mí?

Aspeth se rió:

—¿Te sientes solo?

—Solo, sin una chica sexy como tú. —Todavía tenía el brazo alrededor de los hombros de Aspeth, y empezó a sobarle la espalda. No me habría gustado que Mike Duane me hubiera tocado de esa manera. Con su fuerza de gigante y su piel cobriza y su barba pinchuda, había algo potencialmente aterrador en él.

—Tendrías que haber estado aquí —comenzó Mike, y luego oí a Cross decir:

—Hola, Aspeth —asintió en mi dirección—. Lee. —Mi corazón latía con furia.

—Terminemos esto de una vez —dijo Aspeth—. Estoy famélica.

Yo de hecho, lo estaba: el olor de la comida llenaba la sala de estar, y lo que yo habría hecho en vez de cortar el pelo de Aspeth habría sido tomar un paquete de papas fritas, correr por ahí y comérmelas sola en alguna parte. Sólo que Cross acababa de aparecer, y yo prefería la presencia de Cross más que cualquier otra cosa.

—Lee, ¿dónde iremos? —preguntó Aspeth.

—Bueno, donde sea. —La que contestó no era yo en mi rol de peluquera, sino yo con mi personalidad de todos los días, inestable e insegura.— Podríamos incluso quedarnos aquí.

—Hiede aquí —dijo Cross—. Vamos al subsuelo.

Mike Duane le robó otro abrazo a Aspeth, y luego ambas seguimos a Cross desde la sala de estar. En el subsuelo, ingresamos en una amplia sala con piso de concreto, tubos fluorescentes y estrechas ventanas horizontales cercanas al techo, la sala estaba vacía excepto por una máquina de gaseosas que zumbaba, dos lavadoras y una máquina de secar.

—Acabo de darme cuenta —dijo Cross— de que probablemente necesitarás una silla, ¿no?

Se volvió y desapareció por la escalera.

También necesitábamos una toalla para poner alrededor del cuello de Aspeth, y diarios para el suelo, pero él ya se había ido.

Aspeth bostezó.

—Estoy extenuada. Estuve despierta hasta las tres de la mañana anoche.

—Vaya —dije. Pero Cross requería la mayor cantidad de mi atención y ansiedad, y no me quedaba nada para Aspeth. Durante ese lapso, antes de que él volviera con la silla, lo único que me importaba era su ausencia.

—Y la noche anterior me quedé despierta hasta las dos.

Me preguntaba cuán lejos llegaría en su bitácora de sueño cuando

Cross reapareció. Traía una silla de escritorio con patas metálicas, la traía tomada por el respaldo con las patas hacia arriba y el asiento en sus hombros. Parecía una manera tierna, infantil y especial de llevar una silla. La puso enfrente de la máquina de gaseosas, y Aspeth se sentó.

—Te vas a llenar de pelo —dije—. Será mejor que te saques el suéter.

Hizo lo que le dije (de manera que incluso con Aspeth yo gozaba de esa peculiar autoridad), y le pasó el suéter a Cross.

—Qué lindo —dijo en un tono alto y femenino, y enlazó los brazos del suéter en sus hombros. Ese gesto me horrorizó.

—Definitivamente el rojo te sienta —dijo Aspeth.

—Gracias, muñeca —dijo en la misma voz que acababa de utilizar.

Sentí un urgente deseo de que se sacara el suéter y que parara de hablar de esa manera. Su comportamiento no era gracioso, y el tipo de gracia que intentaba hacer era hasta incluso vulgar Además, yo sabía que Cross no actuaría de esa manera frente a mí, que esa performance iba a dirigida a Aspeth. Previamente había tenido la secreta esperanza de que estuviera observando el corte de pelo no por ella sino por mí. Era menos difícil de lo que debería haber sido creer que Cross sentía por mí lo mismo que yo sentía por él. No siempre creía eso, pero había ocasiones en que me parecía posible. Por ejemplo, cuando entre clases, casi chocábamos en la escalera, y entonces permanecíamos por unos segundos en el descanso, cara a cara, sin movernos, antes de continuar en direcciones opuestas. Si las cosas fueran normales, ¿él no habría dicho algo como "hola"? ¿y no podía tomar yo como una señal de que sentía algo por mí el que no hubiera dicho nada?

—Quiero mantener el mismo largo pero más corto —dijo Aspeth.

Cross se rió: una risa masculina, normal, gracias a Dios.

—¿Cómo podría estar más corto y del mismo largo a la vez?

—He ahí la paradoja —dijo Aspeth.

Eso era algo que en Ault se decía mucho, un tipo de muletilla que ya estaban usando cuando yo había llegado el año anterior. La primera vez que oí que uno de mis compañeros, Tom Lawsey, la usaba, había algo embarazoso en lo autoconsciente del uso, o de artificiosa novedad, como si se hubiese hecho una cirugía de nariz y fingiera que no se la había hecho. Pero la expresión era tan común que incluso dejé de notarla, y una vez —no en Ault sino en casa, en el verano, cuando mi madre me preguntó cómo pensaba terminar la masa para las galletitas de chocolate si no tenía huevos— incluso me oí a mi misma decirla (por supuesto, aquello no era una paradoja en absoluto; iba a solucionarlo caminando dos casas para pedirlos prestados a los Orshmidts).

Otra palabra que se hizo popular por un tiempo, fue la palabra "pátina". Había ganado popularidad en la clase de historia antigua, desde donde se desplazó de ser un término que aludía a la película verde que se formaba en el bronce o el cobre para señalar que algo era vagamente sucio: moviendo las cejas o humedeciéndose los labios los chicos decían (no a mí, por cierto, sino a otras chicas): "tienes una hermosa pátina". Pero la palabra pátina últimamente había perdido el poder de permanencia de "he ahí la paradoja".

Le aclaré a Cross:

—Lo que Aspeth quiere decir es que quiere que todos los mechones tengan la misma medida entre ellos, pero que el conjunto de todos sea más corto.

Cross me miró sin expresión. Probablemente lo había entendido desde un primer momento.

—Exacto —dijo Aspeth—. ¿Ves, Sug?, Lee lo comprendió.

De la bolsa plástica que había estado cargando desde que había dejado mi cuarto media hora atrás, saqué un par de tijeras y un cepillo (no mi cepillo, un poco después de cortar el pelo a Tullis, compré uno para uso general, que nunca limpié, y tampoco nunca alguien me preguntó si yo lo limpiaba). Permanecía tras Aspeth y cepillé su pelo aún húmedo. Su champú olía tanto a nueces como a flores, y pude ver nuevamente por qué a los chicos les gustaban las chicas como ésa.

—¿Cuántos centímetros?

—Creo que diez o doce.

—¿Estás segura? —Normalmente me gustaba cortar tanto como fuera posible, me gustaban los cambios drásticos. Pero Aspeth tenía un cabello tan maravilloso que era como estar causándole un daño a la totalidad de la comunidad de Ault.

—Empecemos con unos siete centímetros y luego vemos si te gusta.

—Pero cuando está largo, se enreda más. Quizá debas afeitarme la cabeza.

—Quedarías bien con la cabeza afeitada —dijo Cross.

Ésa era más la manera en que yo lo recordaba, su capacidad de flirtear hablando de una manera completamente llana. De hecho, el flirt residía en la discrepancia entre su tomo calmo y sincero y la naturaleza improbable de lo que estaba diciendo.

—Bien —dijo Aspeth—. Córtalo todo. Déjame calva.

Tomé y corté un rizo, luego examiné el cuarto y vi, tal como me lo esperaba, que no había ningún tacho de basura. Dejé que el pelo cayera al piso.

Cross se acercó y se paró cerca de mí.

—Mierda —dijo—. Cielos, vas a quedar pelada, Aspeth. —Yo había cortado incluso menos de seis centímetros, pero Cross quería bromear con ella. Estaba claro que no sentía nada por mí y que mi presencia no le provocaba nada en absoluto.

—Cállate —dijo Aspeth. Probablemente a ella también le gustaba él. La versión oficial, como me había dicho Dede el año anterior, era que Cross y Aspeth eran "buenos amigos" y, de hecho, en primer año habían salido con otras personas, pero esas relaciones habían terminado. Cross y Sophie Truler habían roto en octubre. Si Cross y Aspeth se gustaran mutuamente, yo pensaba, sólo tenían que salir juntos. Habría sido un acontecimiento sensacionalmente exento de sorpresa.

—No sé si estoy en lo cierto —dijo Cross—. Pero estás depositando una enorme confianza en Lee, y Lee ¿cuáles son tus credenciales?

Estaba inclinada, y volví la cabeza para mirarlo. La expresión en su rostro era festiva. No dije nada durante varios segundos, y sentí que él encontraba y absorbía mi expresión, su sonrisa desapareció, y sentí que nos entendíamos: "No soy nadie, no soy nada, sólo existo como una pared para que hagas rebotar tus bromas". Pero, ¿cómo podía estar segura? Quizás sólo pensó que yo no tenía nada para responderle.

—Lee ha cortado toneladas de pelo —dijo Aspeth—. Fue la que le cortó el pelo a Tullis.

—¿En serio?

Cross se había desplazado alrededor de manera que estaba frente a Aspeth nuevamente. Aspeth irguió la cabeza, quizás inconscientemente, para hacer contacto visual con él. Podría haberle presionado la cabeza hacia abajo, pero no lo hice. Le había cedido el territorio; de hecho, sentía un perverso deseo de contribuir a su unión. Casi no me importaba la manera en que Aspeth hacía como que éramos aliadas en contra de Cross, chicas contra chico.

—Y el corte de pelo de Tullis era fantástico —dijo—. He ahí la evidencia.

—¿He ahí la evidencia? Vaya, Aspeth, deberías considerar seriamente en ser abogada.

Había algo repugnante en verlo a Cross flirtear; me parecía algo demasiado íntimo, como verlo usar un escarbadientes.

—Abogada, gada, gada. —dijo Aspeth, y ambos se rieron.

Luego, ambos repitieron al unísono:

—Abogada, gada, gada.

Las cosas dichas al unísono, como los guiños, me daban escalofríos,

160

y tuve que luchar contra la imperiosa necesidad de fugarme del subsuelo. ¡Eran unos perdedores! Eran mucho más ineptos que yo. El truco, por supuesto, sería recordar eso en el momento de la pasada de lista, cuando los viera desde lejos con esa apariencia precisa e impenetrable.

—Aspeth —dije. Aún se reían, y traté de instalar un tema diferente. —¿Crees que la señorita Moray traiga puestas esas botas mañana?

—¿Así que tienen a la señorita Marinada también? —dijo Cross.

—Lee y la señorita Moray se odian —dijo Aspeth—. Han tenido batallas memorables.

¿Era cierto eso?

—¿Fuiste parte del asunto del proxeneta? —preguntó Cross.

—No, pero han tenido otros encontrones —contestó Aspeth.

—Lee, nunca pensé que fueras tan... —Cross hizo una pausa, e hicimos contacto visual, y pensé que, dependiendo en lo que dijera luego, eso podría entenderse como un flash del otro Cross, del que yo creía gustar— ... malhumorada —dijo. No había sido un flash.

—No lo soy. —Probablemente soné malhumorada, pero no me importó.

—Marinada nunca fue de primera selección, ¿no? —dijo Cross.

—Cállate —dijo Aspeth.

—Pensé que todos lo sabían.

—¿Te vas a callar de una vez?

Luego Aspeth pareció reconsiderar algo, que al parecer era yo, porque dijo:

—Okay, Lee, no le puedes contar esto a nadie, pero la señorita Moray fue una contratación de último minuto en esta escuela. Creo que habían contratado a otra mujer para que fuera la profesora de inglés, una que era superinteligente, había ido a Yale, era negra y todo, de manera que ya se habían hecho la idea de recibirla, y luego, en el último minuto, en agosto, a su novio, que vive en Londres, le dio cáncer testicular y ella se fue para estar con él. Estaban totalmente desesperados por encontrar un reemplazo, y es aquí donde aparece la señorita Moray, quien, gran coincidencia, quiere enseñar pero no tiene nada agendado para el otoño. Entonces la contratan, y dos días después sale de Dakota camino a Ault en su propio auto.

Ninguno de nosotros dijo nada —no dejé de cortarle el pelo a Aspeth— y luego Cross dijo:

—¿Cáncer en las bolas? Uhh.

—¿Cómo lo sabes? —le pregunté a Aspeth.

—Renny me lo contó. —Renny Osgood era el profesor de artes manuales, un tipo de unos treinta años que se había graduado en Ault y había permanecido aquí sin continuar sus estudios. Su atractivo era comentado con regularidad en el periódico estudiantil, y se rumoreaba que había tenido un romance con una chica de cuarto hacía algunos años, a pesar de que nadie sabía el nombre de ella; en todo caso él tenía "amistades" con ciertas alumnas, y Aspeth era una de ellas. —Ella está fuera de lugar aquí —dijo Aspeth—. No sólo como profesora sino también como entrenadora: Es una buena atleta pero no tiene experiencia en hockey sobre césped. Ni siquiera sabe el nombre de las jugadas.

Por cierto, la señorita Moray no tenía experiencia en hockey sobre césped: casi nadie jugaba a eso en el Medio Oeste. Me la imaginé luego de saber de su contratación en Ault. Empacaba sus pertenencias de prisa para dirigirse hacia el Este. Me la imaginé conduciendo sola, cambiando las estaciones de radio cuando se oían mal a causa de la estática, pernoctando en un motel en el cual ella permanecía en la puerta y miraba un infinito campo de porotos de soja interrumpido sólo por un cartel publicitario pro vida, o una torre de agua. Desde Iowa (y no desde Dakota del Sur) ella probablemente había tomado la carretera 1-80 hacia Cleveland, luego la 90, que era la ruta que mi padre y yo habíamos tomado cuando el me trajo a Ault para comenzar primer año.

—Tuvo suerte —dijo Aspeth—. Ella es una mierda de profesora pero Ault estaba en apuros.

Pero ella no había sido una mierda de profesora antes. Ése era su primer trabajo. ¿Y quién era Aspeth para decidir que ella era una mierda? Ella todavía carecía de experiencia. Casi nunca quise quedarme fuera cuando de chismes se trataba, pero me llamó la atención el hecho de no querer saber que la señorita Moray había sido la segunda opción en Ault.

Aspeth se puso de pie y se pasó los dedos por el pelo, una mano a cada lado de su cabeza. Yo estaba ligeramente desilusionada de darme cuenta de cuán prolija había sido: a pesar de que había pelos en el piso bajo la silla, casi ninguno había caído en la blusa en Aspeth. Ella miró a Cross:

—¿Cómo estoy?

—Fea —dijo él.

Aspeth le sacó la lengua, y ni siquiera así parecía ni remotamente fea. Miró su reloj

—Mierda —dijo—. Quedan sólo quince minutos para cenar.

Subió las escaleras y Cross la siguió. No pude determinar si yo tenía que seguirlos también. Además estaba el asunto de barrer el pelo.

—Eh, Aspeth —dije.

—¿Qué? —dijo ella sin darse vuelta.

—Hay un montón de pelo en el piso.

Ella miró por sobre el hombro.

—No hay tanto.

Había tanto como para hacer una peluca.

—Chicos, ¿podrían al menos poner las sillas en su lugar? —dije.

—Claro —contestó Cross, caminó de vuelta y cargó una silla; pero la manera en que lo hizo esta vez no tuvo gracia.

—Un millón de gracias, Lee —dijo Aspeth, y ambos desaparecieron.

Miré primero el pelo en el piso y luego miré las escaleras. Aun si se tratara del pelo de Aspeth era grosero dejarlo ahí. Al final, fui a la sala de estar, pedí prestada una escoba y una pala, lo barrí y lo tiré a la basura. Mientras lo hacía tuve la fantasía de guardarlo y arrojarlo en la cama de Aspeth, pero seguramente eso me habría costado una sanción disciplinaria y en último caso era algo demasiado "Audrey Flaherty". Martha tenía razón, pensé mientras caminaba de vuelta a mi residencia. Y ya estaba, era la última vez que le cortaba el pelo a alguien.

La tarea acerca de *Canto a mí mismo*, era escribir sobre que realmente nos importara, y en los días previos a la tarea no se me ocurrió nada.

—La pena de muerte —sugirió Martha cuando nos dirigíamos a la cena formal.

— ¿Yo estaría a favor o en contra?

—¡Lee!

—Supongo que en contra.

—Estarías en contra porque discrimina a las minorías y a la gente pobre. La mayoría de las personas que reciben la pena de muerte son hombres negros sin educación. Además mucha de la gente condenada resultó ser inocente. —Martha sabía ese tipo de cosas porque su padre era abogado, pero también porque ella era una persona más seria e informada que yo. La información que flotaba en mi cabeza tenía que ver, por ejemplo, con el nombre de la mascota (Petunia) del famoso actor Shih Tzu, o el hecho de que alguna modelo fuera sido llevada a rehabilitación por anorexia, con los rumores adicionales de haber estado aspirando cocaína.

—La pena de muerte es un gran tema —dije—, pero quizá no sea para mí.

—Puedes desarrollar el tema de la asistencia social o el aborto.

—Dede escribirá sobre el aborto.

—Bueno, entonces el tema del pulido de las uñas. ¿Estás a favor o en contra?

—Perfecto —dije—. Eres brillante.

Permanecimos en silencio mientras cruzábamos la capilla. Estaba menos sola, las cosas eran mejor para mí ahora que compartía el cuarto con Martha.

—Oye —dije—. ¿Qué tal si hago algo relativo al rezo en la escuela? Podría comparar las escuelas públicas con las privadas y decir algo como que está bien que se rece aquí porque fue una elección venir aquí. Pero no es justo en la escuela pública porque, ¿qué pasa si eres judío o budista?

—Eso suena bien —dijo Martha—. Suena lo suficientemente bien aunque no completamente, ya que no es algo que te apasione de verdad.

Cuando entregamos los trabajos, para mi alivio, la señorita Moray no hizo leer en voz alta. Tenían que tener como mínimo ochocientas palabras, pero incluso contando mi nombre, la fecha, las palabras "segundo año. Inglés. Señorita Moray" y el título, mis palabras llegaban a ochocientas dos. Supuse que ella no nos hizo leer porque habría tomado demasiado tiempo pero cuando devolvió los trabajos a la semana siguiente resultó que sí quería que los leyéramos.

—Quiero que sepan lo que hay en la mente de sus compañeros —dijo—. Norie ¿por qué no comienzas?

Al parecer se había olvidado de devolverme mi trabajo y levanté la mano, pero no me llamó, entonces la bajé. No iba a interrumpir, sería mejor esperar a que fuera mi turno. El trabajo de Chris era acerca de la importancia de los deportes en la escuela; el de Aspeth, acerca de cómo los viajes expanden tu horizonte; el de Dede era acerca de cómo ella se había convertido en una partidaria de la elección libre sobre el aborto. (Desde que Dede me había pasado el papel para poner puntajes, yo me había sentado a propósito lejos de ella, pero había observado para ver si ella y Aspeth lo seguían haciendo. Y lo seguían haciendo a diario. Estaba demasiado lejos para leer lo que ellas escribían en el papel, pero el día que la señorita Moray llegó con una falda escocesa y con un prendedor de tamaño exagerado, me di cuenta de que la habían basureado: Un kilt era otra idea de un internado que sólo una persona ajena a éste podía tener.) El ensayo de Jenny era acerca de la manera en que su mejor amiga de segundo grado había fallecido debido a la leucemia, y aunque no parecía que ella lo sintiera de verdad, era tan triste que pensé que ella se merecía una A de todos modos.

Estaba al lado de Jenny y cuando ella terminó de leer la señorita Moray dijo:

—Jeff, es tu turno.

—¿Señorita Moray? —dije.

—Tú no lees —dijo, y sabes exactamente por qué.

Su rostro estaba ruborizado, podía sentir cómo los otros estudiantes me observaban y me volví hacia Jeff como dándole mi aprobación para que comenzara, como si yo supiera, en realidad, lo que estaba pasando. Pero no tenía idea, lo único que podía imaginarme era que eso se relacionaba de alguna manera a mi rechazo a leer en la segunda semana de clases. Cuando sonó el timbre, la señorita Moray dijo:

—Seguiremos mañana. Darden y Martin recuerden traer sus trabajos de vuelta a clase. Lee, necesito hablar contigo, quédate en clase, y el resto de ustedes está libre.

Una vez que todos se hubieron ido, ella tomó algo —mi trabajo— de debajo del libro de notas y lo empujó por la mesa en dirección a mí. Lo deslizó hasta la mitad de la mesa y lo detuvo, por lo que el trabajo quedó aun fuera de mi alcance. Le di una mirada a la señorita Moray antes de apoyarme para tomarlo y algo en su expresión hizo que me congelara.

—Podría hacerte repetir el trimestre si quisiera —dijo—. Tu falta de respeto hacia mí como profesora y hacia esta clase me consterna, Lee. No sé si hay algo que podamos hacer al respecto.

Esperé para ver si había más, y cuando ya parecía que definitivamente eso era todo, dije rápidamente:

—Disculpe, pero no estoy segura de entender de qué está hablando.

Alzó sus cejas incrédula, pero le sostuve la mirada. Yo creía que mientras más le sostuviera la mirada, más probable era persuadirla de mi ignorancia. Ella fue la que apartó la mirada primero, y cuando lo hizo tomé el trabajo. El título que yo había escogido, que ahora lucía con una F dentro de un círculo, era: "Rezar no es una buena idea en las escuelas públicas". Contiguo al título, yo había colocado un asterisco, que llevaba hacia un pie de página con la siguiente nota: "Éste no es un tema que realmente me importe, pero creo que cumple con los requisitos de la tarea". Esa observación había sido tachada con una jungla de rayas rojas, que intenté leer a pesar de comprender sólo algunas palabras: "Entonces ¿¡por qué te molestate en escribirla!? No comprendes... tu falta de sinceridad y tu completa falta de respeto por... porque este trabajo, cuyo único propósito es..."

Alcé la vista

—No quise decir que no me interesara en absoluto, sólo dije que no me interesaba demasiado.

—Lo que dices no tiene sentido.

—Estoy diciendo la verdad.

—Entonces ¿por qué no escogiste otro tema?

—No se me ocurrió ninguno.

—¿No hay nada que te interese de verdad? Estás aquí, en esta escuela increíble, con todos los privilegios del mundo y nada te importa ¿Qué piensas hacer de ti misma? —Esperó y me di cuenta de que era una pregunta que yo tenía que contestar.

—¿Se refiere a un trabajo, quizás...? —se me ocurrió decirle que quería ser profesora pero eso sonaría sospechoso—. ¿Quizás abogada? —dije.

Hizo un brusco y breve sonido de burla.

—Los abogados defienden causas. Creen en algo. Al menos los buenos. —Volvió a cruzar los brazos. —No sé qué hacer contigo, Lee. No te comprendo, eres un cero a la izquierda ¿Ganas algo con venir a esta clase?

—Por supuesto.

—¿Por supuesto, qué?

—No estoy segura de lo que me está preguntando específicamente.

—Te estoy preguntando si ganas algo con venir a esta clase.

Ninguna de las dos dijo nada, y mientras el silencio crecía sentí que su última frase se alejaba cada vez más. Quizá podría cambiar completamente de tema, podría decir: "y ésa es la razón por la cual los loros son buenas mascotas" o: "ésa es la razón por la cual siempre quise visitar Nueva México". La conversación que sosteníamos me pareció ridícula, arbitraria. Discutir con la señorita Moray era inútil y anodino.

Pero no pude decir esas cosas, habría resultado extraño. Ella habría pensado que algo andaba mal conmigo, más de lo que ya pensaba.

—Me gusta leer —dije—. Creo que es interesante.

—¿Cuál ha sido tu libro favorito últimamente? —Casi no me dejaba terminar las frases, apenas yo empezaba a hablar ella ya estaba ladrando otra pregunta.

—Me gusta, mmm, *Canto a mí mismo*.

—¿Qué te gusta del libro?

—Yo... —hice involuntariamente el sonido de tragar saliva, no era que estuviera a punto de llorar, pero sonó como eso, lo que hizo suavizarse de inmediato la expresión de la señorita Moray— no sé ... —dije— las palabras.

—A mí también me gusta Whitman, es por eso que lo doy.

Me miraba fijo, menos hostil que antes, pero de todos modos me mi-

166

raba fijo, y yo miraba hacia otra parte, hacia el pizarrón, las ventanas, la mesa. Cuando volví la mirada hacia ella, su mirada no había vacilado.

—Puedes ir por la vida sin comprometerte —dijo—, puedes ser una persona que siempre dice "no", que no tiene interés ni entusiasmo, que se siente demasiado *cool* para ser parte de algo. O puedes decir "sí". Puedes desarrollar intereses, tomar partido, llegar a la gente. Me doy cuenta de cómo no le hablas a tus compañeros antes y después de la clase. Los chicos quieren ser tus amigos. Dede y Aspeth quieren ser tus amigas, y en un punto, tengo la esperanza de que les des la oportunidad.

Sentí un tirón en la comisura de los labios. Reír en ese momento habría sido lo peor que se me podría haber ocurrido; la pondría nerviosa. Pero estaba tan drásticamente equivocada. Tenía una visión errónea de todo, pero, aunque absurda, su equivocación era también halagadora. A mí no me faltaban compromiso o interés, Aspeth, sin duda, no quería ser mi amiga, y yo era una de las personas menos *cool* que había: Lo único que hacía era observar con curiosidad a otros estudiantes y sentirme fascinada por su espontaneidad a la vez que horrorizada por el espacio infranqueable que había entre nosotros, por mi falta de soltura, por mi incapacidad de ser natural. ¿Y no interesarme lo suficiente en las cosas? Todo me interesaba, no sólo mis interacciones con los demás, sus posturas o sus inflexiones, sino también el mundo físico, el aroma del viento, las luces en el techo del aula de matemáticas, el volumen exacto de la radio si estaba encendida en el baño mientras me lavaba los dientes. Sentía interés por todo lo que en el mundo me gustaba o me desagradaba. El hecho de que no tuviera una opinión sobre, por ejemplo, las relaciones entre Estados Unidos y China, no significaba que las cosas no me interesaran. Y en cuanto a ser un cero a la izquierda, eso era algo más difícil de contestar porque no sabía lo que significaba. Pero lo buscaría en el diccionario cuando regresara a la residencia.

—¿Me estás escuchando? —dijo la señorita Moray.

—Sí.

—Quiero decir ¿*entiendes* lo que te estoy diciendo?

—Lo sé. Sí…sí lo entiendo. —Ella esperaba más de mí. Esperaba que yo hablara tanto como ella. Pero yo no tenía nada que decir. Yo no era la que ella creía, salvo cuando estaba con ella y me transformaba en su invento. —¿Quiere que reescriba el ensayo? —pregunté.

—No se trata del ensayo. Sí, el ensayo me enfadó mucho, pero aquí, aunque suene dramático, se trata de tu vida. De que hagas algo de tu vida. Quiero que recuerdes esta conversación.

167

¿Por qué me había elegido a mí?, me pregunté. ¿Qué cosa en mi forma de actuar la había provocado?

—Quiero que hoy sea el día en que decidas decir que sí. —Golpeó la palma de su mano contra la mesa. Era un golpe de entusiasmo, su furia había desaparecido, y eso me hizo pensar en Aspeth; si Aspeth hubiera presenciado esta escena, ése sería el gesto que luego habría imitado, el fervor del gesto. Aunque no conociera la razón, estaba contenta de que la señorita Moray me hubiera elegido a mí para comportarse de manera extraña porque yo sólo se lo contaría a Martha, no lo desparramaría por toda la escuela. —¿Será éste el día? —preguntó.

Tragué saliva.

—OK.

—No suenas convencida.

Lo que tenía que decir era: "¡Sí!", gritarlo eso era lo que ella esperaba de mí, pero no lo hice. Y mi intención no era ponerla de mal humor, pero tampoco estaba dispuesta a mentir. ¿Ella realmente pensaba que habría alguna diferencia si lo gritara con entusiasmo? ¿No tenía ya la suficiente edad para darse cuenta de que una persona no cambia sus opiniones en un lapso de diez minutos? En un primer momento, sus comentarios habían reflejado un malentendido sobre mi persona, pero habían tenido, aun en su inexactitud, una relación con mi vida. Esta parte de su show no tenía nada que ver conmigo. Ella hablaba como un entrenador de fútbol norteamericano o un pastor dándole fuerza a la gente para seguir adelante. Esta comparación ya se me había cruzado antes por la cabeza, pero nunca, como ahora, ese pensamiento había estado acompañado de la tristeza que sentía ahora. Cuando miré su cara agitada y expectante, pensé: "No eres muy hábil".

Esa noche, ella golpeó la puerta de nuestro cuarto. Martha estaba en la biblioteca y yo comía unas galletitas integrales y leía la revista *Glamour*. No esperó a que yo abriera, y entró. Verla parada en el umbral de la puerta fue a la vez sorprendente y perfectamente natural: Desde que había dejado su clase, mi cabeza había estado bastante ocupada rememorando trozos de nuestra conversación y su presencia me pareció como la manifestación física de lo que había estado imaginando.

—No interrumpo, ¿verdad?

—No —dije luego de dejar de masticar.

—Te diré lo que quiero. —Pude sentir la energía que salía de su cuerpo (había tenido una idea, había decidido algo, había caminado viva-

168

mente a través del aire frío del campus) y cómo ésta contrastaba con mi inercia, mi mala postura, las migas sobre mi camisa. Me enderecé.

—Quiero que me cortes el pelo —dijo—. Te daré puntos por eso. Y así es como puedes levantar la nota del ensayo. La nota que te dé por el corte de pelo reemplazará a la F del ensayo.

La miré, y súbitamente sentí un enorme cansancio.

—¿Qué te parece el trato? —dijo.

—Eh... está bien. —Obviamente, iba a dar un paso atrás con mi decisión de no seguir cortando el pelo. Ella era mi profesora, y no tenía opción, pero aunque hubiera sido otra persona, otro estudiante, tampoco hubiera dicho que no, y no lo hice durante los meses siguientes. Por un tiempo seguí diciendo que sí, y luego agregaba: "¿Qué te parece si lo hacemos dentro de unos días?", y después no volvía a tocar el tema, y un par de veces dije: "¿Sabes? Tu pelo parece un poco complicado, y no querría hacerte algo mal". Aun así, seguí cortando hasta avanzado tercer año.

—¿Quiere que lo haga ahora? —dije con voz dubitativa.

—Sería estupendo. Traje las herramientas. —Abrió su bolso, sacó un cepillo y un par de tijeras (de todas las personas a las que les corté el pelo, ella fue la única que trajo las suyas) y las sostuvo en alto. —Supongo que éstas servirán. ¿Vamos al baño?

No se me habría ocurrido, pero la sugerencia me alivió; tenerla en mi cuarto me hacía sentir incómoda.

Llevé una silla hasta el baño y la puse entre los compartimentos y las hileras de piletas. La señorita Moray se sentó y me paré detrás de ella con una toalla de Martha en la mano. Habría sido raro ponérsela yo misma y tener que tocarle el hombro o el cuello.

—Tenga —dije—. Así su ropa no se llena de cabellos.

—Ah —dijo—. Muy atenta. Excelente servicio, señorita Fiora ¿Debo humedecerme el cabello?

—No es necesario. —Parada detrás de ella, me dije que su cabello era sólo cabello, que podía simplemente hacer de cuenta de que ella era otra persona.

Dobló el cuello hacia adelante. Vi que tenía un lunar, una pequeña verruga oscura justo donde termina el cabello, y sentí un poco de asco. Pude sentir el olor de su cabello, un olor claramente humano, no como el perfume del champú de Aspeth. En la parte superior de la cabeza, había partes más oscuras que estaban grasosas. O bien no se lo había lavado recientemente, o bien se le engrasaba con facilidad. Lo más probable, para ser justa, es que se tratara de la última posibilidad porque la piel de su rostro también era grasa. Comencé a cepillar, tenía el pelo grueso, más grueso de lo que parecía, lo que significaba que me iba a llevar más tiempo cortarlo. Pero lo haría con cuidado, no me apuraría. La situación requería cuidado: El hecho de que yo fuera capaz de hacerlo bien, hacía que hacerlo bien fuera una obligación.

No hablamos. Creo que ella quería hacerlo, pero no le di la oportunidad y a medida que los minutos pasaban pude sentir cómo se iba calmando, acostumbrándose a su propio silencio. Corté la parte de atrás, el lado derecho, el izquierdo, y luego el frente. Volví a cepillarlo y me aseguré de que no hubiera sectores desparejos. Eran las nueve y cuarenta y cinco, luego las nueve y cincuenta, y comenzaron a oírse los pasos de las otras estudiantes regresando a la residencia antes de las diez. ¿En qué pensaba la señorita Moray mientras yo le cortaba el cabello? Tenía veintidós años —lo supe más adelante, en marzo, cuando trajo bombones para su cumpleaños número veintitrés— y su mente era una ciudad que yo todavía no podía imaginar.

Pero más adelante sí la pude imaginar. Era una mujer joven que se había mudado sola a otra parte del país, y seguramente estaba muy consciente de todos estos factores: su juventud, su condición de mujer, su soledad. Su felicidad, si es que era feliz debe de haber sido tenue. Ésta es la razón por la que ahora, si lo vuelvo a pensar, estoy segura de que debe de haber sido ella misma la que compró el prendedor del libro de plata. Haberlo hecho debe haber sido el acto de alguien realmente esforzado. Durante todas las ocasiones en que yo lo había observado prendido sobre sus camisas o sus suéteres de cuello alto mientras ella estaba sentada en la punta de la mesa o parada junto al pizarrón, nunca se me había ocurrido esa posibilidad. De haberla considerado, me habría parecido deprimente y patética (que ser alguien esforzado me pareciera tan triste demuestra lo joven que era yo en ese momento, como si el mundo no estuviera lleno de sufrimientos mucho peores que ése), y habría hecho surgir en mí una compasión verdadera y sólida, en lugar de la compasión intermitente que que sentía por ella.

Cuando el corte estuvo terminado, la señorita Moray volvió la cabeza hacia ambos lados frente al espejo y dijo:

—Es genial, Lee. Ahora comprendo por qué eres tan famosa. —Antes de que partiera, nos miramos por un momento en el pasillo y ella dijo: —En serio, no sé cómo agradecerte. —Pude darme cuenta de que ella estaba pensando en abrazarme y deseé que no lo hiciera.

No querría verla ahora, no querría pedirle perdón o agradecerle. No creo que ella haya influenciado mi vida de algún modo duradero como

170

se supone que los buenos profesores deben hacerlo. Pero algo de ella me resulta inolvidable: quizá su mezcla de capricho y sinceridad, quizás el misterio de cómo continuó su vida después de Ault (que yo sepa, nadie de Ault volvió a estar en contacto con ella luego de su partida), quizá sólo sus errores porque cometió tantos.

Por el corte de pelo, como ya sabía que sucedería, me puso una A.

# 5. Fin de semana de padres
OTOÑO DE TERCER AÑO

El comedor estaba silencioso y vacío como en un domingo por la mañana aunque eran poco más de las seis de un viernes por la tarde. En el sector donde nos sentábamos los de tercer año, sólo había una mesa ocupada, y tenía la mitad de los lugares libres. Apoyé mi bandeja entre Sin-Jun y Nick Chafee, un chico rubio y poco apuesto, nieto de los fundadores del Museo Chafee de Filadelfia y San Francisco. Del otro lado de la mesa estaban Rufina Sánchez y María Oldega, las dos únicas latinas de nuestra clase además de Conchita. Rufina y María eran compañeras de cuarto y estaban siempre juntas. El cabello de Rufina era oscuro y salvaje, tenía labios carnosos y cejas delgadas que se arqueaban sobre unos ojos enormes, y se vestía con jeans y camisetas ajustados. María era claramente mucho menos bonita, y aunque tenía algunos kilos de más, también usaba ropa ajustada. Había algo que siempre me había gustado de ella: no se mostraba reverencial ante Rufina, y cuando había otras personas involucradas en la conversación, hablaba con ellas con el mismo entusiasmo que con su mejor amiga.

Cuando me senté, le dije a Sin-Jun:

—¿No vienen tus padres este año?

Sacudió la cabeza.

—Demasiado lejos.

—Sobre todo si ya estuvieron antes aquí, ¿no? —dije. Cuando estábamos en primer año los padres de Sin-Jun vinieron desde Seúl, y me invitaron a cenar con ellos en el restaurante Red Barn Inn, al parecer, el único restaurante a medio camino entre Ault y Boston que estaba a la altura de la mayoría de los padres. El comedor de la escuela estaba lleno de familiares, y muchos de los padres parecían conocerse entre sí independientemente de sus hijos; se quedaban conversando en las mesas vecinas y se llamaban unos a otros en tono jocoso. Cuando el señor y la señora Kim se dirigieron a mí, el ruido de fondo me impidió concentrarme en lo que me estaban diciendo y cuando me preguntaron de dónde era y si me gustaba Ault, no sé si mis respuestas tuvieron alguna coherencia. La señora Kim tenía uno de sus dientes frontales más oscuro que

172

el resto y usaba lápiz labial de color rojo oscuro. Comió sólo una décima parte de lo que había en su plato y no pidió que le envolvieran el resto. El señor Kim estaba perdiendo el cabello, y olía a colonia y cigarrillo. Ambos eran de baja estatura y hablaban bien inglés, aunque con marcado acento. Como la mayoría de los padres en Ault, eran ricos —el padre de Sin-Jun era dueño de varias fábricas de zapatillas—, pero eran ricos coreanos, ricos extranjeros, y eso no era lo mismo que ser rico de Nueva Inglaterra o rico de Nueva York. La mayoría de los otros padres se parecían unos a otros. Los padres eran altos, delgados y canosos; sonreían con tristeza y usaban traje; las madres tenían el pelo rubio ceniza y usaban vinchas, aros de perla, pulseras doradas y chalecos negros con botones dorados, sobre largas faldas a cuadros, o —las que eran más flacas—, trajecitos de color beige o gris y pañuelos de seda en el cuello. (Por otro lado, las madres tenían nombres que hacían difícil imaginárselas trabajando en algo serio: Fifi, Tinkle y Yum.) Además de cenar en el mismo restaurante, todos los padres se hospedaban en el mismo hotel, un ostentoso Sheraton sobre la ruta interestatal 90. Allí también alquilaban habitaciones separadas para sus hijos, y se decía que todos los chicos que se quedaban ahí, que eran la mayor parte de los estudiantes de Ault, se emborrachaban y terminaban bañándose desnudos en la pileta cubierta, o besándose y tocándose en el vestíbulo junto a la máquina de hielo. Los Kims no me invitaron a quedarme en el Sheraton, pero, la verdad, no me hubiera gustado ir: Sin-Jun y yo seguramente nos habríamos metido en la cama y nos habríamos quedado escuchando a través de las paredes la forma en que los otros gritaban y se divertían. En segundo año, Martha me invitó al Red Barn Inn para cenar con sus padres, y fui, pero cuando volvió a invitarme este año no acepté, y sólo en el momento de decir que no, tomé conciencia de cuánto había odiado ese restaurante en los últimos años.

—Mi padre piensa venir, pero mi madre dice que avión cansa mucho —dijo Sin-Jun.

—Volar del este hacia el oeste, es más cansador —dijo Nick—. Cuando volví de Hong Kong, dormí como una semana.

Nadie agregó nada al comentario de Nick. Terminé de cortar mis spaghetti, dejé el cuchillo, y enrosqué los fideos en el tenedor.

—Lee —dijo María, yo levanté la vista. Tus padres tampoco han venido, ¿verdad?

—Llegarán mañana. —De inmediato me deprimió pensar que alguien pudiera preguntarme por qué llegaban tarde —después, de todo, el té de bienvenida había tenido lugar aquella tarde— y yo tuviera que decir que habían venido conduciendo desde South Bend en lugar de tomar un avión.("¿Desde Indiana?" podría preguntar alguien. "Son como doce horas, ¿no?", y yo tendría que revelar que en realidad eran dieciocho.)

—Trata de asegurarte de que vengan luego de que termine nuestro partido —dijo Rufina—. Eso es algo que ningún padre debería ver.

—Aunque éramos de tercero, Rufina, María y yo todavía jugábamos en el equipo de fútbol de las más chicas.

—¿Es la primera vez que tus padres visitan? —dijo Sin-Jun.

—Estuvieron acá cuando comencé la escuela en primer año —dije, aunque lo cierto era que sólo mi padre me había traído.

—Uf —dijo Nick—. ¡Estoy tan contento de que mis padres no vengan! Mi hermano va a Overfield, y el fin de semana de padres coincide con el de Ault.

—¿Lo quieren más a tu hermano que a ti? —dijo Rufina.

—La razón oficial es que él está en primer año, y ésta es la primera vez que lo visitan. Personalmente, no tengo ningún problema con eso. —Nick sonrió. —En serio.

Todos se rieron, y yo también —luego de un tiempo en Ault, había comprendido que no reaccionar a una situación del mismo modo en que lo hacían los demás, era considerado como algo agresivo y caprichoso—, pero las palabras de Nick me sorprendieron. ¿Acaso no se sentía culpable de estar hablando mal de personas tan cercanas a él frente a otras personas casi desconocidas? Un desprecio ocasional por tus padres era normal en comedias y películas —los hombres detestaban ir a casa de sus padres para Navidad, las mujeres discutían con sus madres sobre sus bodas—, pero esas escenas no tenían ninguna relación con mi propia experiencia. ¡Yo conocía a mis padres tan bien, eran tan reales para mí!: El sonido de su auto entrando en el garaje, el olor del enjuague bucal de mi madre, la salida de baño roja de mi madre, su marca de queso blanco, el modo en que mi padre podía deletrear el alfabeto mientras cargaba a mis dos hermanos por las escaleras. Si uno pensaba realmente en ellos, y no sólo en las palabras "mi mamá" y "mi papá", no podía hablar de sus padres con esa indolencia

—Lo que me gusta del fin de semana de padres —dijo María—, es que la comida es mucho mejor. No ésta —señaló su plato en el que unos pocos fideos nadaban en una salsa de tomate aguachenta—. Pero mañana el almuerzo será delicioso.

Rufina soltó una carcajada.

—Así todos los padres pueden decir: "Qué bien trata Ault a sus estudiantes. Qué suerte que decidimos enviar al pequeño Teddy a esta escuela" —Rufina hablaba con un acento gangoso, más agudo que su acento normal y esto la hacía parecer un poco tonta pero divertida. No rencorosa como yo sospechaba que podría parecer yo si me burlara de Ault. Miró a María y con su voz normal:

—¿Crees que servirán esos brownies de nuevo? Esos brownies sí que estaban buenos.

—Fuimos al té del director Byden —explicó María.

—Pero nos echaron por llevar jeans —agregó Rufina. Se miraron y se largaron a reír.

Yo, por supuesto, no había ido al té. Era para darles la bienvenida a los padres, y hasta el momento saludar a los padres de otros estudiantes no estaba entre mis prioridades. No era realmente amiga ni de Rufina ni de María, pero siempre las había admirado por lo poco que parecía importarles lo que los demás pensaran de ellas. Tampoco parecían sentirse agradecidas por los regalos que habían recibido de Ault —ambas tenían becas, ¿y no era acaso una beca en esencia un regalo?—, y las convenciones de Ault parecían importarles aún menos. Pero ellas eran dos, y yo estaba sola, y era imposible ser irreverente sola. Además, mientras que yo podía más o menos pasar inadvertida, su etnicidad hacía indiscutible su estatus de marginales.

—Oigan —dijo Nick—. Mi hermano acaba de enviarme un CD de Pink Floyd. ¿Quieren ir al centro de actividades a escucharlo?

—Puede ser —dijo María.

—¿Y tú? —Nick miró a Rufina, y me pregunté si estaría interesado en ella. Con seguridad, no quería ser su novio: los chicos de Ault nunca salían con las chicas de las minorías, y si lo hacían se trataba de algún chico excéntrico con alguna chica asiática o de la India, nunca una chica negra o latina de la ciudad y mucho menos de la ciudad de los chicos banqueros. Pero quizá Nick encontraba linda a Rufina, quizás eso explicaba su presencia aquí. Porque, de hecho, era bastante inusual que Nick Chafee estuviera conversando con chicas como nosotras. Aunque sus padres no lo visitaran, lo normal habría sido que estuviera en el Red Barn Inn con los padres de algún amigo.

—¿Quieres ir, amiga? —dijo María mientras le daba un codazo a Rufina.

—¡Ay! —dijo Rufina. María volvió a codearla, y Rufina dijo:

—Detente o te denunciaré por abusar de tu compañera de cuarto. —Luego se rió fuerte con la boca abierta. Su risa era tanto más intensa que el intercambio que la ha había provocado, que pensé que ella debía de ser feliz. Nunca había pensando en ella como alguien feliz, y me pregunté si este estado sería permanente o transitorio. ¿Le gustaría Ault? Dejando de lado sus quejas, ¿se sentiría parte de la escuela o que la escuela le pertenecía? De repente tuve un fugaz recuerdo de primer año, Rufina y yo nos sentamos juntas en el autobús cuando volvíamos de un partido fuera del campus. Era un día inhóspito y gris de principios de noviembre. Como Ault sólo iba perdiendo por un gol y aún tenía posibilidades de ganar, el entrenador había decidido dejarnos a Rufina, a María, a un par de otras chicas y a mí, en el banco durante todo el partido. Al principio conversamos un poco, alentamos a nuestras compañeras, caminamos e hicimos algunos ejercicios de elongación para estar preparadas en caso de tener que entrar, pero hacía tanto frío que después de un rato simplemente nos mantuvimos muy juntas, sin movernos ni cruzar palabra, para darnos un poco de calor. Cuando el partido terminó no me importó que hubiéramos perdido. De regreso, en el autobús, con el uniforme todavía puesto, me senté junto a Rufina y sentí que mi cuerpo se derretía y expandía. Mientras viajábamos por la autopista —los árboles sin hojas a los costados, el pasto amarillento, el cielo casi blanco— me relajé. De vuelta en el campus, debería pasar por el caos del vestuario (al no haber jugado bañarme no sería necesario, pero, a la vez, no quería que las demás vieran que no me bañaba), además del caos de la cena. Luego, vendría un tiempo vacío para tratar de llenar en al residencia antes de irme a la cama. Ésa no era una pausa de la que pudiera abstraerme. Porque estaba donde tenía que estar, porque, aunque sólo se tratara de nuestro regreso al campus, algo era llevado a cabo y lo único que yo tenía que hacer era esperar. En mi cuarto, en cambio, era responsable por mí misma, las decisiones eran mías. Recliné la cabeza contra el asiento y escuché los sonidos del autobús, el crepitar intermitente de la radio del chofer, las voces de algunas chicas que no dormían ni leían, la sombra de música que era el walkman de alguien tocando una canción irreconocible. En ese momento, el autobús me pareció el mejor lugar posible para estar: no un gran lugar, no estaba *divirtiéndome*, pero me habría sido difícil nombrar algún lugar mejor. Y luego, junto a mí, sentí un temblor, y al darme vuelta vi que Rufina lloraba silenciosamente. Miraba por la ventana, y sólo pude ver la parte izquierda de su cara en la que vi marcas de rubor y de maquillaje: por aquel entonces, cuando acababa de llegar a Ault, Rufina, usaba mucho maquillaje, incluso durante los partidos: máscara y delineador negro o violeta. Tenía el puño derecho apretado contra la boca, y se balanceaba levemente. ¿Hacía cuánto que estaba llorando? ¿Tenía que decirle algo o fingir que no lo había notado?

176

Me di vuelta y me puse a inspeccionar el pasillo de arriba abajo. Nadie sabía que ella lloraba. Oí que Rufina suspiraba y, sin pensar, apoyé la punta de mis dedos en su antebrazo.

—¿Quieres que llame a la señora Barrett?

Rufina sacudió la cabeza.

—¿Quieres un pañuelo? —En realidad era una servilleta lo que saqué de la mochila que estaba a mis pies; la había usado mientras comía un sándwich de pavo en el viaje de ida al partido, y estaba manchada con algunas migas aplastadas y una salpicadura de mostaza.

Se sacó la mano de la boca, tragó saliva, me miró y extendió su mano con la palma hacia arriba. Cuando nuestras miradas se encontraron, su mirada era tan lastimera que deseé que la servilleta hubiera estado limpia. Bajó la cabeza, se sonó la nariz, y volvió a mirar por la ventana. Pasábamos delante de un conjunto de pinos un poco oscuros por la inminencia del atardecer, cuando dijo:

—Sólo me gustaría saber si siempre será así.

No me esperaba algo así. En primer lugar, no esperaba que su voz sonara tan calma, y en segundo lugar, esperaba que fuera más específica sobre su problema: "Extraño a mi novio" (había oído que Rufina tenía novio en San Diego, un tipo más grande que ella que estaba en el ejército), o "No puedo creer que la señora Barrett no nos dejara jugar". ¿Qué podía contestar yo? O bien no tenía idea de a lo que ella se refería, o bien lo comprendía perfectamente. Entre esas dos opciones yo prefería la última, pero si hacía otra pregunta, si le pedía una explicación, por más breve que fuera, significaría que yo no la había comprendido en absoluto.

Respiré hondo.

—No —dije—. No lo creo.

Ninguna de nosotras agregó nada. Ella seguía mirando por la ventana. Yo también miré, y vi que había comenzado a nevar.

Y ahora ya habían pasado dos años. Rufina casi no se maquillaba y ya no llevaba el cabello atado en una cola de caballo, sino suelto, y sin inhibiciones, incluso frente a chicos como Nick. Me pregunté si yo también habría cambiado desde primer año. Claro que lo había hecho pero los resultados no eran tan buenos: Era menos ingenua, un poco menos ansiosa, pero también estaba más gorda, había aumentado casi cinco kilos en los últimos dos años; además ya estaba claro quién era yo. En algún momento tuve la ilusión de parecer rara, soñadora, como esas personas que están solas por decisión propia, pero ahora no había dudas que yo no era más que una chica de aspecto común que pasaba la mayor parte del tiempo con su compañera de cuarto (de aspecto igual de común); que no salía con chicos, ni tenía notas brillantes, ni era buena en ningún deporte, ni participaba de ninguna actividad ilegal como fumar o escaparse de la residencia por la noche. Ahora yo era alguien promedio y Rufina era feliz. Y también era sexy: si siempre había tenido esas curvas y esa piel, yo lo notaba recién. Me pregunté si sentiría que estaba perdiendo el tiempo en Ault, presa en Massachusetts durante los mejores años de su belleza.

—Deberías venir —le dijo Nick a Rufina. Y luego nos dijo a Sin-Jun y a mí:

—Ustedes también.

—Tengo que trabajar —dijo Rufina. Era realmente notable que Nick estuviera persiguiendo a Rufina y ella lo desairara. Aunque, por otro lado, también era cierto que él no estaba *realmente* persiguiéndola.

—Yo también dije, y me paré. La amabilidad de Nick era sorprendente, pero me costaba creer que realmente me quisiera en el centro de actividades.

—Diviértanse —dije esperando sonar cordial.

Por cierto, ahora me pregunto de dónde había sacado la idea de que para participar de una reunión, los demás tenían que desear fervientemente tu presencia, y que cualquier gesto falto de entusiasmo de parte de ellos significaba automáticamente que eras una molestia. ¿De dónde había sacado la idea de que ser una molestia era algo terrible? A veces pienso en las oportunidades que me perdí —ir a la ciudad a cortarme las uñas, mirar televisión en otra residencia, participar de una guerra de bolas de nieve—, y en cómo el rechazo se me volvió un hábito; tanto que luego sentí que aceptar participar de algo era equivalente a llamar la atención. Una vez, en segundo año, estaba en la mesa mientras Dede organizaba una salida a un restaurante antes del baile de primavera. Fue señalando uno a uno a los presentes para confeccionar una lista, y cuando llegó a mí, dijo: "OK, ya sé que tú no, porque no vas a ningún baile". Y eso era cierto, pero yo sí habría ido al restaurante, me habría puesto un vestido, habría viajado en un autobús alquilado y me habría sentado con mis compañeros a una gran mesa redonda en un gran salón, con una enorme servilleta roja sobre mi regazo; habría bebido Sprite con una pajita, habría comido panecillos calientes, carne asada y postre; yo podría haberme adaptado a todo eso. Pero cuando Dede me excluyó, ¿cómo podría haberle explicado lo que sentía?

Y había otra razón por la que no quería ir al centro de actividades con Nick. Estaba convencida de que si pasabas un buen momento con alguien, lo mejor era no volver a verlo por miedo a empañar ese encuentro. Supongamos que es un miércoles en el que hay una conferencia después de la cena, y tú y tu compañera de cuarto entablan, sin proponérselo, una entretenida conversación con un grupo de chicos sentados al lado de ustedes. Supongamos que la conferencia resulta ser un bodrio y entonces, mientras dura, se ponen a murmurar y hacerse caras, y luego la conferencia termina y abandonan la sala. Y luego, cuarenta minutos más tarde, tú, sola, en el fichero de la biblioteca, sin la protección de una compañera de cuarto, te cruzas a uno de esos chicos, también solo: ¿cómo deberías reaccionar? Un mero gesto con la cabeza sería probablemente un poco antipático; significaría reconocer que ambos habían vivido una situación extraordinaria al bromear juntos en la conferencia, pero que eso ya había pasado y, ahora, sólo quedaba regresar a los roles habituales. Pero, sin duda, sería peor detenerse y ponerse a conversar. Intentarían prolongar el humor que habían tenido un rato antes, sólo que esta vez sin ningún conferencista de quien reírse; sonreirían demasiado esperando encontrar una broma que sirviera para terminar satisfactoriamente la conversación. ¿Y si se *volvían* a cruzar de nuevo entre los estantes? Eso sí que sería horrible.

Por ese temor, yo pasaba mucho tiempo escondiéndome, generalmente en mi cuarto, luego de cualquier conversación agradable con otra persona. Y había reglas para mi angustia, reglas casi matemáticas en su solidez: Mientras menos conocieras a alguien, mayor sería la presión de ser especial o encantadora la segunda vez que lo vieras si es que creías que lo habías sido la primera vez: de lo que se trataba era de consolidar una impresión. También: la presión sería mayor mientras menos tiempo pasara entre el primer y segundo encuentro; esto explica la agonía producida por el esquema conferencia-biblioteca. Y finalmente: mientras mejor hubiera sido la primera conversación, mayor sería la presión. Con frecuencia mi inquietud se disparaba antes del final del encuentro; sólo quería que terminara mientras todavía nos caíamos bien, antes de que las cosas cambiaran.

Cuando dejé la mesa, Rufina gritó:

—¡Qué lo pases bien con tus padres!

Mis padres; los había olvidado. Caminé hacia la cocina para dejar mi plato y mi cubierto, y sentí un nudo en el estómago. Desde que me habían dicho que vendrían, pensaba con frecuencia en su visita, en las cosas del campus que quería mostrarles; pero ahora que estaban casi aquí, su presencia inminente me parecía una perturbación y hasta una molestia. No es que no me gustara pasar tiempo con mis padres, pero

¿no estaba finalmente empezando a sentirme cómoda en Ault?, ¿no eran cenas como ésa una clara señal de que mi sentimiento de pertenencia iba en aumento? Había entrado sola en el comedor, y aunque Nick estuviera ahí, había participado de la conversación y había comido espaguetis (durante todo mi primer año en Ault, no me había animado a comer fideos en público), y ¿acaso ésos no eran signos de progreso? De repente me inquietó la posibilidad de que mis padres se sintieran desconcertados ante mí, ante mi personalidad de Ault, que incluía aspectos como considerar un acto de valentía el hecho comer espaguetis. En sexto grado, en la quermés de mi escuela primaria en South Bend, había ganado el primer lugar en un concurso que consistía en comerse una tarta en el menor tiempo posible. Había devorado la tarta sin usar las manos. Me entregaron un trofeo de plástico dorado con la forma de un florero pero con manijas que tiré en un tacho de basura, e, inmediatamente, mi amiga Kelli Robard y yo nos subimos a la Curva Mortal, un juego en el que nos colocábamos en una especie de jaula que giraba. Pero había cambiado desde entonces. Era distinta. Y, más allá de lo que pensaran mis padres, ése, mi yo de Ault, era mi verdadero yo.

Afuera estaba oscuro y frío. Las estrellas brillaban y la luna casi llena parecía incandescente. Para los próximos dos días, el pronóstico del tiempo esperaba un clima típico de fines de octubre, templado y con sol. En el campus, las hojas de los árboles se habían puesto amarillas y rojas. En los últimos dos años, el clima había sido igualmente para el fin de semana de padres, lo que no me sorprendía para nada. Con frecuencia, Ault me parecía una persona que siempre obtenía lo que quería.

Y yo no me lamentaba de esa buena suerte institucional, al contrario, me sentía agradecida de ser su ciudadana. Aunque, personalmente, no siempre obtenía lo que quería, de todos modos era parte del universo de privilegios de Ault; hablaba su lenguaje, conocía la clave secreta para ingresar. Quizá mi sentido de pertenencia no haya sido nunca tan intenso como aquella noche, y no sé si entonces fui consciente de eso. Se debía, sin duda, a que mis padres estaban por llegar, y yo sabía que ellos eran de otro mundo. Pienso que a veces, todo se reduce a contrastes. Como cuando estás enfermo y te preguntas por qué durante meses y meses de estar recuperado, nunca apreciaste tu salud.

Primero me senté sobre los escalones de piedra caliza de la entrada norte del edificio escolar porque mis padres cruzarían el acceso que estaba a unos cincuenta metros de ahí. Habían dicho que llegarían alrededor de las nueve. Más temprano, a las seis de la mañana había sonado el teléfono público de la sala de estar, y yo corrí por las escaleras para contestarlo porque sabía que ninguno de los otros padres llamarían tan temprano. Acababan de pasar Pittsfield, Nueva York, dijo mi madre, mi padre había ido a comprar café, y se morían de ganas de verme.

Llevaba puesta una falda tableada de algodón a la rodilla, a través de la cual me llegaba el frío de los escalones, un suéter de lana azul y zapatos acordonados sin atar. Leía mi libro de física o al menos lo tenía en mi falda con la intención de leerlo. Las clases de los sábados habían sido canceladas y no había prácticamente nadie despierto. Era una mañana fresca y soleada y la niebla comenzaba a desaparecer del enorme círculo de pasto y del campo de deportes. Pensé en las cosas que podría hacer en un día libre si no tuviera que recibir a mis padres, como ir a correr o hacer un picnic. (Obviamente se trataba de ideas tramposas. No me gustaba mucho correr, y jamás haría un picnic.)

Pensé en lo que podría hacer para satisfacer a mis padres. Uno de mis planes era mostrarles cada parte del campus, y estaba segura que mi madre querría conocer a Martha. Mi padre era una persona más complicada. Parecía tanto más fácil ingresar en su mundo —pasar tiempo en su negocio, ayudarlo a rastrillar el jardín por la tarde, traerle una cerveza de la heladera mientras mira el partido (durante años mi hermano y yo habíamos peleado por quién abría la botella)— que esperar que él entrara en el mío. Mientras estuve en la escuela, nunca mantuvimos mucho contacto ni por teléfono ni por correo. Él me escribió una sola vez mientras estuve en Ault, tres veces contando las tarjetas de Navidad que firmaron todos, mientras que mi madre me escribía cartas cada dos semanas. Sus cartas eran informativas e insípidas —"El último fin de semana, me encontré con la señora Nielsen y Bree en el centro comercial, me preguntaron por ti. Bree dice que tiene un profesor llamado Petroski (¿se escribirá así?) que es muy exigente. Le dije que no pensaba que tú lo hubieras tenido"— y por lo general, cuando encontraba una carta de ella en mi casilla de correo, no la abría inmediatamente; a veces hasta encontraba una en mi mochila que había estado cargando por tres o cuatro días. Pero una vez abiertas, las leía sin saltearme nada, y nuca tiraba ninguna; poner en el tacho de basura un papel con la letra de mi madre me parecía algo innoble, me hacía sentir triste.

En cuanto a las cartas que yo les enviaba a mis padres, estaban llenas de mentiras, como tampoco eran ciertas muchas de las cosas que les contaba por teléfono. Después de todo, Ault había sido idea mía. Había llenado los formularios de postulación en la máquina de escribir de mi madre, y lo único en lo que mis padres me ayudaron fue a completar los formularios para recibir ayuda financiera. Luego, cuando no sólo entré en varias escuelas sino que me también me ofrecieron becas, y la beca más grande fue la de Ault, no tuve otra opción que ir. ¿Por qué me habría tomado el trabajo de postular si no quería ir? Estaba claro que mis padres siempre habían considerado a Ault más una "oportunidad" que un buen plan. Y por eso, no podía expresarles mi infelicidad; ni al principio, cuando era más intensa, ni más tarde, en su versión más diluida. Aun creyendo que a mí me gustaba Ault, mi padre solía decir cada tanto: "¿Por qué no vuelves a casa y te inscribes en la escuela Marvin Thomson?" O, cuando le conté sobre el apodo: "¿No estás harta de esos elitistas? Y quizá no fuera tan infeliz después de todo si insistía tanto en quedarme.

A las nueve menos diez, se me ocurrió que mis padres podrían entrar por el otro acceso, y entonces tratarían de encontrarme dando vueltas por el campus. En mi cabeza, eran como Hansel y Gretel internándose en el bosque, y yo debía actuar como su protectora. Bajé la escalera rápidamente y corrí hacia el otro acceso. Esta vez, me quedé parada del lado de afuera, donde con seguridad los vería. A no ser que ya hubiesen entrado y, confundidos, se encontraran en ese preciso instante golpeando la puerta de alguna residencia de varones.

Durante varios minutos, permanecí apoyada contra una columna de ladrillos que tenía una bola de concreto en la punta. Mi mente había alejado cualquier pensamiento ajeno a la llegada de mis padres, cuando oí un bocinazo. Y ahí estaban, a cinco metros, luego a dos, luego junto a mí, en su viejo Datsun. Mi madre bajó la ventanilla del lado del acompañante, y desde el lado del conductor mi padre gritó:

—¡Buenos días! —Con una sonrisa enorme, mi madre sacó la cabeza y los brazos por la ventanilla, yo caminé unos pasos, me encorvé un poco y la abracé, lo que me hizo sentir incómoda por unos segundos, hasta que recordé que era mi familia y que las reglas habituales de la incomodad no se aplicaban en ese caso.

—Lee, se te ve muy bien —dijo mi madre, y mi padre sonrió y dijo:

—A mí no me parece que se la vea tan bien. —Y mi madre dijo:

—Oh, Terry.

Un Saab plateado entró y, sin tocar bocina, se detuvo detrás del auto de mis padres.

—Deberían avanzar —dije—. Esperen a que me suba. —Abrí la puerta de atrás y al entrar pude oler el olor a viaje, un olor a encierro agrio. Sobre el asiento había una bolsa vacía de *Burger King*, y varias latas de gaseosa rodaban por el piso. No pude evitar una comparación con la clase de comida que los padres de Martha traían en sus viajes en auto desde Vermont: sopa de vegetales en termos, pan integral y fruta cortada en trozos que comían con cubiertos traídos de la casa. Detrás de los asientos traseros estaban las valijas de mis padres, dos grandes cuadrados de cuero sintético celeste. Cuando Joseph y yo éramos más chicos, hacíamos nidos en esas valijas. De repente, recordé cómo rellenábamos el interior con sábanas, nos metíamos dentro y luego cerrábamos las tapas como techos que sosteníamos sobre nuestras cabezas. El recuerdo me produjo un extraño agotamiento protector; todas las cosas relacionadas con mis padres, hasta su equipaje, me recordaban a algo, o me hacían sentir de cierto modo.

Mi padre aceleró y atravesamos las puertas de Ault. Habían pasado más de dos años desde que mi padre me había traído aquí para empezar mi primer año. Comenzó a doblar a la izquierda, como había hecho la vez anterior, y le dije:

—Dobla a la derecha, papá, hay un estacionamiento detrás del comedor. —En realidad había un estacionamiento a la izquierda, detrás del edificio escolar, pero ése era más transitado por peatones, más estudiantes que podían ver el auto de mierda de mis padres. Mi incomodidad con el Datsun era algo que yo había previsto, algo con lo que tendría que vivir pero no podía aceptar: una novia caminando hacia al altar a la que le pica la nariz.

—Mi amor, ¿cuál es tu residencia? —preguntó mi madre.

—Desde aquí pueden verla, detrás de ese arco.

—¡Es todo tan hermoso! —Miró hacia atrás y sonrió, y sentí que había hecho ese comentario para elogiarme, como si yo hubiera colaborado de algún modo con el aspecto de Ault.

—Ahora, otra vez a la derecha —dije.

A esa hora de la mañana, todavía había muchos lugares libres en el estacionamiento. Mi padre entró en uno y detuvo el motor. Miró a mi madre y luego a mí

—¿Nos quedamos en el auto y comprobamos si el culo se queda pegado para siempre al asiento?

En otra situación me hubiera reído —en general, me reía mucho con mi padre—, pero en cambio dije, apresurada:

—Gracias por venir, por conducir tantas horas.

—Mi amor, queríamos hacerlo —dijo mi madre mientras nos bajábamos—. Ignora a tu padre. Lo que necesito ahora es un baño, y luego quiero que nos muestres todo.

Entramos en el comedor por atrás, y los conduje hacia el baño. En la puerta del baño de mujeres, volví a sentir ese temor de dejarlos solos aunque sólo fuera por un momento. Quizás era mejor idea quedarme con mi padre en el pasillo, porque él era el que más fácilmente podía meterse en problemas —él provocaba los problemas, mientras que mi madre sólo trastabillaba y caía dentro de ellos—, pero yo también necesitaba ir al baño. Y, en realidad, ¿no estaba exagerando? Seguí a mi madre, y entré en el baño junto al de ella. Mientras yo ponía papel higiénico sobre el asiento del inodoro, ella soltó un largo pedo suspirante y comenzó a orinar.

—Lee, ¿nos presentarás a Martha? —dijo desde su compartimiento.

—Estaba pensando que podría hacerles un tur por el campus, y luego podemos pasar por la residencia. Al mediodía, está el almuerzo, y mi partido de fútbol es a las dos.

—Repíteme contra quién juegan.

—Gardiner.

—¿Se escribe con "e" o con "i"?

—Con "i"

—Qué nombre extraño, ¿por qué se llaman así?

—Mamá, no tengo idea. Sólo es una escuela en New Hampshire. —Ella no respondió. Sentí que había sido hiriente, y agregué:

—Probablemente era el apellido de alguien.

Salió del baño; conversar con ella me había requerido tanta atención que aún no había comenzado a orinar, y sólo entonces lo hice. Oí que se lavaba las manos, y luego gritó:

—Mi amor, iré con papá. —Quizás a ella también le preocupaba estar sola.

Cuando salí del baño, miraban los dibujos enmarcados que colgaban sobre la pared.

—¿Alguno de éstos es tuyo? —preguntó mi madre—. Mi amor, ¿te lavaste las manos?

—Por supuesto.

—Tu madre teme que te contagies gérmenes wasp[1] —dijo mi padre.

Ése era un chiste conocido (en casa, luego de regresar de la iglesia mi madre nos ordenaba lavarnos las manos, y mi padre solía decir: "tu madre teme que se contagien gérmenes católicos), pero esta versión me sorprendió; me sorprendió que mi padre conociera el término WASP.

---

[1] WASP: siglas de *white anglosaxon people*, blanco, anglosajón y protestante. (*N. de la T.*)

—Basta, Terry —dijo mi madre.

Me pregunté si ella también lo conocería.

—Yo no hice ninguno de esos dibujos —dije—. No tengo arte este semestre. (Mis padres no eran como la madre de Conchita, no conocían con exactitud mis materias, ni cada una mis actividades.)

—Podemos ir a ver el lugar donde comemos —dije—. Es por acá.

—Me siguieron hasta el comedor. Allí, las ventanas llegaban casi al techo —medían casi quince metros—, y el sol entraba por los vidrios del lado este de la sala. En el lado sur, dos escalones daban a un estrado sobre el que había una mesa larguísima (allí se sentaba el director durante las cenas formales, mientras que los de último año la ocupaban el resto del tiempo) detrás de la cual colgaba un escudo de la escuela del tamaño de un bote de remo. Sobre el resto de las paredes había paneles de mármol con los nombres grabados de todos los prefectos de último año desde 1882. En el hall central, había paneles de madera con los nombres de todos los integrantes de la escuela, pero los de mármol eran más especiales; había menos nombres y habían sido grabados y luego pintados de dorado. Las mesas ya estaban casi listas para el almuerzo, y el personal de la cocina estaba colocando las servilletas, dobladas en forma de abanico. Me di vuelta:

—Les mostraré la capilla.

Ninguno de mis padres se movió.

—Es igual al de nuestros vasos. —Mi madre señaló a la pared, detrás de la mesa del director.

—Sí, es el escudo de la escuela. —Para la primera Navidad después de entrar en Ault, les había regalado a mis padres cuatro vasos altos del local de ventas de la escuela. Mi madre los ponía para la cena cuando yo estaba en casa (como éramos cinco, a alguien siempre le tocaba un vaso distinto), pero estaba segura de que no los usaban cuando yo no estaba.

—¿Y qué son las demás cosas sobre la pared?

—Son listas de los…presidentes de las clases —dije. Seguramente mi madre no sabría lo que era un prefecto. —Todos los que fueron presidentes de su clase en cuarto año.

—¿Podemos echarles un vistazo?

La miré.

—No reconocerás ningún nombre.

—¿Y? —dijo mi padre.

Nos miramos.

—No estoy diciendo que no puedan —dije—. Simplemente no

comprendo por qué quieren hacerlo. —Mi padre no me sacó los ojos de encima. —Está bien —dije. Crucé el comedor, y oí que me seguían.

Lo cierto es que sí reconocieron algunos nombres. Reconocieron a un graduado de los años treinta que luego fue vicepresidente de Estados Unidos, a uno de los años cincuenta que terminó como director de la CIA, y a un actor de cine graduado en los setenta. En alguna ocasión, yo les había hablado sobre alumnos de Ault, no necesariamente prefectos, que habían sido célebres luego de graduarse; para el mundo exterior eran esos graduados famosos los que le daban su aura a Ault, y no los estudiantes actuales, cuyos promedios no excedían la media. En mi pueblo, si los amigos de mi padre sabían algo sobre la escuela a la que yo iba, no era su ubicación geográfica ni siquiera cómo se llamaba: eran los nombres de los famosos que se habían graduado antes que yo.

Los tres nos paramos junto a la mesa del director y miramos hacia arriba.

—La hija de un senador está ahora en la escuela —dije. No sabía por qué estaba dándoles esa información; quizá porque sabía que les interesaría y quizá porque sentía que no había sido muy amable con ellos.

—¿Cómo se llama? —preguntó mi padre.

—Tunniff. Es de Oregon.

—No me molestaría conocer a un senador este fin de semana.

Volví mi cabeza bruscamente para mirarlo, pero él todavía leía los nombres en la pared, y aunque con seguridad pudo percibir mi gesto de molestia, no se inmutó. Me era imposible decir si estaba bromeando, si sólo había hecho ese comentario para molestarme, o si había hablado con sinceridad.

—Será mejor que sigamos si quieren ver todo el campus —dije.

Caminamos hacia la capilla, donde no había nadie salvo algunos estudiantes tocando el órgano. En la nave, nos quedamos mirando el techo abovedado treinta metros por sobre nuestras cabezas —treinta y tres metros, en realidad—, y mi padre dijo:

—¡Santo cielo! —Al verlos observar la capilla tan impresionados, mis padres me parecieron menos personajes de un cuento de hadas que turistas en Europa. (No es que yo hubiera estado en Europa alguna vez, pero en Ault aprendías a reconocer la vulgaridad de ciertos fenómenos, aun cuando esos fenómenos no te fueran familiares: turistas en Europa, grupos de canto a cappella y cuarentonas judías de voz ronca y uñas largas pintadas vestidas con equipos de gimnasia sintéticos.)

Mi padre dijo:

—¿Aquí es dónde pides perdón por tus pecados, Flea?

186

—Donde pido perdón por los tuyos —dije—. Yo no cometo pecados.

Sonrió, y sentí una sonrisa aparecer en mi propia cara.

—¿Y los de mamá? —preguntó.

—Ella tampoco peca —dije. Y al mismo tiempo ella dijo:

—Yo no peco.

—¿Ves? —dije—. Si ambas pensamos igual, debe de ser cierto.

—*Au contraire* —dijo mi padre—. Si lo que sucedió esta mañana entre tu madre y Burger King no es gula, entonces yo soy el tío del mono.

—Terry, ni siquiera me comí la última tarta —dijo mi madre.

—¿Sabes una cosa, papá? —dije—. Eres el tío del mono.

—¿En qué lugar crees que te deja eso a ti?

—Por mi parte, soy completamente humana. —Y bajando la voz, agregué: —Todos sabemos que mi verdadero padre es el señor Tonelli.

—¡Oh! —dijo mi madre—. Los dos son realmente repugnantes. —El señor Tonelli, que acababa de cumplir ochenta, era un vecino de mis padres; su esposa había muerto hacía unos años, pero incluso cuando ella vivía, todos estábamos convencidos de que él estaba enamorado de mi madre.

—¿Te enteraste de la última?

Sacudí la cabeza.

—Tuvieron una cita.

—Tonterías. —Mi madre se había alejado unos metros de nosotros, tomó un libro de himnos y comenzó a hojearlo.

—¿A dónde fueron?

—Pregúntale

—¿A dónde, mamá?

—Ell señor Tonelli no puede manejar a causa de su glaucoma, y me pidió que lo llevara al Scheshwan Garden a buscar algo para comer. Eso es todo.

—En realidad hay mucho más. —Mi padre siguió sonriendo.

—Bueno, hubo un malentendido —dijo mi madre—. Yo pensé que él quería pedir comida para llevar, pero resultó que quería quedarse en el restaurante. Tuve que quedarme, no tenía opción. Luego, él insistió en que yo también pidiera algo.

—Él *insistió* —repitió mi padre—. Su esposo e hijos están en casa guardándole la cena, pero si el señor Tonelli *insiste...*

—Lee, pedí unos camarones con un plato de porotos negros, que estaban fabulosos —dijo mi madre—. Tú sabes que no soy una fanática de los mariscos, pero el señor Tonelli me recomendó el plato, y la verdad es que estaba delicioso.

—Mira cómo trata de cambiar el tema.

—¿Te dio un beso de despedida? —pregunté.

—Oh, eres asquerosa —dijo mi madre—. Eres peor que tu padre. —Mi padre y yo nos miramos y sonreímos con satisfacción. Ésos eran los mejores momentos con mi familia, cuando nos burlábamos unos de otros, o cuando decíamos cosas de mal gusto. Solíamos hablar de diarrea en la mesa; después de una comida con ajo, mis hermanos ponían su cara muy cerca de la mía y soplaban cerca de mi nariz. Y cuando a Joseph lo echaron del autobús por cantar una canción sobre el escroto mi padre se rió tanto que le pidió que escribiera la letra. (Se cantaba con la melodía de *Colonel Boggie March:* "Escroto es sólo una bolsa de piel. Escroto te sostiene las bolas...") Luego, en Ault, jamás compartí esas cosas con alguien salvo con Martha. Y, aparentemente, en la familia de Martha nunca se decían cosas de ese estilo. Una vez me contó que nunca había oído a su madre eructar. El comportamiento de mi familia era sincero e indecoroso; otra versión de mi verdadero yo, quizás el más verdadero de todos, pero también el que con más esfuerzo traté siempre de esconder. En una ocasión, Martha y yo estábamos almorzando en una mesa de chicos, que discutían sobre la razón por la que un compañero llegaba siempre tarde al desayuno. Uno formó un círculo con su pulgar y otros dedos y comenzó a mover la mano de arriba hacia abajo. Eliot, me miró, y de un modo que no era en absoluto grosero me preguntó: "¿sabes qué significa eso, Lee?" ¿Si yo sabía el significado de ese gesto?, ¿me estaba hablando en serio? Había sido criada en una casa en la que mi padre les gritaba a mis hermanos de seis y trece: "¡Terminen de hacerse la paja y bajen a cenar!" Pero cuando Eliot me lo preguntó, me ruboricé, como si hasta mi fisiología colaborara en la ficción de mi decoro.

Mi padre chasqueó los dedos.

—¿Qué dicen de movernos?

Mi madre volví a colocar el libro de himnos en el pequeño espacio detrás del banco, y salimos por la puerta de adelante, donde nos chocamos con Nancy Daley, una esbelta chica de cuarto que era la capitana de los equipos de tenis y de frontón, y que estaba en compañía de sus padres. Los seis nos quedamos parados, en una especie de duelo pacífico, y luego yo dije:

—Hola, éstos son mis padres. —Volví a mirarlos a ellos:

—Papá, mamá, esta es Nancy Daley.

Mi madre extendió la mano.

—Encantada de conocerte, Nancy. —Mi padre también le dio la mano.

Mi corazón latía acelerado. Yo nunca había hablado con Nancy. Ni una sola palabra. Y se la había presentado a mis padres, sólo por no saber qué hacer, porque de repente, con los padres en la escuela, el protocolo de Ault parecía absurdo: que pudieras vivir cuatro años en la misma comunidad con personas de las que sabías sus nombres y sus secretos (en segundo año, Nancy se había besado y tocado con Henry Thorpe en la sala de música, en cuarto, Henry había abierto la ventana de la clase, se había asomado, había juntado nieve con las manos y se la había desparramado a Nancy en los pechos), y que aún sabiendo todo eso, evitaras decir hola o sonreír cuando te cruzabas en campus. Eso es lo que se esperaba que hicieras si nunca habías hablado con la otra persona. Sin duda, ni Nancy ni yo hubiéramos dicho una palabra si nuestros padres no hubieran estado ahí. Y no es que este absurdo me ofendiera filosóficamente, era sólo que sabía que mis padres lo encontrarían extraño, y eso me aterrorizaba. (Aunque en realidad, ¿qué importaba lo que mis padres encontraran extraño?, ¿de qué quería convencerlos? No era a ellos a los que quería convencer, sino a la gente de Ault.)

Mi madre se dio la mano con los padres de Nancy.

—Soy Linda Fiora —la escuché decir. Y la madre de Nancy dijo:

—Soy Birdy Daley.

Mi padre también los saludó, y luego preguntó:

—¿De dónde son ustedes?

—De Princeton —dijo la madre de Nancy. Llevaba una falda estampada de cachemira granate y un suéter haciendo juego; el señor Daily llevaba un traje. Mis padres, por su parte, estaban mejor vestidos que de costumbre. Mi padre llevaba pantalones y blazer beige (aunque por no ser del mismo traje, era una suerte de *faux pas*) y mi madre, una suéter de cuello alto rojo y un jumper de corderoy gris. Le había explicado a mi madre por teléfono, con voz entrecortada, que la mayoría de los padres se vestían bien para esa ocasión; no me había sentido capaz de pedirle que ellos también lo hicieran, pero ella había entendido.

—Nosotros somos de South Bend, Indiana —dijo mi padre—. Llegamos hace una hora y estamos locamente contentos de estar aquí.

Los Daleys se rieron, o al menos los padres de Nancy lo hicieron; ella sonrió insípidamente.

—¿Tú también estás en tercer año? —preguntó mi madre.

Nancy sacudió la cabeza.

—En cuarto.

—¡Oh, Dios! —dijo mi madre, como si alguien de cuarto fuera algo tan raro como una perla negra o una especie de rana en extinción.

—Tenemos que irnos —dije en voz alta—. Nos vemos. —No miré a Nancy esperando que con este gesto le quedara claro que yo era completamente consciente de que ese intercambio había sido meramente casual, y que no intentaría volver a hablar con ella; que hasta podría, como forma de reparar mi atrevimiento, cambiar mi camino para *no hablar* con ella.

—Buen fin de semana —gritó el señor Delay detrás de nosotros. Una vez fuera, me di cuenta de que llevaba a mi madre de la manga de su suéter. Saqué mi mano y miré el círculo y los otros edificios donde algunos estudiantes caminaban junto a sus padres. La idea de terminar ese tur me resultó amenazante, sin hablar de la idea de tener que soportar el resto del fin de semana. Mis padres se irían el día siguiente al mediodía, es decir que sólo quedaban veinticuatro horas, de las cuales pasarían alrededor de diez durmiendo en su motel. O sea que sólo era doce horas. ¡Pero doce horas que me parecían interminables! Si nos fuéramos del campus sería diferente. Si, por ejemplo, nos fuéramos a Boston. En Boston nos llevaríamos bien, podríamos visitar el acuario o caminar por el Sendero de la Libertad, o sentarnos en un restaurante a tomar sopa de almejas, el plato típico de Nueva Inglaterra. Allí, hasta dejaría que mi madre me tomara una foto sentada a la mesa.

Pero estábamos en Ault; lo mejor era avanzar hacia el siguiente momento. Mientras caminábamos hacia mi residencia, mi madre dijo:

—¿Martha estará allí?

—Teóricamente, sí

—¿Y sus padres también?

—Llegaron ayer, así que probablemente estén en su hotel.

—¿Dónde están parando?

Dudé.

—No lo sé.

—Y el padre de Martha es médico, ¿verdad?

—No, es abogado.

—¿Por qué pensé que era médico?

—No tengo idea. —Esto también era una mentira. Lo pensó porque el padre de Dede era médico.

—No te olvides de presentarnos a los padres de Martha en el almuerzo. Quiero agradecerles por haber sido tan buenos contigo.

No respondí. Sus preguntas, sus pequeños esfuerzos... ¿Acaso no sabía que eso no era importante para la gente del Este? Ser bueno no era una virtud para ellos. Recordé que había hablado sobre esto con ella en una ocasión durante las vacaciones de Navidad del año anterior. Yo estaba leyendo el diario en la mesa de la cocina y ella estaba parada frente a la pileta lavando tazas con guantes de goma amarillos. Me preguntó si era cierto que las personas en Massachusetts no eran tan simpáticas como en South Bend. Dije que era un estereotipo, pero que, como todos los estereotipos, contenía cierta verdad. (Ese comentario era una cita literal. Se lo había oído hacía poco, durante una cena formal, a un chico de cuarto que era el presidente del equipo de debates.) Luego dije que no me molestaba tanto esa antipatía, que uno terminaba acostumbrándose. Recuerdo que entonces, hablar de ese tema me hizo sentir inteligente y adulta, el hecho de no estar hablando con mi madre sobre que los Martzer finalmente habían pintado su casa, o que Bree Nielsen había engordado y se le notaba especialmente en la cara. Nada de una pequeña charla superficial, sino una idea, un concepto. Mientras nos dirigíamos hacia mi residencia, me pregunté si recordaría aquella conversación.

Golpeé a la puerta del cuarto que Martha y yo compartíamos por las dudas de que ella estuviera cambiándose.

—Adelante —gritó, pero antes de que pudiera tomar el picaporte, mi madre ya había dado un paso adelante, tenía los lentes en la punta de la nariz e inspeccionaba las fotos pegadas en nuestra puerta. Tocó con la punta del dedo una de las fotos de Martha y yo paradas junto a una piscina en la que sólo se veían nuestras cabezas, brazos y hombros húmedos.

—¿Dónde fue tomada ésta?

—En la casa de Martha.

—¿Cuándo estuviste allí que hacía suficiente calor para nadar?

—Justo antes de que empezaran las clases.

—Ése no es tu traje de baños a rayas, ¿no?

—Estaba usando uno que me había prestado Martha.

—No es que pensara que era el tuyo a rayas, pero...

—Pueden entrar —gritó Martha nuevamente del otro lado de la puerta, y yo respondí:

—Un segundo. —Miré a mi madre. —¿Alguna otra pregunta? —Ni siquiera estaba siendo sarcástica, al menos no del todo sarcástica, pero cuando sus ojos se abrieron, supe que la había herido.

—Debe de ser lindo tener una piscina —dijo mi padre. Lo dijo con el mismo tono que empleo al decir que no lo molestaría conocer a un senador, y sentí que mi irritación con él se transformaba en verdadero enojo.

Abrí la puerta. Martha estaba sentada en el futón doblando ropa limpia y colocándola sobre el baúl que usábamos como mesa, y cuando entramos se paró. Con mis padres todavía a mis espaldas suspiré y puse los ojos en blanco. Martha sonrió al ver mi expresión, pero luego transformó el gesto en una sonrisa hacia mis padres mientras caminaba a nuestro encuentro con la mano extendida.

—Es maravilloso conocerlos finalmente —dijo—. Les dio la mano y les preguntó cómo había sido su viaje y qué les había parecido Ault.

—¡Es tan lindo! —dijo mi madre.

Martha asintió con la cabeza.

—A veces cuando camino por acá quiero pellizcarme porque no puedo creer estar viviendo en un lugar tan hermoso. —dijo. ¿Sería cierto? Yo me sentía así a veces, pero Martha estaba más acostumbrada a las cosas lujosas que yo. Quizá sólo estaba siendo amable, realmente amable, no como Nancy Daley, que apenas había mostrado el mínimo aceptable de amabilidad.

—Martha, Lee me contó que fuiste elegida para el comité de disciplina —dijo mi madre—. ¡Qué gran honor!

—Gracias —dijo Martha. Y yo dije:

—No fue elegida. Fue designada por el director.

—Eso es lo que quería decir —dijo mi madre—. Me parece algo maravilloso. Tu padre debe de estar muy orgulloso.

Por algunos segundos nadie habló.

—¿Él no fue también alumno de Ault? —dijo mi madre, pero su voz se iba adelgazando. —Pensé que...

—Sí, él también vino a esta escuela—. dijo Martha. ¿Cómo sabía eso mi madre? ¿Cuándo se lo había contado? ¿Y por qué tenía la necesidad de decirlo ahora? Así que de ahí me venía la tendencia de atesorar información sobre otras personas; al menos yo tenía la capacidad de no mencionarla delante de ellos.

—Pero en realidad, es divertido —continuó Martha—, porque mi padre no lo pasó muy bien acá. Ault aún no aceptaba mujeres y creo que se aburrían un poco. Cuando llegó el momento de postularme a un internado, él decía: "puedes ir a cualquier lado menos a Ault". Pero, por supuesto, Ault es el lugar que terminó por gustarme más.

—Me alegro de que Flea no sea la única que desobedece a sus padres —dijo mi padre.

Martha se rió.

—¿Flea? —repitió—. Ésa no la sabía. —Le dijo a mi padre: —No puedo imaginar a Lee siendo desobediente.

—Entonces, tienes una imaginación muy débil, Martha.

Después de oír eso, ella se rió con ganas. Que a Martha le cayeran bien mis padres, era casi peor que le cayeran mal. Si le caían bien, todo el resto del fin de semana yo estaría a la espera de que su impresión positiva de ellos se resquebrajara. No es que *tuviera* que resquebrajarse, no es yo que pensara mal de mis padres: pero estaba segura de que si ellos le caían bien a alguno de mis compañeros, incluida Martha —podía verlo ahora al observarla hablar con ellos—, probablemente sería porque le parecían "refrescantes", o quizás "auténticos". Precisamente *porque* eran desaliñados; porque mi padre usaba expresiones pintorescas; porque habían conducido desde Indiana. Pero cualquiera que pensara que mis padres eran inofensivos, seguramente se desilusionaría. Mi padre, en particular, tenía sus ideas y sus ambiciones, y no era como un corderito de una granja-escuela al que cualquiera puede acariciar sin recibir un mordisco.

—Martha, tú no juegas al fútbol, ¿verdad?

Martha negó con la cabeza.

—Hockey sobre césped.

—Sí, eso es lo que pensé. ¿Juegas esta tarde también?

—Todos jugamos hoy —dije.

—¿El partido de Martha será a la misma hora que el tuyo, Lee? Porque, Martha, nos encantaría verte —mi madre hizo el gesto de comilla con los dedos— "en acción".

—Eso es muy amable de su parte —dijo Martha. Era difícil imaginar a sus padres hablando de ir a uno de mis partidos, e imposible imaginarlos haciéndolo diez minutos después de haberme conocido. —Mi partido comienza a las dos y media. ¿A qué hora es el tuyo Lee?

—Más o menos a esa hora. Y son en extremos opuestos del campus. Lo siento, mamá, no creo que puedas ver a Martha, a menos que quieras verla a ella en vez de a mí.

—He ahí una buena idea —dijo mi padre.

—Señor Fiora —dijo Martha—. Sea bueno. —Entonces ella de verdad había decidido que mi padre le caía bien: era necesario salir del cuarto lo antes posible.

Mi padre se apoyó en la esquina del escritorio y tomó una revista de mujeres.

—Me alegra ver que estás frecuentando los libros, Lee. Veamos, ¿qué tenemos aquí? —Hojeó la revista y luego la sostuvo con las dos manos frente a nosotras para que pudiéramos verla. Escrito en dos páginas, con enormes letras rojas, se leía: "¡Sí, sí! Cómo tener el mejor orgasmo de tu vida".

—Papá eso es asqueroso —dije—. Ciérrala.

—¿Asqueroso? ¿De quién es la revista? —Él sonreía y pensé que quizás ésa era la parte en que las cosas daban un vuelco; el momento en que mi padre se mostraba como un pervertido. (No es que lo fuera realmente; pero éste era el momento en que podía parecerlo.)

—Vamos a visitar el edificio escolar —dije—. Deja eso.

—"¿Sexo, eh?" —mi padre comenzó a leer—. "Todos hemos estado ahí. Claro, los primeros meses de una relación son maravillosos, pero muy pronto..."

—Papá —dije—. Ya basta.

—"Muy pronto comienzas a acostarte con pantalones de gimnasia, y él se corta los vellos de la nariz frente a ti. Enfréntalo".

—Yo me voy —dije. Y abrí la puerta de un tirón. Ni siquiera podía mirar a Martha. Oí que mi madre decía:

—Terry, Lee quiere mostrarnos el resto de la escuela. Martha, tendrás que disculparnos. —La puerta se cerró. Me recliné contra la pared con los brazos cruzados y los esperé. Cuando salieron, la expresión de mi padre era la de un adolescente con culpa, como si hubiera hecho algo incorrecto pero encantador. Me di vuelta y comencé a caminar.

—¿Qué? —dijo, y luego, a mi madre: —¿Por qué tanto alboroto? La revista era de ella.

Permanecí algunos pasos delante de ellos. Bajamos los escalones, cruzamos la sala de estar y volvimos a salir. Podía sentir a mi madre apurarse para alcanzarme. Todavía detrás de mí, dijo:

—Lee, Martha es encantadora. Sé que seguramente me lo dijiste antes, pero, ¿tiene hermanos?

—Un hermano.

—¿Mayor o menor?

—Mamá, ¿Qué importancia tiene?

—Bueno, Lee, a mí me interesa —dijo mi madre bajando la voz, y luego con voz mucho más alta, mi padre dijo:

—Ten cuidado con la manera en que le hablas a tu madre.

Miré por sobre mi hombro.

—Ten cuidado con la manera en que me hablas a mí.

—¿Perdón?

La terraza frente al edificio escolar, a unos treinta metros de ahí estaba llena: hombres de blazer azul, una mujer con un traje de lana rosado a cuadros, una mujer con un sombrero de paja verde de ala enorme. Eran casi las diez y el cielo estaba despejado y azul. Desde esa distancia, las voces de los padres sonaban como el zumbido de un cóctel.

—¿Lee? —dijo mi padre. Su tono era de frío enojo, pero bajo la frialdad (conocía demasiado bien a mi padre) había un resto de turbación.

Ésa era la cuestión con mi padre: le daba lo mismo el lugar o la situación en la que se encontrara. ¿Pelear conmigo, aquí, frente a toda esa gente? Ningún problema.

—Nada —dije.

Permaneció en silencio por unos segundos, luego, con más calma que antes, dijo:

—Nada. Sí, claro, nada.

En la terraza, mi padre fue a buscar etiquetas para escribir el nombre de él y de mi madre, mientras que ella y yo nos quedamos junto a la mesa de refrigerios. Ella tomó una porción de tarta y un poco de jugo de naranja.

—¿De verdad no quieres nada? —Me acercó la copa de plástico por la tercera vez. —Es natural.

—Ya te dije que acabo de lavarme los dientes —dije.

Ninguno de nosotros habló demasiado mientras recorríamos el edificio escolar: la sala principal con filas y filas de bancos, algunas de las aulas, el auditorio donde hablaban los conferencistas invitados (Martin Luther King Junior había hablado una vez en Ault y se esperaba que los guías les contaran eso a los posibles postulantes que venían a conocer la escuela. Lo que tenían prohibido decirles era que por aquel entonces no había ningún alumno negro inscripto en la escuela). Mi madre hacía preguntas y yo le contestaba con respuestas que no eran ni escuetas ni profusas. Sentí en un momento que mi mente comenzaba a vagar y se abstraía de la situación. Pensé en el partido de fútbol: Sin duda, la señora Barrett me haría jugar porque el fin de semana de padres hacía entrar a todas las integrantes del equipo. Luego pensé en Cross Sugarman. Obviamente, no había dejado de gustarme ese día que le corté el cabello a Aspeth. Durante veinticuatro horas había sentido que ya no lo quería más, pero luego nos cruzamos en el comedor y abruptamente volvió a gustarme con la misma intensidad de antes. El día anterior había visto a Cross con sus padres. Él llevaba una chaqueta y corbata, y cuando nuestras miradas se cruzaron, él levanto el mentón levemente en señal de reconocimiento, algo que no hacía habitualmente. Pensé que se debía a sus padres. De cierto modo la presencia de ellos nos acercaba, o señalaba lo que teníamos en común: que éramos ambos estudiantes de Ault y que esos adultos altos y bien vestidos recorriendo el campus no lo eran.

En la sala de correos mi padre dijo:

—Así que aquí es donde te llegan mis cartas. —Por su tono, supe que me había perdonado, o al menos que quería fingir que lo había hecho.

—Casi no hay lugar para la enorme cantidad que son —dije—. Van a tener que darme una segunda casilla.

—Mientas no te la cobren —dijo mi padre.

Pronto fue la hora del almuerzo. Nos dirigimos con prisa hacia el comedor que, esta vez, estaba repleto. El señor Byden hizo algunos comentarios y los padres se rieron, el reverendo Orch dio las gracias y luego nos sentamos. Había pollo asado y ensalada de pasta con aceitunas negras y pimiento rojo. Tenía sentados uno a cada lado a mis padres, que arremetieron con sus platos.

—¿No tienes hambre? —dijo mi madre.

—Sí, sí tengo.— Probé un poco de pasta, que era blanda y aceitosa.

Cuando estuvimos buscando un lugar para sentarnos, no vimos a Martha ni a sus padres, lo que para mí fue un alivio. Yo divisé algunas sillas vacías en una mesa en la que dos chicos flacos y de lentes, de primer año, estaban sentados junto a sus padres. Luego, se nos unió la señora Hopewell, una de las profesoras de arte que tenía el cabello fino y despeinado, los ojos llorosos y solía usar un delantal cubierto de pintura sobre su ropa y para el almuerzo se había puesto un vestido estampado en batik. De ella se rumoreaba que fumaba marihuana con su esposo, que era carpintero y no trabajaba en Ault y no estaba con ella en esa ocasión. La señora Hopewell era algo que podía manejar. Toda la mesa era algo que podía manejar: tenía suerte de estar rodeada de personas cuyas opiniones no me importaban.

Mientras mis padres hablaban con los padres de los chicos —sus nombres eran Cordy y Hans, y uno de ellos, aunque no podía recordar cuál, era un genio en matemáticas—, yo inspeccioné el comedor hasta que localicé a Cross. Él y sus padres estaban en una mesa junto a su compañero de cuarto, Devin, los padres de Devin, el reverendo Orch y el doctor Stanchak, que era el director del departamento de lenguas clásicas.

—Psst. —Mi padre ahuecó sus manos frente a su boca.— ¿Ése es el senador? —Con la cabeza, señaló una mesa a nuestra derecha. —¿Ese tipo con nariz de alcohólico?

—Por favor, papá.

No lo había dicho en voz baja, ni siquiera había sido discreto.

Se rió.

—¿No tengo razón? Para mí parece amigo de la botella.

—No tengo idea de quién es ese señor —dije—. Pero Robin Tunniff no está en esa mesa, así que dudo mucho de que ése sea su padre.

—Bueno, ¿dónde está ella?

Eché un vistazo a las mesas de enfrente —los Sugarman y el reverendo Orch se reían estruendosamente—, luego me di vuelta y miré hacia el otro lado del comedor.

—No lo sé —dije.

—¿Lo juras?

Lo miré a los ojos.

—Por supuesto que lo juro.

Pero después, cuando nos acercamos para buscar el postre a la mesa en la que normalmente estaba la mesa de ensaladas y que ahora estaba llena de masitas y brownies y grandes cafeteras en ambos extremos, vi a Robin y, junto a ella, a un hombre anodino que llevaba una corbata con estampado de pequeñas banderas norteamericanas. Sólo estábamos ahí mi padre y yo —mi madre luego de comerse la pasta que quedaba en mi plato se había declarado satisfecha— y me pareció algo hostil negarle el avistamiento del senador. Ésa sería mi concesión para él durante el fin de semana, el gesto que probaría que no era una hija malvada después de todo.

—Papá —le murmuré, y le di un codazo.

Él estaba poniendo crema en su café y algunas gotas cayeron por sobre el borde de la taza hacia el plato.

—Hola, hijita —dijo.

—No —dije—. Rápido, el tema del que estábamos hablando antes, nariz alcohólica. Pero esta vez, la cosa de verdad. —Volví a mirar al padre de Robin Tunniff, y esta vez mi padre siguió mi mirada. —La corbata —dije.

—Entendido.

Nos quedamos en silencio en medio del alboroto mirando al senador Tunniff, y sentí cuánto lo quería a mi padre. Ésa era una de las mejores cosas de nuestra familia, cómo conocíamos los códigos de los otros.

Y luego, él dejó su taza sobre la mesa y se alejó de mí a grandes pasos. En pocos segundos se encontró más allá del punto en que yo podría haberlo tomado del blazer, aunque seguramente no lo había hecho de todos modos.

—Dios mío —dije, y una madre que estaba parada junto a mí me miró. Nuestros ojos se encontraron, pero ella no dijo nada. Comencé a caminar y me detuve algunos metros detrás de él.

—… un gran admirador suyo —oí que decía. Y luego el senador y mi padre se dieron la mano.

Mi padre me daba la espalda. Yo sólo podía ver la cara del senador, y a Robin que los miraba inexpresiva. El senador parecía extremadamente cordial. Hablaron durante unos treinta segundos y volvieron a darse la mano; luego mi padre puso su mano izquierda sobre el brazo del senador. El senador se rió, y yo deseé no haber venido nunca a Ault, o haber nacido como otra persona, o al menos tener la capacidad de perder la conciencia inmediatamente; pero no de un modo que llamara la atención, no, por ejemplo, desmayándome y cayendo al piso, sino, más bien, de un modo que implicara sencillamente desaparecer.

Cuando se alejó del senador, mi padre casi choca conmigo. Tenía cara de distraído, y me pregunté si de verdad habría significado algo para él conocer a este hombre, si no lo habría hecho sólo para enfadarme o hacerme sentir avergonzada. Señaló por sobre su hombro con el pulgar.

—Buen tipo.

Yo estaba muda. O al menos en ese contexto lo estaba. Era mejor suspender mi furia hasta que estuviéramos solos.

—Vuelvo a la mesa —dije.

—Déjame buscar mi café. ¿Puedes buscar un brownie para tu madre?

—Ella no quiere nada.

—Sé lo que te digo. Ella querrá un brownie. —Se rió entre dientes, y pensé que quizá mi padre no me entendía en absoluto. Y si me entendía tenía que sentir remordimientos: Lo había hecho a propósito pero sentiría remordimientos.

Volvimos a nuestra mesa. Los padres de Cordy se estaban parando para irse, y la señora Hopewell y los padres de Hans ya se habían ido. No habría podido decir si los padres de Cordy habían estado esperando que mi padre y yo regresáramos para irse, o si lo habían hecho de todos modos dejando a mi madre sola en la mesa inspeccionando todo con sus ojos muy abiertos. En este momento odié a todos, a los estudiantes y profesores indiferentes, a los padres desconsiderados, y a mis propios padres por confiar en una amabilidad que no existía.

Mientras comíamos el postre, el comedor se vació. Mi padre partió una galletita de azúcar y metió la mitad en su café.

—Cuéntale a tu madre sobre mi nuevo amigo.

—Cuéntaselo tú.

—¿Quién? —dijo mi madre—. ¿De qué hablan?

—Papá acaba de abordar al padre de Robin.

Mi madre parecía confundida.

—Ya sabes, esa chica cuyo padre es senador —dije—. Bueno, papá se le acercó y se puso a hablarle.

—Fuiste tú la que me lo señalaste —dijo mi padre. Su tono todavía era jocoso.

—No lo habría hecho si hubiera sabido que irías a molestarlo.

—¿Molestarlo? Lee, por Dios, es una figura pública. Le gusta conocer gente.

—¡No tienes idea de lo que le gusta! —grité—. Es la primera vez en tu vida que lo ves. Nunca habías oído su nombre. Está aquí, tratando de pasar un fin de semana normal con su familia, y tú vas y finges...

—Tienes que calmarte. —El tono de mi padre ya no era alegre. Miró a mi madre, y como si yo no estuviera ahí, le dijo:

—Era un tipo confiable, no un farsante.

Mi madre asintió con la cabeza. Los miré a ambos y todo mi cuerpo se puso tenso.

—Estás loco. —Me aseguré de sonar calmada.

Mi padre me miró.

—¿Perdón?

—Estás totalmente loco. Hablas con ese tipo por dos segundos y luego actúas como si lo conocieras hace años. ¿Por qué te acercaste a él en primer lugar? ¿Crees que significa algo haber hablado con él?

—No entiendo muy bien a dónde quieres llegar —dijo mi padre. Sumergió la otra mitad de su galletita en el café.

Yo ya había tomado aliento para seguir hablando, pero cuando lo miré, sentí una desaceleración repentina de mi impulso, el deseo de retirarme del instante en el que estábamos por introducirnos. Él me miraba expectante sosteniendo su galletita unos pocos centímetros por sobre la taza. El tercio inferior de la galletita, más oscuro por el café, comenzaba a ablandarse y amenazaba con caerse en el líquido. La imagen me rompió el corazón; me pareció insoportable ser consciente de eso mientras él lo ignoraba. Me partió el corazón el hecho de que le gustara el sabor de la galletita de azúcar mojada en café, que eso fuera algo especial para él. Las pequeñas recompensas que nos damos a nosotros mismos: quizá no haya nada más triste.

Y no es que yo realmente pensara que él estaba loco. Pero mientras yo sintiera el impulso de convencerlo de que se estaba comportando como un loco, ¿no estaban nuestros roles afianzados de un modo tranquilizador? Lo peor habría sido reconocerlo como un hombre de treinta y nueve años que poseía ciertas virtudes y ciertas debilidades tratando de abrirse paso a su modo.

—Es que sólo pienso... —¿Pero qué era lo que pensaba? —Es como pedir un autógrafo —dije. Y supe que la indignación había desaparecido de mi voz. —¿Qué sentido tiene? No entiendo por qué la gente lo hace.

199

—Quizá no tenga sentido. Pero debes admitir que mucha gente no piensa como tú.

—El hijo de los Orschmidt tiene una gran colección de autógrafos —dijo mi madre—. Sharon me contó que el verano pasado cuando fueron a Los Ángeles consiguió uno de..., ay Lee, tú debes de saber de quién, es una estrella muy famosa. Oh, soy tan mala para los nombres. Pero Sharon dijo que el actor parecía una persona muy accesible, como hablar con cualquiera de nosotros.

Los tres nos quedamos en silencio.

—Entonces —dije finalmente—, ¿el señor Orschmidt todavía usa peluca? —Ahí tenían. Había cedido.

—Lee, no hables así —dijo mi madre—. El señor Orschmidt es un hombre muy bueno.

—El hecho de que use una peluca no significa que no sea bueno —dije.

—Mi amor, si la usa un hombre se llama tupé y no creo que al señor Orschmidt le guste oír que dices eso de él. Cuando yo era joven, la gente no hablaba de asuntos privados.

—Cuando tu madre era una chica, y los dinosaurios poblaban la Tierra —dijo mi padre—. ¿Verdad, Linda? —Siempre era igual: cruzábamos el momento, como un río agitado, sobre la espalda de mi madre.

—Oh, basta —dijo mi madre. Pero estábamos bien, estábamos bien, habíamos alcanzado la otra orilla.

Cuatro minutos antes de que terminara el primer tiempo, la señora Barrett me puso en lugar de Norie Cleehan —yo era defensora—, y me sacó cuatro minutos después de comenzado el segundo tiempo. Durante el tiempo que jugué, Gardiner metió dos goles.

Me senté junto a María en el banco.

—¿Dónde están tus padres? —dijo.

Señalé a través del campo. Algunos padres habían traído mantas o sillas de lona plegables, pero los míos sólo se habían sentado en el piso. Mi padre seguramente estaba arrancando briznas de pasto y soplándolas para hacerlas sonar. Era otro de sus trucos que me alguna vez me habían impresionado profundamente.

—Oh —dijo María—. Mamá y papá Fiora. Apuesto a que están muy felices en este momento.

—Quizás.

—¡Están *tan* felices! Dicen: "¿Viste cómo Lee se paraba en la cara de la número veinte, querida? Estoy *ogulloso* de Lee. —Viniendo de otra persona, ese comentario me habría parecido malintencionado. Pero María era peor que yo en fútbol. Ella también jugaba de defensora, y en el campo se movía con desgano; a veces cuando la delantera del otro equipo avanzaba demasiado luego de pasarlo, ella simplemente se detenía y observaba a la delantera acercarse al arco, como si ella, María, no fuera una participante sino una espectadora. Esto volvía loca a la señora Barrett.

—¿Vas a salir a cenar con tus padres? —preguntó María.

Asentí. Cuando mi madre me dijo que ella y mi padre querían que eligiera un lugar lindo, les mencioné un restaurante chino, porque sabía que con "lindo" no se refería a, por ejemplo, el Red Barn Inn.

—Eso será bueno —dijo María—. Salir del campus.

—¿Quieres venir? —pregunté. Lo dije rápido sin ni siquiera pensarlo, porque me pareció que quizá María lo había sugerido. También porque —esto seguramente era ofensivo pero cierto— probablemente ella también encontraría lindo un restaurante chino.

—Claro —dijo—. ¿Rufina también puede venir? —Rufina estaba jugando de medio campista, su larga cola de caballo se movía mientras corría por el campo.

—Sí, por supuesto —dije.

—Mira —dijo María—. Te están saludando.

Era cierto, mis padres me estaban saludando. Pensé que María y Rufina les caerían bien, y que les gustaría que llevara amigas. Mi padre se sentiría generoso; en casa, mis padres siempre me habían alentado a invitar otros chicos. Levanté la mano y les devolví el saludo.


Por la tarde, fui con mis padres hasta el motel. Habíamos perdido siete a dos, y se me ocurrió que quizá, cerca del final, el entrenador de Gardiner les había pedido que dejaran de hacer goles. Durante un partido en el que se encontraban todos los padres presentes, algo así habría sido decoroso y muy típico de internado.

Mi madre y yo nos quedamos en el auto mientras mi padre se registraba en el Raymond TaveLodge, un motel que yo les había buscado en las páginas amarillas unas semanas antes. La habitación, que no podían garantizar como una para no fumadores, costaba treinta y nueve dólares.

—Jugaste muy bien —dijo mi madre.

Me reí desde el asiento trasero. Todavía llevaba puesto mi uniforme y el cabello recogido.

—¿Qué? —dijo mi madre—. Jugaste bien. —Luego ella también se rió. —¡Muy bien!

—¿Qué gol de Gardiner de los que hicieron mientras yo estaba dentro te gustó más?, ¿el primero o el segundo?

—Las chicas del otro equipo eran enormes —dijo mi madre—. ¿Qué podía hacer mi escuálida Lee?

Nos quedamos calladas y se produjo un silencio de calma, cómodo. Con el partido y el almuerzo ya concluidos, sentí que todo saldría bien.

—Mira —mi madre golpeó en su ventanilla que estaba subida. —¿No son lindos? —A unos cinco metros, sobre un cobertizo, había dos petirrojos que volaban y se volvían a posar. —Parece que tienen una fiesta y están esperando que lleguen los invitados.

—Pero los preocupa que no venga nadie —dije.

—Pero ahora... —Un gorrión se posó a su lado. —Acaba de llegar el primer invitado —dijo mi madre. Había algo en los animales que siempre le había gustado a ella. Siempre que estábamos en la autopista y pasábamos frente a caballos o vacas, nos daba un golpecito a mis hermanos o a mí para que miráramos. Hacía lo mismo cuando pasábamos frente a ríos o lagos, o cuando cruzábamos un puente; especialmente si yo estaba leyendo en ese momento.

—Lee, papá y yo estamos tan contentos de haber conocido Ault —dijo.

En este momento mi padre salió de la entrada. Por la posición de sus labios, parecía que estaba silbando.

—Yo también —dije.


Cuando María y Rufina me abrieron la puerta de su cuarto, vi que ambas se habían arreglado para salir. Rufina llevaba una falda y un suéter, y María, pantalones negros con una camisa. Yo, en cambio, hacía unos minutos, sin ducharme, finalmente me había cambiado el uniforme de fútbol por unos jeans. En mi cuarto había encontrado una nota de Martha: "¡Mis padres quieren conocer a los tuyos! ¿Dónde están? ¡¡Llámame al Sheraton esta noche!!" Mis padres esperaban en el auto, y arrugué la nota y la tiré.

—Las dos están muy lindas —les dije—. Pero, bueno, no vamos al...

—Quizás habían creído que las estaba invitando al Red Barn Inn. —Sólo se trata del Golden Wok —dije—. ¿Está bien?

Se miraron entre ellas, y después me miraron a mí.

—Claro —dijo María—. Perfecto. —Sin duda habían pensado que iríamos al Red Barn Inn.

En el auto, mi madre les preguntó de dónde eran y si les gustaba Ault. Rufina dijo:

—La verdad, no mucho —dijo, y se rió.

—¿Por qué no? —preguntó mi madre

—Es un poco esnob —dijo Rufina—. Hay muchos esnobs.

¿Cómo era posible que pudiera quedar bien parada haciendo el más previsible de los comentarios?, y ¿cómo era posible, por otra parte, que un comentario así la volviera hermosa? (Y luego estudiaría en Dartmouth, y María en Brown. Obviamente yo todavía no lo sabía entonces, pero si lo hubiese sabido, el dato sólo habría aumentado mi desconcierto. Si eras hermosa e ibas a un colegio de elite, ¿qué importaba todo lo demás?)

—Debo decir que pienso lo mismo —dijo mi padre—. Hoy vi a un tipo y pensé, pobre, debe de tener una lesión en el cuello. Luego me di cuenta, no, solamente tiene su nariz en el aire.

—De verdad —dijo Rufina—. Y los hijos son peores que los padres.

—Nada como heredar un montón de dinero para creer que lo mereces —dijo mi padre.

Me puse tensa. La palabra "dinero" me erizaba la piel. Además, el comentario de mi padre probablemente era algo que el cura de su iglesia había dicho en un sermón, o algo que simplemente había leído en la revista *Selecciones*. Pero Rufina sólo dijo:

—Exactamente.

—¿Y tú María? —dijo mi madre—. ¿Lo has pasado bien en Ault?

—A veces bien, a veces mal —dijo María—. Depende del día.

—¿Estuvieron en el almuerzo, chicas? —preguntó mi padre—. ¡Qué caterva de ratas! ¿No?

Estallaron en carcajadas, y yo miré por la ventana. ¿Por qué tenía que esforzarse tanto? Nadie esperaba mucho de los padres.

—¿Qué es una caterva de ratas? —dijo María.

—Díselo, Flea. —En el espejo retrovisor, pude ver que mi padre sonreía.

—Es un gran evento, con muchas personas —dije.

—Es muy gracioso —dijo Rufina—. Tengo que recordarlo.

En la cena Rufina pidió camarones con salsa de langosta, y para compensar (aunque dudaba de que mi padre supiera que lo estaba haciendo), yo pedí vegetales surtidos. Rufina y María pidieron gaseosas, algo que no hacíamos en mi familia: en los restaurantes. Siempre pedíamos agua; pero hubiera sido injusto juzgarlas por eso: la mayor parte de la gente en el mundo pedía gaseosas en los restaurantes. Cuando llegaron nuestras galletitas de la suerte, leímos en voz alta las de todos: "Amas los deportes, los caballos y las apuestas pero no en exceso. Tu sonrisa sabia te protegerá. ¡Serás el mejor!" La cena no había sido de ningún modo un desastre. Todos se habían caído bien entre sí, pero, aun así, había sido un error invitarlas. Todo el tiempo había estado alerta, vigilando que las cosas no se desbordaran.

De vuelta en el campus, cuando paramos frente a su residencia para dejarlas, María salió del auto pero Rufina se quedó sentada.

—Fue una buena cena —dijo, y se frotó la barriga.

—Nos gustó mucho conocerlas —dijo mi madre.

Rufina me miró, luego a mi padre, a mi madre y a mí nuevamente.

—Ustedes...eh, ustedes están parando en el Sheraton, ¿verdad?

—¿En el qué? —dijo mi padre.

—Pensé que... —Rufina hizo una pausa.— Bueno, le dije a Nick que lo vería ahí.

"¿Nick?", pensé, "¿Nick Chafee?" Luego, porque en lo momentos de sorpresa genuina yo trataba de actuar con más naturalidad que nunca, dije:

—Podemos llevarte. Mis padres no están parando ahí, pero no hay problema.

—¿Alguien puede explicarme lo que está pasando aquí? —dijo mi padre.

—Rufina necesita que la llevemos al hotel —dije. Volví a mirarla a ella: —Está todo bien. Podemos llevarte.

—Espera un segundo —dijo mi padre—. ¿De qué hotel estamos hablando, y quién es este tipo Nick?

Rufina comenzó a hablar pero yo la interrumpí.

—Necesita ir al Sheraton, donde se quedan muchos de los padres. Y Nick está en nuestra clase, y no es que vayas a quedarte en una habitación con él, ¿verdad, Rufina?

Rufina asintió. Obviamente, iba a quedarse en una habitación con Nick.

Mis padres se habían dado vuelta para mirarnos, el codo derecho de mi padre colgaba sobre el asiento. María había desaparecido en la oscuridad.

—¿Y esperan que crea eso? —dijo mi padre. No parecía enojado sino levemente divertido.

—Es verdad. —dijo Rufina—. Voy a quedarme en una habitación con un montón de amigas mías y de Lee.

—¿No necesitas un permiso para dormir fuera del campus?

—Llené un formulario en la oficina del director esta mañana.

—Papá —dije—. Ella no es tu hija. Llévala. No te incumbe.

—¿No me incumbe?

En ese momento, si yo hubiera sido Rufina, me habría bajado del auto. Más allá de si conseguía que me llevaran o no, no habría querido estar tan cerca de una familia peleando. Pero yo no era Rufina; Rufina iba a ir al Sheraton para emborracharse y besarse con Nick Chafee. Y con eso como recompensa, nuestro altercado era sólo una distracción que había que soportar. Yo nunca había estado con un chico, ni había bebido, pero sabía que si un chico realmente te gustaba, los pequeños incidentes cotidianos se encogían hasta desaparecer. El pensamiento de que volverías a verlo estaba siempre contigo y cuando te sentías aburrida o nerviosa se intensificaba como el recuerdo de algo bueno.

—No sé bien cuándo comenzaste a decidir qué me incumbe y qué no —dijo mi padre.

No ahora, pensé. ¿Acaso no se daba cuenta de que esta situación no tenía nada que ver con nosotros? Sólo éramos arterias con la tarea de conducir a Rufina a través de la noche a los brazos del chico que la estaba esperando.

—Terry. —Mi madre sacudió suavemente la cabeza. Luego le susurró algo al oído; creo que lo que dijo fue, "más tarde". Ella sí se daba cuenta de cuál era nuestro rol en la situación.

—Puedo decir lo que quiera en mi auto —dijo mi padre, pero mientras lo decía puso en marcha el auto y comenzamos a avanzar. Aún no sé si estaba cediendo ante mí, Rufina o mi madre.

Cuando regresamos a la ruta principal dije:

—Está sobre la ruta 90, ¿sabes cómo llegar?

Mi padre no dijo nada, y mi madre dijo:

—Papá sabe porque es la ruta por la que vinimos.

Podría haber sido peor, pensé, si hubiéramos tenido que parar en una estación de servicio para preguntar el camino.

Durante el resto del viaje, que fue de casi veinte minutos, nadie dijo nada. En el auto oscuro, en la ruta oscura, podríamos haber estado en cualquier parte; daba lo mismo si era Massachusetts o cualquier otro sitio. Mi padre, mi madre, yo y esta linda chica desconocida sentada a mi lado: por un minuto no pude recordar su nombre. ¿Qué estaba haciendo ella con nosotros? Que nosotros tres estuviéramos juntos en el auto tenía sentido, pero la presencia de ella me parecía rara y desconcertante.

Luego ya no me sentí desorientada. (se trataba de Rufina, obviamente). Entonces, ella y Nick tenían algo; ahora me parecía absurdo no haberme dado cuenta antes. Aparentemente, la belleza le había ganado a la raza. ¿O era posible que mi visión sobre la raza y la formación de parejas en Ault hubiera estado equivocada? ¿O sí tenía razón pero me equivocaba al creer que un patrón siempre se transformaba en una regla? Obviamente, siempre podía haber excepciones. A veces, en realidad muy frecuentemente, aunque este hecho dejó de sorprenderme sólo muchos años después, las cosas eran lo que parecían ser. Un chico y una chica coqueteaban y luego se sabía que estaban juntos; sólo alguien como yo podía encontrar esto desconcertante.

En el camino de entrada en el campus, mi padre detuvo el auto pero dejó las luces delanteras encendidas. Era cerca de las once, la hora límite para regresar los sábados, aunque sólo una parte de los estudiantes iban a dormir en las residencias esa noche.

Mi padre puso las manos sobre el volante.

—No... —comenzó, y la voz le salió chillona después de tanto tiempo en silencio. Se aclaró la garganta. —No iré mañana a la misa ni al desayuno —dijo—. Nos vemos en Navidad, Lee.

—¿Estás bromeando? —pregunté, y mi madre dijo:

—¡Terry!

—No, no estoy bromeando. —No miró a ninguna de las dos.

—Querido, ¿y si mejor...? —comenzó mi madre, pero él la interrumpió:

—No necesito que nadie me trate así. Mucho menos mi hija de dieciséis años.

—No quería... —dije, pero él me interrumpió también a mí. Probablemente había estado pensando qué decir durante el viaje. Su voz era firme, calma y furiosa a la vez.

—No sé qué te ha pasado, Lee, pero sí puedo decirte algunas cosas. Realmente me has defraudado. Eres egoísta y superficial, y no tienes respeto por tu madre ni yo, y me avergüenzo de ti. "Por tu madre ni por mí", pensé. Más allá de lo que él estuviera diciendo, eso es lo que pensé.

—Cuando entraste en Ault —continuó mi padre— me dije, apuesto que hay muchos chicos que se creen gran cosa por ir a un lugar así, y también pensé, pero me alegro de que Lee tenga los pies en la tierra. Pues bien, me equivocaba. Te lo diré: cometimos un error en dejarte venir. Quizá tu madre no piense igual que yo, pero no conduje dieciocho horas para esto.

Ninguno dijo nada, y mi madre sacó un pañuelo y se sonó la nariz. A veces, cuando mi madre lloraba, yo la consolaba, pero no quería hacerlo ahora.

Tragué saliva. Había muchas cosas que podría haber dicho en ese momento pero la que elegí fue:

—No te pedí que vinieras.

—¡Lee! —dijo mi madre con voz angustiada.

De repente, mi padre se desajustó el cinturón de seguridad, abrió su puerta, bajó del auto, y abrió mi puerta.

—¡Fuera! —ladró—. Ahora mismo.

—No.

—Dije que salieras de mi auto.

—También es el auto de mamá.

Mi padre me miró y sacudió la cabeza; aparentemente no había más palabras para expresar la repugnancia que yo le provocaba.

—Está bien —dije. Salí del auto, me crucé de brazos y me quedé mirándolo.

—Puedes decir todo lo que quieras sobre mí. Pero quizá deberías pensar en cómo te comportas tú. Crees que es muy divertido decir cosas extrañas y avergonzarme frente a mis amigas, y cuando me enojo, actúas como si no hubieras hecho nada.

—¿Avergonzarte? ¿Invitar a esas chicas a cenar es avergonzarte?

—Sí, claro. Porque salgamos una noche a cenar voy a olvidar cómo te comportas el resto del tiempo.

—No sabía que te había pedido que olvidaras algo. Tengo treinta y nueve años, y me siento bastante cómodo conmigo mismo, Lee. Y la verdad eso es muchísimo más de lo que puedo decir sobre ti. Hay algo que no necesito hacer, y eso es pedir disculpas.

—Me alegro por ti —dije—. Felicitaciones.

Y luego —no puedo recordar haber anticipado de ningún modo esto, sólo recuerdo que de repente supe que había sucedido— levantó la mano derecha y me dio una bofetada. Su mano estaba caliente, y luego lo estuvo mi cara y lágrimas corrieron por mis mejillas, pero creo que sólo lloré por lo fuerte del golpe. Y lo que hice antes de mirar a mi padre, antes de decir nada y levantar mi mano para tocarme la cara, fue echar una mirada alrededor. Estábamos cerca de la capilla, y a unos diez metros, iluminado por un farol, vi a Jeff Otis, un compañero. Nuestras miradas se encontraron. No podía descifrar su expresión a la distancia, pero pensé que no era negativa. Jeff no era alguien que yo conociera bien —habíamos estado juntos en la clase de la señorita Moray en segundo año, pero eso era todo— y nunca volvimos a hablar después de esto. Por el resto del tiempo que permanecí en Ault, él sólo fue la persona que había visto cómo mi padre me daba una bofetada. Si hoy me lo cruzara en la calle en San Francisco o Nueva York —podría estar casado, tener hijos, ser astrónomo o contador— eso es lo que él seguiría siendo para mí, la persona que vio cómo mi padre me daba una bofetada. Cuando aún estábamos en Ault y nos cruzábamos en el comedor o en el gimnasio, no hablábamos ni nos saludábamos, pero yo sentía que había algo compartido entre nosotros. Él lo había visto.

Miré a mi padre nuevamente.

—Eres un imbécil —dije, y a esa altura ya estaba llorando.

—Y tú eres una perra desagradecida. —Cerró con una patada la puerta trasera se metió en la parte delantera antes de que su puerta se cerrara, oí la voz de mi madre, pero no pude entender lo que decía y encendió el motor. Luego se fueron. Para volver a mi residencia tenía que seguir a Jeff y cruzar el arco que daba al patio. Pero caminé en la dirección contraria hacia el círculo. Parada en esa vasta extensión de césped, sin árboles salvo en los bordes, contemplé los grandes edificios con sus luces parcialmente encendidas, y luego, más arriba, las estrellas. Ahí afuera, en el círculo, no me sentía tan mal. Dentro de mi cuarto, con la luz encendida, rodeada de muebles, revistas, almohadas y portarretratos, ahí sí me sentiría mal.


Cuando el teléfono sonó temprano en la mañana, fue como haber estado esperando la llamada. Salté de la cama, bajé corriendo las escaleras hacia la sala de estar, y abrí de un tiró la puerta de la cabina telefónica.

—Lee —dijo mi madre, pero no podía hablar porque su llanto era demasiado intenso.

—Mamá —dije—. Mamá, lo siento, por favor vuelvan.

—Papá está pagando la cuenta del motel —dijo. Respiró hondo varias veces. —Quiere partir temprano. Pero, Lee, espero que sepas que él te ama mucho y que está muy orgulloso de ti. Espero que lo sepas.

—Mamá... —mi mentón comenzó a temblar, mis labios se tensaron.

—Y realmente teníamos muchas ganas de verte, y siento mucho que las cosas hayan terminado así.

—Mamá, no es tu culpa. Mami, por favor. Por favor, no llores. —Pero yo también estaba llorando. No sé si lo notó debido al ruido de su propio llanto. —¿Por qué no regresas? —dije—. Aunque papá no venga. Te gustará la misa.

—Lee, no puedo. Él quiere irse ahora. Prométeme que lo llamarás en unos días y le dirás que lo sientes. Y sé que él estuvo mal, que no debería haberte golpeado, me pone muy triste que... —Empezó a sollozar otra vez.

—Está bien —dije—. No me dolió. De verdad, mamá, no me dolió.

—Tengo que irme, Lee. Te quiero, no lo olvides, te quiero. —Luego colgó, y me quedé sosteniendo el auricular, escuchando el silencio. Cuando volví a mi cuarto, vi en el reloj despertador de Martha, que todavía no eran las seis y media.


Más tarde (no había nada en mi familia que no se volviera un chiste o una anécdota) nos referíamos a ese episodio como el fin de semana infernal y decíamos que nunca se sabría quién se había comportado peor; si mi padre o yo. En la versión de mi madre, todo se debía al hecho de que Lee estaba mirando una de esas revista que a ella tanto le gustan y papá comenzó a burlarse de ella y bueno ya saben en lo que se pueden meter dos personas de carácter fuerte. Por otra parte, mi madre siempre me preguntaba por Rufina y María en sus cartas o cuando hablábamos por teléfono, y las llamaba "las chicas españolas" o si no "la chica con el novio y la otra chica".

Fue la última vez que mi padre me golpeó —lo había hecho cuando era niña, con palmaditas en las nalgas más que con bofetadas, y sólo cuando mis hermanos y yo éramos completamente salvajes o intencionalmente desobedientes— y después de eso estuve por mucho tiempo sin llorar frente a mis padres.

Cuando estuve en la universidad, siempre tuve un teléfono en mi cuarto, y mi padre solía llamarme con frecuencia —creo que el sistema del teléfono público en Ault le parecía demasiado incómodo—, y a veces él ni siquiera dejaba un verdadero mensaje sino que soltaba una frase absurda en el contestador, o recitaba chistes de memoria ("¿Cómo haces que baile un pañuelo de papel?" O, en Halloween: "Lee, ¿por qué las brujas no pueden tener hijos?) Mis compañeras de cuarto, obviamente, pensaban que él era muy divertido. Luego, después que terminé la universidad, él se compró un teléfono celular y comenzó a llamarme diariamente. Siempre le contestaba, aunque estuviera en el trabajo u ocupada, y siempre lo dejaba a él terminar la conversación. No es que realmente creyera que podía redimirme por aquel fin de semana, o por haber ido a Ault para empezar. (¿Cómo podía yo con trece años comprender que uno tiene toda la vida para dejar a su familia? O quizá fue el hecho de ir a Ault lo que me volvió la clase de persona que, por razones de educación primero y de trabajo después, siempre está lejos). No, no es que yo pensara que *podía* redimirme; más bien creía que tenía que demostrarle a mi padre que intentaba hacerlo. En cuanto a mi madre, ella nunca me castigó ni me reprendió por eso. Y por eso, porque a diferencia de mi padre ella nunca me pidió una reparación, mi ofensa era irreparable. Mi ofensa era un océano, o un planeta frío.

En una ocasión, de visita en la casa de mis padres, curioseando en la habitación de mi hermano Tim, me detuve ante la pizarra en la pared y vi que un extremo había una tarjeta de identificación, un rectángulo color crema con un moño rojo adosado en la parte superior y la imagen del escudo de Ault en el margen izquierdo.

"Timothy John Fiora", decía, y debajo "hermano de Lee", y luego de mi nombre, el año de mi graduación. Cuando eso había sido escrito, faltaban todavía dos años para que me graduara; cuando lo vi en la habitación de mi hermano, ya habían pasado más de diez años y Tim mismo había terminado la secundaria y comenzado la universidad estatal. Lo que me sorprendió es que era la letra de mi padre y no de mi madre la que estaba en la tarjeta. ¿Había tomado una de más al buscar las tarjetas para él y para mi madre, y luego había escrito el nombre de Tim (seguramente había hecho también una para Joseph), y se la había pasado a mi madre para que la llevara de vuelta a Indiana? ¿O la había llevado consigo todo aquel sábado en Ault metida en el bolsillo de su blazer beige cuidando que no se doblara al sentarse? ¿Y luego en el auto, la había puesto en algún lugar seguro, la guantera, o quizás el asiento del acompañante? Más tarde supe que hicieron todo el camino de regreso sin detenerse, y mi padre condujo todo el tiempo. Habían planeado detenerse cerca de Erie, pero mi madre se durmió, y mi padre decidió seguir. Poco después del mediodía, mi madre se despertó asustada. El motor estaba apagado y mi padre estaba sentado junto a ella haciendo sonar los nudillos de los dedos y mirando a través del parabrisas. "¿Dónde estamos?", preguntó mi madre. "En casa", le contestó mi padre.

# 6. Lugareño
## INVIERNO DE TERCER AÑO

A esos de las seis, justo cuando comenzaba la cena formal, una ambulancia llevó a Sin-Jun a la sala de emergencias. De hecho, cuando Tig Oltman y Daphne Cook la encontraron —Tig y Daphne estaban en segundo y vivían en la misma residencia que Sin-Jun— iban camino al comedor. Abrieron la puerta de su cuarto justo en el momento en que Sin-Jun, con la mano contra el abdomen, como si hubiera doblado su camisa para transportar guijarros o granos de maíz y tratara de evitar que se desparramaran, se desplomaba murmurando algo incomprensible.

Era miércoles. Luego de la cena formal, había una conferencia para toda la escuela. Se trataba de una mujer negra, la coreógrafa de un grupo de danza. Martha y yo estábamos a punto de entrar en el auditorio, cuando la señora Morino, directora de la residencia de Sin-Jun, nos detuvo. Cuando pienso en todo el incidente, incluso en todo el resto del invierno (estábamos a fines de febrero entonces), ése es el momento que recuerdo con más claridad. Martha y yo hablábamos alegremente mientras yo seguía con la vista a Cross Sugarman, que estaba unos metros delante de nosotras, para ver dónde se sentaba y ubicarme cerca de él, aunque no tan cerca de manera que la proximidad no pareciera intencional. De pronto vi que la señora Morino se nos acercaba y pensé que quizá nos estaría saludando. Pero ¿por qué nos saludaba si ni Martha ni yo la habíamos tenido nunca como profesora o entrenadora, y casi ni la conocíamos? Por eso me sobresalté cuando se detuvo frente a nosotras y me tomó de la mano.

—Tengo una noticia lamentable —anunció.

El temor se apoderó de mí. Antes de que la señora Morino continuara comencé a revisar mentalmente si había hecho algo incorrecto en los últimos días, por lo que me sentí aliviada (un alivio que pronto me parecería vergonzoso y egoísta) cuando dijo:

—Sin-Jun está en el hospital. Tomó algunas pastillas. Los doctores tuvieron que hacerle un lavaje de estómago. Acabo de verla y está estable, pero aún se encuentra muy débil.

—¿Está enferma? —Miré a través de la puerta doble. Cross había

211

desaparecido dentro del auditorio, casi todos estaban sentados, y las lucen comenzaban a hacerse más tenues. Miré nuevamente a la señora Morino sorprendida de que nos estuviera haciendo llegar tarde a la conferencia; yo todavía no entendía que me la iba perder.

—Tomó *pastillas* —repitió la señora Morino, y yo seguía sin entender. Creo que esto tenía que ver más con la idea que yo tenía de Sin-Jun que con mi ingenuidad habitual, aunque quizá fuera una mezcla de ambas cosas. Entonces, Martha dijo:

—Intencionalmente, Lee.

—Quiero llevarte al hospital —dijo la señora Morino—. Ella está un poco mareada, pero le hará bien ver otra cara conocida.

¿Sin-Jun había tomado pastillas *a propósito*? ¿Había tratado de matarse? Más que inesperada, la idea parecía imposible. Sin-Jun ni siquiera era infeliz, mucho menos una suicida.

Tragué saliva.

—¿Martha también puede venir?

—Esta noche será mejor que sólo vengas tú —dijo la señora Morino—. No quiero abrumar a Sin-Jun. Lo entiendes, Martha, ¿verdad? Puedes ir a la conferencia. —La señora Morino inclinó su cabeza hacia el auditorio. —Lee, nosotras iremos hacia allá. Mi auto está justo enfrente. —Comenzó a caminar hacia la salida y yo la seguí. Mientras caminaba, miré hacia atrás. Martha todavía estaba parada fuera del auditorio, en su rostro había una expresión de desconcierto. Cuando nuestras miradas se encontraron, levantó su mano para saludarme, y yo me sentí como su espejo, saludándola tan desconcertada como ella.

La coreógrafa que había realizado la conferencia aquella noche se hizo famosa en la década siguiente (su grupo de danza se concentró en lo político, especialmente en temas raciales), y regularmente me topé con artículos sobre ella en revistas y diarios. Nunca pude ver su nombre sin sentirme mal, sin sentirme del mismo modo en que me sentí aquella noche cuando supe que Sin-Jun había tomado pastillas; esa sensación de desorientación que te invade cuando sabes que algo malo ha pasado pero no conoces los detalles.

El auto de la señora Morino era un Sedan azul marino. Sobre el tablero había adhesivos para raspar y oler, y el asiento estaba lleno de pelos de perro. La señora Morino enseñaba geometría y el señor Morino historia de América (tampoco lo había tenido nunca como profesor) y tenían tres hijos cuyos nombres yo no recordaba, de los cuales el mayor parecía de seis años. A veces uno se topaba con los niños en el comedor apretando cereales con los dedos, o gateando entre las mesas. La radio del auto de la señora Morino estaba sintonizada en una estación de música clásica con el volumen bajo, por lo que sólo podíamos oírla cuando estábamos en silencio. Dado que afuera estaba oscuro, podía intuir más que ver los campos y bosques que pasábamos.

—Déjame hacerte una pregunta —dijo la señora Morino—. ¿Sin Jun estuvo alguna vez deprimida cuando era tu compañera de cuarto?

—Creo que no.

—¿Habló alguna vez de lastimarse a sí misma?

—No.

—¿Solía alterarse por algo?

Traté de recordar si la había visto llorar alguna vez, y recordé una ocasión en la que lloró por una nota de lengua. Me paré junto a su escritorio y le palmeé la espalda, y mientras lo hacía pude ver la nota escrita en azul en la parte superior de la primera página. Era una B menos, nota que no era inferior a la mayoría de las mías en lengua y en casi todas las materias. Aunque estaba casi segura de que no me lo había contado la misma Sin-Jun, yo sabía que el año antes de entrar en Ault, ella había sido la primera chica en ganar un importante concurso nacional de matemáticas y ciencias en Corea.

—Se preocupaba mucho por sus notas —le dije a la señora Morino—. Pero más allá de eso, no.

La verdad es que cuando éramos compañeras de cuarto nunca fuimos confidentes. Aunque también es cierto que es imposible no conocer a una persona con la que vives. Cuando Sin-Jun se despertaba por la mañana, tenía el cabello negro hacia atrás, su piel se veía pálida y durante más de quince minutos le era muy difícil hablar; su golosina preferida eran esas peras secas, crujientes y especiadas que vienen en paquetes de aluminio, y también cualquier cosa con caramelo; a lo que más miedo le tenía era a las serpientes, incluso en fotos; y la persona a la que más quería era su hermana Eunjee cuatro años menor, que aún vivía con sus padres en Seúl. Pero quizás eso fuera sólo información, no verdadero conocimiento. Y, obviamente, en los dos años en que no habíamos sido compañeras de cuarto nuestras vidas se habían distanciado cada vez más. Desde segundo año, Sin-Jun había compartido cuarto con Clara O'Hallan y yo lo había hecho con Martha, y no habíamos vuelto a estar en la misma residencia.

—¿Ha habido algún cambio reciente en la vida de Sin-Jun? —preguntó la señora Morino—. ¿Con su familia, o aquí?

—No lo creo

—¿Problemas con profesores o compañeros?

—Creo que Clara podría saber eso mejor que yo. (¿Estaba queriendo decir que yo era una mala amiga? ¿Acaso lo era?)

—Teóricamente, sí —dijo la señora Morino—. Pero Clara está bastante angustiada. Fue con Sin-Jun en la ambulancia y ahora está con ella.

No parecía que hubiera mucho más que decir. La situación no era la más apropiada para hablar de cosas superficiales y estaba claro que yo no podía contestar las preguntas. Mientras viajábamos, mi mente alternaba entre la constatación de que estar en el auto de la señora Morino era una experiencia extraña, y especulaciones sobre lo que había hecho Sin-Jun. La señora Morino estaba segura de que Sin-Jun había tomado todas esas aspirinas a propósito (al parecer, eso era lo que había tomado); hasta donde yo sabía, la señora Morino no consideraba ninguna otra posibilidad. Y al estar sentada junto a ella, también su presencia física me distraía. Me preguntaba dónde habría crecido, qué edad tendría cuando se casó con el señor Morino. A juzgar por su aspecto y la edad de los niños, deduje que estaría cerca de los cuarenta. Mientras calculaba, mi mente volvió a Sin-Jun. ¿Alguna vez había dado alguna señal de que era capaz de suicidarse? ¿Sólo quería atención? Nunca había dado esa impresión.

Traté de recordar cuándo la había visto por última vez. Era algo tan borroso y superficial como recordar qué ropa me había puesto el día anterior o qué había comido en la cena. En el hospital, caminamos hacia la entrada principal, con puertas de vidrio automáticas bajo un pórtico iluminado. Era un hospital pequeño de sólo tres pisos, y daba la impresión de ser un lugar para emergencias menores. Si Sin-Jun corriera peligro, sin duda la habrían trasladado a un hospital de Boston en helicóptero.

Dentro, la luz era blanca e intensa y se reflejaba sobre el piso de linóleo blanco. Nos registramos en un mostrador en el primer piso y tomamos el ascensor hacia el tercero, luego atravesamos una puerta doble y, apenas la abrimos, se oyó un gemido, como un lamento desaforado, lo que me hizo preguntarme si estaríamos en la sección psiquiátrica. Pronto caí en la cuenta de que todo lo que la señora Morino había dicho era cierto. Sin-Jun había intentado suicidarse, y ahora estaba en el hospital. No es que hubiera sospechado de la veracidad de la señora Morino, pero siempre me costaba creer que algo hubiera pasado o estuviera pasando. Los grandes acontecimientos de la vida, los acontecimientos serios, siempre me han resultado difíciles de reconocer porque nunca *me pare-*

*cen* grandes o serios. En ese momento, uno tiene que ir al baño o le pica el brazo, o lo que la gente dice suena melodramático o sentimental y resulta difícil no sonreír de satisfacción. Uno tiene una idea previa de cómo deberían ser esa clase de situaciones —ante todo, absorbentes—, pero luego no se parecen en nada a lo que uno pensaba. Y sin embargo, más tarde, mirando hacia atrás te das cuenta de que lo que creías sí tuvo lugar, sí sucedió.

La mayoría de las puertas estaban abiertas, y mientras pasábamos delante de los cuartos pude oír las risas enlatadas y las voces estridentes de la televisión. De repente, lo recordé: el sábado anterior. Esa había sido la última vez que había hablado con Sin-Jun. Habíamos caminado juntas hacia el almuerzo luego de la hora de química, y habíamos hablado de las vacaciones de primavera que serían en marzo. Ella me dijo que se quedaría en la casa de una tía en San Diego. En nuestra conversación no hubo nada fuera de la habitual. Me pregunto si entonces ya lo había planeado o si tomar las pastillas fue sólo una decisión impulsiva. Y de nuevo pensé, ¿por qué? ¿Acaso su vida no era completamente buena? No era la chica más requerida de la escuela, pero tenía amigos, y, por cierto, era imposible imaginar a alguien que la despreciara. Y además de todo, tenía buenas notas. Todavía hablaba con algunos errores pero estaba totalmente claro que entendía perfectamente cuando alguien le hablaba. Y sus padres, a quienes yo había conocido en primer año, parecían buenas personas, y aun si no lo fueran, ¡estaban tan lejos! Quizá fuera eso, la distancia. O quizás extrañaba a su hermana. Pero eso tampoco tenía mucho sentido, uno no tomaba pastillas porque extrañaba su casa.

Cuando entramos en la habitación, Sin-Jun estaba sentada en la cama y miraba fijo sin ninguna expresión particular en su rostro. Tenía puesta una bata azul del hospital, y, tal como la señora Morino me lo había advertido, el contorno de sus labios estaba teñido de negro por el carbón que los médicos habían usado para hacerle el lavaje de estómago. Pero no era Sin-Jun el centro de atención sino Clara, la fuente de los gemidos que acababa de oír hacía unos momentos. Clara chillaba como un niño. Su rostro era de un rosado manchado y estaba lleno de lágrimas. Le goteaba la nariz; tenía la boca abierta y franjas de saliva le corrían entre el labio superior y el inferior; y de su boca emergía un llanto sin palabras, a ratos sostenido y a ratos jadeante, lo que era a la vez grotesco y cautivador. Estaba sentada en una silla a la derecha de la cama de Sin-Jun, inclinada hacia adelante, las manos contra los bordes del colchón, y como el colchón estaba al menos treinta centímetros más arri-

215

ba que la silla, la postura de Clara parecía la de alguien suplicando. Daba la impresión de que Sin-Jun la ignoraba por completo.

La señora Morino gritó para hacerse oír por sobre el ruido reinante:

—¡Mira a quién traje! —Pasó un brazo alrededor de mi hombro y sonrió.

—¡Hola! —dije en voz alta.

Sin-Jun no nos miró a ninguna de las dos.

Pensé que tenía que abrazarla, o tal vez no. Avancé algunos pasos y apoyé mi mano sobre el colchón, cerca de sus pies, y finalmente me miró.

—Hola, Lee —Sonaba cansada pero no alterada, tampoco avergonzada o arrepentida.

—Me alegro de verte —grité. Sin-Jun no había levantado la voz y yo había podido oírla de todos modos, pero no pude refrenar el impulso de gritar.

Parecía que la señora Morino tampoco.

—Regreso al campus —exclamó mientras le frotaba la espalda a Sin-Jun—. Tengo que acostar a los niños. Pero, Lee y Clara: cuando el señor Morino me traiga de vuelta para quedarme a dormir con Sin-Jun, él las llevará de vuelta, ¿les parece bien?

Ninguna dijo nada.

—Las llevaremos de vuelta al campus antes de las diez —dijo la señora Morino—. Y, Sin-Jun, quiero que trates de sentirte mejor. ¿Puedes hacer eso por nosotras?

Luego de que la señora Morino se fue, Clara dejó de llorar y jadeó un poco como si tratara de recuperar el aliento. Sentí el mismo alivio que sentía cuando un bebé que lloraba dejaba de hacerlo, y también la desagradable corazonada de que eso no sería la conclusión del arrebato sin sólo un grieta en él.

—¿Cuánto hace que están acá? —pregunté.

—No lo sé —dijo Clara con tono tembloroso y alargando cada una de sus palabras.

Sentí ganas de preguntarle cuánto hacía que estaba llorando. Ese grado de alteración parecía físicamente agotador, y aunque Clara era una chica corpulenta tampoco podía sostener ese esfuerzo de forma indefinida.

Miré de vuelta a Sin-Jun. Cuando nuestras miradas se encontraron, casi me largo a llorar. Su mirada era tan desesperanzada, tan exhausta, que llegaba a parecer cínica. Sentí que quizá la había subestimado. Quizás en el pasado no había creído que ella pudiera tener opiniones o experimentar infelicidad, que pudiera ser como yo. Obviamente no había nada que pudiera hacer por ella. Todavía no me cabía en la cabeza que ella hubiera querido realmente morir, pero sí, había tomado las pastillas, poseía la voluntad que se necesitaba para hacerlo.

—Pasaré la noche aquí —anunció Clara—. Nadie puede detenerme.

Sin-Jun se dio vuelta y se dirigió a Clara por primera vez desde que yo estaba ahí.

—No te quedas en hospital.

—Tienes que permitírmelo, no me iré.

—La señora Morino nos recogerá en un rato. Tenemos que estar en la escuela antes de las diez —dije.

—¿Estar en la escuela antes de las diez? —Clara me miró.— ¿Sin-Jun casi muere y tú sólo piensas en llegar a tiempo a la escuela?

Ni siquiera la referencia explícita a la muerte —asombrosamente inapropiada, en mi opinión— produjo ninguna reacción en Sin-Jun.

—¿Quieres que nos quedemos Sin-Jun? —pregunté.

—Quiero dormir —dijo Sin-Jun. Miró a Clara. —Vuelve a la escuela.

—¡No! No. No me iré. Voy a llamar a los Morino inmediatamente para decirles que me quedaré. Dormiré en un catre, como la señora Morino. Me quedaré. ¿Me entiendes? —Se paró y comenzó a caminar lentamente hacia la puerta con pasos vacilantes; como si Sin-Jun pudiera en cualquier momento saltar de la cama y detenerla. Yo estaba a los pies de la cama, muy cerca de la puerta, y, cuando Clara se me acercó, di un paso atrás. No quería tener contacto físico con ella, que se tambaleaba y balbuceaba.

Cuando se fue, el ambiente se tranquilizó. Sentí alivio pero también cierto temor de estar sola con Sin-Jun. Me senté en la silla de Clara —me levantaría cuando ella regresara—, y Sin-Jun y yo permanecimos en silencio. Finalmente, dije:

—¿Te gusta estar en Ault, Sin-Jun?

Se encogió de hombros.

—No tienes que hacerlo, ¿sabes? Si les dices a tus padres que no quieres estar aquí ellos no te obligarán a quedarte.

—No necesito decir nada a padres. La señora Morino ya llamó ellos. Mi padre viene mañana.

Aunque no se me había ocurrido antes, tenía sentido que los padres intervinieran. De hecho, me parecía un poco extraño que la señora Morino nos hubiera dejado solas, sin adultos, aun por un lapso breve. ¿Cómo sabríamos qué hacer si algo sucedía?

—Clara está muy alterada, ¿eh? —dije, y luego agregué rápidamente: —Todos te queremos mucho, Sin-Jun. —Sonó como si estuviera leyendo en voz alta unas de esas tarjetas que se les dan a los enfermos. Noté que había lágrimas en sus ojos. Parpadeó y las lágrimas resbalaron por sus pestañas.

—Lo siento —dije.

Ella sacudió la cabeza.

—¿Sin-Jun?

Abrió la boca, pero permaneció un momento sin hablar, y sentí el impulso de sonsacarle las palabras pero al mismo tiempo deseé que no dijera nada. Siempre quise conocer secretos, o que los acontecimientos se desarrollaran —siempre quise que mi vida comenzara—, pero en esos momentos en los que todo indicaba la inminencia de una cambio, el pánico se apoderaba de mí.

—No debes decir nada —dije—. Pero deja... deja al menos que te traiga un vaso de agua.

Se limpió las lágrimas con las muñecas.

—Debes tener sed —dije y salí corriendo de la habitación. Cuando volví con un vaso de plástico (me lo dieron en la sala de enfermería y luego lo llené en un bebedero), Clara había regresado a la habitación. Apoyé el vaso en la mesa junto a la cama de Sin-Jun, y vi que allí ya había otro vaso de agua lleno hasta la mitad y con una pajita.

—¿La señora Morino te dijo que puedes quedarte? —le pregunté a Clara.

—¿Por qué no podría? —Clara parecía un poco más compuesta que antes. Al menos su cara ya no estaba perdiendo líquido de forma constante. Sin-Jun también había dejado de llorar.

Miré mi reloj. Eran las ocho y media, y teníamos que estar en la escuela antes de las diez; Seguramente, los Morino no llegarían hasta dentro de una hora.

—Mejor voy abajo —dije—. No quiero dejarlos esperando.

Ni Clara ni Sin-Jun parecieron oírme.

—No voy a dejarte sola —dijo Clara, y pude ver que las compuertas estaban muy próximas a reabrirse.

—Sin-Jun, espero que te sientas bien —dije—. ¿Sí? Yo... —Di un paso hacia delante y me incliné para abrazarla. No correspondió en absoluto al abrazo, y en mis brazos la sentí frágil y liviana. —Nos vemos —dije—. ¿Sí? Hasta pronto.

—Hasta pronto, Lee —dijo finalmente.

No la saludé a Clara, y ella tampoco lo hizo mientras yo salía de la habitación.

Estaba tan desesperada por irme del hospital, que una vez en la planta baja, a pesar de todo el tiempo que faltaba para que la señora Morino llegara, salí del edificio y me quedé parada bajo el pórtico, de brazos cruzados, mirando atentamente hacia el estacionamiento. El campus estaba a unos ocho kilómetros, pero si no hubiera estado oscuro, habría comenzado a caminar.

Estaba oscuro, y hacía frío. Luego de unos pocos minutos, entré y me senté junto a una máquina de gaseosas en la sala de espera. Deseaba fervientemente estar en mi cuarto, con mi piyama puesto, bajo mis sábanas limpias.

No había traído mi billetera, así que no tenía dinero. De lo contrario me habría comprado una gaseosa, pensé, y luego pensé que si Sin-Jun no había querido morir, ¿acaso era admisible pensar que había querido terminar en un lugar como ése? Las pastillas seguramente habían sido una decisión impulsiva, una cuestión de "esto no; cualquier cosa menos este momento".

Así que Sin-Jun también: nunca lo habría sospechado. No es que creyera que las cosas podrían haber sucedido de otro modo si yo lo hubiera sabido de antemano. Al fin de cuentas, ésos no eran temas que se pudieran hablar con los demás. ¿Qué podías decirle a otra persona acerca de tus sensaciones? Podías maquinar cosas que deseabas, pero en ciertos momentos la luz se apagaba o el tiempo se desaceleraba (especialmente los domingos o los sábados por la tarde, cuando no tenías nada que hacer), y te quedaba claro que tus deseos no eran nada. Y eso era interminable, lo que consiguieras o dejaras de conseguir no haría ninguna diferencia, entonces, ¿qué quedaba? El cuarto asquerosamente familiar en el que vivías, la fealdad de tu cuerpo y tu rostro y el rechazo de los demás, su indiferencia. Y de todos modos, parecerías raro y aburrido, hasta vulgar, si trataras de explicarles lo que te pasaba. ¿Por qué sus vidas proseguían con tanta facilidad? ¿Por qué eras tú la que necesitaba convencerlos y no al revés? Tampoco es que fueras a tener éxito si lo intentaras.

¿Y de qué hablábamos durante la cena? De profesores, de películas, de las vacaciones. Eso era todo lo que uno hacía: socializar, interactuar. Y las cosas que decías, la caminata desde la capilla hacia clase, tu mochila, los exámenes, sólo eran un puente sobre las turbulentas aguas de lo que sentías. El objetivo era aprender a ignorar lo que estaba debajo. Bien por ti si encontraras a un alma gemela. Pero tenías que saber de antemano que nada de lo que la otra persona hiciera te haría sentir mejor sobre todo eso. Extrañamente, los intentos de suicidio —no habría pensado eso en primer año, pero lo pensaba ahora, dos años después— me parecían ingenuos. No lograban nada, el drama que desencadenaban no podía durar. Al final, tu vida normal siempre estaba ahí, y nadie podía lidiar con ella más que tú.

Alguien se acercó a la máquina de gaseosas, e inmediatamente empecé a esperar que se fuera. Cuando se dio vuelta, dijo:

—Hola.

Yo asentí con la cabeza sin sonreír.

—¿Te sientes bien? —dijo. Era un hombre joven y llevaba a una niña de la mano.

—Todo bien.

—Parecías un poco alterada.

No dije nada.

—No quiero molestarte —dijo el hombre rápidamente. Luego dijo: —No me reconoces, ¿verdad? Perdona, debería haberte... mira. —Llevaba una camisa de franela desabotonada sobre una camiseta blanca escote en V, y de entre las dos prendas extrajo un cordón del que colgaba un distintivo plástico. Con el cordón alrededor de su cuello estiró el distintivo hacia mí; en la otra mano sostenía a la niña que nos miraba impasible y la lata de pepsi sin abrir.

El hombre medía un metro ochenta o quizá dos metros, y tuve que pararme e inclinarme para leer el distintivo. Por un momento pensé en no pararme, pero lo hice de todos modos, más por curiosidad que por cortesía y luego me alegré de haberlo hecho. "Escuela Ault" decía el distintivo en la parte superior. El escudo de Ault estaba sobreimpreso en todo el distintivo y en un esquina había una foto de él, en la que aparecía sonriendo y proyectando el mentón, como si hubiera estado bromeando con el fotógrafo. Bajo la foto, decía: "David Bardo, Servicios culinarios".

—Perdón —dije—. Me resultas conocido, pero no... —dejé de hablar.

—Personal de cocina.

—¡Claro! —De hecho, su rostro me parecía vagamente conocido. Me pregunté si mi frialdad se habría notado demasiado y me sentí mal. Yo solía reaccionar con hostilidad ante los desconocidos, especialmente si se trataba de un hombre que me abordaba en un lugar público; pero ser hostil con un miembro del personal de Ault no era algo que estuviera en mis planes. La gente que no sabe mucho de internados, seguramente imagina lo contrario, que los estudiantes son arrogantes con porteros y secretarios, pero no era así en Ault. En los últimos cinco años la clase de cuarto año había dedicado el anuario al jefe de jardinería, Will Koomber, que era una especie de figura de culto. Will era un hombre negro de unos sesenta años, nacido en Alabama. Se decía que estaba drogado la mayor parte del tiempo, lo que contribuía mucho a su fama. Sobre todo los chicos se llevaban bien con él. Uno solía verlos afuera parados junto al estiércol, mientras Will excavaba agachado. Decían cosas como: "¿Cómo está tu vieja, Will?", o "Oye, ten cuidado con los policías". La verdad, oír estos diálogos me ponía nerviosa; los chistes eran tan precarios que parecía fácil que a un estudiante se le saliera algo ofensivo y que Will reaccionara. Pero también pensaba que el aprecio entre Will y los chicos de Ault era genuino. Era yo la que malinterpretaba la relación, no ellos. Cuando yo pasaba, especialmente si estaba sola, Will solía pronunciar una breve frase en tercera persona: "Ella está terriblemente apurada" o "¡Qué bella falda tiene hoy!", y yo bajaba mi cabeza y sonreía para expresarle mi gratitud por hablarme también a mí y no sólo a los chicos atléticos y a las chicas bonitas.

Pero con el personal de cocina era algo diferente. La mayoría de los estudiantes parecían no conocerlos, o al menos yo no los conocía. En el comedor siempre estaba totalmente concentrada en la elección de la comida o del lugar para sentarme, y no prestaba demasiada atención a lo que había más allá de mis propias circunstancias. Parada junto a David Bardo, traté de recordar los rostros de las otras personas que trabajaban en la cocina, pero sólo pude obtener categorías demográficas aproximadas: algunas mujeres de veinte años, algunas mujeres de cincuenta. Para mí, todas esas mujeres tenían ojos azules y cabello largo, pero lo llevaban recogido dentro de una cofia blanca; y todas estaban excedidas de peso y tenían antebrazos pálidos y regordetes. En una habitación húmeda contigua a la cocina, adolescentes lavaban los platos después de la cena. Con frecuencia, escuchaban heavy metal a todo volumen. Me sorprendía que les estuviera permitido escuchar esa música a un volumen tan alto. Eran casi todos delgados, tenían mala piel y usaban el cabello rapado, y había uno muy gordo: la piel en la parte superior de sus mejillas empujaba sus ojos hasta hacerlos parecer bizcos. El chef —uno podía reconocerlo porque llevaba uno de esos gorros altos y abultados— parecía de unos cuarenta años y tenía una barba rubia; a veces se paraba al final de la cola en la cafetería, junto a las entradas humeantes detrás del cristal, y hacía comentarios que parecían las sugerencias de un camarero solícito, pero cuyo tono estaba siempre teñido de hostilidad: "Realmente deberían probar el lenguado hoy", o "Si no prueban el timbal de berenjena, se pierden algo muy bueno". (Obviamente nadie *quería* lenguado o timbal de berenjena, todo queríamos salchichas y queso asado.)

Y también estaba, al parecer, Dave Bardo. Probablemente tenía veinte años y no era alto (debe de haber medido 1,75) pero era corpulento; su pecho y su espalda eran anchos. Su cabello era oscuro y corto, y en su cara rubicunda se insinuaba una barba de algunos días. Tenía el aspecto de alguien que juega hockey sobre hielo, al aire libre, en un lago helado, o de alguien que posee un camión y sabe cómo repararlo si se avería.

—Sí, te reconocí de inmediato —dijo—. A esa chica la conozco, me dije, va a la escuela. Eres de segundo, ¿no?

—De tercero.

—Ok. Porque sin duda te he visto desde que comencé a trabajar allí en enero del año pasado. ¿De dónde eres?

—De Indiana.

—Eso es bastante lejos. Algunos chicos son de California, ¿verdad?

—Supongo que sí.

—No me molestaría conocer California. Tengo un amigo que vive en Santa Cruz y dice que nunca regresará. ¿Estuviste allí alguna vez?

—No. —Por alguna razón deseé haber estado en California. Quizá para cumplir con lo que yo me imaginaba era la idea que este chico tendría de un estudiante de Ault: para empezar, alguien viajado.

—Estoy planeando ir para allá este verano, quizás en julio o agosto. Ir en auto y parar en algunos sitios, pasar algunas semanas allí.

Aunque no tenía ninguna respuesta particular a eso, traté de parecer interesada y divertida con sus comentarios.

—¿Alguna vez hiciste *cross-country*?

—Yo sí —dijo la niña de repente, y David Bardo y yo nos reímos. La niña parecía tener unos dos años, su cabello era rubio y desordenado, y tenía aros con forma de corazón.

—¿Te gustan los paseos? —le pregunté—. ¿Vas a ir a California con tu papá?

—Oh no, no —dijo David Bardo—. Kaley no es mi hija. No eres mi hija, ¿verdad Kaley, linda? —Él la miró y frotó el pulgar contra la mejilla de ella, y luego me miró: —Es mi sobrina. Su madre tiene algunos problemas de asma.

Una extraña expresión debe haber cruzado mi cara.

—No, ella está bien —dijo—. Le hicieron un tratamiento respiratorio y ahora está descansando. ¿Verdad, Kaley? ¿Mamá está descansando? Esto sucede dos o tres veces por año.

Pero yo no había reaccionado a la noticia del asma; había reaccionado al enterarme que la niña no era su hija, a la repentina sospecha de que él pudiera ser más joven de lo que yo pensaba. Me pregunté si él no habría pensado que estábamos flirteando y un sentimiento perturbador se apoderó de mí: la conversación tenía que terminar.

—¿Por qué estás en el hospital esta noche? —dijo—. Si se me permite el atrevimiento.

Pensé en Sin-Jun, dos pisos más arriba, reclinada sobre el colchón con su bata azul.

—No tienes que decirlo si no quieres —agregó.

—Vine a visitar a una amiga que está enferma.

—Eso es difícil. —David Bardo sonrió con sus labios cerrados, una sonrisa triste, y las esquinas de sus ojos se arrugaron. —Los hospitales son lo peor, ¿no crees? Oye, ¿necesitas que te lleve de vuelta a la escuela?

—Los Morino van... unos profesores vendrán a buscarme. Pero gracias de todos modos. —Miré por la ventana, no se veía nada más allá de la entrada iluminada; sentí que David Bardo me estaba observando. Me di vuelta para mirarlo y por varios segundos ninguno de los dos habló. Luego, quizá solo para romper el silencio, dije:

—Debería, eh... —Señalé hacia el lugar donde había estado sentada (una silla vacía rodeada de sillas vacías) como si algo allí reclamara mi atención.

—Sí, por supuesto —dijo—. Bueno, fue un gusto conocerte. Aunque, en realidad, no nos hemos presentado oficialmente. Me llamo Dave. —Extendió su mano.


Eran las diez y veinte y los Morino aún no aparecían. Fui a buscar un teléfono público, pero cuando estaba frente a él recordé que no tenía dinero. Tampoco tenía una tarjeta telefónica —cuando llamaba a casa desde la residencia, o bien llamaba por cobro revertido, o bien insertaba monedas de veinticinco centavos mientras hablábamos—, y de ningún modo iba a subir a la habitación de Sin-Jun para pedirles monedas a ella o a Clara. Me acerqué al escritorio de recepción y cuando pregunté si podía usar el teléfono, una mujer de cabello rubio oxigenado recogido en un *chignon* me dijo que había un teléfono público en el pasillo.

—Lo sé —dije—. Pero no tengo dinero, sólo será una llamada muy breve.

Sacudió la cabeza:

—Este teléfono no permite hacer llamadas, sólo las recibe.

La mujer bajó la vista para escribir algo, y aunque no supe con certeza qué hacer después, su falta de cooperación curiosamente me satisfizo. Cuando una situación se me iba de las manos, cuando había agotado todas las posibilidades, me sentía libre de culpa.

Regresé a la sala de espera, y todavía no me había sentado, cuando vi a David Bardo —Dave—, acompañado por su sobrina y una mujer que supuse que sería su hermana. Ella era delgada de cabello castaño y llevaba jeans y una campera de franela similar a la de Dave. Parecía que la pequeña se había quedado dormida en los brazos de su tío; su cabeza colgaba hacia un costado.

Cuando me acerqué a él, Dave sonrió

—¿Todavía aquí?

Asentí.

Él se detuvo, y yo también, pero su hermana siguió caminando.

—¿Todo bien? —dijo.

En serio, ¿qué otra posibilidad tenía?, ¿pasar la noche en el hospital? Podía no tener la culpa, pero eso no aliviaría lo desagradable de dormir en la sala de espera.

—¿Recuerdas que recién me ofreciste llevarme? —dije—. Bueno, si no hay problema, quiero decir si no es complicado...

Su mirada era vagamente divertida, y sentí la misma inseguridad que había experimentado durante nuestra primera conversación; una combinación de incomodidad y halago, ¿acaso él buscaba algo en particular, yo tenía una marca de tinta en la mejilla o había alguien parado detrás de mí haciendo caras? El sentimiento de halago provenía de que él me estuviera prestando atención: yo existía como una persona única parada frente a él y no como una chica cualquiera.

—Si necesitas que te lleve, no hay problema —dijo—. Oye, Lynn.

La hermana se dio vuelta; había caminado despacio, así que sólo estaba a unos tres metros de nosotros.

—Espera —dijo—. Tenemos otra pasajera. Te presento a Lee. Lee, ésta es mi hermana, Lynn.

—Hola. —Dudé. Me pregunté si debíamos darnos la mano o no; y mientras dudaba ella volvió a darse vuelta y siguió caminando.

En el estacionamiento, Dave puso a la niña en un asiento. Ella se despertó y comenzó a quejarse aun antes de abrir los ojos.

—Hola, Kaley —canturreó David—. Todo está bien, Kaley linda.

El labio inferior de Kaley había estado temblando, pero se calmó; volvió a cérrar los ojos y se llevó el pulgar a la boca. Dave miró por sobre su hombro —estaba parado junto a la puerta trasera, y yo estaba detrás de él— y cuando nuestras miradas se encontraron, me guiñó un ojo y levantó su pulgar.

—Mejor que un dulce. —Volvió a darse vuelta, y ajustó el cinturón del asiento de Kaley. A sus espaldas, sentí venir a mis labios una sonrisa de suficiencia. Pero ¿a quién le sonreiría, aquí, en el estacionamiento de un hospital? ¿A qué público trataría de expresarle mi entendimiento de que un guiño, sin importar el contexto, era siempre algo cursi?

Cuando miré a la hermana de Dave, a unos metros del auto, vi, para mi sorpresa, que estaba fumando. Nuestras miradas se encontraron. Ella dio una pitada larga, arrojó el cigarrillo en el pavimento y lo pisó. Luego se acercó al auto y abrió la puerta trasera.

—Espera —dije—. Me sentaré atrás, tú puedes ir adelante.

—No importa —dijo y se subió al auto.

El auto era un Chevy Nova marrón claro con el techo de un marrón más oscuro y óxido carcomiendo los guardabarros. Dave cerró la puerta del lado de Kaley y luego abrió la puerta del acompañante. Debido al auto estacionado junto a nosotros, no había suficiente lugar para que yo entrara con él frente a mí. Nos miramos.

—¿Me muevo? —pregunté.

—Parece una buena idea

—¿Hacia allá? —señalé a mi costado.

—Espera. —Él apoyó sus manos sobre mis hombros y me empujó suavemente contra el otro auto. Luego pasó él, se detuvo y miró hacia atrás. —¿Todo bien?

Todo lo que tenía que decir era: "todo bien" o: "sí". Pero me quedé en silencio. Me sentí aturdida. Quería que se repitiera eternamente el momento en que sus manos se apoyaban sobre mis hombros y estábamos uno junto al otro. Quería que sólo estuviéramos nosotros dos, no su hermana ni su sobrina. Él se inclinaría hacia mí, movería su cabeza hacia la mía o apretaría todo su cuerpo contra el mío. Al tocarlo lo sentiría sólido, grande, y cálido; y cuando tomara sus antebrazos, mis dedos se verían pequeños y delgados, como los dedos de una chica que tiene novio.

Tragué saliva.

—Sí —dije—. Todo bien.

En el auto comenzó a probar la calefacción mientras manejaba y su hermana dijo:

—Ya te dije que no funciona.

—Sólo estoy probando.

—Lenny la reparará este fin de semana, pero si la sigues tocando será peor.

Mientras ella hablaba, una ráfaga de aire caliente salió de las rejillas en el frente.

—¡Ja! —gritó Dave—. ¡Es un milagro!

—Que nunca escuches es un milagro.

—La hice funcionar, ¿no? —La miró en el espejo retrovisor. Él no parecía estar a la defensiva sino alegre. Se dirigió a mí:

—Así que tu profesora te dejó esperando. Eso no es bueno.

—Tiene un montón de niños. Quizá las cosas se le complicaron.

—Entonces, ¿te gusta ir a esa escuela?

Ésta era la pregunta más difícil que pudiera imaginarme; sentía que no podía contestarla sin narrar toda mi vida.

—Sí —dije.

—La gente es *cool*.

Era difícil saber si era una afirmación o una pregunta.

—Algunas personas —dije.

Se rió.

—Hay una chica —dijo, y sentí un pinchazo en el corazón, seguramente me confesaría que le gustaba alguien. —Es rubia, con el pelo un poco ondulado. Y ella, ay… —Sacudió la cabeza. —Nadie la soporta. Se para ahí y exclama lo asquerosa que es la comida. A veces tengo ganas de decirle: "Hola, te estamos oyendo. No estamo sordos".

Me reí para tapar mi incomodidad sobre el "estamo". Probablemente lo había dicho a propósito, pero no podía saberlo con seguridad.

—Pero la mayoría de ustedes no son tan malos —continuó Dave—. Lynne también trabajó en la escuela.

—¿En serio? —dije—. ¿Cuándo…? —Me había dado vuelta para mirarla, pero vi que, como Kaley, estaba dormida.

Dave también se dio vuelta.

—Está muy cansada —dijo—. Es difícil con Kaley. Pero sí, Lynn me consiguió el trabajo. Me recomendó. Probablemente trabaje allí uno o dos años más, al menos hasta graduarme.

—Espera, ¿estás en la secundaria o en la universidad?

—Oh, Dios, eso es un insulto brutal.

—¿Eso quiere decir que estás en la universidad?

—¿Acaso parezco de quince?

—No. —Requería esfuerzo decir lo que dije a continuación, ya que significaba reconocer algo que me incomodaba ("te he estado mirando, te he estado prestando atención, tú también eres una persona identificable para mí"), algo que me volvía cómplice. —No pareces de quince —dije en voz baja.

226

—¿Qué edad crees que tengo?

Dudé:

—¿Veinte?

—Veintiuno. Pero sí, estoy en la universidad East Rock State, en Rivertown.

Asentí con la cabeza, como si la hubiera oído nombrar alguna vez.

—Pienso estudiar Administración de Empresas los primeros dos años y dejar abiertas las opciones de mi especialización. Y luego probablemente me cambiaré a la universidad de Fairfield.

—¿Para hacer un posgrado?

—No, para mi título de grado. Hago la primera parte en East Rock y luego me cambio.

—OK. —No es que el sistema de las universidades públicas me fuera totalmente desconocido, de hecho mis primos asistían a universidades de ese tipo, pero no estaba acostumbrada a escuchar hablar de eso en el contexto de Ault.

—¿Dónde estudiarás tú?, ¿en Harvard?

—Sí, por supuesto.

—Apuesto a que eres inteligente, a que tienes buenas notas.

—Seguramente iré a algún lugar como... —Me detuve. Cuando Martha y yo pensábamos que nos iría mal en un examen, solíamos decir "con mi cerebro podría postularme a la universidad de Massachusetts", pero nombrar la universidad de Massachusetts como el último lugar, era, claramente, una mala idea. —La escuela para perros —dije alegremente.

—¿Qué? —Dave volvió la cabeza para mirarme.

—Una escuela de entrenamiento para perros.

—¿Tienes un perro?

—No, no, yo *soy* el perro.

Volvió a mirarme de un modo que yo recordaría para siempre; mucho después de aquella noche y mucho después de salir de Ault. Estaba confundido y estaba registrando cierta información nueva que era la siguiente: yo era una chica que, aun en broma, podía pronunciar una frase como "Soy el perro". Fue una buena lección para mí. Pasó un tiempo hasta que dejé de maltratarme a mí misma de esa forma, aunque dejé de hacerlo por completo, pero aun así fue una buena lección.

En ese momento, lo único que atiné a decir fue:

—¿Tú eres el perro, eh?

Y luego, como era consciente de mi error, y quería sacarnos del lugar en el que yo nos había puesto, dije:

—No diría eso si tu hermana estuviera despierta, pero no me parece que esté saliendo aire caliente de la calefacción.

Acercó la palma de su mano

—¿Esto no te parece caliente?

—Pon tu mano más acá.

Sin sacar la mano izquierda del volante, se inclinó hacia mí; cuando puso su mano contra las rejillas de la calefacción, su brazo pasó por encima de mi falda y su cabeza quedó a unos pocos centímetros de la mía. Fácilmente podría haber tocado su cabello.

—Mierda —dijo, y volvió a sentarse derecho nuevamente. (Cuando se inclinó unos segundos antes, no temí que el auto se desequilibrara; él parecía completamente diestro, sin ese nerviosismo que provoca accidentes. Y aun en caso de tener una accidente, estaba segura de que él no era de esas personas que pierden la calma o entran en pánico.) Mientras giraba las perillas dijo:

—Al menos sé de qué lado estás. ¿Así que quieres protegerme de Lynn?

—Eso parece.

—Debes de tener frío.

—Estoy bien.

—Quieres… —Dudó por una fracción de segundo, luego señaló con la cabeza hacia el asiento entre nosotros.

—Puedes usar esos guantes que están ahí, son míos.

—Oh —Mi impulso, como siempre, fue el de rechazar amablemente el ofrecimiento, pero él tomó uno me lo pasó. Era enorme, abultado y hecho de nailon, un guante para cortar madera durante una tormenta de nieve. Me lo puse.

—¿Viste? —dijo Dave—. Es abrigado, ¿no?

Pero la extraña intimidad de estar usando su guante me hacía retraerme. Casi no podía hablar; mucho menos del hecho de estar usando un guante suyo, y tampoco me animaba a ponerme el otro guante.

—Son impermeables —dijo, y, en mi desesperación por cambiar el tema, dije rápido:

—¿Encuentras raro el hecho de que vaya a un internado?

—Supongo que depende de la persona —dijo—. Irte de casa cuando eres tan joven… Yo apenas podía vestirme solo cuando empecé la secundaria.

—Algunos de los chicos en mi clase apenas pueden vestirse solos —dije, pero cuando Dave se rió (lo hizo fuerte) pensé en mis compañeros, la mayoría de los cuales se vestía bien y cuyos atuendos había memorizado sólo por el hecho de verlos todo el tiempo. En Ault, siempre sentía que no conocía realmente a los chicos de mi clase, pero al pensar en ellos dentro del auto de Dave Bardo, me parecieron tan familiares como mis propios hermanos.

Ya habíamos pasado la ciudad y estábamos descendiendo por la colina que está antes del campus, cuando a través del parabrisas pude ver el contorno oscuro del campanario de la iglesia. Pensé que ése era el momento en que debía decirle qué entrada usar y dónde debía dejarme, pero evité sacar el tema, del mismo modo que había evitado hablar de sus guantes; no quería llamar la atención sobre lo que realmente estaba sucediendo.

Entró por la entrada sur y dobló a la derecha hacia el estacionamiento del comedor. Ya había incluso detenido el auto cuando dijo:

—Oh, espera, ¿dónde está tu residencia? Te llevaré.

—Aquí está bien —dije—. Muchísimas gracias. —Ya había tomado la manija de la puerta para salir.

—¿Estás segura?

—Completamente. Gracias. —Salí del auto. —Adiós. Gracias.

Él sonrió.

—Eres muy amable.

Sería deshonesto fingir que fue recién cuando caminaba por el campus, y ya era demasiado tarde para regresar, que noté que llevaba puesto su guante.


La señora Morino se acercó a mí cuando terminaba la pasada de lista y me dijo:

—Siento tanto lo de la otra noche. —Yo ya sabía por la señora Elwyn, la directora de mi residencia, que ellos no se habían olvidado de mí. Después de hablar con Clara, la señora Morino había creído que yo también quería quedarme a pasar la noche, así que no había regresado al hospital hasta después de las once.

—No hay problema —dije—. ¿Cómo está Sin-Jun?

—Vuelve a ser la de antes. Quería preguntarte si pudieras ir esta tarde y ayudar a su padre a traerla de vuelta a la enfermería.

¿Quién se encargaría de cuidar que no volviera a intentarlo?, pensé. ¿Una enfermera?

—No sabemos aún si seguirá en Ault —dijo la señora Morino—. El señor Byden, sus padres y yo hablaremos con ella, pero mientras tanto sería de gran ayuda si pudieras pasar por su cuarto y armarle un bolso para que tenga algunas cosas.

—¿No es Clara la más indicada para hacer eso?

La señora Morino suspiró.

—Supongo que no sabes que Clara y Sin-Jun no se han estado llevando muy bien.

Esto no me sorprendió en absoluto. Durante primer año, cuando Clara también vivía en lo de Broussard, yo había tratado de evitarla desde el principio. Y no se debía a su obvia falta de carisma, o al menos no se debía sólo a eso. Una de las razones era que ella me irritaba. Su rostro era pálido, y llevaba el cabello rubio oscuro rebajado en capas hasta la altura del mentón. Era bastante gorda, tenía pechos grandes y muslos gruesos, y usaba jeans estrechos y desteñidos, y camisas anchas y largas. Había algo inocente y abombado en su manera de actuar, algo lento y satisfecho, y eran esas características las que me resultaban tan irritantes. Pero dudaba de que la mayoría de la gente estuviera de acuerdo conmigo, ella era el tipo de persona que más bien despertaba lástima en los demás. Mi verdadera frustración con Clara, pienso, era que ella tenía todo para ser insegura pero no lo era.

Si en alguna reunión terminabas sentada junto a ella, comenzaba a hablarte como continuando una conversación anterior o como si le hubieras hecho una pregunta. Lo hacía con cualquiera: conmigo, Aspeth, Amy Dennaker y hasta con Madame Broussard. Lo que caracterizaba los relatos de Clara era que ella no proporcionaba ningún contexto. Y uno tampoco se los pedía por miedo a alentarla a hablar. Podía, por ejemplo, contar un incidente sucedido en la clase: "Ni siquiera sabía que el examen era hoy. Le pregunté a Shelly si acaso el profesor nos había avisado sobre el examen, y ella me dijo que no. Y recuerdo muy bien que a principio de año él dijo que no habría exámenes sorpresa..." En un momento yo dejaba de escucharla y me ponía a pensar: "¿Shelly? ¿Quién es Shelly? ¿Hay alguna Shelly en Ault?"

Clara también solía tararear y cantar para sí misma en voz alta sin ninguna clase de inhibición; podías oírla en el baño mientras te lavabas la cara junto a ella antes de irte a la cama. Nunca pude deshacerme de la idea de que en esas situaciones ella trataba de suscitar algún tipo de reacción de los demás: un elogio sobre su voz, o quizás alguna pregunta sobre qué canción estaba tarareando. O quizá quería parecer despreocupada y caprichosa. Sin embargo, paralelamente a sentir que su canto era agresivo, yo también la veía como alguien genuinamente desubicada. Era posible pensar, entonces, que sólo cantaba porque quería cantar, porque de verdad era despreocupada y caprichosa. Y era esa posibilidad, más que nada, lo que alimentaba mi aversión hacia ella.

Aquella tarde me encontré con Clara en la puerta del cuarto de ella y Sin-Jun.

—Vine para buscar un bolso con cosas para Sin-Jun —dije.

—¿Para qué? ¿Se va a casa? —Su voz sonaba desesperada, y la imaginé rompiendo a llorar.

—La llevarán a la enfermería. ¿La señora Morino no te lo ha dicho?

—Supongo que no. —El enojo de Clara era preferible a su llanto, pero en realidad no eran muy distintos.

—Tengo que recoger un poco de ropa —dije—. ¿Puedo pasar?

Clara no contestó, pero se paró delante de mí y abrió la puerta. La seguí. No tenían literas como Martha y yo, sino camas gemelas, separadas por una mesita. El cubrecamas de Clara tenía grandes rosas en colores rojo y naranja, y el de Sin-Jun era el mismo de primer año, azul marino con guardas verdes. Pensé que la última vez que Sin-Jun había estado en ese cuarto había sido el día que tomó las pastillas.

—¿Dónde está su bolso de viaje? —pregunté.

Clara señaló debajo de la cama, pero no hizo ningún esfuerzo para ayudarme. Bueno, será un proyecto individual, pensé, cuando abrí el cajón superior de la cómoda me di cuenta de que era el de Sin-Jun porque reconocí sus elementos de higiene: la crema de manos coreana con el dibujo de un bebé en la etiqueta y el perfume de siempre que, para mí, olía a pomelo. Mientras tomaba algunas prendas de ropa interior de Sin-Jun y la ponía en el bolso, sentí la mirada de Clara clavada en mí. Cuando cerré el cajón de arriba, Clara dijo:

—Olvidaste su piyama.

—¿Dónde está?

Clara volvió a abrir el cajón, sacó una camiseta sin mangas gris y un par de shorts y me los pasó. Luego dio un paso atrás y se cruzó de brazos.

Fui cajón por cajón y no hablamos. Puse varios elementos de higiene en el bolso.

—El champú se derramará sobre la ropa —dijo Clara—. Cosas de ese tipo deberían ir siempre en una bolsa de plástico.

—No iremos muy lejos —dije. Inspeccioné la habitación pensando qué más podría necesitar Sin-Jun y pensé que hubiera sido buena idea llevarle un regalo.

—Creo que es todo —dije—. A no ser que se te ocurra algo más.

Clara me observaba con sospecha.

—No has estado en nuestro cuarto ni una sola vez este año.

—¿Y?

—Bueno, no sé por qué actúas como si Sin-Jun y tú fueran amigas cercanas.

—No lo somos.

—Ella ha cambiado mucho desde que fue tu compañera de cuarto. Estoy segura de que hay muchas aspectos de su personalidad que no conoces.

—Clara, la señora Morino me preguntó si podía hacer esto. ¿Qué esperabas que contestara?

—Sólo pienso que te comportas de forma poco genuina.

—Bueno, lamento que pienses eso. —Ésa era una frase muy típica de Ault, en apariencia diplomática pero totalmente distante. En realidad, yo sí comprendía de algún modo a Clara. ¿Cómo reaccionaría yo si, por ejemplo, Dede usurpara mi rol en la vida de Martha? No es que yo tuviera la intención de hacer eso con Sin-Jun, pero algo así estaba sucediendo.

—Espera —dijo Clara—. Dale esto. —Me tiró un conejito de peluche blanco. No lo tomé en el aire, pero lo recogí del piso. —Y dile que no tome demasiados daiquiris de durazno, ella sabe lo que significa. —Extrañamente, en ese momento, me sentí más cerca que nunca de Clara. Su cara estaba rosada y tensa, y me miraba fijo. Esta vez, no parecía la misma de siempre, esa chica inexplicablemente satisfecha.


La señora Morino me había dicho que buscara al señor Kim frente al edificio escolar. Cuando salí de allí, un Sedan color crema me esperaba estacionado frente a la entrada. El señor Kim salió del auto, apagó su teléfono celular —fue el primer celular que vi en mi vida— y me dio la mano tímidamente. Ya lo había visto dos veces antes: la primera vez durante el fin de semana de padres cuando Sin-Jun y yo estábamos en primer año, y la segunda vez, unos meses después ese mismo año, cuando el señor Kim visitó el campus luego de un viaje de negocios a Boston. Las dos veces había ido a cenar con los Kim, y las dos veces el señor Kim me había aconsejado pedir bistec, consejo que yo, incapaz de encontrar razones para no hacerlo, había aceptado. El señor Kim era uno o dos centímetros más bajo que yo. Llevaba un traje gris, una camisa blanca sin corbata, y un impermeable beige que no parecía lo suficientemente abrigado para la época del año en la que estábamos; tenía la piel bronceada y estaba perdiendo el cabello, especialmente en la frente, donde sólo tenía unos pocos cabellos que olían y se veían como si hubieran sido peinados con la ayuda de algún producto.

Los asientos del sedan eran de cuero claro y el auto ya estaba calefaccionado; siempre olvidaba cuán hermosas podían ser las cosas que costaban mucho dinero. Luego de salir del campus, pasaron varios minutos en los que no nos dijimos nada. En mi mente flotaban algunas frases ("¿Cómo estuvo el vuelo? ¿Cuándo llegó?"), pero me parecía que hacérselas era equivalente a evitar el verdadero tema. Aunque, por otro lado, sacar el verdadero tema no era algo que me correspondiera hacer a mí.

Afuera, los árboles se veían desnudos y esqueléticos, y la ruta estaba cubierta con nieve sucia de la semana anterior. En realidad me gustaba la desolación del invierno. Era la estación en la que estaba bien ser infeliz. Si alguna vez me suicidara, pensé, sería en verano.

—Si no te gustara la escuela Ault —comenzó el señor Kim (o sea que estaba pensando más o menos lo mismo que yo)— ¿lo dirías a tus padres?

—No necesariamente. No querría preocuparlos en vano.

Ninguno de los dos volvió a hablar por casi un minuto y luego el señor Kim dijo:

—Le dirías a maestro o director.

—Quizá se lo diría a mi compañera de cuarto. —Decir eso, me pareció en cierto modo una traición a Sin-Jun.

El señor Kim no contestó, y el silencio volvió a instalarse entre nosotros.

Después de estacionar el auto, dije con tono animado:

—¿Los hospitales en Korea son como los de aquí?

—En las grandes ciudades sí. En los pueblos no son tan modernos.

—Allí es invierno ahora, ¿verdad? ¿Las estaciones son las mismas que acá?

—Sí —dijo—. las estaciones son las mismas.

Una vez dentro del hospital, nos registramos y tomamos el ascensor.

—¿Cuál es su estación favorita? —pregunté.

Permaneció en silencio por unos segundos, y finalmente dijo:

—Un noche, cuando Sin-Jun era niña, llevamos a una fiesta. La casa de nuestros amigos tenía mucho ventana. Mientras comíamos cena, la esposa de mi amigo me dijo: "mira". Sin-Jun estaba parada frente a ventana y miraba su reflejo en el vidrio. Pero no entendió que era su reflejo. Pensó que era otra niña pequeña. Cuando saludaba, la otra niña saludaba. Cuando sonreía, la otra niña sonreía. Ella comienza a bailar y la otra niña baila. Sin-Jun está tan feliz. —El señor Kim no sonaba ni aliviado ni apenado; sonaba simplemente confundido. —Ella está —dijo— tan contenta.

El ascensor llegó al tercer piso. Hizo una pausa y luego descendió unos centímetros y pude sentir que las puertas estaban a punto de abrirse. Los hombres adultos, los padres de otras personas, eran muy extraños. Con frecuencia, me costaba entender qué era lo que hacían en sus trabajos durante el día, me parecía un misterio lo que podía llegar a pasarles por la cabeza. Podían bromear contigo o hacerte una pregunta, o hasta ser tu entrenador de fútbol en la escuela primaria, pero la atención que te prestaban siempre parecía transitoria, una mera pausa antes de volver a lo que realmente importaba. Y estaba bien que fuera así porque los que te prestaban demasiada atención te asustaban. Ahora, sin embargo, la situación me parecía al revés, me parecía que quizás el señor Kim estaba esperando algo de mí. Pero ¿qué tenía yo para darle? El padre de alguien podía cocinarte una hamburguesa, inflar la llanta de tu bicicleta, sacar tu valija del auto, pero ¿qué podías hacer tú por él? ¿No era demasiado osado dar por hecho su sufrimiento y su vulnerabilidad, y ofrecerle consuelo?

Cuando las puertas se abrieron, dije:

—Estoy completamente convencida de que ella estará bien.


La verdad es que Sin-Jun no parecían estar bien en absoluto. Mientras dejábamos el hospital, su padre le pasó el abrigo de él —no me había dado cuenta de que debía traer uno cuando preparé sus cosas— y Sin-Jun le contestó visiblemente irritada. No quería ponerse el saco ni sostenerlo, así que el señor Kim se lo colgó sobre los hombros. Se dirigió a mí y en inglés me dijo:

—Tú quedas aquí con Sin-Jun mientras yo busco auto.

Luego de que él atravesara el pórtico, Sin-Jun salió. La seguí.

—Creo que tu padre quiere que lo esperemos adentro.

Me miró con hostilidad.

—Necesito aire.

Era difícil saber cómo tratarla. Yo tendía a actuar como si su problema fuera una enfermedad física (en cierto punto me había sorprendido verla vestida esperándonos junto a la sala de enfermeras, y después me sorprendió que simplemente caminara y que no la llevaran en una silla de ruedas), sin embargo otra parte de mí la veía completamente sana. Quería tomarla de los hombros y decirle que reaccionara. Su falta de afecto parecía ridícula, la parodia de una adolescente malhumorada. Obviamente no iba a tomarla de los hombros y sacudirla, pero no porque eso fuera algo inapropiado, sino porque esa nueva Sin-Jun me parecía intimidante. Podía imaginármela despreciándome. Ella había hecho algo temerario y dramático, algo sobre lo que hablaba la gente en la escuela. El psicólogo de la escuela iba residencia por residencia, y conversaba con los estudiantes. —Sin Jun había dado origen a estas reuniones, la callada y dócil Sin-Jun—, y algunos estudiantes que estaban al tanto de que alguna vez habíamos sido compañeras de cuarto, me pedían detalles de lo sucedido. Las chicas al menos fingían preocupación ("¿Está bien?"o "¡Qué terrible!"), mientras que los comentarios de los chicos eran más distantes: "Qué desastre". "¿Por qué lo hizo?" "¿Siempre estuvo loca?" Pero lo importante era que ni chicas ni chicos parecían totalmente ajenos a lo que había ocurrido. El hecho de que Sin-Jun hubiera tomado pastillas la volvía interesante. Su historia ganaba importancia y se transformaba en un suceso. Ya no era un acto de desesperación, o al menos no una desesperación desordenada e indolente. Ahora Sin-Jun estaba siendo reconsiderada por la gran comunidad de Ault (y sin duda, aunque no había regresado aún al campus, ella podía sentir esa reconsideración; sin duda, cuando eras *cool*, siempre eras, al menos mínimamente, consciente de serlo). Y ahora le tenía miedo, quizá me encontrara tonta.

—¿Quieres jugar a las cartas esta noche? —dije.

Sin-Jun sacudió la cabeza.

—O mañana —agregué (y yo era tonta: ella tenía todo el derecho de pensarlo).

Estaba parada más adelante que yo, con la vista clavada en el estacionamiento y no pude ver bien qué cara puso.

—¿Estás contenta de dejar el hospital? —pregunté.

Se encogió de hombros.

—¿Te sientes tan mal como antes, o te sientes mejor? —Sólo podía preguntar eso porque ella me ignoraba. Yo era incapaz de soportar situaciones en las que hubiera más de una persona demostrando sus emociones. Si ella hubiera estado llorando y confesando sus sentimientos, yo habría prestado atención con distancia, habría tratado de calmarla sin involucrarme demasiado.

—Estoy bien —dijo.

—Yo también me he sentido deprimida a veces.

Sin-Jun me miró de frente.

—¿Estás deprimida?

—Sí —dije, y sentí que estaba mintiendo. Mi depresión, si es que era realmente depresión, era siempre efímera; me era fácil dejarla atrás haciendo algo con Martha, o escuchando un sermón en la misa, o hasta, y

235

esto sin dudas, indicaba que no era seria, mirando televisión. —Hay muchas cosas que me deprimen —dije.

—¿Qué cosas?

—Ault es muy estresante —dije—. Hay mucha presión. —Ésa era la clase de cosas de las que se quejaban los estudiantes pero no eran reales. Ni una sola vez en tres años, yo había pensado: "Estoy recibiendo demasiada presión".

—¿Te preocupas por notas?

—Quizá no todo lo que debería.

Me miró sin ninguna expresión, y no supe si ella no entendió que yo estaba haciendo un chiste o si no encontraba el chiste en absoluto divertido. De repente, recordé nuestra primera semana en Ault, cuando compartíamos el mismo cuarto. Una tarde, ambas estábamos listas para la cena formal mucho antes de lo necesario (cuando uno es nuevo en un lugar, siempre hay demasiado tiempo de sobra), entonces nos sentamos a esperar cada una en su cama. En ese momento sentía timidez hasta ante Sin-Jun; aún no había determinado las jerarquías de modo de clasificarla a ella como inofensiva.

No estoy segura de dónde estaba Dede —quizás en la ducha— pero la habitación estaba en silencio, salvo por el sonido del ventilador de techo y los ruidos de afuera. Yo ni siquiera escuchaba música por miedo a que mis casetes revelaran algo humillante. Decidí que quería decirle a Sin-Jun que me gustaba su falda, ¡pero a veces hablar es tan difícil! Es como estar inmóvil y largarse a correr en una carrera. Ensayé una y otra vez la frase en mi mente buscándole defectos.

Finalmente, dije:

—Tu falda es linda. Me gustan los lunares.

Ella sonrió, y por lo soso de su sonrisa me di cuenta de que no había entendido nada de lo que le había dicho.

—¿Sabes lo que significa "lunares"? —dije—. Son círculos. Como…bueno, mira. —Me levanté y señalé su falda.

—Ahh —dijo—. Lunares.

Yo tengo unas medias a lunares —dije. Las saqué del cajón superior de mi cómoda y las sostuve en alto. —¿Ves?

—Muy hermosa —dijo—. También gusta a mí.

Volví a sentarme en mi cama, envalentonada, y dije:

—Tienes linda ropa. —En realidad había visto que Sin-Jun tenía unos Levis, y me había preguntado si los tendría ya en Seúl, o si los habría comprado poco antes de entrar en Ault.

—Puedes preguntarme todas las palabras que quieras —agregué. Y

236

de hecho, luego me consultó en algunas ocasiones. En general se trataba de palabras que había oído pero que no podía encontrar en su diccionario por no saber cómo se escribían: "ciempiés", o "postergar". Aunque con más frecuencia me sorprendía por las palabras que sí sabía: "ananá", "sarcasmo", "luna de miel". Me preguntaba si Ault sería mucho más difícil para Sin-Jun que para mí, porque para ella era literalmente extraño y no sólo desconocido. ¿O quizás era más fácil porque ella no manejaba los códigos de este mundo? Tal vez eso le permitía ver los dramas de Ault con más distancia y hasta, incluso, ignorarlos.

Aunque mientras estábamos paradas en el estacionamiento, me pareció que ella se tomaba bastante en serio su vida en Ault; sentí que no la veía como su vida norteamericana o su vida escolar, sino como su vida real.

—Sin-Jun —dije.

Ella se dio vuelta.

—Debo decirte algo. Es un mensaje de Clara. Dice que no tomes demasiados daiquiris de durazno. —Sin-Jun me miró con cautela, buscando mi mirada. —Sabes lo que significa ¿verdad?

—Sí

—No quiero parecer entrometida, pero ¿qué está pasando entre tú y Clara?

—No pasa nada.

—No digo que sea una mala persona, pero debe ser difícil vivir con ella.

Sin Jun se me acercó y me apretó la mano. El señor Kim había estacionado el auto en frente de nosotras y estaba saliendo por la puerta delantera.

—No hablamos más de esto —dijo Sin-Jun.

Luego de dejar las cosas de Sin-Jun en la enfermería, el señor Kim nos dijo que nos llevaría a cenar al Red Barn Inn. Eran las cuatro y media de la tarde. Mientras nos dirigíamos hacia allí en el auto, prendió un cigarrillo —en Ault ningún adulto fumaba frente a los estudiantes—, y cuando llegamos al restaurante, los tres pedimos bistec. El señor Kim comió la mitad del suyo, Sin-Jun no comió casi nada y yo terminé el mío.


A la noche siguiente, una vez que el comedor se vació me dirigí hacia la cocina. El guante de Dave Bardo era un bulto en el bolsillo delantero de mi jean.

—Disculpe —le dije a una mujer que estaba cubriendo con celofán una bandeja con mitades de peras—. ¿Está Dave Bardo?

—Fue a sacar la basura. ¿Sabes dónde está el contenedor?

Cuando comencé a dirigirme hacia la salida, ella dijo.

—Ahí hay una escalera. —Señaló una puerta de color rosado claro que yo nunca había visto. Tenía una ventana redonda cerca del extremo superior y delgadas líneas grises que la cruzaban. Cuando abrí la puerta, me encontré con una escalera. Las paredes de los costados estaban cubiertas con ladrillos brillantes de color beige; este espacio me recordaba en algún punto a un gimnasio, y el olor tampoco era tan distinto del de un gimnasio. Tuve la extraña sensación de no estar en Ault; ninguna otra parte del campus, se parecía a ese lugar.

En la base de la escalera había otra puerta. Luego de empujarla, me encontré a la intemperie en la noche invernal, parada en la parte superior de una serie más corta de escalones de concreto al final de los cuales se encontraba Dave. Sólo llevaba una camiseta y un delantal. Pude ver los músculos turgentes de la parte superior de sus brazos. El vello de sus antebrazos era de color marrón oscuro, como el de un hombre grande, pero no me parecía en absoluto desagradable.

—Hola —dije.

—¿Qué tal?

Mientras hablábamos podía ver nuestro aliento.

—Te estaba buscando —dije.

—¿Te fue difícil encontrarme? —Él sonrió con esa sonrisa relajada, casi expectante. Al verlo, supe que lo había recordado exactamente como era.

Aunque comprobar eso no me hacía sentir menos nerviosa.

—Ten. —Saqué el guante de mi bolsillo y se lo pasé.

Él entornó los ojos. Había un foco en la esquina del techo del comedor y otro sobre la puerta de la que yo acababa de salir, pero, aun así, la oscuridad volvía los objetos borrosos.

—Es tu guante —dije—. Me lo llevé sin querer cuando me trajiste del hospital a la escuela.

—No hay problema. Sabía que lo traerías. ¿Cómo has estado?

—Bien.

—No lo dices con mucho entusiasmo.

No supe que contestar. Dije:

—El puré de papas estaba muy bueno hoy.

Él se rió.

—Gracias.

—¿Tu hermana está mejor?

—Sí, ya está bien. Le digo siempre que se tome las cosas con calma, pero es difícil para las madres solteras.

—Mi amiga también está mejor —dije—. Al final terminé yendo al hospital de nuevo ayer para ayudar a su padre a... en realidad, no sé. Es una historia un poco larga. ¿No tienes frío, así, sin abrigo?

—Estoy bien —dijo—. Tú tampoco tienes un abrigo.

—Pero tengo un suéter —Extendí un brazo, apretando el borde de la manga con un dedo, como para ofrecer prueba.

—¡Qué lindo suéter! —dijo—. ¿Es de cachemira? —Lo pronunció correctamente, pero lo dijo con tono jocoso, como si nunca hubiera usado la palabra antes. Y en realidad, el suéter era de acrílico. Pero él suponía —me había parecido antes, pero ahora estaba segura— que yo era rica, que yo pertenecía a los verdaderos estudiantes de Ault. Quizás eso explicaba por qué se había fijado en mí.

—No sé bien de qué está hecho —dije.

—Parece suave.

—Sí, lo es. —Todavía tenía el brazo extendido, y sólo unos segundos antes de que lo hiciera, me di cuenta de que él tenía la intención de tocar el suéter o a mí, y eso me hizo sentir bien, como si el sol estuviera saliendo dentro de mí. Y por esto es difícil explicar por qué aparté bruscamente el brazo. Por unos segundos el suyo quedó suspendido donde había estado el mío, y mi cara enrojeció; no podía mirarlo. Cuando finalmente lo hice, él me observaba con una expresión de curiosidad.

—Oí que quizá nieve —dije elevando la voz—. ¿Lo has oído? Es el pronóstico para la madrugada.

Él seguía mirándome.

—Entonces es bueno que tengas de vuelta tu guante —dije—. Por si necesitas usar la pala para sacar la nieve de la entrada de tu casa. —En realidad quería decir "lo siento". Pero es difícil corregir un error mudo usando palabras; la mayoría de las veces, sólo empeora las cosas. —Deberíamos entrar —dije. Y ninguno de los dos se movió.

—Te diré algo —dijo finalmente—. Ese puré de papas no era bueno. Lo que comiste en la cena era un puré de papas malo.

—A mí me gustó.

—¿Quieres probar un puré de papas realmente bueno?

No sabía si contestar o no.

—¿Alguna vez fuiste a Chauncey? —preguntó.

En realidad yo había estado allí en primer año. Por lo que podía recordar, no era un lugar especial sino un simple restaurante como cualquier otro. Pero dije:

—No, no lo conozco.

—Deberíamos ir.

—¿Ahora?

—Ahora no puedo. Estoy trabajando.

—Claro. Por supuesto.

—¿Qué te parece mañana? Mañana es sábado ¿no?

—Estoy casi segura de que tengo algo de la escuela. —Ya estaba pensando demasiado. Estaba pensando que el sábado estaba cargado de un modo en que el viernes lo estaba. Teníamos clase los sábados por la mañana, así que el viernes todavía era una noche de escuela, pero el sábado era puro fin de semana. Aunque si saliera con Dave un sábado por la noche, se trataría claramente de una cita.

—¿Y el domingo? Yo tengo el día libre.

Sólo necesitaba calmarme. Necesitaba encontrar las siguientes palabras para decir, concentrarme sólo en la tarea inmediata que tenía ante mí y no entregarme a la sensación de que ese momento era una flor monstruosa palpitando, un capullo geométrico verde y violeta como los que puedes ver en un caleidoscopio.

—El domingo está bien —dije—. Encontrémonos aquí.

—¿En el estacionamiento?

—Mi residencia es un poco difícil de encontrar —dije—. Y no les gusta que entren chicos.

—Comprendo. ¿Te parece bien a las siete?

Asentí.

—Va a ser el mejor puré de papas de tu vida. Se han escrito poemas sobre ese puré.

"¿Los has escrito tú?", quería preguntarle para bromear. Pero no pude porque mi ansiedad estallaba, la flor se arremolinaba eternamente hacia el exterior.

—Tengo que irme a estudiar —dije. Al dirigirme hacia los escalones podría haberlo rozado. Pero había tantos trucos que todavía no conocía entonces, tantos gestos que me parecían comprometedores. Me corrí hacia un costado, de modo que no nos tocamos en absoluto.

Cuando nos cruzamos, él se dio vuelta y me palmeó el hombro.

—Pórtate bien, Lee.

Si pudiera hablar con la que fui a los dieciséis años le diría: "Dile: 'trataré', dile: 'no haré nada que tú no hagas' ¡No estás prometiéndole nada!" Lo que dije fue:

—Ahora tienes de vuelta tu guante.

Cuando le conté a Martha lo sucedido, gritó:

—¡Tienes una cita! —Luego saltó de su silla para abrazarme.

—Pero es un domingo.

—¿Y qué? —Me señaló, y comenzó a corear:

—Tienes una cita con Dave Bardo, tienes una cita con Dave Bardo.

Quería que se detuviera, y no por miedo a que presumir demasiado lo arruinara todo, sino porque me sonaba extraño y difícil de comprender.

—Casi no lo conozco —dije.

—De eso se trata. Salen a cenar y lo conoces.

—¿Por qué me habrá invitado a salir?

—Lee, no puedo leer su mente. Tal vez te encuentra linda.

Hice una mueca de disgusto. Esa posibilidad no me halagaba, más bien me llenaba de terror. Había otras cosas que un chico podía pensar de mí y no estar completamente equivocado: que yo era amable, leal, interesante. No es que yo fuera así todo el tiempo, pero era perfectamente plausible que alguien lo pensara. Mientras que ser vista como linda tenía que ser, a todas luces, un malentendido. En primer lugar yo no era linda, y además no me prodigaba a mí misma los cuidados que las chicas lindas se prodigaban. Ni siquiera era una de esas chicas poco agraciadas que pasan por lindas gracias al esfuerzo y las buenas compañías. Si un chico creía que mi valor residía en mi aspecto, quería decir que, o bien se había equivocado y en algún momento se desilusionaría, o bien tenía muy bajas expectativas. ¿Dave se habría fijado en mí antes de aquella noche en el hospital, o simplemente yo le había llamado la atención durante nuestra conversación? ¿Y por qué se habría fijado en mí? ¿Acaso yo era lo mejor a lo que él podía aspirar?

—No creo —dije. Me imaginé sentada a una mesa de Chauncey's con Dave Bardo. Sin darme cuenta volcaba mi vaso cuando trataba de alcanzar el pan. Lo peor era que él me decía que estaba todo bien. Y si *él* fuera el que volcara el vaso, las cosas tampoco serían mejores. No me significaría ningún consuelo que él, o cualquier chico, dijera suavemente y con una sonrisa: "Sabes, yo también estoy nervioso". O: "Sabes, yo tampoco sé lo que estoy haciendo". El candidato ideal debería ser hábil y callarse.

—¿De qué tienes miedo exactamente? —dijo Martha.

—Lo sé. Estoy actuando de manera extraña.

—No, no es eso. Contesta ya la pregunta. ¿De qué tienes miedo?

Tenía miedo de que Dave hubiera escogido Chauncey's porque pensaba que era un buen lugar cuando en realidad no era tan bueno. Tenía miedo de que él le contara una anécdota divertida a la camarera, pero sólo para que yo la oyera, lo que me haría preocuparme todo el tiempo de si iba a decir algo gracioso o no. Si decía algo que no lo era, ¿yo iba a ser capaz de esbozar una risa convincente? Seguramente, para que no se me notara esa preocupación, comenzaría a emitir risitas ahogadas mucho antes de que llegara la parte graciosa de la anécdota. Tenía miedo incluso de sentir que la piel alrededor de mi boca estuviera reseca aunque me hubiera puesto crema antes de salir de la residencia. Y esa sospecha sería como una conversación paralela a la que teníamos, un murmullo continuo que iría aumentado su volumen progresivamente. Demandaría cada vez más atención de mi parte, y un momento antes de dirigirme al baño para mirarme al espejo (como si treinta segundos después de salir del baño no fuera a empezar a preocuparme de nuevo por la piel alrededor de mi boca), inclinaría mi cabeza hacia un costado para que él no pudiera mirarme directamente. Era extremadamente difícil sentirse cómodo con otra persona, y, por otro lado, nada te aseguraba que valiera la pena pasar por algo tan penoso.

—Dicen que las primeras citas son siempre incómodas —dijo Martha—. Pero luego, cuando ya llevan saliendo seis meses, se ríen juntos de cómo era todo cuando no se conocían.

—¿Entonces crees que debería ir?

—Sin duda. Y deberías ponerte tu suéter de cuello alto porque hace que tus pechos parezcan más grandes.

—¡Puaj! —dije.

—Si mis pechos parecieran tan grandes como los tuyos en ese suéter, te lo robaría. —Martha levantó sus cejas lascivamente, y pensé que enamorarse de un chico era igual a creer que querías saber un secreto: todo era mejor cuando te lo negaban y podías sentirte atormentada por la curiosidad o la soledad; pero el momento en algo sucedía era peligroso. Era tan agobiante tener que preocuparte por si tu piel estaba reseca, o tener que reírte de chistes que no eran graciosos. La situación en la que me encontraba en ese momento, pensé, era mi situación ideal: holgazanear con Martha en la residencia.


Martha había ido a la biblioteca y yo estaba sentada ante mi escritorio estudiando álgebra —o, más precisamente, mirando las páginas del libro de texto frente a mí sin realmente absorber nada— cuando Adele Sheppard, una chica de cuarto, se asomó por la puerta.

—Teléfono —dijo. Luego se dio vuelta y desapareció mientras la puerta se cerraba.

Sentí nervios. Normalmente, mi familia no llamaba los viernes. ¿Y si era Dave que quería conversar? (¿Era posible que hubiera conseguido el teléfono de la residencia? Parecía poco probable.) O, aun peor, ¿y si fuera la señora Morino o alguna enfermera con alguna noticia sobre Sin-Jun? Habían cometido un error en dejarla venir al campus y ella había encontrado una hoja de afeitar o había atado una sábana a un caño en el techo. Pero cuando tomé el teléfono era Sin-Jun, que dijo:

—Lee, tengo que pedirte favor. Voy el domingo con padre.

—¿Crees que será bueno?

—Tal vez sí

—Oh, lo siento. O quizás... ¿estás contenta?

—Quizá sea mejor estar en casa. El favor que te pido es traer mi pasaporte. Está en el cajón del medio de mi escritorio. ¿Puedes?

—Por supuesto ¿Lo necesitas esta noche?

—Mañana está bien. Lee, estoy muy gorda ahora. ¿Sabes por qué?

—Tú no eres gorda.

—Tengo la panza llena de caramelos. Comí una bolsa entera.

—Suena delicioso —dije, y de repente sentí cuánto extrañaría a Sin-Jun, cuánto la extrañaba ya en ese momento.


Los sábados, luego del final de las clases matutinas y antes del comienzo de los partidos de la tarde, reinaba la prisa. Por eso, no se servía un verdadero almuerzo en el comedor; simplemente ponían sándwiches, frutas y galletitas sobre una larga mesa, que uno podía comer allí o guardar en una bolsa marrón para llevarla en el autobús. Yo jugaba en Ault, así que no necesitaba apurarme. Tomé un sándwich de pavo y fui a sentarme a una mesa junto a Dede, que también estaba en mi equipo de básquet; Aspeth, que jugaba al frontón, además de un par de chicos. Sentada allí, pude sentir cómo me invadía el alivio del fin de semana. Hasta tenía un buen presentimiento sobre el partido: teníamos que jugar contra Gordon, a quienes les habíamos ganado en diciembre por más de veinte puntos.

Acababa de morder una papa frita, cuando sentí una mano en mi espalda. Me di vuelta —lo hice con calma, suponiendo que sería Martha o alguien sin importancia— y cuando vi que era Dave Bardo, el terror que sentí hizo que todo mi cuerpo se tensara. Su cara estaba roja y sudorosa y la transpiración le corría en riachuelos desde la frente.

—Lee —dijo—. Escucha.

Yo estaba sentada entre Dede y Devin Billinger; para mirar a Dave había girado el cuello hacia la izquierda, mientras que Dede también se había dado vuelta par mirarlo. Seguramente todos los demás en la mesa también lo estaban mirando —nos estaban mirando— pero no iba a tomarme el trabajo de comprobarlo.

—Lynn necesita el auto mañana —dijo—. ¿Podemos posponer nuestra cita?

Me llevó algunos segundo darme cuenta de que se trataba de una pregunta que requería respuesta. Tragué saliva.

—No hay problema.

—Cualquier otra noche de la semana próxima está bien para mí. No trabajo ni martes ni jueves, pero si ninguno de esos días te viene bien, Sandy me debe un turno, por lo que te dejo elegir a ti.

—Oĸ.

—¿Qué noche eliges, entonces?

—No... no sé. —Pude sentir que mi voz era apagada y fría.

—¿Está todo bien? —dijo—. ¿Estás...? —Se interrumpió, y echó un vistazo alrededor de la mesa.

—Estoy bien —dije.

Cuando volvió a mirarme, dijo (sonaba sarcástico, la única vez que oí sarcasmo en él):

—Muy bien. Ya entendí. No era mi intención molestarte. Nos vemos por ahí ¿no, Lee?

Cuando se fue, me di vuelta hacia la mesa nuevamente. Sin mirar a nadie, con la mano temblorosa, tomé otra papa frita.

—¿Quién es tu novio? —dijo Aspeth.

—No es mi novio.

—¿Estás segura? Parece que sí lo fuera.

—Sí, sí —dijo Devin. Le respondía a Aspeth y no a mí, pero la situación se me hacía insoportable. Mi mente volaba: ¿Acaso otras personas se enterarán de esto? ¿Cross Sugarman, por ejemplo, que era el compañero de cuarto de Devin? ¿Y qué palabras utilizarán para especular sobre la relación entre Lee Fiora y el tipo de la cocina? Pero la verdadera pregunta era qué me había hecho pensar que eso no sucedería. ¿Por qué había dado por hecho que Dave sabía que teníamos que ser discretos?

—Al menos dinos su nombre —dijo Aspeth, y yo me sentí acalorada, enferma y desesperada porque el momento se terminara. Junto a mí, Dede dijo:

—Este atún está rancio.

—¿No viste el cartel? —dijo Devin—. Decía: "Coma bajo su propio riesgo".

—Ja, ja —dijo Dede—. Qué gracioso.

Más tarde, antes del partido, Dede se me acercó en el vestuario y me dijo:

—¿Estás saliendo con ese chico? —Cuando le dije que no, ella dijo: —Estoy segura de que es un buen chico, pero tú eres una estudiante de Ault. Tu vida está aquí, no en un centro de bolos de Raymond o donde sea que vayas a ir con él. Puedes tomarme por una esnob, pero te estoy diciendo la verdad. No creo que quieras separarte del resto de nosotros. —Yo no dije nada. —Y lo harás —dijo Dede—. No te quepa duda de que la gente hablará de ti si sales con un lugareño. —Y eso es lo que Dede me dijo más tarde en el vestuario, pero, en el comedor, fue ella la que cambió de tema. Y sé que ambas veces —en ocasiones, yo pensaba lo contrario, pero Dede no tenía un mal corazón— estaba tratando de ayudarme. Y aunque estuviera equivocada, aunque estuviera parcialmente equivocada, no me estaba diciendo algo que yo no supiera.

Después de mi partido, fui al cuarto de Sin-Jun donde, por suerte, no estaba Clara. Encontré el pasaporte de Sin-Jun donde ella había dicho que estaba y caminé hacia la enfermería con el cabello aún húmedo helándoseme con el frío. Traté de no pensar en la conversación con Dave; traté de ser solamente un cuerpo en el mundo moviéndose entre árboles y edificios, bajo el cielo de la tarde que se iba oscureciendo. Me dije que de ahora en más pasaría sobre las superficies de las cosas sin dejar marca, sin enredarme con nada. No quedaría ninguna evidencia de mí en ningún lugar luego de pasar por él.

En parte, me sentía aliviada de no tener que salir con Dave ya la noche siguiente o ninguna otra noche. En parte, sentía enojo hacia él por haberme abordado en público y no haberme dejado otra opción que tratarlo mal. (¿Entonces todo el tiempo había sido sólo mi imaginación que me había llevado a creer que sí estábamos de acuerdo en encontrarnos de noche, detrás de los edificios, sin que nadie nos viera? ¿De su parte había sido sólo casualidad, no discreción?) Y en parte, por supuesto, me sentía avergonzada. Pero mi vergüenza, al ser la más grande y verdadera de mis emociones, no requería la mínima atención; era una roca en mis tripas y permanecería para siempre conmigo.

Pero lo más inmediato era el alivio. En ese punto de mi vida, ningún final era un mal final. Algo terminaba, y dejaba de preocuparme y desearlo. Podía considerar mis errores, y podía avergonzarme en ese momento, pero la caja estaba sellada, la puerta cerrada y, de repente, ya no estaba inmersa en la confusión.

En la enfermería, la enfermera que me registró era la misma que estaba de servicio cuando el señor Kim y yo habíamos dejado a Sin-Jun unos días atrás.

—Ustedes, chicas, son buenas amigas —dijo la enfermera—. No hay manera de que ella se sienta sola con tantas visitas.

Golpeé la puerta de Sin-Jun, pero sin esperar respuesta giré el picaporte y luego permanecí inmóvil observando la escena. Estaban las dos en la cama moviéndose agitadas y jadeando. Estaban completamente vestidas; si hubieran estado desnudas, pienso que me habría desmayado y Clara estaba arriba. Como Clara era mucho más grande, y como yo nunca había estado en esa posición con otra persona, lo primero que pensé fue: "¿no estará aplastando a Sin-Jun?" Clara le lamía el cuello a Sin-Jun, Sin-Jun le agarraba el trasero con fuerza a Clara, y la cama se sacudía mientras se frotaban una contra otra. Luego de haber visto esa escena, estuve convencida por un tiempo de que el sexo era siempre así de frenético. En realidad, pensaba que sería distinto ver a dos chicas que a dos chicos, pero no lo era. En ese punto, me gustaría decir que todos somos *voyeurs*, pero tal vez lo más correcto sea decir que, sin duda, yo soy una *voyeuse*. Era fascinante mirar. ¿Quién lo habría dicho? Aun con Clara involucrada en él, el sexo era excitante.

Clara se arrodilló, apoyó su cara sobre los pechos de Sin-Jun y luego descendió hasta su ombligo. Justo en el momento en que Clara le levantaba la camisa, Sin-Jun volvió la cabeza hacia el costado, abrió los ojos, me vio, y gritó. Clara levantó la cabeza y ambas se quedaron mirándome fijo. Sin-Jun parecía asustada y furiosa y Clara, desorientada.

—Lo siento —dije—. Lo siento, yo sólo...

—*Aigo!* —gritó Sin-Jun—. *Naga-ra!* ¡Fuera! ¡Fuera!

—Lo siento —dije otra vez. Tiré el pasaporte en el piso y salí corriendo de la habitación y luego de la enfermería. Qué extraño, pensé, aquella vez cuando en primer año había estado tan preocupada por interpretar mis sentimientos hacia Gates Medkowski, no tenía idea de que mi propia compañera de cuarto no sólo pensaba en besar a chicas sino que de hecho lo hacía. Cuando ese día volví a recordar la imagen de Sin-Jun y Clara juntas, sentí que la había visto en una película: una escena de una pasión como ésa (¿de qué otra forma podía llamarlo?) no podía haber sucedido en ningún lugar del campus de Ault.

No volví a ver a Sin-Jun antes de que se fuera con su padre, y pensé que quizá no volvería a verla nunca más, pero me equivocaba, ya que el otoño siguiente regresó para comenzar cuarto año. Ese verano, durante las vacaciones, recibí una carta de ella. La dirección de la casa de mis padres en Indiana estaba escrita con su cuidadosa letra en un sobre azul. Mi madre sugirió que guardara el sobre para mi álbum de recortes, sin percatarse, creo, de que yo no tenía un álbum de recortes.

La carta, con sus típicos errores, decía: "Sabes que tengo relación amorosa con Clara, pero resulta que no compartiré cuarto con ella el próximo año. Esperaré que no le cuentes a nadie lo que viste".

La carta terminaba: "Tu amiga siempre, Sin-Jun", con una carita sonriente dibujada junto a su nombre. Cuando volvimos a vernos, en septiembre, nuestra relación funcionó tal como había funcionado antes de que ella tomara las aspirinas, es decir: nos tratamos con afecto y nunca hablamos de nada profundo. Pero más tarde —Sin Jun era una de las pocas compañeras con las que seguí en contacto luego de Ault—, luego de que fuera obvio para todo el mundo menos para sus padres que ella era lesbiana (usaba el pelo corto y levantado y varios aros de plata en una oreja), supe toda la historia. Había sido ella la que había perseguido a Clara. Estábamos sentadas en el balcón del departamento de Seattle que Sin-Jun compartía con su novia Julie. Sin-Jun trabajaba como neurobióloga en un laboratorio en las afueras de la ciudad. Y pudimos hablar del tema no porque entre nosotras hubiera tenido lugar un gran avance que nos permitiera de repente hablar sin tabúes; creo que se debió más bien a que simplemente maduramos y ciertos temas prohibidos dejaron de serlo.

—¿Por qué Clara? —pregunté.

—Ella era mi compañera de cuarto —dijo Sin-Jun—. Lo que era muy práctico.

Estuve a punto de reírme. Para ese entonces Clara estaba casada y hasta tenía un hijo. Ella y su esposo se habían conocido en la Universidad de Virginia. Al parecer, él era de West Virginia, que es a donde se mudaron luego de la boda para que él pudiera supervisar las minas de carbón de su familia. En la foto de ellos que pusieron en el periódico de Ault se veía a una curvilínea Clara de vestido largo y velo, parada junto a un tipo corpulento y de cabello abundante, vestido con chaqué.

Sin-Jun me dijo que ella siempre creyó que Clara era heterosexual. Pero también sabía que Clara era maleable, y cuanto más duraba la relación —había comenzado poco después de Navidad— más culpable se sentía. Sin embargo, cada vez que Sin-Jun trataba de terminar la relación, Clara se volvía histérica.

—Decía que me amaba mucho —dijo Sin-Jun—. Pero creo que sólo le gustaba el sexo.

Cuando dijo eso me reí —no pude evitarlo—, y también lo hizo Sin-Jun. De todos modos, fue difícil para mí no sentir cierta admiración por Clara. No estoy segura de si ella era solamente tonta o de si sólo necesitaba sexo, creo que también había en ella un poco de valentía.

Nunca volví a hablar con Dave Bardo luego de aquel almuerzo, y lo evité completamente durante el resto del año. Hasta evité que nuestras miradas se cruzaran, lo que no fue muy difícil. Pero cerca de las vacaciones de primavera sentí un estallido de remordimiento, o quizás fue una expansión del remordimiento que siempre había sentido, y comencé a fisgonear detrás del mostrador. A principios de junio, sus brazos estaban bronceados —seguramente pasaba tiempo al aire libre— y siempre parecía estar bromeando con otros miembros del grupo. Nunca me miraba, y pensé que quizás era por eso que me había resultado tan fácil ignorarlo en los últimos meses. Cuando comencé cuarto año, él ya no trabajaba en Ault, pero su hermana, Lynn, había regresado. Varias veces, tuve la tentación de preguntarle por Dave —quizá se había mudado a California— pero tenía miedo de recordarle quién era yo.

Ahora pienso que habría sido mejor si Dave hubiera sabido que yo tenía una beca. Quizás hubiera entendido —no digo aceptado— mi comportamiento. (Aspeth Montgomery podría haber salido con él sin arruinar su reputación: en su caso habría sido irónico. Pero el auto de mis padres era apenas un poco mejor que el Chevy Nova de Dave.) Obviamente, en aquella época, yo no concebía la posibilidad de tener una relación con un chico. Pensaba que ya estaba descalificada por sólo ser yo.

Nada de eso justifica mi comportamiento. Me equivoqué, arruiné todo, ¿qué más puedo decir? Pero aprendí mucho de Dave. Luego, después de todo lo que pasó entre Cross y yo, hasta vi a Dave como una especie de práctica o preparación para mi relación con Cross. Él me preparó, del mismo modo que Conchita me había preparado una vez para tener una amistad con Martha. Hay gente a la que tratamos mal, pero que nos prepara para tratar luego bien a otra gente. Quizás esto suena oportunista, pero me siento agradecida por esas relaciones de prueba, y me gustaría pensar que todo se compensa: Seguramente, sin saberlo, yo también he servido de práctica para otras personas.

O quizás estoy totalmente equivocada y Dave no fue nada tan definido y simbólico como un camino hacia Cross. Quizá Dave fue simplemente Dave, y todo podría haber terminado de otro modo si su hermana no hubiera necesitado el auto el domingo, y hubiéramos salido como estaba planeado... Tal vez todo dependía de eso. Yo había previsto todas las maneras en que nuestra cita podía salir mal, pero, ¿y si en el éter de mi imaginación donde existe nuestra horrible cita, existiera también nuestra cita perfecta? Nos encontramos detrás del comedor. Él lleva un suéter de lana, está relajado y habla con soltura. Hace las cosas típicas de un caballero, como sostenerme la puerta para que yo entre en el restaurante, pero nada que pueda asustarme: no lleva demasiada colonia, no se resbala sobre el hielo en el estacionamiento, no trata de usar su tenedor para que pruebe su postre. Aunque no es un restaurante lujoso, hay velas sobre las mesas. La luz parpadea. La comida es buena. Ninguno de los dos habla más o menos de lo normal, quizá nos reímos un par de veces y se trata de risa verdadera. Toda la noche me lo paso pensando que lo importante es que nos besemos al final; no me doy cuenta de que lo que realmente importa es que he entrado en este mundo, lo que me ha hecho entender que salir con alguien no es necesariamente lo más dramático del mundo. Que no todo tiene que ser obsesión o nada, amor o desinterés. Que existe un punto medio. A veces, sobre todo en invierno, es agradable arreglarse un poco y salir de noche con otra persona.

# 7. Expulsión de primavera
## PRIMAVERA DE TERCER AÑO

Nominaron a Martha para ser tutora de cuarto año en una reunión de clase que se llevó a cabo durante la pausa de la mañana, a fines de mayo de cuarto año, pero yo no estaba allí porque el decano Fletcher me había citado en su oficina para hablar de mis malas notas en matemáticas. En realidad me topé con Martha después de que sonara el primer timbre que marcaba el fin de la pausa (estábamos en el pasillo del tercer piso, ella se dirigía a clase de historia del arte y yo a la de español), y ella dijo:

—¿Qué dijo Fletcher?

Sacudí la cabeza.

—Después te cuento.

—¿Fue muy malo?

—No —dije.

Martha me miró.

—Bueno, fue bastante malo —dije.

—Debes encontrarte con Aubey esta noche, ¿verdad? —Aubey era mi tutor de matemáticas, y estaba en primer año, algo humillante para mí, que estaba en tercero.

Asentí.

—Dile que te explique de nuevo las ecuaciones polares. Tiene que ser más claro.

—Martha, Aubey no tiene la culpa de que me vaya mal.

Sonó el segundo timbre, el timbre que significaba "ahora deberías estar en tu asiento, con tu cuaderno abierto y tu lapicera lista". Martha hizo una mueca de desagrado.

—Quiero hablar más sobre esto —dijo—. Pero trata de no preocuparte demasiado.

Asentí.

—En serio —dijo—. Estoy segura de que puedes aprobar.

Continué asintiendo.

—Di algo.

—¿Cómo qué?

Se rió.

—Ok, eso cuenta. Me tengo que ir. —Comenzó a correr hacia la clase de historia del arte. Cuando empujé la puerta de la clase de español, la pesadez de la puerta y mi propio miedo parecían la misma cosa.


Pero Martha no había dicho nada sobre la nominación. Y, de hecho, fue Nick Chafee el que me lo dijo durante el almuerzo.

—¿Qué piensas de tu compañera de cuarto?

—¿En general? —pregunté.

Nick me miró como si yo hubiera dicho algo extremadamente extraño, algo que no venía en absoluto al caso.

—No —dijo—. Por ser nominada.

—¿Nominada para qué? ¿No me digas que Martha fue nominada para tutora?

—¡Sí!

—¿En serio?

—Amiga —dijo—. Cálmate. —Odiaba que me dijeran eso, especialmente si venía de un chico. Mi voz puede aumentar media octava, pensé en decirle, pero no tienes necesidad de cubrirte. No saltaré de mi silla para abrazarte, ni siquiera gritaré de felicidad. Aunque si alguna vez fuera a gritar de felicidad, éste sería el momento.

Porque ser tutor de cuarto año, incluso ser sólo nominado, no era algo menor. Cada año tenía dos tutores, una chica y un chico. (La escuela tuvo que hacer que fueran dos —la regla entró en vigencia la primavera anterior a mi llegada a Ault— porque cuando había sólo un tutor por año, era siempre un chico.) Además de pasar lista por la mañana, los tutores presidían el comité de disciplina, y, después de graduarse, sus nombres eran grabados sobre mármol blanco con letras doradas en paneles que colgaban sobre el comedor. Para mí, los paneles eran lo mejor; eran también lo que más había intrigado a mis padres cuando les mostré el comedor de Ault el año anterior. Otra ventaja era que los tutores siempre entraban en Harvard. Dos años antes, el rechazo de la postulación temprana de Driscoll Hopkin había sido una sorpresa para todos, pero luego fue admitida en la postulación regular.

La nominación no debería haberme sorprendido —ella era inteligente y confiable y simpática con todo el mundo, además había estado en el comité de disciplina desde principios de tercer año—, pero lo cierto es que me costó creerlo. Porque Martha no era *cool*. Era exactamente la clase de chica que suele ser ignorada por Ault, no recompensada. Y ser tutor era la recompensa más grande de Ault, un sello de aprobación que te volvía alguien destacable, al parecer, para el resto de tu vida. (Tu nombre estaría en la pared del comedor *por siempre*. En *dorado*.) En parte, ser tutor de cuarto era tan deseable porque no era algo que uno pudiera buscar. Uno no podía postularse, tenía que ser nominado. Pero era algo de mal gusto que tus amigos cercanos lo hicieran, lo que significaba que, básicamente, tenías que esperar que la nominación cayera del cielo y que luego el resto la aprobara. Y una vez que eras nominado no podías dar un discurso o pegar afiches. De hecho la expresión "hacer campaña", era usada como una acusación no muy lejana a la expresión "lamer culos". Esa aversión desesperada a mostrar que uno quiere algo, o peor, que uno persigue algo que desea, me acompañó por muchos años después de dejar Ault. Cuando terminé la universidad, mi padre me dijo que lo preocupaba que yo no mostrara suficiente entusiasmo en las entrevistas de trabajo, lo cual me sorprendió ¿Entusiasmo era lo que se esperaba de uno? ¿Pero no era acaso algo desagradable, parecido a la ambición y a la necesidad? Era obvio que uno quería el trabajo, pensé, y el entrevistador lo sabía, ¿por qué, si no, habría uno solicitado la entrevista, en primer lugar?

—¿Quiénes son los otros nominados? —le pregunté a Nick.

—Aspeth —dijo—. Y Gillian, por supuesto.

Esas dos nominaciones eran predecibles: Aspeth era la reina de nuestra clase y Gillian Hathaway había sido tutora en segundo y tercer año. Gillian era discretamente virtuosa en todos los aspectos posibles: Era buena en deportes, especialmente en hockey sobre césped y sobre hielo; era bella pero no de un modo intimidante; y, lo más notable, nunca parecía incómoda o nerviosa, ni en clase ni durante las comidas ni en los partidos. En mis primeros años de Ault, todas esas cualidades me habían impresionado, y hacía poco, sólo un mes atrás, durante un almuerzo, me había tocado sentarme junto a ella y su novio Luke Brown. Eran alrededor de las dos. Ya había terminado el séptimo período, y era un poco tarde para el almuerzo. Ellos eran los únicos chicos de tercero en el comedor, lo que me hizo temer estar interrumpiendo una cita romántica. Pero su conversación sugería lo contrario. Primero, hablaron durante veinte minutos sobre la diferencia entre labradores y perdigueros; pero no sobre perros específicos, mascotas amadas de su infancia, sino sobre las razas: cuál era más inteligente, y por qué ambas solían sufrir de displasia de cadera. (Yo no tenía idea de qué era displasia de cadera, y tampoco pregunté.) La conversación saltó hacia el tema esquí: si era fácil notar la diferencia entre nieve real y artificial, y cómo, a pesar de que los neumáticos para la nieve del jeep del hermano de Luke tenían distintos dibujos, él nunca había tenido ningún problema. En cuanto a mí, además de no tener nada que agregar a esos temas, no podía hablar porque estaba en estado de shock. ¿Eran siempre así de aburridos? ¿Cómo podías hablar así con una persona con la que habías salido durante un año? ¿No querían hablar sobre otras personas o las cosas que los preocupaban o los pequeños eventos que habían tenido lugar desde la última vez que se había visto? Pensé que quizá Gillian siempre parecía cómoda porque no estaba interesada en el mundo, porque no cuestionaba su lugar en él. La posibilidad de que fuera así la volvía desagradable, sentimiento que sentí con mayor intensidad unos días después, cuando en una cena se hablaba sobre el escándalo protagonizado por un gobernador de Massachusetts que había empleado a una extranjera ilegal como niñera. En esa ocasión oí a Gillian decir mientras se reía: "¿Alguien sigue esperando que los demócratas no sean unos completos hipócritas?" Le daba igual el hecho de que tal vez no todos los presentes compartieran su punto de vista, y pensé: "Tienes dieciséis años, ¿Cómo puedes ser republicana a esa edad?" Quizá la única razón por la que yo era demócrata era el recuerdo de mi padre apagando el televisor durante la asunción de Reagan. Pero fuera como fuere: no me gustaba Gillian Hathaway. Y ahora que era la rival de Martha quizás hasta la odiara.

—Entonces Aspeth, Gillian y Martha —dije—. ¿Eso es todo en cuanto a las chicas? ¿Sólo tres?

—La reunión se hizo rápido —dijo Nick—. ¿Quieres saber quiénes son los chicos?

—Sí.

—Yo.

—¿En serio?

—Gracias, Lee. Tu pregunta es muy halagadora.

—No, es que...No sabía si estabas bromeando.

—Oye, John —dijo Nick—. ¿Fui nominado para tutor?

John Brindley, que estaba sentado del otro lado de la mesa, levantó la vista.

—Chafee, de ningún modo votaré por ti.

Ambos rieron y Nick dijo:

—No necesito tu voto, porque tengo el de Lee. Ella también dice que quiere ser mi directora de campaña, ¿verdad, Lee? —Me codeó de manera obvia para que John pudiera verlo (en Ault, por supuesto, no existían los directores de campaña, ni nada por el estilo). Si hubiéramos estado solos, Nick jamás me habría codeado, jamás me habría tocado. A veces me sentía halagada por esa clase de bromas —después de todo se trataba de una forma de atención—, pero a veces me molestaba el modo en que los chicos me incluían como un accesorio en sus interacciones: la asistente del mago que se metía en la caja, era cortada en dos y luego tenía que sonreír al público mientras el mago hacía chistes y gesticulaba con extravagancia.

—¿Qué otros varones fueron nominados? —pregunté.

—Veamos. —Nick contó con los dedos de la mano derecha. —Pittard, Cutty, Sug, Smith y Devoux.

Esas nominaciones, al igual que las de Aspeth y Gillian no eran sorprendentes. Eran todos chicos banqueros, excepto Darden Pittard, pero él era nuestro tutor de tercero, el compañero masculino de Gillian. Él y Cross —Sug— eran los que tenían más posibilidades de ganar. Por cierto, yo votaría por alguno de ellos dos. O por Darden, ya que mi respeto por él era genuino, o por Cross, debido a mi enamoramiento. Lo seguro era que no votaría por Nick Chafee.

Luego del entrenamiento de remo, Martha estuvo levantando pesas, y cuando volvió a la residencia, la cena formal estaba por comenzar. Yo estaba sentada en el futón, leyendo, y Martha me daba la espalda mientras buscaba en el armario ropa para cambiarse.

—¿Mandé a lavar mi blusa de mangas cortas? —preguntó.

—¿Cuál?

—La azul.

—La tengo puesta.

Martha se dio vuelta.

—Puedo sacármela —dije.

—No, no importa. —Volvió a darse vuelta hacia el armario, y sacó una camiseta rosada con adornos de cintas en las mangas y el cuello.

Me paré.

—En serio, Martha, puedo cambiarme. Curiosamente, aunque yo usaba su ropa todo el tiempo, era la primera vez que se daba una situación de ese tipo. Y podría haberle ofrecido algo mío, pero ella no usaba mi ropa, lo que constituía una especie de pacto tácito entre nosotras.

—No seas ridícula. —Se puso la camiseta rosada y luego levantó un brazo y se olió una axila. —Fresca como la brisa de montaña. —Sacó una falda del armario, blanca y verde, con volados rosados, y la sostuvo frente a su cintura sin sacarla de la percha. —Esto combina, ¿no? Entonces, terminarás de contarme lo que te dijo el decano Fletcher... ¡Oh! ¡Lee, esto es adorable!

Finalmente lo había visto: la corona de papel que le había hecho usando su papel de computadora, su cinta adhesiva y mis marcadores. Había dibujado joyas enormes en verde y violeta y líneas amarillas en la base y en las puntas, y había escrito en negro: "Martha Porter, tutora de cuarto y reina del mundo".

Se puso la corona en la cabeza.

—¿Me queda bien?

—Te queda perfecta. Deberías ponértela para la cena. —En realidad, me habría horrorizado si la hubiera usado para la cena. Habría sido lo que la gente esperaba, una prueba de nuestro regocijo de chicas inadaptadas por la nominación casual de Martha. —Es tan emocionante —dije.

—Bueno, es agradable ser nominada, pero no voy a ganar.

—Quizá sí. —Tal vez debería haberlo dicho con más vehemencia, pero la verdad, es que tenía pocas posibilidades de ganar y me gustaba ser sincera con Martha. Fingir frente al resto de las personas estaba bien sólo si tenías una persona con la que eras honesta.

—Creo que será Gillian —dijo—. Demasiada gente detesta a Aspeth.

—¿Y si son elegidos tú y Cross, y tienes que reunirte con él tarde por la noche, y terminan pasando mucho tiempo juntos?

Martha se rió.

—No soy yo la que está enamorada de Cross. Pero ¿sabías que fue él quien me nominó? Extraño, ¿no?

A diferencia de mí, Martha compartía algunas clases con Cross, y a veces me contaba algunas cosas sobre él: "Devin volcó el quemador de Cross en química hoy y su mesa se prendió fuego". O "Cross visitará a su hermano en Bowdoin durante el fin de semana largo". Pero no me parecía que ellos hablaran con frecuencia.

—Y Conchita secundó la nominación —agregó Martha. Esto, en realidad, no era en absoluto extraño. Conchita y yo casi no habíamos vuelto a hablar desde primer año, pero ella y Martha habían seguido siendo amigas.

—Quizá le gustas a Cross —dije, esperando que mi voz no revelara cuán horrorosa encontraba esa posibilidad.

—Por favor. —Martha sonrió. —Debemos ir a la cena —dijo. Se sacó la corona y la apoyó sobre su escritorio. —Algún día conocerás a un hombre que te amará mucho, y dirás: "por qué perdí mi tiempo en la secundaria llorando por ese imbécil arrogante?"

—Muy bien, en primer lugar —dije, y pude sentir cómo me iba preparando para la conversación. Hablar de ese modo, me ayudaba a sustentar mis sentimientos, hacía que Cross existiera en mi vida aunque nunca habláramos. —En primer lugar, ¿por qué crees que él es arrogante? Y en segundo lugar, si crees que pierdo tiempo, ¿significa que yo nunca le gustaré a él?

Afuera, otros estudiantes se dirigían hacia el comedor, todos con el cabello húmedo; las chicas, con blusas color pastel, faldas floreadas y alpargatas; los chicos con camisas blancas o celestes, corbatas, blazers y shorts beige. En Ault, la mejor hora era siempre la noche.

—Es engreído —dijo Martha—. Él sabe que es atractivo, sabe que es buen deportista, sabe que las chicas mueren por él. Pero ¿y qué? No es para tanto.

—No pienso que sea engreído —dije—. De ningún modo.

—Bueno, inseguro no es. ¿Y cuál era la otra pregunta? Oh, sí, ¿pienso que alguna vez tú y el mono violeta encontrarán el amor juntos? —"Mono violeta" era el modo en que nos referíamos a Cross cuando hablábamos de él fuera de nuestro cuarto. —Déjame mirar en mi bola de cristal. —Martha estiró las manos delante de ella como tocando algo redondo. —Lee, ustedes no hablan nunca. Si quieres que pase algo, deberías intentar hablarle.

—Pero no creo que él quiera hablar conmigo —dije—. Dudo de que él sienta un gran vacío en su vida. —El optimismo había desaparecido de nuestra conversación, ese sentimiento de posibilidad que surgía de hablar en sentido hipotético. Podía sentir como me hundía. Y Martha no puso ningún reparo a lo que yo había dicho. En cambio, dijo:

—Todavía tienes que contarme sobre la reunión con Fletcher. Y, esta vez, no cambies el tema.

Ahora que hablábamos de matemáticas mi ánimo decayó completamente. Sólo estábamos caminando hacia la cena y aunque fuera una noche cálida de mayo, aunque el sol poniéndose tras el campo de atletismo volviera el cielo rosado, al llegar al comedor habría hígado para la cena, a mí me tocaría sentarme a una mesa de chicos de segundo que no se preocuparían por ocultar su debate sobre si Aspeth Montgomery estaba usando o no un corpiño, Martha no sería elegida tutora, y Cross nunca me querría como novia. Aunque, a veces, algunas cosas como el clima o algunas canciones, pudieran hacérmelo olvidar, yo seguía siendo yo.

—Fletcher me dijo que la señora Prosek le informó que mi promedio actual es de cincuenta y ocho —dije—. Y me preguntó si mis padres habían hablado conmigo luego de la carta que recibieron a mitad de año. Le dije que me habían dicho que estudiara.

En realidad, lo que mi padre había dicho era: "Supongo que si sacaste esa nota, por lo menos no asististe nunca a clase". Y cuando le expliqué que no había faltado a una sola clase en todo el año, dijo: "¿Qué? ¿Entonces fumas marihuana antes de entrar?" Luego de eso mi madre lo obligó a dejar el teléfono que tomó ella, y dijo: "Pero, Lee, ¿recuerdas cuando la señora Ramírez nos dijo que eras la mejor alumna que jamás había tenido?", lo que yo sí recordaba, pero como se lo señalé a mi madre, había sucedido en cuarto grado.

—Lo raro de la entrevista con Fletcher... —Hice una pausa.

—¿Qué? —dijo Martha.

—Dijo: "Sabes que eres una parte importante de la comunidad de Ault", o alguna estupidez de ese tipo. Luego siguió: "Pero estamos muy preocupados. Si no puedes subir tu nota, quizás sea tiempo de pensar si Ault es el mejor lugar para ti". —Al decir eso, mi voz se quebró.

—Oh, Lee —dijo Martha.

Tragué saliva. Acabábamos de pasar la capilla, aún faltaban unos cuarenta metros para el comedor. "Mesa de ensaladas", pensé. "Servilleta". "Cubo de hielo". Cuando volví a tragar saliva, sabía que no lloraría.

—No tienen verdaderos motivos para expulsarte en primavera.

—Oh, no —dije—. Fletcher nunca mencionó nada como expulsarme.

Martha se dio vuelta para mirarme, y al sentir su mirada, yo también me di vuelta.

—Piénsalo —dijo—. Eso es lo que él quiso decir, aun si no usara las palabras exactas.

Esta vez no sentí el temblor que venía antes de las lágrimas, lo que sentí fue un golpe en el pecho.

—Yo no estuve ahí —dijo Martha—. Pero te aseguro que ningún profesor te va a decir nunca: "Estamos considerando expulsarlo en primavera". Ésa es la manera en que hablan los estudiantes.

De repente me vinieron a la mente todas las personas que habían recibido una expulsión de primavera desde que yo estaba en Ault. En primer año, había sido Alfi Howards, de mi clase, alguien a quien se lo veía siempre desaliñado: los papeles se le caían de la mochila, llevaba la camisa por fuera del pantalón, la nariz le moqueaba y llegaba tarde a todas partes. Cuando el resto de los estudiantes iban del desayuno a la capilla, él recién se dirigía hacia el comedor, a contrapelo del mar humano. Con seguridad, Ault no era su lugar. Lo mejor para él habría sido seguir viviendo con sus padres, pero era de una familia con cuatro generaciones en Ault, y por eso me sorprendí mucho cuando lo expulsaron. Ese año, también fue expulsada Maisie Vilayphonh, una chica mitad finlandesa, mitad lituana, de segundo, cuyos padres tenían la fama de ser espías. Maisie, se rumoreaba, había estado en internados desde los siete año y hablaba siete idiomas. Una vez compró por catálogo un masajeador de pies automático que costaba mil dólares. Después de usarlo dos veces, lo dejó en la sala de estar y lo olvidó hasta que al agua que había quedado dentro le salieron hongos, entonces tiró toda la máquina a la basura. No la expulsaron por eso. Se decía que la escuela sabía que ella usaba cocaína pero que nunca habían podido probarlo, aunque la directora de su residencia, la señora Morino, solía golpear la puerta de su cuarto a distintas horas para preguntarle si había visto el gato de la familia Morino, o para asegurarse de que Maisie supiera que la misa del domingo se celebraría por la tarde.

Lo que distinguía a la expulsión de primavera de la expulsión corriente es que esta última tenía lugar en el verano, al final del año escolar. Y la expulsión de primavera no se debía necesariamente a una causa importante —nunca sorprendieron a Maisie esnifando— también podía ser por una acumulación de motivos menores.

Cuando estaba en segundo año, dos personas habían sido expulsadas en primavera: Leonora Aiko de primero, una chica de Hawai que dormía todo el día y pasaba despierta toda la noche hablando por el teléfono público (y saltando frente a la cabina cada vez que alguien trataba de utilizarlo, insistiendo en que ella estaba esperando para hablar), o mirando comerciales y preparando bistecs en el pequeño horno de la sala de estar; y otra chica que era compañera mía aunque yo casi no la conocía, una estudiante externa llamada Kara Johnson. Kara tenía rasgos angulosos y su belleza era casi salvaje. Delgada y pálida, olía a cigarrillo y usaba siempre delineador de ojos y jeans negros, a pesar de que los jeans de colores estaban prohibidos en el edificio escolar. (En una ocasión oí a una profesora decirle que volviera a su cuarto y se cambiara. Ella le contestó que no podía porque era una estudiante diurna. La profesora le indicó entonces que llamara a sus padres y les pidiera que alguno de ellos le trajera otros pantalones. Ella le contestó que tampoco podía hacer eso porque ambos trabajaban.) Kara y yo estábamos en la misma clase de español, y ella nunca tenía la tarea lista, aunque a veces trataba de demostrar lo contrario. (Yo, por otro lado, siempre hacía la tarea, incluso la de matemáticas, sólo que con frecuencia la hacía mal.) Algunas veces vi a Kara parada frente a la biblioteca por la tarde, seguramente esperando a que alguno de sus padres la recogiera. Hablaba con algún chico de tercero o cuarto, y uno podía darse cuenta sólo por có-mo estaban parados, que para el chico la conversación era mucho más importante que para ella. Ella parecía alguien con una vida complicada, alguien que con frecuencia bebía mucho, o peleaba con su novio, o de-cía mentiras. Y en el caso de ella, que era sexy, esas circunstancias con-tenían un cierto grado de glamour. Pero una noche la vi parada sola fren-te a la biblioteca. Hacía frío, y algo en su forma de acurrucarse me recordó a los momentos en que mi madre y yo bañábamos a nuestro pe-rro King antes de que lo atropellara un auto. Era un scottish terrier y, con el pelo mojado, su tamaño se reducía a la mitad: verlo temblar me producía una tristeza insoportable. La única razón por la que ayudaba a mi madre a bañarlo era que no quería que ella transitara sola por esa tristeza. No creo que a nadie le importara que Kara fuera expulsada. No era amiga de ninguna chica, y aunque los chicos la perseguían cuando estaba frente a ellos, no creo que fuera alguien en quien pensaran cuan-do ella no estaba.

En cada anuario había una página con el título: "Perdidos pero no olvidados", que mostraba fotos de los estudiantes que deberían haberse graduado ese año. La foto de Alfi —la vi en mi primer año de la univer-sidad, cuando el anuario de Ault me llegó por correo ese otoño— lo mos-traba con catorce años, la edad que tenía cuando dejó Ault. Era como si él, a diferencia de todos nosotros, nunca hubiera crecido. La foto de Ka-ra era un poco borrosa, y la mostraba dándose vuelta, de modo que se veían tres cuartos de su rostro: sus ojos almendrados, su mentón estre-cho, sus labios que nunca sonreían. Había otras cuatro personas en la página: Little Washington, Adler Stiles, George Rimas y Jack Moorey. Estos dos últimos, habían partido respectivamente en abril de nuestro segundo año y noviembre de cuarto, luego de haber sido pescados dos veces bebiendo. (En cuanto a faltas relacionadas con alcohol, cigarrillos, marihuana, y pastillas, así como por violar las normas de visitas, es de-cir, faltas menores, tenías dos oportunidades; por drogas duras, copiar-te en exámenes, y mentir, que eran faltas mayores, tenías sólo una.) Ad-ler Stiles, no había regresado luego de las vacaciones de invierno de tercer año. Personas como Adler, que se iban por propia voluntad, me resultaban totalmente misteriosas. Las admiraba casi. En cuanto a mí, no importaba cuán infeliz fuera, Ault no era un lugar al que yo pudiera darle la espalda.

Martha y yo llegamos al comedor y la entrada estaba atestada. La posibilidad de ser expulsada —de tener algo en común con Alfie Ho-wards o Maisie Vylayphonh o Kara Jonson— me era completamente ajena. Era una idea imposible de procesar allí, entre tanta gente; necesitaba meditar sobre eso sola.

—Mi intención no es asustarte —dijo Martha—. Pero Fletcher se refirió a eso, deberías saberlo.

—Sí, claro.

—Pero no pueden tratarte como si fueras una manzana podrida —dijo—. Porque no lo eres.

Cruzamos el umbral del comedor, y llegó el momento de separarnos y buscar los lugares que nos habían sido asignados. Martha me estaba mirando.

—Divide y reinarás —dije—. Una de las dos siempre decía eso antes de la cena formal. Y funcionó, Martha sonrió y yo también lo hice para que nuestro humor pareciera el mismo. Pero no creo haberla engañado. Y mientras eso sucedía, la escena que tenía frente a mí se alejó; o quizá fui yo la que retrocedí de ella. Todo se volvió a la vez enorme y distante, algo que ocurría muy lejos, una imagen borrosa de estudiantes bien vestidos caminando hacia mesas cubiertas de manteles blancos y vajilla de plata. Pensé que quizás, en algunos meses, cuando estuviera inscripta en la escuela secundaria Marvin Thompson de South Bend, me sentaría en la cama y recordaría esa imagen, el momento preciso en que supe que había perdido mi lugar en Ault.


Estaba en la biblioteca, camino a encontrarme con Aubrey, cuando vi a Dede a través de la puerta de vidrio de la sala de periódicos. Tenía la cabeza inclinada para mirar una revista, y yo no pensaba parar, pero ella levantó la vista.

—¡Eh! —dijo exagerando los movimientos de los labios—, y yo la saludé con la mano. Cometí el error de no apartar la mirada, y ella levantó un dedo y dijo: —Espera. —Puso las revistas sobre la mesa y empujó la puerta.

—¿No es increíble lo de Martha? Me pareció completamente inesperado. —Su voz era animada y sin ningún rasgo de hostilidad.

—No es *tan* inesperado —dije—. Martha sería una buena tutora.

—Sí, claro, es "responsable". —Dede hizo el gesto de comillas con sus dedos en el aire, dando a entender ¿qué?: ¿que en realidad Martha no era responsable?, ¿que ser responsable no servía de mucho en ese caso? —Pero la verdad es que no tiene ninguna posibilidad —continuó Dede.

Cuando Martha dijo eso mismo unas horas atrás, me pareció solamente una verdad abrumadora; viniendo de Dede la predicción me parecía una calumnia.

—No tienes idea de quién ganará —dije.

Dede esbozó una sonrisa, y tuve ganas de abofetearla. Nuestra hostilidad siempre había contenido una cierta intimidad de hermanas. Una vez, en primer año, estábamos peleando y Dede se acercó y me tiró el cabello. La total inmadurez del gesto me hizo estallar de risa. Recuerdo que dijo, casi con timidez: "¿Qué?, ¿Qué", pero luego comenzó a reírse también, y ya no pudimos seguir peleando. A veces pensaba que Dede y yo éramos el negativo la una de la otra, y, por lo tanto, parecidas de una forma incómoda: ella fingía entusiasmo y yo fingía indiferencia; ella se pegoteaba a personas como Aspeth Montgomery y Cross Sugarman, y yo pensaba que dejar de hablarles a esas mismas personas durante todo un semestre era algo importante.

—Estoy segura de que crees que a Aspeth le resulta fácil —dije—. Pero francamente, me sorprendería si ella ganara. —No vayas a usar la palabra "perra", pensé, sería ir demasiado lejos. —Ella es... —hice una pausa—. Básicamente, ella es una perra.

—¿Perdón? —dijo Dede—. ¿Oí mal?

—No dije que *yo* piense que sea una perra —dije—. No entremos en cuestiones de semántica. —Cuando estaba en Ault, pensaba que adscribir un desacuerdo a la semántica sonaba muy inteligente. —Dede, no quiero ser dura, pero tu adoración por Aspeth se está volviendo vergonzosa.

Me miró.

—¿Sabes lo que eres? —Sentí que cavaba profundo en busca de un insulto mordaz. —Eres exactamente la misma que eras en primer año.


Aubrey me estaba esperando en la sala de estudio donde nos reuníamos habitualmente. A través de la ventana, lo vi mordiendo su lapicera de plástico con la cabeza inclinada hacia el techo. No estaba haciendo nada raro, pero esa postura era nítidamente la de alguien que se sabía solo, y me sentí avergonzada por él. Di un golpecito en la ventana, antes de abrir la puerta.

Aubrey se sacó la lapicera de la boca, y se sentó derecho.

—Lee —dijo, y asintió con la cabeza. En todo momento, Aubrey se comportaba con absoluta seriedad. Quizá tenía que ver con su educación o quizás era una forma de contrarrestar el hecho de que a los catorce años midiera un metro cincuenta y pesara cuarenta kilos. Tenía cabello castaño y una naricita respingada llena de diminutas pecas. También tenía las manos pequeñas y las uñas comidas sobre los dedos medio y anular. Siempre que miraba a Aubrey escribir ecuaciones, me preguntaba si cuando los chicos pegaban un estirón, crecían siempre proporcionalmente, o existía la posibilidad de que ciertas partes del cuerpo —las manos, por ejemplo— no recibieran el mensaje y permanecieran iguales, como vestigios de un ser más pequeño. Yo estaba bastante segura de que Aubrey era más inteligente que yo, no sólo en matemáticas, sino en todo, y de que algún día se convertiría, por ejemplo, en un financista, y haría muchísimo dinero.

Luego de sentarme en una silla junto a él y sacar mi cuaderno, mi libro de matemáticas y mi calculadora, dije:

—¿Cómo va todo, Aubrey?

—Muy bien, gracias. Me gustaría ver tu tarea para mañana.

Deslicé el cuaderno hacia él: había escrito en lápiz: "Página 408, revisar capítulo, todos los problemas".

Aubrey abrió mi libro y leyó en silencio.

Luego me miró.

—¿Entiendes qué es lo que te piden que hagas en el primero?

Leí rápidamente el problema.

—Creo que sí.

—¿Por qué no empiezas, y yo te ayudo si se te complica?

Continué mirando la página 408, o al menos hice como que la miraba. Que yo era mala en matemáticas, no era ningún secreto. Desde mi llegada a Ault, había estado atrasada un año con respecto a mis compañeros. La mayoría de los alumnos de primer año se apuntaban en geometría; yo y sólo otros cuatro estudiantes nos apuntamos para clases de refuerzo de álgebra. Y ese año en precálculo, yo era la única de tercero en una clase de estudiantes de segundo. Pero aun así, nadie, ni siquiera Aubrey, parecía haberse dado cuenta de cuán débil era mi comprensión de las matemáticas. Y precálculo había sido el peor año hasta entonces: no era una exageración decir que no había entendido prácticamente nada de lo que habíamos estudiado desde fines de septiembre. No había prestado atención durante las dos primeras semanas de clases y nunca me había puesto al día. Sí, la situación era en gran parte mi culpa, pero el problema era que, como los temas eran correlativos, luego de dos semanas ya era demasiado tarde. Las páginas de mi libro eran como un mapa de Rusia con los nombres de las ciudades escritos en cirílico. No dudaba de su sentido, pero, personalmente, no tenía noción de qué significaban.

—¿Lee? —dijo Aubrey.

—Sí, no estoy segura. No estoy completamente segura de dónde tengo que empezar aquí. —Levanté la vista, y luego miré por la ventana frente a nosotros. Estaba oscuro, así que vi mi reflejo; de haber habido luz, habría sido una vista clara de la entrada de la enfermería. Un domingo por la tarde en invierno, había visto a Aspeth Montgomery acercarse a la enfermería, dudar ante la puerta, e irse sin entrar. Ese cambio en su actitud había consumido mis pensamientos por el resto de mi sesión con Aubrey.

—La cónica tiene su eje en el origen, ¿verdad? Y tiene que satisfacer estas condiciones. —Audrey señaló a donde el libro decía: "parábola, directriz y=2". —Entonces, ¿qué es lo que tienes que hacer?

Un silencio se desplegó, y siguió desplegándose.

—Tienes que averiguar el valor de $y$, ¿no? —dijo Aubrey.

—Sí

—Así... ¿entiendes?

—Sí —asentí—. Claro.

—Y luego pones ésta aquí.

—Ok —dije.

—¿Por qué no intentas con la siguiente?

Por un momento, estuve mirando el problema. Pero luego me puse a pensar en Gillian Hathaway y en el hecho de si ella y su novio Luke se dirían "te quiero". ¿Cómo podías saber que amabas a otra persona? ¿Tenías una corazonada, como un olor agradable cuyo origen no podías identificar, o llegaba un momento en que tenías pruebas? ¿Era como caminar en una casa, y una vez que cruzabas cierto umbral, eso era el amor y nunca volverías atrás? También podías ir hacia otras habitaciones, pelearte o hasta separarte, pero siempre estarías del otro lado del amor, antes y no después de él. Mi interés en las parejas parecía antropológico; aunque me gustara Cross, aunque quisiera oír a Martha diciendo que ella sí podía imaginarme saliendo con él, yo misma no lo podía imaginar conmigo. No al menos como una presencia cotidiana, o sea como dos personas que conversaban, se besaban y se sentaban juntas en la capilla. Cuando pensaba en Sin-Jun y Clara —y solía hacerlo con frecuencia— lo que más me costaba concebir era cómo habían podido ser una pareja y vivir en el mismo cuarto a la vez. ¿Cómo habían sabido cuándo besarse y tocarse, y cuándo simplemente sentarse ante su escritorio y hacer su tarea? ¿No había sido demasiado intenso, demasiado cansador, tener siempre junto a ti a la persona que querías impresionar? Quizá por estar tan cerca abandonabas la pretensión de impresionar a tu amado, y te sentabas en la cama sacándote la cera del oído, sin la más mínima preocupación por tu aspecto. Pero ¿no perdías algo también? Si eso era lo que la gente entendía por intimidad, no tenía mucho atractivo para mí; me parecía más bien como una lucha por oxígeno.

En voz alta, dije:

—¿Crees que Gillian es bonita?

—Lee, por favor, concéntrate —dijo Aubrey.

—Gillian Hathaway —dije—. No Gillian Carscon.

—Ella está bien. Si yo fuera tú, comenzaría por aislar x en ésta. ¿Y qué información te dan sobre x? —Pero Aubrey se estaba ruborizando, una sombra rosada que florecía en su rostro y se expandía hasta su cuello.

—¿Realmente bonita, o bonita del montón?

Me miró:

—No haré tu tarea.

—No te pedí que lo hicieras.

—Si no comprendes estos conceptos, no aprobarás el examen final.

—Incluso más —dije—. Si no apruebo el examen me expulsarán en primavera.

—¿De qué hablas?

—Es cuando te echan pero esperan que...

—Sé lo que significa que te expulsen en primavera —me interrumpió. Su conocimiento me impresionó un poco. Yo no me había enterado de lo que significaba la expresión hasta que empecé segundo año y Alfie y Maisie ya no estaban. —¿Quién te lo dijo? —dijo Aubrey.

—Fletcher me llamó hoy a su oficina.

—Es terrible.

—No sería tu culpa.

—Lo sé. —Aubrey dijo esto con tanta convicción, que tuve ganas de retirar mi disculpa. —¿Y qué piensas hacer? —agregó.

Lo miré con los ojos entornados. Era bastante obvio que él no tenía ningún respeto por mí, pero, de todas formas, ésa parecía una pregunta de mierda.

—Bueno, la escuela cerca de la casa de mis padres se llama Marvin Thompson.

—No —dijo—. Lee. —Extendió su pequeña mano hacia mi brazo, pero no alcanzó a tocarme; creo que le daba miedo el contacto conmigo. Retiró la mano y dijo:

—Lo que quise decir es: ¿qué piensas hacer con respecto al examen? ¿Cómo quieres prepararte?

—No creo que importe mucho cómo me prepare —dije—. Digamos, siendo realistas. —Eso parecía una confesión mediocre. —¿De verdad crees que puedo aprobar? —pregunté.

Permaneció callado por varios segundos, y finalmente dijo:

—Sólo si estás dispuesta a trabajar en serio.

Eso era peor que una negativa. Porque, sin duda, me tomaría el tiempo, me sentaría en una silla con mi libro de matemáticas abierto frente a mí, pero lo que se dice trabajar... La única opción que tenía era empezar desde el comienzo del libro. Siempre me gustó cuando en las películas se veía el desarrollo completo de un proyecto, o incluso la vida entera de una persona: el montaje hecho con música edificante te mostraba cómo un grupo de chicos valientes de distintas razas dejaban de lado sus diferencias y arreglaban la casa del viejo; enderezaban las persianas torcidas, pintaban el exterior, cortaban el pasto, y sembraban los canteros con flores. O la mujer de veintitantos que finalmente había logrado perder peso y bailaba en la clase de aeróbicos o se secaba la frente sobre una bicicleta fija, para luego emerger del baño, limpia, tímida pero bella (ella no tenía idea de cuán bella) donde su mejor amigo la abrazaba y le deseaba suerte en su cita. Yo quería ser esa persona, y quería que el tiempo transcurrido mientras yo mejorara se deslizara con suavidad al ritmo de su propia banda sonora festiva. Pero aprender realmente precálculo sería difícil y penoso. Y aun así, podía no funcionar. La única razón por la que mi promedio llegaba a una cifra tan alta como cincuenta y ocho, era que, en marzo, la señora Prosek me había permitido hacer un proyecto especial para obtener puntos extra, y yo había hecho un cuadro de mujeres matemáticas a lo largo de la historia: "Hypatia de Alejandría (370-415 d.C.), inventora del astrolabio, murió cuando los cristianos la atacaron con trozos de vasijas; Émilie du Châtelet, (1706), aristócrata francesa y autora de *Instituciones de Física*, salía con Voltaire". Como última de la lista había puesto a la señora Prosek. Pegué en una cartulina una foto de ella extraída del catálogo de la escuela y escribí al lado: "Valerie Prosek (1961), profesora de precálculo e inspiración para los jóvenes académicos de matemáticas de todas partes". La señora Prosek colgó el cuadro en su clase, y me puso una A más.

—Si quisiera trabajar en serio —dije—. ¿Dónde debería comenzar?

—No te haría mal repasar algunos de los conceptos básicos de las ecuaciones gráficas. Puedo inventar algunos problemas para ti. —Aubrey escribió varias hileras de números en mi cuaderno, y me lo pasó. Él primero decía:

$$3x - y = 5$$
$$2x + y = 5$$

Eso no podía ser difícil, yo lo sabía. Él mismo había dicho que era un concepto básico. Pero no tenía idea de qué hacer. Y admitir mi ignorancia significaba revelar cuán atrasada estaba.

—En realidad —dije—. Pienso que... siento haberte hecho escribir eso, pero pienso que quizás sea mejor que me concentre en mi tarea para mañana. Porque eso ya me llevará mucho tiempo, ¿no crees?

Aubrey dudó.

—Me llevaré esos problemas a mi cuarto, y trabajaré en ellos por la noche —dije—. Gracias. —Volví a mirar el libro y leí en voz alta el siguiente problema: "Escriba la forma de la descomposición parcial de la fracción".

Quizá de esta forma, si Aubrey oyera mi voz, pensaría que yo estaba participando. Y resultó, ya que él me escuchó expectante. Todas nuestras sesiones eran como ésa: el precalentamiento, la persuasión, la parte en la que Aubrey capitulaba y simplemente hacía la tarea por mí luego de afirmar que no lo haría. Pero aun entonces, avanzábamos con lentitud; el relataba su progreso, me hacía preguntas, esperaba que yo intentara adivinar las respuestas, muchas de las cuales ni siquiera pertenecían a la categoría correcta. Por ejemplo: la respuesta que Aubrey esperaba era: "un factor cuadrático irreducible", y yo decía: "siete".

Aunque a veces lo provocaba, o me comportaba como una holgazana, yo había descubierto la mejor manera de caerle bien a Aubrey: a él le gustaba que yo intentara, pero también le gustaba que no lograra decir ninguna respuesta correcta. O quizá: que no lograra ninguna respuesta correcta pero que lo intentara. Como fuera, la reacción del otro era lo único que me importaba. Los números eran filosos e indiferentes, pero una persona era algo cálido, respiraba, podía ser potencialmente persuadida. Con frecuencia arruinaba mi relación con las personas, es cierto, pero eso casi nunca sucedía porque yo no las entendiera; sucedía porque me ponía nerviosa, o porque podía ver demasiado bien que yo no era lo que ellos querían. Y de hecho, no cumplir las expectativas ajenas era mi especialidad. Podía fallar en ser lo que la otra persona buscaba, pero en tanto fiasco, los complacía por completo: podía ser obsecuente o agresiva, triste o seria, o totalmente silenciosa. Estaba segura, por ejemplo, de que Cross sabía que yo estaba enamorada de él, y de que mi actitud de evitarlo, de sólo buscarlo con la mirada cada tanto para bajar pronto la vista, se correspondía exactamente con lo que él esperaba de una chica como yo, una chica enamorada de él que a él no le gustaba. Y quizá me expulsaran, pero lograría irme con todos de mi lado: Aubrey, Martha, la señora Prosek y hasta el decano Fletcher; todos apenados y apiadándose de mí.

La reunión sobre alojamiento (que era la reunión que yo había creído que se había organizado cuando mi clase había nominado a los tutores) tuvo lugar el día siguiente. En la pausa de la mañana, todos los estudiantes de tercero se reunieron en las primeras filas del auditorio, y el decano Fletcher se sentó en el borde del escenario con las piernas colgando. Dio el mismo discurso que habíamos escuchado durante los últimos años: era imposible que todo el mundo recibiera la residencia que quería, etc., etc., y agregó que como estudiantes de cuarto año seríamos ejemplo en la residencia. Cuando la reunión terminó, Martha salió del auditorio para buscar su correo, y yo comencé a llenar nuestros formularios de pedidos; habíamos decidido que queríamos quedarnos en la residencia de Elwyn, donde habíamos estado ese último año. Mientras presionaba el papel contra mi muslo y escribía el nombre de Martha y el mío, pensé que quizás eso fuera inútil. Si yo no iba a regresar a Ault, qué sentido tenía hacer un pedido de cuarto. ¿Pero cómo podía no volver? ¿En qué cosas pensaría si no fuera una estudiante de Ault? En la escuela secundaria Marvin Thompson, la cafetería tenía el piso de linóleo color mostaza con manchas negras y grises, los equipos de deportes se llamaban Los Vikingos y Las Vikingas, y se debatía si dejar o no ir a clases a las chicas embarazadas cuando la panza comenzaba a notárseles.

—Siempre pensé que las habitaciones en la residencia de Elwyn olían a pis de gato, pero supongo que eso no les molesta ni a Martha ni a ti.

Cuando levanté la vista, vi que Aspeth Montgomery estaba sentada a mi derecha, tan cerca que sentí esa inhibición física que normalmente sólo sentía en la presencia de varones. ¿Le parecerían grandes mis poros?, me pregunté, ¿y se me estaría resecando la piel alrededor de los labios porque había olvidado mi barra para labios en el cuarto y había estado humedeciéndomelos con la lengua? Cuando mi mirada se cruzó con la de Aspeth, por nervios, volví a pasarme la lengua por los labios.

—Nunca lo noté —dije.

—Bueno, también viviste con ese calamar en tu cuarto en la residencia de Broussard, antes de que echaran a Little. Debes de estar acostumbrada a olores nauseabundos.

No dije nada.

Inmediatamente después, Aspeth dijo:

—Oí por ahí que no crees que yo pueda ser una buena tutora.

Se me había pasado por la cabeza, que existía la posibilidad que Dede le repitiera mis comentarios a Aspeht, pero, a la vez, me había parecido algo tan predecible, infantil y vengativo del modo en que sólo Dede podía serlo, que había preferido pensar que no lo haría. Pocas veces, la gente hacía lo que uno esperaba de ella.

—No lo niegas —dijo Aspeth—. Dios, Lee, no tienes vergüenza. —Se inclinó hacia atrás, su brazo derecho quedó colgando sobre el asiento, y no parecía enojada sino más bien divertida con la situación; seguramente no tenía nada que hacer antes de que terminara la pausa de la mañana, y había decidido venir a molestarme.

—Dede te debe de haber contado cosas fuera de contexto —dije.

—¿Te parece?

—¿Qué quieres, Aspeth? —pregunté—. ¿Qué te importa lo que le dije a Dede?

Aspeth pareció reconsiderarme. Sacó el brazo del respaldo del asiento, se sentó derecha y cruzó las piernas.

—¿Martha de verdad cree que será elegida? —preguntó; el tono cansado de broma había desparecido de su voz.

—¿Acaso estás haciendo campaña? —dije.

Una extraña mirada cruzó su rostro —sus rasgos se recompusieron para formar exactamente la misma expresión que habían formado un momento antes— y caí en la cuenta de que campaña era exactamente lo que Aspeth estaba haciendo.

—Martha no ganará —dijo—. Así es cómo serán las cosas. La mitad de la clase votará por Gillian, quizás un poco menos de la mitad. Y un poco más de la mitad votará por mí, exceptuando, digamos, una décima parte de la clase, que votará por Martha. ¿Entiendes lo que digo? Ella recibirá mis votos. Y eso significa que Gillian ganará.

No pude evitar sonreír.

—Tú misma acabas de decir que esos votos no son tuyos. Son de Martha.

—No te das cuenta de lo que estoy tratando de decir. ¿Quieres que Gillian sea tutora?

Me encogí de hombros.

—Por supuesto que no quieres. Gillian es una persona insípida y desagradable. Pero todos esos subnormales de nuestra clase votarán por ella porque ha sido tutora en segundo y tercero, y son unas ratas del *statu quo*.

—¿Por qué no quieres a Gillian? —pregunté. Gillian y Aspeth tenían más o menos los mismos amigos, y nunca había oído que se llevaran mal.

—¿Quién puede quererla? —dijo Aspeth—. Gillian es aburridísima. —Durante toda nuestra conversación, Aspeth, no bajó la voz ni una sola vez, a pesar de que había decenas de compañeros dando vueltas cerca de nosotras; la intrepidez de su maldad me hizo admirarla. —La única persona más aburrida que Gillian es Luke —continuó Aspeth—. Seguramente se queda dormida mientras él le hace el amor.

Por un momento sentí el deseo de que Aspeth me preguntara qué pensaba yo de Gillian, así podría demostrarle que coincidíamos en eso, pero no lo hizo.

—Martha tiene que retirarse de la elección —dijo Aspeth—. Ella no pierde nada. Si tuviera alguna posibilidad de ganar, sería distinto, pero creo que está bastante claro que no la tiene.

Nuevamente, no podía sentirme más que impresionada por la pureza del sentimiento de superioridad de Aspeth, por su completa falta de interés en persuadir o sobornar. Martha tenía que retirarse de la competencia simplemente porque Aspeth era Aspeth. Por la misma razón, Aspeth debía ser elegida.

—Quizá deberías hablar tú con Martha —dije.

—¿Para qué? Ya te lo dije a ti. —Aspeht se paró; tenía las piernas más largas de la clase, piernas fantásticas, y llevaba una falda color beige que terminaba un centímetro y medio sobre su rodilla. Aparentemente, ya no tenía nada que hacer conmigo. Cuando pensé que se iría, dio un paso hacia donde estaba yo y se inclinó hacia mí. Su cabello rubio color miel cayó frente a mi cara, y cuando presionó un dedo sobre la hoja de petición de cuartos que todavía estaba sobre mi falda, pude sentir la yema de su dedo en mi muslo, a través del papel.

—Yo que tú, pensaría lo del pis de gato —dijo. Se dio vuelta para mirarme, y nuestras caras quedaron tan cerca que ¿cómo podría haber evitado pensar en besarla? Dio algunos golpecitos con los dedos, sonrió con complicidad, y dijo: —Sólo un consejo de amigas. —Luego desapareció. El olor a su champú quedó impregnado en el aire. En realidad yo sabía la marca de champú que usaba Aspeth porque Dede usaba el mismo, aunque el perfume no quedaba igual en su cabello que en el de Aspeth. Cuando estaba en Ault, el olor de ese champú representaba para mí la buena reputación; luego de graduarme se volvió el olor de Ault mismo. Una tarde luego del trabajo, poco después de haber terminado la universidad, estaba en el supermercado y le acerqué una botella a una amiga diciendo: "Éste es el champú que mejor huele en el mundo". Ella me miró divertida y contestó: "Entonces cómpralo". Por ese entonces, yo pensaba que había superado mi identidad de Ault, pero aun así, la sugerencia fue reveladora: Cuando lo pagué en la caja, tuve la misma sensación engañosa que uno experimenta cuando compra alcohol por primera vez luego de cumplir veintiún años.

Luego del almuerzo, Martha y yo estábamos saliendo del comedor cuando vi a la señora Prosek unos veinte metros delante de nosotras caminando sola. Le toqué el brazo a Martha y me detuve.

—Espera —dije—. Deja que ella se adelante un poco.

Exactamente en este momento, la señora Prosek miró por sobre su hombro. Al vernos comenzó a caminar en nuestra dirección.

—¿Me habrá oído? —pregunté.

—Es imposible.

—Acércate. Te está esperando. —Martha me dio un empujoncito. —Estará todo bien. —Después que caminé unos pasos, agregó: —Respira hondo.

—Qué suerte que nos encontramos —dijo la señora Prosek cuando estuve a su lado—. ¿Cómo va todo?

—Todo bien. —Mientras caminábamos le eché una mirada furtiva.

—Supe que hablaste ayer con el decano Fletcher —dijo—. Si eso es lo que te estás preguntando. Me gustaría saber cómo te sientes.

No dije nada (honestamente no sabía qué decir), pero cuando mi incomodidad por el silencio fue superior a mi confusión por no saber qué contestar, dije:

—Bien.

Entonces, fue la señora Prosek la que se quedó callada.

El problema era que la señora Prosek no sólo era la profesora en cuya clase yo estaba fallando, gracias a cuya mala nota yo sería expulsada, ella también era mi consejera, y, hasta hacía poco, aun durante los primeros meses en que mis notas habían comenzado a bajar, nuestra relación había sido completamente amistosa. Había conocido a la señora Prosek, porque ella era la entrenadora del equipo de básquet con el peor rendimiento. No parecía ofenderse cuando perdíamos un partido, como lo hacían otros entrenadores, pero le hicimos prometer que si alguna vez ganáramos haría tres saltos hacia atrás en el campo de juego —en la universidad, había estado en el equipo de gimnasia—, y lo hizo. Fue la vez que jugamos contra Overfield. Luego de dar los saltos, mientras las del otro equipo nos miraban atónitas, dijo, con el pelo todavía un poco desordenado: "debería haberme puesto otro corpiño". Los días en que no jugábamos en la misma escuela que los otros equipos de básquet, en lugar de ir en autobús, íbamos en la camioneta de la señora Prosek, y, de regreso al campus, nos llevaba a McDonald's.

Había dos cosas que yo admiraba profundamente en la señora Prosek, y ambas se reforzaban mutuamente. La primera cosa, es que ella parecía progresista —era, de hecho, feminista, aunque en aquella época yo todavía no entendía por completo el significado del término— pero no era ni beligerante ni insegura cuando expresaba sus opiniones. Una vez condujo una camioneta con estudiantes a una marcha a favor de la despenalización del aborto en Boston (yo no fui porque estaba en primer año y pensé que no me correspondía), y no se maquilló. Los sábados usaba un pañuelo azul que echaba para atrás su cabello ondulado. Lo otro que me impresionaba de la señora Prosek era que tenía un esposo extremadamente apuesto. Su nombre era Tom Williamson. Trabajaba en Washington DC escribiendo los discursos de un senador demócrata, y no se lo veía mucho en el campus salvo los fines de semana; aunque a veces aparecía sorpresivamente en la cena formal en saco y corbata, y uno los veía caminar juntos, mientras las chicas se codeaban: "Ahí va el bello esposo de la señora Prosek". La señora Prosek era atractiva pero no hermosa, y quizá tampoco lo que la mayoría de la gente entiende por linda. Me llenaba de asombro que ella no fuera tan bella y que él la amara; que ella fuera inteligente y con opinión propia y que él la amara. Y, a juzgar por el modo no particularmente romántico en que podías verlos conversar o tocarse de manera casual —el brazo de él alrededor del respaldo de la silla de ella, con sus dedos apenas rozando su espalda, la cabeza de él inclinada hacia ella mientras la escuchaba decirle algo cuando salían del comedor luego de la cena—, parecía que el amor que sentían el uno por el otro era enorme.

—No quiero mentirte —dijo la señora Prosek—. Estoy preocupada por ti. ¿Tienes un plan de estudio con Aubrey?

—Más o menos. Pero no entiendo por qué, si sólo falta una semana para el examen, el decano Fletcher esperó hasta ayer para amenazarme con la expulsión.

Lo que yo quería era que ella rebatiera que el decano Fletcher había hecho una amenaza tal, pero en cambio dijo:

—¿Me estás diciendo que hubieras actuado de otra manera si hubieras sabido cuáles serían las consecuencias?

—No —dije, y pude sentir cuán defensiva sonaba mi voz.

—Lee. —La señora Prosek apoyó una mano en mi hombro. Me puse rígida, y la sacó. Estábamos en la entrada del edificio escolar y nos detuvimos, como si hubiéramos acordado de antemano no continuar con la conversación una vez dentro.

La miré con lo que esperaba fueran ojos abiertos y receptivos; la rigidez había sido involuntaria.

—Concéntrate en matemáticas. Estudia bien las funciones logarítmicas y exponenciales. ¿Ok? Cada cosa a su tiempo.

Muy fácil de decir para usted, pensé, y no me gustó sentir animosidad hacia la señora Prosek. Desde el otoño hasta marzo, yo había ido a su casa todos los domingos por la tarde, luego de que su esposo partiera hacia Washington. (Aunque en una ocasión, él abrió la puerta, y a pesar de que nunca habíamos sido presentados, mencionó mi nombre al saludarnos, lo que me hizo emocionarme tanto que quise salir corriendo.) La señora Prosek y yo revisábamos el material, y tomábamos sopa o comíamos chili vegetariano que ella misma preparaba. Cuando hablábamos de matemáticas, por respeto, yo trataba de concentrarme, pero con frecuencia me distraía, igual que con Aubrey. Sin embargo, mi atención era completa cuando nos poníamos a hablar sobre el último sermón de misa o un artículo en *La Voz de Ault*, o especulábamos sobre ciertos alumnos y profesores. La señora Prosek nunca decía lo que pensaba, con frecuencia hacía el gesto de negar con la cabeza cuando yo criticaba a alguien, pero casi siempre lo hacía con una sonrisa en los labios, por lo que yo estaba segura de que me encontraba interesante. Quizá, después de todo, no fuera su apuesto esposo ni su postura política ni su habilidad para los deportes lo que me hacía quererla; quizá fuera sólo el hecho de que ella me encontraba interesante, y en su presencia, más que en la de Martha, yo me *sentía* interesante. Pero una tarde, cuando recién volvíamos de las vacaciones de primavera, noté que algo había cambiado. Estuvo todo el tiempo tratando de volver a las matemáticas cuando yo llevaba la conversación hacia otro tema. Al abrirme la puerta me había dicho que le dolía la cabeza, y yo pensé que tal vez fuera ésa era la razón de su cambio de humor, pero luego de tal vez, media hora (yo estaba en la mitad de mi explicación de por qué pensaba que el señor Corning estaba enamorado de la directora de mi antigua residencia, Madame Broussard), dijo:

—Lee, quiero decirte algo. Tuve que mandar una carta a tus padres. No lo hice el semestre pasado porque obtuviste una C en el examen de mitad de año y parecía que las cosas estaban mejorando. Pero ahora estoy realmente preocupada.

Quería comunicarle que mis padres no eran la clase de padres que se asustaban por una carta así, pero no estaba segura de si eso era relevante. Y, de todas formas, en ese momento la carta me pareció algo importante. Lo que sentía era más bien vergüenza por haber estado chismorreando con tanta naturalidad, por haberme tomado la atribución de sentirme como en casa en la mesa de su living. Había creído que la seducía, cuando en realidad sólo era una mala estudiante consumiendo su tiempo libre, haciendo comentarios inapropiados sobre sus colegas.

—El semestre pasado tu nota fue D —dijo la señora Prosek—. Eso no te deja mucha libertad de maniobra. Si desapruebas el semestre, desaprobarás todo el año. Y hasta ahora estás desaprobada, tu puntaje sólo llega a cuarenta y nueve.

Yo sabía que me estaba yendo mal, pero cuarenta y nueve era menos de lo que había pensado.

—Haré un trato contigo —dijo—. Y ofreceré la misma opción a todos los estudiantes pero... —No terminó la frase porque no era necesario, yo sabía que la segunda parte era: "ante todo lo estoy haciendo por ti". El trato era trabajar en un proyecto por puntos extra, y fue entonces cuando hice el cuadro. Y la señora Prosek se rió cuando vio que la había incluido, pero las cosas ya habían cambiado entre nosotras. Esa tarde en su departamento, cuando me había dicho que tenía cuarenta y nueve puntos, no me había confirmado que nos veríamos el domingo siguiente, como lo hacía siempre que me iba. Y podría habérselo preguntado en clase esa semana, pero no lo hice, no quería molestarla. Y como no le había preguntado, no aparecí por su casa el domingo siguiente. En clase, el lunes después de eso, nuestras miradas se encontraron, y ella juntó los labios como para decir algo, pero no lo hizo; de todas formas, había otros estudiantes cerca. Seguí viéndola casi a diario, pero fuera de clase, y sólo de pasada, o en grupos: cuando comenzó el calor en abril, invitó a todos los estudiantes que la tenían como consejera a un picnic.

Parada frente al edificio escolar dije:

—Pero no soy una manzana podrida, ¿no?

—Por supuesto que no eres una manzana podrida.

—Sé que no soy buena en deportes, o que no soy, un "valor" para Ault. Pero no violo ninguna regla. Pienso que tal vez debería, al menos, obtener el beneficio de la duda. No entiendo por qué este examen tiene que marcar la diferencia entre quedarme o irme. Ella suspiró.

—No entiendo de dónde sacaste esa idea de que no eras un valor para la escuela. A ti te apoyan tanto como a cualquier otro alumno. Más allá de eso, espero que entiendas que nadie está tratando de castigarte. Pero, Lee, en matemáticas, ya estás un año atrasada con respecto a tus compañeros. La escuela tiene requisitos, y para obtener un diploma dentro de un año, tienes que cumplirlos ¿Y qué nos garantiza que la misma situación no surgirá en cálculo? En cierto punto, no creo que sea justo para ti estar todo el tiempo tratando de ponerte al día.

—Esto no sucederá con cálculo —dije.

—¿No?

—Si pudiera empezar de nuevo, sé que sería distinto —dije—. Estoy segura.

Permaneció en silencio, y luego dijo:

—Yo también lo sé. Mejor olvidemos esto. Pero tienes que darte cuenta de que nuestra preocupación es académica y no personal. —Tenía los ojos entornados por el sol, por lo que se me hizo difícil identificar su expresión cuando dijo: —La vedad, no creo que te vayan a expulsar en primavera.

Lo primero que pensé fue: "¿Ellos?" Quizás a último momento ella no podía salvarme, pero ¿no era una mentira pretender que ella no podía evitar que la situación llegara hasta ese punto? Sin duda, podía ponerme una D si quería.; podía poner una nota falsa y no discutirlo con nadie, ni siquiera conmigo.

Lo segundo que pensé fue que tenía que contarle a Martha que al contrario de lo que ella creía, los profesores aparentemente sí hablaban de expulsiones de primavera.

Las clases terminaron ese viernes, y durante la semana anterior no hicimos mucho. En latín, la señora Pfaff trajo trocitos de arroz crocante que había preparado su hija de diez años, y en Español miramos telenovelas mejicanas. En las residencias, algunos estudiantes empezaron a empacar, algo que yo odiaba hacer. Las paredes desnudas y las superficies vacías me parecían recordatorios desagradables de la naturaleza efímera de todas las cosas, de lo ilusorio de las pertenencias.

Luego del final de las clases, vi a Aubrey todas las tardes, incluso los sábados, y comencé a esperar nuestros encuentros con ansiedad. Sin clases, los días eran como bandas elásticas viejas estiradas por el uso; era bueno tener algunas horas estructuradas. Por otro lado, hacía buen tiempo, lo que siempre me alteraba. Oía que otros estudiantes nadaban en el río, corrían juntos, iban en bicicleta a la ciudad a tomar un helado. Participar de alguna de esas actividades habría sido alardear de algo: Incluso si no estudiaba realmente, más adelante, después de haber desaprobado el examen, quedaría mucho mejor haberme quedado en mi cuarto.

El miércoles por la tarde, el día antes de mi examen de matemáticas, se llevó a cabo la votación para tutores. Ningún profesor estuvo presente, sólo Gillian y Darden, que repartieron las hojas de papel. Más tarde, serían los únicos en contar los votos.

—Puedo imaginarme perfectamente a Gillian haciendo fraude —le dije a Martha mientras caminábamos hacia la residencia.

—La echarían —dijo Martha—. No vale la pena arriesgarse.

—¿Por quién votaste? —pregunté

—Por Aspeth, por supuesto. Su liderazgo es natural.

—Ja, ja —dije—. En realidad quería saber a quién habías votado de los varones.

—Oh, por Darden. ¿Tú votaste por tu amado Cross?

—Martha —silbé. Jenny Carter y Rally Bishop caminaban detrás de nosotras.

—Lo siento, quise decir mono púrpura. Ven, te cargaré. Súbete.

Se había adelantado y estaba agachándose de espaldas a mí. —Sube a bordo —dijo mirándome por sobre el hombro.

—¿Qué me suba a tu espalda? —dije dubitativa.

—Te llevaré a dar un viaje en Marthasaurio.

—¿Estás borracha?

—No, a no ser que en la cena, alguien le haya echado licor al jugo de naranja. Súbete.

Me di vuelta para mirar a Jenny y a Sally, y esperé hasta que pasaron. Las saludé y las dos sonrieron.

—Creo que soy demasiado pesada —le dije a Martha.

—¿No has visto eso? —Martha flexionó un brazo y su bíceps se levantó. Llevaba puesta una camiseta sin mangas de algodón roja, con escote festoneado. Era un centímetro más baja que yo y también más delgada, pero sin duda era más fuerte.

—Bien —dije—. Prepárate. Di un paso hacia adelante y cubrí sus hombros con mis brazos. Se levantó y estiró los brazos para atrapar mis piernas. Las articulaciones de mis piernas se trabaron en las articulaciones de sus brazos. Se tambaleó un poco, y yo lancé un grito involuntario, pero luego se estabilizó.

—¿A dónde quieres ir? —dijo—. Sólo dilo.

—¿Boston?

Martha emitió un ronquido.

—Bueno, ¿qué te parece Bombay? —traté de decirlo con acento hindú.

—Mucho mejor.

—¿Y la madre Rusia? —traté, con más o menos el mismo grado de éxito, de decirlo con acento ruso, y Martha se rió.

—A mi *dacha* —grité y golpeé mis rodillas contra las piernas de Martha. —¡Vamos!

Trató de galopar, pero su risa era demasiado intensa. Se detuvo y se agachó conmigo aún en su espalda, y permaneció ahí con sus hombros sacudiéndose. Al sentir su risa, yo también comencé a reírme.

—Al París del *fin de siècle* —grité, y Martha dijo, jadeando: —Creo que acabas de escupirme la oreja.

Eso fue, sin duda, lo más raro que hice en público en Ault. Todavía no oscurecía y había gente parada en los escalones frente a la biblioteca tirando una pelota hacia el círculo. Para mi sorpresa, nadie parecía prestarnos atención. Martha se enderezó y yo dije:

—¿Te estoy estrangulando?

—Sí, pero no importa.

En el patio, justo frente a la entrada de la residencia de Elwyin me bajé.

—Gracias por el viaje —dije—. Y, a propósito, qué rara eres.

—Lo sé. Creo que es culpa de mis padres.

—No estoy bromeando —dije—. Estás loca.

—Lee, todo el mundo está loco. Te lo juro.

—No te creo —dije, y ella dijo:

—Pero es cierto.

Mientras subíamos la escalera hacia nuestro cuarto, ninguna sabía lo que sucedería con la elección o el examen de matemáticas. Los resultados posibles no nos favorecían, nos encontrábamos en ese pequeño espacio anterior a la resolución en el que las cartas todavía podían caer a nuestro favor, aunque lo más probable era que no lo hicieran. Habitualmente, yo siempre quería saber el final. En ese momento, sin embargo, el suspenso no me molestaba. Era una cálida noche de primavera; al menos por algunas horas más era agradable no saber cómo terminaría todo.

Luego de la capilla, cuando todo el mundo estaba caminando en masa hacia el edificio escolar para la pasada de lista, Aubrey apareció detrás de Martha y de mí, y dijo:

—Tengo algo para ti. —Miró a Martha y entonces ella dijo:

—Los dejaré solos. Búscame dentro, Lee.

Aubrey me pasó un sobre de manila con mi nombre escrito en el exterior con letra mayúscula.

—¿Son las respuestas del examen? —pregunté.

Pareció horrorizado.

—Estaba bromeando —dije. Lo abrí y saqué una tarjeta hecha a mano, en cuya portada decía en letras alargadas de chico: BUENA SUERTE, y en la parte interior: "Espero que te vaya muy bien en tu examen, Lee. De Aubrey". No había decorado la tarjeta con flores o globos, como lo habría hecho una chica.

—No me llevó mucho tiempo. —Se estaba ruborizando. —¿Tienes alguna última pregunta?

—Creo que no. Pero gracias por la tarjeta, Aubrey. —De verdad apreciaba el gesto, y también me sentía un poco desconcertada. Era algo que yo haría para otra persona, algo que haría en lugar de la tarea de matemáticas; pero nunca nadie me había hecho una tarjeta como ésa a mí.

—Cuando aísles una variable, recuerda ir paso por paso. Será confuso si tratas de encontrar el resultado de ambas variables al mismo tiempo.

Estábamos dentro del auditorio. Dado que era de primer año, Aubrey tenía un lugar asignado para la pasada de lista; mis compañeros y los de cuarto permanecían en la parte posterior o se sentaban en las cajas de madera que cubrían los radiadores sobre la pared.

—Gracias por toda tu ayuda —dije.

Él no se movió.

—Entonces hasta acá llegamos...

Seguía sin moverse y, porque no sabía que más hacer, extendí mi mano. La pasada de lista comenzaba. Nos saludamos.

Permanecí cerca de la puerta escuchando los anuncios: La alianza de estudiantes de minorías tenía una cena de fin de año en el centro de actividades el sábado por la noche y la señora Morino nos alentaba a felicitar a Adele Sheppard que había recibido una distinción del Centro de Cuidados de Raymond donde había trabajado como voluntaria desde segundo año. Cuando el señor Byden se adelantó —durante la pasada de lista solía permanecer detrás de los tutores— sentí que se me aceleraba el corazón. Iba a decir quién había ganado la elección; estaba segura. El año anterior lo había anunciado durante la cena formal, pero seguramente la elección se había llevado a cabo antes, porque ese año, ya no había más cenas formales.

Se aclaró la garganta:

—Como ustedes saben, ayer se llevaron a cabo elecciones para tutores de todos los años. Tengo el agrado de comunicarles los resultados. —Mientras nombraba a los de las otras clases, busqué a Martha con la mirada, y la vi apoyada contra la pared del fondo. Traté de que me viera, pero ella estaba mirando al señor Byden. Busqué a otros nominados y vi a Darden parado cerca de mí. Tenía una sonrisa cálida y suave en su rostro, una expresión completamente agradable, y me di cuenta de que él ya sabía que no había ganado. Me sentí mal por él, que tuviera que estar allí demostrando que era un buen competidor frente a todo el mundo.

—Finalmente —dijo el señor Byden—, para la nueva clase de cuarto año —antes de que continuara algunos estudiantes comenzaron a abuchear. El señor Byden sonrió secamente. —Para la nueva clase de cuarto año —repitió—, por favor saluden a sus nuevos tutores, Cross Sugarman, y Martha Porter.

El auditorio estalló. Toda la gente a mi alrededor parecía estar gritando y saludándose. ¿Por qué era aceptable, una vez que la decisión estaba tomada, demostrar que te importaba, pero incorrecto hacerlo antes?, pensé. Yo también estaba aplaudiendo, pero no sentía ningún tipo de euforia. La verdad era que ni siquiera me sentía feliz, más bien me sentía aturdida ¿Martha había ganado? ¿*Martha*? Había sido fácil apoyarla porque era mi compañera de cuarto, porque, aun si nadie más lo reconocía, ella era genial y porque ambas éramos socialmente ineptas. Aunque ahora, aparentemente, no había dos ineptas, sino sólo una.

Volví a mirar a Darden, que seguía aplaudiendo animado y sonriendo, aunque también vi que le temblaba un músculo de la mandíbula ubicado un poco más abajo del oído.

—Darden. —No me oyó y volví a decir: —Darden.

Se dio vuelta.

—Lamento que no hayas sido elegido —dije. ¿Era un comentario deshonesto de mi parte teniendo en cuenta que yo había votado por Cross?

Sacudió la cabeza.

—No pasa nada. Pero qué bueno lo de tu compañera de cuarto, ¿no?

Traté de sonreír.

—Es una locura. —Darden y yo permanecimos ahí por unos segundos, ambos con nuestras falsas sonrisas, y luego, al mismo tiempo, nos dimos vuelta hacia la parte posterior del auditorio. Era fácil localizar a Cross por su altura, pero había tanta gente alrededor de Martha que no la pude ver. Sobre la plataforma, el señor Byden había comenzado a hablar nuevamente, pero nadie le prestaba atención.

Si hubiera sido una buena amiga, una buena persona, me habría abierto paso entre mis compañeros y abrazado a Martha. Y ese momento, el de felicitarla, habría sido soportable. Mi miedo residía en lo que vendría después: su incredulidad, la desnudez explosiva de sus sentimientos, mi rol en asegurarle que de verdad merecía ser elegida. O, lo peor de todo, quizá simplemente estaría feliz. Quizá sólo sentiría el impulso de disfrutar el momento, conjeturar quién la había votado y quién no, hablar de cómo sería el trabajo de tutor. Y eso no estaría mal: ¿Con quién ibas a mostrar tu lado más engreído y exuberante, si no con tu compañera de cuarto? Pero no me sentía con la capacidad de soportarlo. Salí del auditorio sin mirar hacia los costados, así que no sé si alguien me vio.

Abajo, en el ala de matemáticas, entré en un aula vacía (no la de la señora Prosek, sino la que estaba enfrente de la de ella) y no prendí las luces. Comencé a hojear mi libro. Ya no había tiempo para estudiar, pero me hacía sentir bien hacer algo.

Eran las ocho y cuarenta y cinco. Debíamos recoger el examen en el aula de la señora Prosek a las nueve, llevarlo a la sala de estudio o a nuestro cuarto, y regresar al mediodía. En un poco más de tres horas, todo habría concluido, mi destino estaría cerrado. Después, haría algo para felicitar a Martha, escribirle una tarjeta, o comprarle flores en el pueblo. Y para ese momento, ella ya estaría más tranquila. A las nueve, ella tenía un examen de historia, lo que, por cierto, diluiría la excitación, y quizá luego del examen hablaría de su elección con otra persona, alguien que casualmente estuviera caminando junto a ella hacia la residencia. Para cuando nos volviéramos a encontrar, ella sería capaz de transferirme su reacción como un paquete ordenado: una sola porción de lasaña en un recipiente bien cerrado, en lugar de una cocina hecha un desastre con salsa de tomate desparramada por toda la mesada. Y yo no tendría que haber estado ahí mientras ella la limpiaba.

Cuando Martha fue elegida por el señor Byden para formar parte del comité de disciplina, yo me alegré por ella; no era algo realmente importante, en cierto modo, era la distinción a una santurrona, pero seguía siendo una distinción y la felicité de corazón. Y además, en el verano previo al comienzo de tercer año, cuando empezó a salir con Colby, un amigo de su hermano, la coreografía de su seducción había captado por completo mi atención; durante un par de semanas hablé diariamente por teléfono con Martha durante la noche, interpretando el comportamiento de Colby, aconsejándola como si yo supiera algo sobre la mente de los chicos. Varios días después de que se besaran, sentí explosiones de alegría intermitentes, y por momentos me llevaba casi un minuto recordar que no era a mí, sino a Martha, a quien le había sucedido algo bueno. Y siempre me ponía contenta cuando Martha obtenía buenas notas: Estudiaba mucho y las merecía.

Pero ser tutora me parecía un poco arbitrario. Antes de que Cross la nominara, ella no había considerado ni remotamente la posibilidad, y jamás habíamos tocado el tema. Y luego, simplemente sucedió, sin siquiera intentarlo. Y finalmente, ¿qué habría pasado si hubiera sido yo la nominada? ¿Qué, si ese día, en vez de ir a la oficina del decano, hubiera ido a la reunión y mi presencia les hubiera hecho pensar a algunos, quizás hasta a Cross: "¿Por qué no Lee?" ¿Qué, si hubiera sido yo la carta sorpresa en lugar de Martha? Quizá, secretamente, mis compañeros me querían también a mí, o al menos me respetaban o me veían como una alternativa a Gillian o Aspeth. No era imposible. Porque, sinceramente, ese giro en los acontecimientos, ¿no representaba tanto una derrota para ellas dos cuanto una victoria para Martha? Si me hubieran elegido a mí, habría tenido la oportunidad de ser la compañera de Cross, habríamos conversado, parados uno junto a otro ante el escritorio frente a toda la escuela. Con la prueba de que la gente creía en mí, yo sería distinta, tendría más confianza en mí misma, y finalmente sería capaz de relajarme. Y sin duda no me expulsarían: ¿a quién se le ocurriría expulsar a una tutora?

Pero esos eran pensamientos sucios; me avergonzaba de tenerlos. Y ahora me conocía mejor, sabía que sólo podía brindar un apoyo generoso cuando yo misma no deseaba lo mismo que el otro, o cuando no creía realmente que él pudiera obtenerlo. En realidad, yo era lo opuesto a lo que aspiraba ser: quería ser leal y sincera, confiable, humilde. En cambio, era una persona ambiciosa llena de envidia.

La pasada de lista había terminado. Podía oír a la gente en los pasillos del ala de matemáticas. Me sacudió el hecho de que ser expulsada pudiera ser, tristemente, más fácil que ver cómo Martha era elegida tutora.


Eran las once y media cuando Martha volvió al cuarto, y yo estaba recostada sobre el futón, boca abajo, comiendo chips de tortilla pasados. Tenía la mano extendida fuera del futón de modo que las migas cayeran en el piso, y esa posición hacía circular la sangre por mi rostro. También, había abandonado mi examen después de unos quince minutos, y había pasado más de una hora lloriqueando, por lo que me sentía deshidratada y un poco ronca.

—Hola —dije—. ¡Felicitaciones! —No era lo que tenía planeado decir, había planeado gritar con énfasis: "¡Te estuve buscando por todos lados!", pero no pude hacerlo. Y eso era, había dicho lo que había dicho.

Martha echó un vistazo a mi escritorio, donde el examen estaba abierto en la segunda página, luego me miró:

—¿Qué haces?

La pregunta parecía más bien amplia.

—Estoy comiendo algo —dije finalmente, y levanté la bolsa de chips. —¿Quieres uno?

Tomó el examen y lo hojeó. Yo había firmado bajo el juramento de Ault que aparecía en la primera página de todos los exámenes: "Con mi firma, aseguro que no he prestado ni recibido ayuda de ningún tipo en este examen..." En la página siguiente había completado el primer problema, que obviamente la señora Prosek había puesto el principio para que nos sintiéramos cómodos, había escrito unos pocos números en el siguiente problema, y luego, aunque no tenía ninguna relación con lo que se pedía en el problema, había escrito una ecuación cuadrática, sólo en caso de necesitarla más adelante. Luego de eso, desde la segunda página hasta la séptima, no había escrito nada. Mientras se acercaba al final, la expresión de Martha vacilaba entre la confusión y la desesperación.

—OK. —Giró la muñeca para mirar el reloj, luego puso el examen de vuelta sobre el escritorio. —No lo entregarás así.

—¿No?

—Dios, Lee, ¿qué te pasa? ¿No entiendes las posibles consecuencias de esto? Por favor, siéntate.

Obediente, me senté.

—Límpiate la boca —dijo. Al hacerlo, quedaron algunas migas en mi mano.

Volvió a tomar el examen.

—Ven aquí —dijo, y cuando estuve parada frente a ella, señaló la silla del escritorio. Cuando me senté, puso el examen frente a mí, abrió la segunda página. —¿Sabes algo de esto, no? Aquí, donde te piden que escribas la ecuación... ¿sabes cómo hacerlo, no?

Parpadeé.

—La directriz "y" es igual a dos...¿Lee?

La miré.

—¿Qué sucede? —dijo.

—No puedo hacer estos problemas. —Mi voz sonó un poco deprimida pero no temblorosa, por cierto, no llorosa.

—Pero resolviste el primer problema.

—Míralo, Martha, no es precálculo, es álgebra.

—Entonces, ¿te rindes? ¿entregarás todas estas hojas en blanco?

—No tiene sentido hacer más.

—¿Y el puntaje parcial?

—Creo que no entiendes —dije—. No sé cómo resolver estos problemas. Podría escribir algo, pero sería pura jerga vacía.

—No puedo creerlo.

Por su tono, no me quedaba claro si no podía creerlo literalmente o si lo que quería decir era que estaba enojada conmigo.

—Córrete —dijo. Yo nunca la había visto tan irritada.

Me senté sólo en una mitad de la silla, y ella se sentó en la otra mitad. Tomó una hoja de papel que estaba sobre mi diccionario, vio lo que había escrito de un lado, y volvió a darla vuelta. (Se trataba de una lista de palabras en español, una hoja de estudio que yo pensaba usar, pero no me animé a protestar.)

—Dame tu calculadora —dijo.

Empezó con el segundo problema, escribiendo la ecuación en lápiz sobre la hoja de papel. Por un momento, pensé que no podía estar haciendo lo que parecía estar haciendo. Pero me equivocaba. Pronto quedó claro; sin duda lo estaba haciendo.

—No estoy segura de que ésta sea una buena... —comencé y ella dijo: —Comienza a copiar y tráeme más papel.

Abrí el cajón del escritorio (por la forma en que estábamos sentadas, ambas tuvimos que inclinarnos hacia atrás) y saqué un cuaderno de espirales. Luego de pasárselo dije: —¿Pero no será sospechoso si hay demasiados respuestas correctas?

—Obtendrás una C, o una C menos. No hay manera en que pueda terminar todos los problemas, y de todos modos estoy poniendo algunos errores.

Luego de eso, no volvimos a hablar. Sólo se oyó el sonido de nuestros lápices y una vez, luego de cometer un error, Martha diciendo: "mierda", antes de comenzar a borrar. Ella era la que miraba todo el tiempo el reloj, y eran menos de las doce menos cinco cuando dijo:

—Debes entregarlo. —Había llegado hasta el comienzo de la página seis.

Me paré con el examen en la mano y cuando llegué a la puerta, no pude evitar darme vuelta.

—Martha...

—Ahora vete —dijo mirando hacia la pared frente a mi escritorio—. Entrégalo.

Cuando regresé al cuarto, Martha había salido a almorzar, y estuvo fuera de la residencia por el resto de la tarde hasta la cena. Cuando finalmente regresó, me paré cuando la vi entrar y dije:

—Martha, te agradezco tanto.

Ella levantó su mano y sacudió la cabeza.

—No puedo, Lee. Lo siento, pero no puedo.

Permanecí en silencio.

—Bien —dije al fin—. Bueno, es realmente maravilloso que seas tutora. Estoy tan orgullosa de tener una compañera de cuarto tan brillante. —Lo más raro de todo, era que a esa altura del día, lo pensaba de verdad. El momento en el que había huido del auditorio por la mañana me parecía meses atrás; durante la tarde, la idea de Martha como tutora se me había vuelto familiar.

—Gracias. —Martha parecía extremadamente cansada. Durante las últimas horas, en su ausencia, me la había imaginado celebrando su victoria, quizá con Cross: hacían volteretas, o saltaban bajo una lluvia de confetis. Ahora, esas posibilidades me parecían poco probables.

—No pareces muy contenta.

—Ha sido un día un poco largo.

Volvimos a mirarnos. Era muy difícil no volver a agradecerle, o disculparme.

—Creo que serás una buena tutora —dije—. Serás justa.

Entonces, Martha arrugó la cara y comenzó a llorar. Se puso una mano sobre la frente, como si estuviera protegiéndose del sol, pero su cabeza estaba doblada hacia el piso.

—¿Martha?

Sacudió la cabeza.

Me acerqué a ella y le puse una palma sobre la espalda. ¿Qué podía decir? ¿Qué más podía hacer? Sólo podíamos esperar, dejar que pasara más tiempo desde aquel momento en que Martha había escrito las respuestas de mi examen. Porque, me quedaba claro, eso era lo que este día significaba para ella: no el día en que había sido elegido tutora sino en el que había engañado a la escuela. Y ni siquiera era por las graves consecuencias a las que podía enfrentarse; si nos descubrían, obviamente no sería tutora, porque sería expulsada, ambas seríamos expulsadas. Y qué escandaloso sería, dado que Martha era también miembro del comité de disciplina. Pero el temor a las consecuencias, estaba casi segura, no era la causa de su llanto.

Luego supimos que la victoria de Martha había sido, como se suele decir, arrolladora. Había estado cerca de los nominados varones, pero

283

sus votos habían sido muchos más que los de las otras chicas. No sabía qué significaba eso, ¿que Martha era *cool*, después de todo?, ¿qué ser *cool* importaba menos de lo que yo creía? Después de graduarnos, su nombre fue grabado y pintado de dorado sobre el mármol del comedor.

Tampoco estoy segura de qué significa no haber sentido ninguna clase de culpa respecto de Ault como institución, ni con respecto a nadie en particular (la señora Prosek o el decano Fletcher), excepto Martha. El día siguiente, durante la salida de misa, alguien me tocó el hombro. Cuando me di vuelta, la señora Prosek me susurró, con una enorme sonrisa, que había obtenido setenta y dos puntos. Yo sólo asentí, sin fingir alegría ni sorpresa. En ese momento sentí que ella me había perdonado, que, habiendo aprobado el examen, las cosas volverían a ser como antes. ¿Pero qué sentido tenía este perdón, si la precariedad de nuestro vínculo había quedado demostrada? Una cosa era que alguien que no me conocía me tratara con distancia, pero otra muy distinta era que alguien se acercara a mí y luego diera un paso atrás. Además, yo no estaba segura de seguir respetándola. Ella podría haberme defendido más enérgicamente, o haber hablado conmigo con más franqueza, pero había actuado al estilo Ault, pura omisión y decoro. Aunque, por otro lado, yo no tendría que haberme sorprendido tanto: Después de todo, durante aquellas tardes en su departamento, había sido yo y no ella la que había dicho lo que pensaba. El otoño siguiente, elegí al señor Tithrow, un profesor de física de sesenta y dos años, como mi consejero.

Aubrey (pobre Aubrey con su infinita paciencia de mojigato) continuó ayudándome en cálculo, y mi nota de matemáticas nunca bajó de C durante cuarto año. Ese año, Aubrey tampoco creció. Sí lo hizo después; cuando yo estaba en segundo año de la universidad y él en cuarto año en Ault, recibí por correo una copia del periódico de los ex alumnos que tenía una foto de él con otros miembros de equipo de *lacrosse*, y él parecía medir al menos un metro ochenta. Era apuesto, aunque sus rasgos no contenían nada de la delicadeza anterior; era como si un hombre completo (hasta con barba de algunos días) hubiera surgido desde el interior de su persona infantil.

Que fuera apuesto me parecía irónico también por otra razón, por algo que sucedió el día que me gradué en Ault. Luego de la ceremonia de graduación los graduados se paraban junto a los profesores y frente a ellos se alineaba el resto de los alumnos, como dos equipos saludándose, sólo que con veinte veces más de gente. De ese modo, cada graduado les decía adiós a todos los alumnos de Ault, sin importar si se conocían o no. Luego de que los graduados habían terminado saludar a los

284

de tercer año y a los profesores, comenzaban a saludar también a toda la escuela. El proceso duraba, en su totalidad, varias horas, y había abrazos y llantos. Cuando me tocó saludar a Aubrey, lo abracé (todavía era bastante más grande que él) y le agradecí profusamente: el extraño hecho de finalmente graduarme me había puesto hiperactiva. Él asintió solemnemente y dijo:

—Extrañaré nuestros encuentros, Lee —y después de pasarme un sobre cerrado, agregó: —Por favor, lee esto después. —Porque no sentía curiosidad por el contenido del sobre, y porque estaba pensando en otra cosa, no lo leí por varios días. Era una tarjeta (otra tarjeta) con un birrete y una toga negros en la portada, y las palabras: "¡Felicitaciones, graduada!" en el interior. Abajo, Aubrey había escrito: "Me gustaría expresarte que siento un gran amor por ti. No espero que pase nada y no tienes que contestarme, pero quería decírtelo. Buena suerte con tu vida. Eres extremadamente atractiva". Fue la tarjeta más bella que jamás alguien me diera. No la respondí. Por un tiempo, pensé en hacerlo, pero no tenía idea de qué palabras tenía que usar una chica para contestarle a un chico que estaba enamorado de ella sin ser correspondido. Pero conservé la tarjeta, todavía la tengo.

Y en cuanto a Martha: mientras estuve en Ault, jamás entendí por qué yo le agradaba a ella tanto como ella me agradaba a mí. Y aun hoy sigo sin estar muy segura. No podía darle ni la mitad de lo que ella me daba, y ese hecho debería haber desequilibrado el balance entre nosotras, pero no fue así, y no sé por qué. Luego, después de Ault, yo me reinventé; no de la noche a la mañana, sino poco a poco. Ault me había enseñado todo lo que necesitaba saber sobre caerle bien o mal a la gente; me había enseñado cuál debía ser la medida exacta de autocrítica y confianza en uno mismo, la medida exacta de humor, apertura, curiosidad y, finalmente, entusiasmo. Ault también había sido la audiencia más difícil que jamás tuve, tanto así que después, la facilidad con la que me ganaba a ciertas personas me resultaba por momentos desalentadora. Si Martha y yo nos hubiéramos conocido, por ejemplo a los veintidós, no me habría costado creer que yo le agradaba. Pero ella me había querido antes de que yo fuera alguien que mereciera ser querido, y eso era lo que me confundía.

Durante el primer mes de cuarto año —recibimos la mejor habitación de Elwin, con tres ventanas frente al círculo— Martha y yo rompimos dos espejos altos en el lapso de una semana. Había un radiador debajo de una ventana, y pusimos el primer espejo sobre éste, entre dos ventanas. Una brisa se coló entre las persianas y tiró el espejo al piso.

Entonces, fuimos al pueblo, compramos otro, lo pusimos en el mismo lugar, y hasta nos sorprendimos cuando ése también se cayó y partió en pedazos. Martha clavó el tercer espejo de un lado de la puerta, y allí lo dejamos cuando nos graduamos en Ault.

Pero recuerdo el día en que el segundo espejo se rompió. Nos habíamos encontrado en el gimnasio y caminamos juntas hacia nuestro cuarto, y cuando abrimos la puerta, lo vimos al mismo tiempo.

—Mierda —dije yo, y Martha dijo—: ¡Qué estúpidas somos!

Levantó el espejo y lo apoyó contra el radiador. Estaba hecho trizas por todas partes, y algunos pedazos se habían caído, y permanecían boca abajo sobre la alfombra: fragmentos dentados, con la forma de Tennessee o North Carolina. Yo estaba parada detrás de Martha, y nos reflejábamos infinitamente en los pedazos de espejo que quedaban; sus ojos, su nariz y su boca me resultaban tan familiares como los míos.

—Catorce años de mala suerte —dije, y parecía un período de tiempo inconmensurable; no sólo en extensión, aunque sí parecía largo, sino sobre todo con respecto a lo mucho que nuestras vidas cambiarían durante ese tiempo. En catorce años tendríamos ambas treinta y uno. Tendríamos trabajos, y quizás estaríamos casadas o tendríamos hijos, y viviríamos quién sabe donde. Seríamos, desde cualquier punto de vista, mujeres adultas.

Martha fue la mejor amiga que tuve en mi vida. Como siempre, yo sólo me preocupaba por el momento presente (esperaba poder usar su falda amarilla con volados para la cena formal), y también era demasiado joven para entender con cuánta facilidad el tiempo y el espacio pueden separar a las personas. Por estas razones, no debería haberme preguntado lo que me pregunté luego de mirar nuestro reflejo en el espejo trizado: Si existiría algo, incluida la mala suerte, con la fuerza suficiente para mantenernos unidas en los años por venir.

# 8. Besos y más besos
## Cuarto año

Cross Sugarman volvió a mí en la quinta semana de cuarto año. Era sábado y Martha había ido a la casa de un primo en Dartmouth para decidir si se quería postular o no a esa Universidad. Eran alrededor de las tres cuando se abrió la puerta de nuestro cuarto; yo estaba acostada hacía ya varias horas. Pienso que Cross debe de haber estado parado ahí por un minuto mientras sus ojos, que venían de la luz del pasillo, se adaptaban a la oscuridad de la habitación. Entonces me desperté. Ver una silueta masculina en el umbral me hizo, obviamente, acelerar el corazón pero a esa altura yo ya sabía que las cosas más extrañas que suceden en los internados, por lo general, suceden de noche. Además, como ninguno de los cuartos tenía llave, ya me había acostumbrado a ver gente irrumpiendo inesperadamente en ellos.

Debo de haberme movido, porque Cross dijo:

—Hola. —Lo dijo en ese tono ronco que es mitad susurro, mitad voz normal, diferente de una conversación común menos por el volumen que por el significado.

—Hola —contesté. No estaba todavía muy segura de quién se trataba.

Dio un paso adelante y la puerta se cerró tras él. Me senté en la litera inferior, tratando de descifrar su rostro.

—¿Me puedo recostar? —dijo—. Sólo por un minuto.

En ese momento, supe quién era, pero todavía estaba desorientada por el sueño.

—¿Te sientes mal? —pregunté.

Él se rió. Después se sacó los zapatos y se metió en mi cama, bajo las frazadas, y yo me escabullí contra la pared.

Hubo un momento preciso en el que pude olerlo; olía a cerveza, desodorante y sudor, lo que, para mí, era lo mismo que decir que olía maravillosamente bien. Y pensé: "Oh, Dios mío, de verdad es Cross". Parecía la posibilidad más remota del mundo.

Nos quedamos quietos. Yo de espaldas mirando la parte inferior del colchón de Martha y él de costado, mirándome a mí. El alcohol en su aliento podría haberme hecho pensar en estaciones de autobuses y ancianos con ropa sucia y ojos inyectados en sangre, pero, porque yo tenía diecisiete años y era virgen, y porque pasaba nueve meses del año en un campus con edificios de ladrillos, colinas parquizadas y hermosos campos de atletismo, me hizo pensar en bailes de verano en clubes de campo y vidas con secretos maravillosos.

—Me gusta tu cama —dijo.

¿Cómo había pasado eso? ¿Por qué estaba él aquí? ¿Y si yo hiciera algo mal, y él se fuera?

—Aunque —agregó—, hace un poco de calor. Espera. —Corrió las frazadas, se incorporó, y como si estuviera haciendo abdominales cruzó los brazos, se sacó el suéter y la remera por sobre la cabeza, y los tiró hacia el piso. —Mucho mejor. —Cuando volvió a acostarse y se tapó con las frazadas nuevamente, me invadió el alivio. Temía que se fuera, pero ahora (¡estaba sin camisa!) parecía definitivamente instalado.

—Entonces —dijo—. Así es como se siente ser Lee Fiora.

Desde primer año no habíamos casi hablado y yo había imaginado miles de conversaciones en nosotros. Y ahora estaba descubriendo que ninguna de ellas era correcta.

—Sí —dije—. Seguramente no es tan emocionante como ser tú. —Inmediatamente, me pregunté si el comentario habría sonado como un coqueteo o como una demostración de inseguridad.

—Oh, no me cabe duda de que ser tú es mucho más emocionante. —(Ya tenía la respuesta a mi duda: había sonado como coqueteo.) —Todo el tiempo —continuó Cross—, me pregunto: "¿Por qué no soy tan sólo la mitad de *cool* que esa chica Lee?"

—Mucha gente se pregunta lo mismo —dije, y cuando oí que Cross se reía, sentí que era lo mejor que jamás me había pasado. Curiosamente, comenzaba a sentirme cómoda con la situación. Quizá por su peculiaridad: estábamos solos, era la mitad de la noche, nunca había imaginado que eso sucedería ni lo había planeado. Luego él dijo:

—Oye, Lee.

—¿Qué?

Quizás pasaron cuatro segundos hasta que entendí que no tendría que haber dicho nada; tendría simplemente que haber vuelto la cabeza y él me habría besado. Esa comprobación parecía a la vez imposible y definitiva; me sentía contenta de no haberme dado vuelta, pero al mismo tiempo temía haber desperdiciado mi única oportunidad.

Suspiró, su aliento olía a cerveza. (Me gustó ese aliento: hoy todavía me gusta en hombres adultos, a causa de Cross.)

—Así que Martha está en Dartmouth, ¿eh?

—¿Cómo lo sabes?

—Veamos, ¿quizá porque hablo con ella como diez mil veces por día?

Eso era cierto, se debía a que ambos eran tutores. Durante el verano, me había preguntado si cuando volviéramos a clase, la nueva conexión de ellos cambiaría mi forma de relacionarme con Cross, pero luego no sentí que fuera así. Pasaban lista juntos, obviamente, y muchas veces, cuando estaba con Martha sentada en el comedor o saliendo de la iglesia, Cross solía acercarse, pero sus conversaciones eran o muy breves o demasiado largas, por lo que se iban juntos a hablar a otra parte. En esos momentos, unos celos incontrolables se apoderaban de mí, y luego me odiaba a mí misma por tener celos de mi mejor amiga, la que, por su parte, jamás tenía sentimientos de esa clase.

Aunque, ahora, estando en la cama con Cross, era difícil no pensar que su relación con Martha sí había afectado mi relación con él: quizá se había percatado de mi existencia todas esas veces en que había hablado con ella y había evitado por completo mirarme.

—¿Sabes que creo? —dijo Cross—. Creo que Martha te cuenta todos los secretos de nuestros asuntos como tutores. Estoy seguro que sabes todo lo que sucede en el comité de disciplina.

—Por supuesto que no lo sé —dije—. Eso sería una violación de las reglas.

—Sí, sí, claro.

—¿Tú le cuentas todo a Devin?

—A Devin no le interesa. Pero tú seguramente sientes curiosidad por esos temas.

—¿Por qué tendría que interesarme a mí si a Devin no le interesa?

—Simplemente lo sé —dijo Cross—. Me doy cuenta ¿Crees que no te conozco?

—No entiendo cómo, si no me has hablado en cuatro años.

—Mejor di tres. En realidad, menos de tres, porque ese feriado sorpresa fue en primavera.

Creo que mi corazón se detuvo por unos segundos. Él lo recordaba (ni siquiera trataba de ocultar que lo recordaba) y sabía que yo también lo recordaba.

Quería que él amplificara o prolongara su confesión, pero dijo:

—Por ejemplo, estoy seguro de que Martha te contó todos los detalles del caso Zane. —Arthur Zane, de segundo, había sido castigado unas semanas atrás, no por beber alcohol o drogarse, sino por irrumpir en la casa del director, una tarde en que todos estaban en sus entrenamientos, y probarse la ropa de la señora Byden. La parte de la historia relacionada con la irrupción en la casa había sido anunciada en la pasada de lista, mientras que habían tratado de que no se supiera la otra parte.

—Dudo de que sepa algo más sobre Arthur que el resto de los estudiantes —dije. (Había llegado a ponerse las medias de la señora Byden, y a maquillarse con su lápiz labial. Y aunque dejó la escuela, no fue técnicamente expulsado —era su primera falta, y, además, pertenecía a una familia con tres generaciones en Ault—, sino alentado a buscar un lugar donde se sintiera más cómodo. Cuando le pregunté qué significaba eso a Martha, ella contestó que el señor Byden tenía terror de que Arthur fuera el primer estudiante en la historia de Ault en salir del armario. Tanto Martha como yo estábamos seguras de que travestirse era equivalente a ser gay, y de que Arthur era la única persona gay que conocíamos. Por entonces, yo todavía no reconocía a Sin-Jun como realmente gay.)

Sentí la inminencia de una sonrisa en mis labios.

—Pero ésta es la pregunta principal —continuó—. ¿Lo sorprendieron con un vestido negro sin mangas o en un vestido de lentejuelas rojo?

—La señora Byden, nunca usaría un vestido de lentejuelas rojo —dije. Era cierto, la mayoría de las veces usaba largas faldas tableadas y chaquetas de lana a la cintura.

—¿Entonces vas por el vestido negro sin mangas? ¿Estás segura, no quieres cambiar tu respuesta?

—¿No lo encontraron con una falda de corderoy marrón y una blusa?

—¡Te atrapé! —dijo Cross—. Martha te cuenta absolutamente todo. Lo sabía.

—No me cuenta nada.

—Te cuenta todo.

—Bueno, como quieras —dije—. Pero si la señora Byden hubiera tenido un vestido de lentejuelas rojo y uno negro sin mangas, cualquier travestido que se tuviera en estima, habría elegido el vestido de lentejuelas. —Al decir eso sentí una punzada de remordimiento: decir que era un travestido no era el comentario más cruel que podía hacer sobre él, pero tampoco era algo lindo de decir. Lo que me impacta ahora es darme cuenta de con cuánta soltura me entregué al coqueteo ¡Y eso era sólo el comienzo! ¡Durante años habría tantas cosas que haría por un tipo que no haría en mi vida normal! Chistes que no contaría normalmente, lugares a los que no iría normalmente, ropa que no usaría normalmente, tragos que no bebería normalmente, comida que no comería normalmente, o comida que comería normalmente pero que no comería delante de alguien. Tengo veinticuatro años, yo y el chico que me gusta estamos con un grupo de gente, la persona que está manejando está ebria y nadie lleva puestos los cinturones de seguridad. Y yo estoy viajando en este vehículo porque aparentemente lo que quiero del tipo es más valioso que cualquier otra cosa que quiera o crea. Y así debe ser ¿no?

Cross estaba en silencio. Pensé que quizá no había encontrado divertido mi chiste sobre travestidos, y luego pensé que tal vez se había dormido.

Ése fue el momento en que, no de manera muy distinta de cómo lo había hecho tres años atrás en el taxi, comenzó a acariciarme el cabello. Apoyaba los dedos en mi frente y los movía hacia atrás desparramando mi cabello sobre la almohada. Una y otra vez, deslizó las yemas de sus dedos por mi cabello. Tal vez nunca nada en mi vida me haya parecido tan simple y bueno como eso. No podía hablar porque temía largarme a llorar si decía algo, o temía que él se detuviera. Cerré los ojos.

Luego de un rato largo, él dijo:

—Me gusta tu cabello, es muy suave. —Deslizó sus nudillos sobre la línea de mi mandíbula hasta mis labios.

—¿Estás despierta?

—Más o menos —murmuré. Hablar constituía un esfuerzo enorme.

—¿Puedo besarte?

Mis ojos se abrieron.

Obviamente, yo estaba obsesionada con besar: Pensaba en besar en lugar de pensar en los verbos de español, leer el periódico o prestar atención durante el entrenamiento de fútbol. Pero una cosa era imaginármelo, y otra, muy distinta, tener a Cross junta a mí esperando para besarme. Yo no sabía *cómo* besar. Besar me aterrorizaba, era algo real que hacías con otra persona, y la idea de besar mal a Cross era completamente humillante.

Él se había apoyado sobre un codo.

—No te pongas nerviosa. —Se inclinó hacia mí y me dio un beso en la mejilla. —¿Ves?

Cuando sus labios finalmente tocaron los míos, me hicieron pensar en la piel de una ciruela.

—Ahora bésame tú.

Fruncí mis labios contra los suyos. Estábamos besándonos. Era más difícil y menos placentero de lo que había imaginado. De hecho, me parecía más misterioso que grato: el contacto cambiante de las partes húmedas y secas de nuestras bocas y rostros, la suave acidez de su boca (¡estar sintiéndole el gusto a la boca de Cross, era algo tan íntimo!), y también lo difícil que era contenerme para no pensar en lo que estaba sucediendo en vez de vivirlo; lo difícil que era evitar parar y reconocerlo, al menos con una carcajada. Besar no me parecía divertido, pero tampoco parecía algo demasiado serio, al menos no tan serio como fingíamos.

Se incorporó y se puso sobre mí con las piernas a ambos lados de mis caderas y el equilibrio de su cuerpo distribuido entre sus rodillas y las palmas de sus manos. Me di cuenta de que él tenía una erección, lo cual me impactó en cierta medida. Yo había oído que todos los chicos querían sexo, que se masturbaban sin fin, y que les daba igual si la chica era linda o no: lo único que les importaba era hacerlo. Pero yo existía fuera de este mundo, nunca nadie había tratado de hacer nada conmigo.

Excepto Cross, que ahora lo estaba intentando. ¿Y yo era la causa de su erección o se debía más bien a la situación? Y si era yo: ¿tenía que tener sexo con él? No me parecía una buena idea.

Tomó mis pechos por sobre mi camisón, apretó uno, luego puso su cara contra un pezón y lo chupó a través del algodón. En ese momento me reí, parecía ridículo, como si le estuviera dando de mamar, pero Cross no pareció reconocer el sonido como una risa, lo que seguramente fue para mejor.

—¿Te gusta? —preguntó.

Si me hubiera gustado mucho, no habría sido capaz de admitirlo. Pero, porque me gustaba sólo moderadamente (definitivamente no me gustaba más que las caricias sobre mi cabello), dije con voz suave:

—Sí.

Estiró el brazo para tomar el extremo de mi camisón —era blanco y me llegaba hasta las pantorrillas, la clase de camisones que usaban las chicas en Ault—, y comenzó a empujarlo hacia arriba (¿planeaba sacármelo por completo?) Me puse rígida.

—Está bien —dijo—. Sólo quiero hacerte sentir bien.

—¿Por qué?

—¿Por qué? —repitió—. ¿Qué clase de pregunta es ésa?

Entonces había dicho algo fuera de lugar, en realidad había sido sólo una cuestión de tiempo.

—Olvídalo —dije.

Pensé que él me presionaría, y diría: "¿no qué?". Mi idea de cómo se hacían esas cosas era nula. En lugar de eso, pasó su mano por mi abdomen, mi cadera izquierda hasta mi muslo y luego de vuelta por mi abdomen. Mi camisón estaba enrollado alrededor de mi cintura, sobre mi ropa interior, y yo sabía lo que pasaría a continuación: todo no era más que una combinación de suspenso y falta de suspenso.

Él usó dos dedos y yo me moví hacia su mano, como si tratara de ayudarlo a encontrar algo dentro de mí. Todo era húmedo y caliente. De pronto, estaba a su merced, podía sentir cómo las cosas se habían acelerado y yo quería más, pero era una sensación tan agradable que casi no me importaba. No podría decir cuánto duró, sólo que me hizo sentir loca de avidez; voraz y en éxtasis. Luego paró de hacerlo y volvimos a besarnos, esta vez con más soltura porque era algo a lo que regresábamos. Y luego, lentamente, nos fuimos calmando, y entendí que él no iba a intentar tener sexo conmigo (¿y cómo podría haberme desilusionado eso, si yo ya había decidido que no quería hacerlo?), y apoyó su cabeza sobre mi pecho, a la altura de mi corazón. Sus piernas deben de haber colgado del borde de la cama. Su cuerpo se sentía pesado sobre el mío, casi demasiado pesado, aunque no realmente. Eso es algo que no aprendí hasta más tarde, que algunos tipos nunca dejan caer todo su peso sobre ti; pero en el caso de Cross fue distinto, él parecía seguro, seguro de que yo era lo suficientemente fuerte y seguro de que yo lo deseaba, lo que era así. Apoyé mis palmas en su espalda y mis manos hicieron un sonido sordo cuando lo acaricié.

Luego de un buen rato, oímos el sonido de un auto. Debe de haber sido el auto del guardia patrullando el campus —eran más de las cuatro—, o un profesor volviendo a casa muy tarde o partiendo muy temprano. Quienquiera que haya sido, nos hizo volver a la realidad.

—Debo irme —dijo Cross. Ninguno de los dos dijo nada, y él no se movió por un rato. Bajé la vista para observar su cabeza. Subía y bajaba al ritmo de mi respiración, de manera suave, muy suave.

Cuando me desperté a la mañana siguiente, pasaron algunos segundos antes de que abriera los ojos en los que recordé que algo bueno había pasado, pero no pude recordar qué. Luego pensé, Cross. Abrí los ojos. La habitación estaba llena de luz —eran cerca de las nueve, y la misa dominical que era de asistencia obligatoria, sería a la once—, y todo parecía tan normal: los escritorios y pósters, el futón, el baúl que servía de mesa sobre el que había revistas, lapiceras, casetes, una bolsa abierta de papas pritas marca Ahoy y una naranja pudriéndose. No había evidencia de Cross en ninguna parte (pensé que si hubiera dejado olvidado su camisa o suéter no le diría nada, pero había recordado llevarse ambos) y comencé a deslizarme hacia ese familiar estado de desconfianza y desorientación. Era como cuando tenía que encontrarme con alguien en la biblioteca y yo llegaba pero la otra persona no estaba allí;

entonces me dirigía a su cuarto, pero un segundo antes de golpear a su puerta, pensaba: "¿Acaso imaginé que teníamos una cita?". A veces, incluso, no podía contestar llamadas telefónicas, porque me convencía a mí misma de que en realidad me había inventado la llamada.

Pero Cross *sí* había estado en mi cuarto. Yo sabía que sí lo había hecho. Me di vuelta en la cama y mi cuerpo estaba dolorido, y el dolor era la prueba. Y me parecía que tenía que estar contenta por lo que había sucedido —finalmente había besado a un chico, ese chico había sido Cross—, pero mientras más se alejaban de mí el sueño y la noche, más extraño me parecía el incidente ¿Quién había sido la chica que había dejado que Cross le metiera los dedos, y se había retorcido y había gemido debajo de él? Ciertamente, no podía haber sido yo. Quería hablar con Martha, pero ella no regresaría hasta la noche.

La mayoría de los estudiantes se salteaban el desayuno el domingo, pero Martha y yo íbamos siempre. Llegábamos alrededor de las nueve y comíamos mucho y lentamente, y compartíamos diarios con el puñado de compañeros que también aparecían. Entre los que lo hacían habitualmente estaba Jonathan Trenga, que siempre pedía las secciones serias del *New York Times*. Sus padres eran ambos abogados en Washington DC, y no importaba qué estuviera sucediendo en el mundo, qué países impronunciables estuvieran en guerra, qué crisis de qué droga, energía o mercado se estuviera desarrollando, Jonathan no sólo podía conversar fluidamente sobre el tema, sino que tenía una fuerte opinión de lo que debía hacerse. Una vez le pregunté: "¿Pero eres republicano o demócrata?" y su repuesta fue: "Soy progresista con respecto a lo social, y conservador con respecto a los impuestos"; y Doug Miles, un jugador de fútbol, que también venía al desayuno de los domingos pero sólo leía la sección de deportes e ignoraba a todo el mundo, levantó la cabeza y dijo: "¿Eso es como ser bisexual?" Lo que en realidad me pareció divertido, aunque estaba bastante segura de que Doug era un estúpido.

Otro de los que venían era el compañero de cuarto de Jonathan, Russell Woo, que tampoco hablaba mucho, pero cuya presencia era más agradable que la de Doug. Por razones que no podía precisar —no había mucho más que miradas—, tenía la idea de que Russell estaba enamorado de Martha, algo que yo le mencionaba a Martha semanalmente mientras salíamos del comedor, y que ella sistemáticamente negaba. Sabía poco sobre Russell salvo que era de Clearwater, Florida, y a veces deseaba que él estuviera enamorado de mí para visitarlo en las vacaciones de primavera.

Los otros estudiantes de cuarto año que venían regularmente eran

Jamie Lorison, el chico que en primer año, en la clase de la señora Van der Hoef, había hecho su presentación sobre arquitectura romana justo antes de que me tocara a mí; Jenny Carter y su compañera de cuarto, Sally Bishop; y, los en días de que se levantaba temprano para estudiar, Dede. Esos días, usaba lentes y pantalones de gimnasia azul marino, lo que me parecía curioso porque el resto del tiempo cuidaba mucho su aspecto, y, aunque no mucha gente te veía los domingos por la mañana, siempre alguien te veía.

Yo nunca me vestía bien para el desayuno, pero tampoco me vestía bien el resto del tiempo. Esa mañana, luego de lavarme la cara y cepillarme los dientes —los domingos, casi nunca me bañaba— mc puse unos jeans, una camiseta de manga larga y un saco de lana. Luego me quedé en el cuarto, sintiendo la ausencia de Martha. Si no fuera por lo sucedido la noche anterior, habría ido sola a desayunar sin pensar demasiado. Pero ¿era apropiado hacer como si todo fuera normal? ¿*Era* todo normal? Quizá lo fuera, después de todo.

Salí, y mientras más me alejaba de la residencia, podía sentirlo más claramente: Las cosas no eran normales. Mi incomodidad era como un humo que surgía a mi alrededor y que me ya estaba ahogándome cuando llegué al comedor. No podía entrar. ¿Y si, por casualidad, este domingo fuera el único domingo en que Cross iba a desayunar? ¿Y si me veía así, a la luz del día (¿por qué había salido sin ducharme? ¿por qué siempre tendía a la dejadez?), y se sorprendía al recordar que yo no era linda, y decidía que había cometido un error? O quizá, lo que había pasado, no era para él lo suficientemente importante para siquiera contar como un error. Eso era lo que yo más deseaba saber, si había significado algo para él o no. Me di vuelta y comencé a caminar de regreso hacia la residencia. Aceleré el paso, me parecía importante no sólo no cruzarme con Cross, sino no cruzarme con nadie, ni siquiera un profesor. En realidad extrañaba mi antiguo yo, la que había sido hasta la noche anterior. Habría ido al desayuno del domingo con Martha y habría hablado o no con otros estudiantes, habría pedido una segunda porción de panqueques y no me habría importado. Durante las primeras semanas de ese año, mi último año, me había sentido más tranquila que nunca en Ault. No había habido presión, no había hecho nada para impresionar a nadie ni había buscado a nadie. O lo había hecho —todo el tiempo, obviamente, había buscado a Cross—, pero en los momentos en que había necesitado fingir para que él no lo notara, había logrado hacerlo. Pero todo no había sido más que acrobacias en mi mente: ahora algo estaba en juego, ahora había algo que yo podía arruinar.

En mi cuarto, volví a meterme en la cama porque las frazadas eran protección, mis ojos cerrados eran protección. En posición horizontal y escondida, podía recordar fragmentos de la noche anterior y volver a sentir una leve felicidad: su voz, su mano en mi cabello, el hecho de que nada lo había hecho dudar, salvo (y al pensar en eso me avergonzaba) mi estúpida pregunta: "¿Por qué? ¿Por qué quieres hacerme sentir bien?" Quería que volviera la noche, que el día brillante e inexorable pasara: comidas en las que masticabas, pantallas de computadoras, cordones de zapatos, y todas las pequeñas y terribles conversaciones, aun aquellas en las que no participabas sino simplemente escuchabas deseando que se terminaran. Durante la noche podías prescindir de todo lo desagradable o irrelevante. Sólo estabas tú y la otra persona, su piel cálida y o único que importaba era hacer sentir bien al otro. (¿Había hecho yo sentir bien a Cross? Podría haber tratado de hacerlo mejor, pero no habría sabido cómo.)

Estaba en la cama cuando las campanas dieron las diez, y aún pensaba que iría a la iglesia, o al menos no había decidido no hacerlo, pero luego las campanas dieron las once, y quedarme en la cama me pareció natural. Estaba faltando a misa, era la primera vez que lo hacía.

Volví a levantarme recién a las dos, y sólo porque necesitaba ir al baño. Comí una fila de galletitas, tomándolas de su envoltorio opaco, y abrí mi libro de historia sentada sobre el futón, mirando alrededor, y pensando en Cross. Martha todavía no había regresado a las cinco, lo que significaba que yo no podía ir a la cena. Puse agua a hervir en la sala de estar, y estaba parada junto a la cocina, cuando Aspeth Montgomery entró. No vivía en Elwyn, sino en la residencia contigua, lo de Yancey, y a veces pasaba por nuestra residencia a visitar a una chica de cuarto año llamada Phoebe Ordway.

—¿Sug estuvo en tu cuarto anoche? —dijo. Si me hubiera pedido mi corpiño deportivo, no me habría sentido más sorprendida.

—¿Qué?

—Cuando dijo que iría, eran como las tres de la mañana. Yo le dije: "en primer lugar, ten maneras. Estoy segura de que están profundamente dormidas. Y además, Martha se horrorizará si rompes los horarios de visitas. Es decir, genial, quizá los castigan a ambos. Y el señor Byden se puede cagar en los pantalones". ¿Estás cocinando fideos japoneses?

—¿Cross quería ver a Martha? —dije insegura.

—Oh, ¿entonces no fue? Bien. —Comenzó a caminar nuevamente. —Olvídalo.

Normalmente en ese punto de la conversación yo habría abandonado, y especialmente con Aspeth, que me hacía sentir incómoda ya antes de abrir la boca. Pero mi interés era grande.

—No entiendo dónde estaban ustedes a las tres de la mañana —dije.

—Estábamos jugando al póquer. Vinieron algunos chicos, e hicieron pomada a Devin y Sug, obviamente, entonces Sug dice que se va a encontrar con Martha. Y yo le digo: "bueno, ¿no crees que te estás tomando esto de ser tutor un poco demasiado seriamente?"

Pero Cross sabía que Martha estaba en Dartmouth, había sido él el que lo había mencionado. Quizá lo había olvidado y lo recordó al entrar en el cuarto cuando vio la cama vacía. Pero yo estaba casi segura de que lo había sabido todo el tiempo. (Nunca se lo pregunté. Tuve muchas oportunidades, y por cierto, quería saberlo, pero no podía preguntar porque lo que habría preguntado habría sido algo más amplio, y siempre tuve miedo de saber la respuesta. Uno sólo trata de atrapar a una persona cuando no es de uno, cuando es imposible.)

—Tu agua está hirviendo —dijo Aspeth, y para cuando terminé de mover la olla, ella ya estaba subiendo la escalera hacia los cuartos—. No dejes que el monosodio de glutamato te haga doler la cabeza —gritó.

Obviamente Aspeth sabía jugar al póquer. Quizá sólo cinco chicas en el campus sabían, y no me sorprendía en absoluto que Aspeth fuera una de ellas. Probablemente también jugaba bien, seguramente les ganaba a los chicos y se reía con su risa de Aspeth mientras tomaba el dinero de ellos. Y lo peor era que si yo fuera un chico, Aspeth sería la clase de chica linda, malvada e inalcanzable que me gustaría; definitivamente, no me buscaría una chica más o menos atractiva para mirar en su interior y convencerme de su valor.

Ahora podía sentir lo incorrecto de lo sucedido entre Cross y yo. No algo incorrecto desde el punto de vista moral, sino una metida de pata, algo que tenía que ser explicado: un pájaro en un negocio, una cañería rota que no deja de gotear, ese momento en que tu amigo ha venido a recogerte y abres la puerta y te das cuenta de que no es el auto de tu amigo, que el que conduce es un desconocido y debes disculparte.

Mi reunión con la sñora Stanchak era durante el último período del día. Ya me había encontrado con ella en una ocasión anterior —en Ault la consejería para elegir universidad comenzaba en la primavera de tercer año—, pero ésa debía ser la reunión definitiva en la que yo debía presentarle la lista de universidades a las que quería postular.

Luego de sentarme en la silla junto a su escritorio, ella abrió un sobre de manila, se calzó los anteojos —los lentes eran rectangulares con marcos azules de plástico, y estaban unidos a una cadena alrededor de su cuello— y escudriñó la hoja de papel que estaba al comienzo. Sin levantar la vista, dijo:

—¿Cómo te está yendo este año, Lee? ¿Has comenzado bien?

—Bastante bien.

—¿Cómo vas en matemáticas?

—En este momento tengo una B menos.

—¿En serio? —levantó la vista y sonrió—. Eso es fantástico ¿Sigues encontrándote con Aubrey?

Asentí.

La señora Stanchak acababa de cumplir sesenta años y estaba casada con el señor Stanchak, que era el director del departamento de lenguas clásicas. Tenía la clase de cabello que yo deseaba tener a su edad: de unos ocho centímetro de largo, casi blanco y levantado, como si acabara de bajarse de un convertible, aunque no parecía usar gel. Era un poco regordeta, su cara tenía arrugas profundas y estaba siempre bronceada, aun en invierno. Durante las vacaciones, ella y el señor Stanchak viajaban a lugares como la China o las Islas Galápagos. Tres de sus hijos habían ido a Ault —el más joven se había graduado diez años atrás—, y en las fotos que yo había visto, los tres eran rubios y muy apuestos. La señora Stanchak me caía bien, de hecho bastante bien, pero cuando estaba en su oficina, no podía dejar de pensar, aun en los momentos en los que yo misma hablaba, que la gente siempre decía que ella era la persona que te asignaban si Ault no quería ocuparse de tu postulación a la universidad. El otro consejero era el señor Hessard, un profesor de inglés alto y sarcástico graduado de Harvard. La señora Stanchak, en cambio, no daba clases, sólo trabajaba tiempo parcial como consejera, y se había graduado en la Universidad de Charleston de South Carolina, que no era un lugar al que Ault quisiera enviar a alguno de sus estudiantes. (Uno sabía dónde se habían graduado todos los profesores, y qué títulos habían obtenido, porque figuraba en el catálogo de la escuela.) La diferencia entre el señor Hessard y la señora Stanchak era un tema de conversación habitual todas las primaveras, cuando a los estudiantes de tercer año se les informaba qué consejero les había sido asignado, y, al parecer, todas las primaveras los otros profesores trataban de desautorizar el rumor. Una vez en la clase de historia cuando el decano Fletcher oyó a un grupo de alumnos hablar del tema, dijo: "No empiecen con esa mierda otra vez", y Aspeth, que estaba en la clase, dijo: "Fletchy, tu lenguaje me deja con la boca abierta".

Pero luego, cuando nos dividieron, a Martha le tocó el señor Hessard, y también a Cross y a Jonathan Trenga, como a casi todos los chicos de nuestra clase que parecían o inteligentes o *cool*. A la única persona remotamente inteligente que le tocó la señora Stanchak fue Sin-Jun, pero no creo que a Ault le importara mucho a qué Universidad fuera Sin-Jun siempre que no intentara matarse otra vez antes de la graduación. Lo más raro del momento en que supimos quién nos había tocado, es que en realidad me sorprendió no estar con el señor Hessard. Sí, yo pensaba lo peor de mí misma, pero… no realmente. Siempre quería que me demostraran que no era así.

La señora Stanchak anotó algo antes de dirigirse a mí.

—Veamos tu lista.

Se la pasé, y ella la leyó rápidamente. No hizo ningún sonido de afirmación mientras leía. Finalmente, dijo:

—Me preocupa que no estés dándote muchas seguridades. Un lugar como Hamilton, yo diría que es una buena apuesta para ti. Pero si hablamos de Middlebury o Bowdoin, ésos podrían ser más difíciles.

—¿Y Brown?

—Lee. —Se adelantó y me tocó el antebrazo, luego volvió a reclinarse y colocó los lentes sobre la cabeza, dejándolos descansar sobre su esponjoso cabello.— Te va a encantar la universidad. ¿Sabías? *Te encantará*. Y eso, porque hay muchas más universidades maravillosas que las que podemos contar. Pero si escucharas a la gente aquí, pensarías que sólo existen ocho escuelas buenas, ¿verdad?

Estaba totalmente en lo cierto. Eran exactamente ocho porque Penn y Cornell casi no entraban en la lista de las universidades más selectas, aunque Stanford y Duke tal vez sí.

—Eso no tiene sentido —dijo la señora Stanchak—. Yo sé que tú también sabes que no tiene sentido.

—¿Entonces no cree que me acepten en Brown?

—¿Sabes que te diré? Te diré, bien, postúlate para Brown. Adelante. ¿Por qué no? Pero quiero que mires otros lugares también. ¿Mandaste a pedir un catálogo de Grinnell como habíamos acordado? Grinnell es una universidad excelente, y Beloit también.

—¿En qué estado me había dicho que quedaba?

—Grinnell está en Iowa, y Beloit en Wisconsin.

—No quiero hacer la Universidad en el Medio Oeste. —dije—. Me gusta más acá.

—Lee, quiero que te sientas cómoda con las decisiones que tomes. Pero necesito que trabajemos juntas, y tal vez eso signifique reconsiderar algunos lugares.

—¿Y si escribo un ensayo realmente bueno para Brown?

Suspiró.

—Lee —dijo (nunca oí que mi nombre fuera pronunciado con más compasión), y sentí un peso en mi pecho, las lágrimas arremolinándose tras mis ojos—. Estuviste a punto de desaprobar precálculo —dijo—. Debes competir con chicos de aquí, tus propios compañeros, que tienen las notas máximas. Y luego, compites con los mejores estudiantes de todas las escuelas del país. Y ni siquiera hemos tocado el tema de ayuda financiera. No quiero que te lleves una desilusión, Lee.

No dije nada.

—Adonde sea que vayas, esa escuela se sentirá feliz de tenerte —dijo, y yo me largué a llorar. En el primer borbotón de lágrimas pensé en Cross (había estado pensando en él casi todo el día, de todas maneras) y sentí que también lloraba porque no había vuelto a verlo; porque quizá nuestro encuentro había sido azaroso y no se repetiría; porque él nunca volvería a tocar mi cabello o estar sobre mí porque yo no lo había apreciado mientras sucedía; y finalmente, porque Cross, por ser tutor, seguramente iría a Harvard y la señora Stanchak estaba tratando de separarnos al enviarme a Wisconsin. Pensé con desesperación que sólo necesitaba una oportunidad más de Cross, que si él me la daba, yo entendería la situación. Le estaría agradecida, sin mostrarle mi gratitud de un modo agobiante.

La señora Stanchak me pasó una caja de pañuelos de papel y dijo:

—Toma todos los que quieras. —Mis lágrimas no parecían desconcertarla en absoluto. (Más tarde, cuando le conté a Martha que había llorado en la oficina de la señora Stanchak, ella me dijo: "Oh, yo ya he llorado dos veces con el señor Hessard. Es como un rito de pasaje".) —Es un momento difícil —dijo la señora Stanchak—. Lo sé.

Durante por lo menos un minutos, permanecí lloriqueando y la señora Stanchak no hizo otra cosa que escucharme. Durante este tiempo tuve la fantasía de que ella me preguntaría por el motivo real de mis lágrimas. Cuando le contara, ella respondería diciendo algo sabio y verdadero sobre Cross y la situación. Creo que a veces los adultos olvidan cuánta fe los adolescentes depositan en ellos, en qué medida desean creer que los adultos, sólo por ser adultos, conocen verdades absolutas, o que las verdades absolutas son posibles de conocer. Pero luego miré por la ventana y vi a Tig Oltman y Diana Trueblood caminando con sus palos de hockey y recordé que no sería sabio contárselo a nadie en Ault, salvo a Martha. Tig y Diana, no me recordaban eso por ninguna razón en particular; era sólo que estaban ahí. No existía la posibilidad de que oyeran, pero si tenías un momento de vulnerabilidad en Ault, alguien siempre se enteraba. Una vez que las cosas abandonaban tu mente, ya habías perdido tu privacidad.

Miré nuevamente a la señora Stanchak, que esperaba pacientemente, y de repente dudé de que tuviera grandes verdades que enseñarme.

—Perdón —dije.

—No tienes que disculparte —dijo—. No te preocupes por mí. Quiero que pienses en ti.

Me cruzó por la cabeza decirle que eso era todo lo que hacía.

Ella me pasó la lista de universidades.

—Quiero que revises esta lista —dijo—. Tómate unos días para reflexionar. Convérsalo con tus padres. Da una larga caminata. Y tratemos de no quedarnos sólo con las etiquetas. ¿Tratarás de hacer eso por mí?

—No es que quiera ir a Brown porque sea una universidad prestigiosa —dije.

La expresión de su cara insinuaba que no me creía pero que no me criticaba por mentir. Pero mi mentira era sólo parcial.

—Quiero ir a Brown porque allí va gente interesante —dije—. Y está en el Nordeste y uno puede armar su propio programa de estudios. —Quería ir a Brown porque los que iban a Brown eran personas que merecían estar ahí. Y si yo era una persona que merecía estar ahí, y eso estaba comprobado oficialmente, quería decir que luego todo me saldría bien.

—Ésas son muy buenas razones —dijo la señora Stanchak—. ¿Sabes qué quiero que hagas, y yo también me lo impondré como tarea? Quiero que encuentres otras cinco universidades que se ajusten a esa descripción. Otra cosa, recuerda que los formularios de ayuda financiera estarán disponibles en noviembre, y tus padres deben entregarlos en enero. Y sabes que no puedes presentarte a la postulación temprana, ¿verdad?

Asentí. Era algo surrealista hablar tan abiertamente de dinero cuando me había acostumbrado a considerarlo el peor tema posible. Era como ir al ginecólogo, algo que empecé a hacer en la universidad: cuánta vergüenza sentía y qué ganas de disculparme por el hecho de que mi vagina estuviera en la cara del médico y la vez qué liberador y extraño resultaba recordar que en realidad no había nada que ocultar, que había ido allí precisamente para exponer mi vagina.

—Si quieres puedes quedarte aquí por un momento mientras te calmas —dijo la señora Stanchak.

—No, no hace falta. —Me paré. Me sentía avergonzada por haber comenzado a llorar, pero, al mismo tiempo, quería abandonar su oficina mientras todavía se me notaban las lágrimas, porque podía cruzarme con Cross, y entonces él pensaría que yo había estado llorando por algo que me importaba y eso le daría curiosidad.

—Gracias, señora Stanchak —dije.

—Gracias a ti, Lee. ¿Sabes por qué soy yo la que te está agradeciendo? Sacudí la cabeza.

—Porque entrar en la universidad depende sólo de ti.


Esa mañana recibí una nota del decano Fletcher reprendiéndome por faltar a misa el domingo y ordenándome que me presentara en el comedor a las cinco para limpiar las mesas antes de la cena. Luego del entrenamiento de fútbol, caminé con el cabello mojado desde el gimnasio hasta el comedor. Nunca me había tocado ese castigo. Seguramente yo era la única alumna de cuarto año que podía jactarse de eso. Mientras caminaba por el círculo, el aire olía a hojas quemadas y el campus era atravesado por esa luz ámbar que sólo se ve en el otoño, y sentí, como solía sucederme con frecuencia en Ault, que la belleza a mí alrededor no me pertenecía, y que tampoco me la merecía.

Justo antes de entrar en el comedor, oí la voz de Cross, me sentí confundida, y pensé en darme vuelta. No debería haberme extrañado en absoluto: además de ser tutor de cuarto año, Cross era uno de los tres tutores del comedor, y, al parecer, hoy estaba en servicio.

En el comedor, donde unos veinte estudiantes estaban limpiando las mesas y poniendo los manteles. Cross sostenía una hoja y una lapicera mientras hablaba con dos chicos de segundo. No pareció notar mi presencia, aun cuando sólo estaba a un metro y medio.

—Disculpa, Cross —dije.

Él me miró, al igual que los dos chicos que estaban con él.

—Sí, ¿qué necesitas? —dijo con una voz que no era completamente amistosa.

—Debo limpiar mesas —hice un gesto señalando su hoja—. Al menos eso creo. Recibí una nota del decano Fletcher.

Cross miró la hoja.

—No me había dado cuenta de que eras una delincuente —dijo, y su tono se oyó más relajado—. Ustedes, pónganse a trabajar —les dijo a los dos chicos. Y nada de descuido. —Uno de ellos hizo el gesto de masturbarse mientras se alejaban. —¡Oye! —djo Cross—. Más respeto, Davis —pero bromeaba a la par de ellos.

Cuando se fueron, dijo:

—¿Querías una excusa para hablar conmigo?

—¡No! Falté a misa.

—Estaba bromeando. —Miró su reloj. Su cabello también estaba húmedo, y mientas estábamos ahí, tuve la extraña sensación de que nos habíamos duchado juntos. Me ruboricé. —Escucha —dijo—. Todavía faltan cuarenta minutos para que comience la cena, y ya somos bastantes aquí. Puedes irte, si quieres.

—¿Estás seguro?

—Haré una marca junto a tu nombre en la lista, si eso es lo que te preocupa.

—¿Entonces me voy?

—A no ser que no quieras.

—No. Quiero decir, sí, sí quiero. Gracias. —Me di vuelta, y mientras lo hacía, él me tocó suavemente en esa parte que está entre la cadera y el trasero, e inmediatamente supe que entre las cosas entre nosotros no habían terminado. No era sólo un deseo mío, sabía que algo pasaría entre nosotros por lo bajo que él apoyó su mano. Si la hubiera apoyado más arriba, habría significado: "¿Todo bien?" o hasta simplemente: "Nos vemos por ahí". Pero así, en la base de mi columna, hasta yo podía reconocer en el gesto algo posible y vagamente territorial. Me di vuelta, pero él ya estaba hablando con otra persona.


—El hecho de que te haya dejado ir no es una mala señal. —Martha estaba parada frente al espejo, cepillándose el cabello mientras yo estaba sentada en el futón. —No lo entiendes porque nunca tuviste que limpiar mesas, pero es un poco humillante. Especialmente para los de cuarto año. Entonces, no es que él no te haya querido cerca y por eso te dijo que te fueras. Creo que más bien estaba tratando de ser amable.

—Pero no dijo nada sobre la otra noche. Ni una palabra —dije.

—¿Qué esperabas que dijera? Había gente cerca.

—Quizá, como estaba borracho, no lo recuerda.

—Sí lo recuerda. —Martha apoyó el cepillo y levantó su frasco de perfume. Roció un poco hacia el aire, y luego caminó a través del vapor (era un truco que yo había aprendido de Dede en primer año y luego había pasado a Martha). —Por lo que cuentas no creo que haya estado tan borracho. Muchos chicos no pueden, tú sabes, levantarla cuando han bebido mucho.

—¿En serio?

303

—El alcohol deprime el sistema nervioso central.

—¿Alguna vez te pasó eso con Colby? —Martha y Colby estaban juntos hacía más de un año. Él estaba en segundo año en la Universidad de Vermont. Hablaban una vez por semana por teléfono los lunes, se escribían, y pasaban tiempo juntos en las vacaciones. Ella había tenido sexo con él (su primera vez) luego de seis meses de iniciada la relación, luego de haber ido juntos a una clínica para que él se hiciera un análisis de VIH, porque él había tenido sexo con dos novias anteriores. Él era alto y simpático y quería a Martha, pero también era muy pálido y tenía la nariz muy grande, y, para mí, no tenía sentido del humor. Cuando Martha estaba en su casa, hacían cosas como travesías en bicicletas de ochenta kilómetros, o leer en voz alta sus pasajes favoritos de *La Odisea*. Yo no sentía celos.

—Colby no bebe mucho porque practica remo —dijo Martha. Me miró—. No deberías preocuparte tanto.

—No lo hago. —Apoyé las piernas sobre el baúl y miré mis pantorrillas cubiertas por medias negras opacas, y mis pies en zapatos de vestir negros. Me pregunté si mis zapatos eran de mal gusto. Últimamente, muchas chicas usaban plataformas.

—¿Qué es lo que *tú* quieres que pase? —preguntó Martha—. Dime la verdad.

Yo quería ser la persona a la que Cross le contara cosas. Quería que él me considerara bonita, quería qué las cosas que me gustaban le hicieran pensar en mí —pistachos, buzos con capucha y la canción de Dylan *Girl from de North Country*—, y quería que cuando estuviéramos en la cama juntos él sintiera que no había un lugar mejor que ése.

—¿Puedes imaginártelo como mi novio? —pregunté.

Martha se estaba poniendo su chaqueta y me daba la espalda cuando dijo que no, y como no podía ver mi rostro, creo que no notó mi sobresalto. Cuando se dio vuelta, yo estaba luchando por no parecer sorprendida o herida.

—Estoy segura de que si quieres estar con él otra vez, puedes hacerlo —dijo—. Pero mi impresión, por algunos comentarios que hace, es que quiere disfrutar su último año al máximo. Dudo de que quiera estar atado a alguien. Y además, ¿tú y Cross? —Puso una cara de desagrado, como si estuviera oliendo algo en mal estado.— ¿Lo ves como algo posible?

—Si no te puedes imaginar a Cross saliendo conmigo, ¿por qué me dices, entonces, que piense sobre lo que quiero? —traté de hablar con una voz normal, cargada de curiosidad. Ésas eran, sin duda, las peores palabras que jamás me había dicho Martha; pero si ella se diera cuenta de que yo pensaba eso, iba a sentirse mal y dejar de ser sincera conmigo.

—Lo que digo es que no seas pasiva. Eso es lo que me preocupa de ti, parece que dejaras todo en sus manos. Deberías hacerle saber lo que deseas, y si él no puede afrontarlo, que sea su problema.

—¿Pero por qué debería ir tras algo que tú ya sabes que no obtendré?

—No estoy segura de nada. ¿Cómo podría estarlo? Pero estuviste enamorada de Sug, casi todo el tiempo que estuviste acá. Él vino a buscarte, hicieron algunas cosas, y ahora existe una oportunidad, debes tratar de hacer algo para ver qué sucede. Y no es que sea escéptica porque piense que no eres lo suficientemente buena para él. Al contrario, tú eres demasiado buena. De lo que no estoy segura, es de que él se dé cuenta.

—¿Entonces qué debería decirle? ¿Y cuándo?

—No es alguien difícil de encontrar. Ve a su cuarto durante la hora de visita.

—Jamás iría al cuarto de Cross.

—Entonces, espera a encontrártelo en el campus y dile que quieres hablar con él.

—¿Y qué le digo?

—Lee, las palabras mágicas no existen. —Martha se calzó unos zapatos exactamente iguales a los míos, y sentí que mi resentimiento hacia ella se avivaba. La mayoría del tiempo me encantaba tenerla como compañera de cuarto; amaba la claridad y la cercanía de una única mejor amiga. Pero en ciertos momentos, exactamente por la misma razón, mi confianza hacia ella me asfixiaba, me sentía aplastada por su pragmatismo y franqueza. Si alguna vez Dede y yo nos hubiéramos vuelto mejores amigas, y yo hubiera tenido esta conversación con ella (y, obviamente, si Dede no hubiera estado enamorada de Cross por años), en este momento, Dede se habría puesto de mi lado. No me habría desalentado como lo hacía Martha.

Y además, ¿por qué era correcto, por qué era razonable para Martha que ella tuviera un novio y yo no, que ella fuera tutora y yo nadie? Yo no era nada, no era tutora de capilla, ni editora del anuario, ni capitana de ningún equipo (Martha era también capitana del equipo de remo). Durante las vacaciones de verano de tercer año había revisado la lista de nuestra clase tratando de encontrar alguien tan común como yo y sólo había encontrado otros dos estudiantes: Nicole Aufwenschwieder y Dan Ponce. Ambos eran menos que aburridos: eran prácticamente invisibles.

En el comedor, antes de separarnos para encontrar nuestras respectivas mesas, Martha dijo:

—Divide y conquista —y yo la odié por ser al mismo tiempo normal y afortunada, cuando la mayoría gente en Ault era afortunada y afortunada, o normal y normal.


Cuando Cross vino la segunda vez, no dudé de que se debió a las olas de deseo que atravesaban el patio desde mi cuerpo hasta su cuarto. Era un sábado por la madrugada, creo que alrededor de la una, porque Martha ya se había ido a dormir. Normalmente, ella se quedaba despierta más tiempo que yo, estudiando, y después de apagar la luz me despertaba para que conversáramos. Cuando Cross apareció, eso ya había tenido lugar y ambas dormíamos.

Esa vez entró en el cuarto antes de que yo me despertara, se agachó junto a mi cama y me tocó el brazo.

—Lee —susurró—. Lee, soy yo. —Abrí los ojos y sonreí, y no era una sonrisa que se pudiera elegir. Incluso antes de meterse en mi cama, se agachó y me besó en la boca, y nos besamos sin parar, y supe que eso era besarse, entendí por qué *eso* le gustaba tanto a la gente, la viscosidad perfecta de la lengua del otro. No noté el momento exacto en que él se acostó sobre mí.

Cuando sentí su erección, me retorcí de bajo de él hasta sentírselo entre mis piernas y envolví su cintura con mis piernas. Él se sacudió tan fuerte contra mí que pensé que iba a romper mi ropa interior (aunque, la verdad, ¿qué importaba mi ropa interior?). Se sacó la camisa y su piel era cálida y tersa.

Creo que él oyó a Martha primero, los resortes de su colchón que se movían sobre nosotros. No dijo nada, pero Cross y yo nos quedamos inmóviles. Luego ella bajó por los escalones de la litera y salió del cuarto.

—¿Está enojada? —preguntó Cross cuando se cerró la puerta. En ese momento quedaba claro que ella había dejado de ser su compañera tutora para ser sólo mi compañera de cuarto.

Y si estaba enojada, no me importaba. Estar así con Cross era todo lo que quería. ¿Qué se puede decir? A veces, en la vida, eres egoísta; simplemente lo eres.

—No te preocupes —dije.

Luego dejamos de hablar. En un momento, me oí producir un gemido como los que había oído en las películas, y me pareció increíble que un sonido como ése hubiera estado latente en mí todo ese tiempo.

Luego de un rato dije:

—¿Por qué no me hablaste el lunes en el comedor? —y él contestó:

—Sí te hablé —y yo dije:

—Sólo superficialmente —y él dijo:

—Tus mejillas estaban rojas —y después de eso no volví a mencionar el tema.

Y mucho más tarde, cuando todavía no era de día pero ya estaba menos oscuro, más cerca del día que de la noche y sentí que él estaba por irse dije:

—Cuando nos veamos en la escuela, podemos actuar con normalidad.

—¿Qué significa actuar con normalidad? —sonaba divertido, o quizás escéptico.

—No me acercaré y te daré un beso de buenos días durante el desayuno —dije—. Si eso te preocupa.

Volvió a callarse, y luego dijo:

—Oĸ.

—Tampoco espero que me traigas flores. —Quería que el ejemplo sonara absurdo, era obvio que Cross no iba a traerme flores, pero no sonó lo suficientemente absurdo. Hubiera sido mejor decir: "No es que espere que me regales un collar de diamantes".

—¿Algo más? —dijo.

—No estoy tratando de ser rara.

—Ya lo sé —dijo, y su voz no contenía nada que indicara que lo que yo había dicho le hubiera parecido gracioso.


Por la mañana, mientras nos vestíamos, Martha dijo:

—No creo que sea una buena idea que él venga aquí de ese modo.

—Lo siento. ¿Te molestó mucho?

—Despertarme con el sonido de Sug y tú haciéndolo para tener que irme a dormir a la sala de estar no es algo que me guste mucho, no.

Eso parecía más bien egoísta de su parte, pensé, el comentario demostraba su insensibilidad al hecho de que él era el primer chico con el que yo me besaba. ¿No me disculpaba eso de algún modo? ¿Ella no podía darme algo de tiempo para aprender a comportarme? Y de todos modos, ¿no era parte de la vida de internado oír a tu compañera de cuarto gemir y jadear con un chico?

—Pero el verdadero problema —continuó Martha—, es que si lo llegan a atraparlo aquí yo podría quedar involucrada. No puedo decirle a él cómo comportarse, pero yo soy responsable por mí misma.

No dije nada.

—¿Planea regresar? —preguntó.

—No lo sé —dije—. Pero es probable. —Y al decir eso sentí un bienestar que casi superó el malestar de la conversación que acabábamos de tener. No sonreí, pero sólo porque me lo propuse.

—¿Puedes entender por qué esto me pone en un lugar difícil? —dijo.

—Sí.

—Técnicamente, tendría que entregarte por romper el horario de visita. No creo que nadie espere que haga algo así, pero tengo que hablar con el señor Byden o con Fletchy casi diariamente. Y ellos suponen que soy honesta. Tú no eres la que tiene que reunirse con ellos y mirarlos a los ojos y hablar sobre la integridad de la escuela.

—Martha, ya te dije que sí, que puedo entender por qué esto te pone en un lugar difícil.

Martha suspiró.

—Sé que te gusta mucho.

Ninguna de las dos dijo nada.

—¿Estás diciendo que *no* puede venir?

—No me pongas en el lugar de tu madre. No es justo.

—Pero eso es lo que estás diciendo, ¿verdad? ¿que prefieres que no vuelva a poner un pie en este cuarto? —¿Había sido Martha siempre así de rígida?

—Espera —dijo—. Tengo una idea. Puedes utilizar el cuarto de la estudiante externa.

Apenas la oí, no me gustó su propuesta, aunque no podría decir por qué. Todas las residencias tenían un cuarto de estudiante externo, más pequeño que los otros cuartos, y con uno o dos escritorios. El cuarto para el estudiante externo de nuestra residencia estaba a tres puertas de nuestro cuarto, y la única estudiante externa a la que se le había asignado este cuarto era Hillary Tompkins, una chica de tercer año a la que no se la veía mucho por ahí.

—¿Debería preguntarle a Hillary? —dije y Martha se rió.

—Podrías preguntarle también a Fletchy —dijo. (Los años anteriores, siempre lo había llamado "Dean Fletcher", y a Cross, "Mono Púrpura", no "Sug". Ahora hablaba como Aspeth.)

—Supongo que eso quiere decir no —dije.

—No creo que le importe mucho a Hillary —dijo Martha—. Y de todos modos, no será con mucha frecuencia, ¿no?

¿Por qué pensó que Cross y yo no nos encontraríamos con frecuencia?

—¿Esto es una pelea? —preguntó Martha.

—No —dije rápidamente. Luego añadí: —Martha y Lee nunca pelean. —No sé si eso era lo que los demás pensaban de nosotras, pero es lo que yo pensaba; Martha y yo éramos las únicas chicas de nuestra clase que habían estado juntas durante los tres años en que podías elegir a tu compañera de cuarto. En general los chicos permanecían juntos, pero las chicas no.

—Pero oí por ahí que esa Martha es una perra —dijo Martha.

—En realidad, Lee es la peor —dije—. Es totalmente insegura de sí misma y se queja todo el tiempo. Y es tan negativa. No soporto a la gente negativa.

—Cuando la vida le da limones, la gente negativa debería hacer limonada —dijo Martha.

—La gente negativa debería fruncir el entrecejo en sentido inverso —dije—. ¿Martha?

Ella me miró. ¿Qué habría dicho cualquiera?: "Tu amistad significa tanto para mí. Te quiero". Pero Martha y yo nunca nos decíamos te quiero, a mí me parecía que las chicas que lo hacían, especialmente las que lo decían todo el tiempo, eran fanfarronas y superficiales.

—Me alegra que no estés enojada conmigo —dije.


Era como ir caminando por la vereda en un barrio suburbano y pararme en un cuadrado de pavimento que se abría y me dejaba caer en una oscuridad infinita con estrellas blancas que brillaban a mi alrededor. Mientras caía, tenía la esperanza de volver a encontrarme tirada sobre la misma vereda donde había comenzado, quizá con un corte en la rodilla o un moretón en mi antebrazo, prueba de que *algo* había pasado, pero algo menos terrible de lo que yo pensaba. Pero eso nunca sucedía. Seguía cayendo.

En parte, tenía que ver con el hecho de que durante las noches en que Cross venía, yo no dormía mucho. Luego, a lo largo del día, las cosas siempre parecían raras. Además, estaba comiendo menos. No estaba comiendo nada; pero no me estaba volviendo anoréxica, era sólo que la comida, como todo lo demás, había dejado de tener importancia. Enloquecía por algunas comidas, como, por ejemplo, la palta. A veces sentía tantas ganas de comer palta que iba hasta el pueblo en la bicicleta de Martha, compraba cuatro, las dejaba madurar en el alféizar de la ventana, las pelaba con el cuchillo de bolsillo de Martha y me las comía como manzanas. O el helado de vainilla. Estas comidas me parecían, de algún modo, puras, se deslizaban por mi garganta en lugar de quedarse atascadas en mis muelas. El pastel de pollo, al contrario, me daba ganas de vomitar.

Mis notas mejoraron. Era porque hacía las tareas. Podía concentrarme porque las tareas no eran lo único en mi vida, de hecho, no me importaban y sólo eran algo que tenía que hacer para actuar con normalidad. Entonces me sentaba y abría los libros y leía el capítulo asignado o memorizaba las ecuaciones, a diferencia de antes, que me sentaba y me ponía a mirar el techo y a pensar en cosas como si tendría que ponerme un segundo nombre en la universidad, o si alguien me avisaría de que mis axilas olían demasiado en el caso que así fuera.

La tercera vez que Cross vino, no estaba del todo acostado sobre mí, nuestros brazos ya estaban enredados (me sorprendió cuán prosaico era tocarse con alguien, y ésa era una de las cosas buenas que tenía: los cuerpos no se volvían elegantes y precisos como en una rutina de natación, sino que seguían siendo los cuerpos de siempre. El brazo te dolía si el peso de la otra persona estaba mal distribuido, tu nariz podía golpear su clavícula, y esta torpeza me hacía sentir cómoda, como si Cross y yo fuéramos amigos), cuando le dije:

—No podemos quedarnos aquí. —Él comenzó a besarme para que dejara de hablar y yo dije: —No, Cross, en serio… —y volvimos a besarnos, luego oí que Martha se movía y dije: —Sígueme, levántate y sígueme.

Salir al pasillo iluminado fue terrible. Yo lo había sacado de la cama y lo había llevado de la mano por el cuarto, pero cuando abrí la puerta, nos soltamos, y estar en ese ambiente iluminado sin tocarnos en absoluto me pareció espantoso; lo extrañaba, y también me sentía incómoda porque él estaba detrás de mí. ¿Tenía el pelo levantado? ¿Acaso sabía Cross cómo quedaba yo en la luz? Obviamente no iba a darme vuelta para mirarlo a la cara y que se enterara.

—Espera —murmuró mientras me seguía, entonces yo abrí la puerta del cuarto del estudiante externo. El cuarto tenía una ventana con la persiana levantada y la luz de un farol afuera permitía la visión. Sobre la cama había una bolsa de dormir sobre la que me recosté. Luego me incorporé y busqué a Cross, que estaba nuevamente sobre mí: sus pantalones beige, la hebilla de su cinturón, los botones abiertos de su camisa, mi cara a un costado de su cuello, justo debajo de su oreja izquierda, su barba de algunos días, y qué bien olía, y qué cálido estaba siempre, y cómo me gustaba estar con él. Entonces ya casi podía reconocer la tristeza de otra persona yaciendo sobre ti. Siempre tendrá que irse (¿qué iba a hacer, quedarse ahí para siempre?), y ésa es la parte triste, la sensación de pérdida inminente que siempre te acompaña.

310

En ese momento sentí, y lo seguí sintiendo durante mucho tiempo, que amar a un chico era sentirse consumida. Me despertaba por la mañana sin él, pensando: "¡Te amo tanto, Cross!" Saber que otras personas no considerarían amor lo que pasaba entre nosotros, sólo me hacía sentirlo con más fuerza. Él llegaba a mi cuarto, me daba golpecitos en el hombro en la oscuridad, caminábamos juntos por el pasillo hacia el cuarto del estudiante externo y volvíamos a estar nuevamente en la cama, nuestros cuerpos entrelazados, mis brazos alrededor de su espalda...: ése era uno de los momentos en que necesitaba mucha fuerza de voluntad para no decirle que lo amaba. Y cuando estaba por irse, ¡lo amaba tanto! Más tarde con otros tipos, me diría "¿Lo amo?, ¿así se siente el amor?, ¿con cada persona es distinto?" Pero con Cross, nunca dudaba. No había nada en él que me desagradara. Los otros muchachos, muchachos en mi futuro, también eran altos, pero delgados como chicas; escuchaban música clásica, bebían vino y les gustaba el arte moderno, pero me parecían afeminados. O quizá, teníamos suficientes temas de conversación para llenar una salida, o íbamos a un partido de béisbol, pero nunca dejaba de ser un esfuerzo. O sus dedos no eran lo suficientemente largos y seguros. Cuando besaba a esos chicos, me preguntaba si se convertiría en una obligación, si me estaba metiendo en algo de lo que después me arrepentiría. No es que fueran poco atractivos, tampoco eran aburridos, pero nunca pensé en lo que Cross no era, nunca tuve que explicarlo o defenderlo ante mí, ni siquiera me importaban los temas sobre los que conversábamos. Nunca fue algo sobre lo que tuve que transigir. O quizá sí él sí tuvo que transigir. Pero yo nunca tuve que hacerlo.

Si alguien me preguntaba, algo que no hacían muchos, decía que me quedaba en el campus durante el fin de semana largo para trabajar en las postulaciones a las universidades. En realidad, me quedaba en la escuela, porque la escuela era el lugar de Cross. Él se iba, obviamente —lo sabía, no porque él me lo hubiera dicho, sino porque había oído en el comedor que él y otros chicos iban a ir a New Port a la casa de la madre de Devin—, pero al menos la escuela sería el lugar al que él estaría por regresar, mientras que la casa de Martha en Burlington, adonde había ido todos los fines de semana largos desde segundo año, sólo sería un desvío; allí lo único que habría hecho sería esperar que el tiempo pasara para volver a la escuela.

Martha debía tomar un autobús en Ault que la llevaría hasta la estación sur en Boston, el mismo autobús que habíamos tomado tantas veces juntas, y antes subirse, me miró y me dijo:

—¿Estás segura de que no quieres venir? —dijo—. Prometo que no te distraeré.

—Creo que es mejor para mí quedarme acá —dije—. Pero saluda a tus padres de mi parte.

Martha volvió a mirarme.

—Estás bien, ¿verdad? ¿No sucede nada malo?

—Apúrate —dije, y la abracé—. Perderás el autobús.

Me sentí aliviada cuando vi los autobuses partir. Una vez sola en el cuarto, me recosté en el futón —sin dormir, sin leer, sin siquiera cerrar los ojos—, y pensé en Cross. Siempre pensaba en él, por supuesto, pero mientras hacía otras cosas, y cuando trataba de pensar en él por la noche, en general me quedaba dormida; pero estar sola sobre el futón era casi como meditar. Cada cosa que había pasado entre nosotros, cada comentario que él había hecho, cada forma en la que me había tocado: ahora podía dedicarme a pensar en esas cosas con todo el tiempo por delante.

Durante un rato, me sentí contenta de que oscureciera, contenta de que el campus estuviera casi vacío; los únicos estudiantes que se quedaban durante el fin de semana largo eran los que no eran invitados a ninguna parte o eran demasiado pobres para viajar, o ambas cosas. Había un fin de semana largo en cada trimestre, y en primer año yo me había quedado en el campus durante los tres que hubo, aunque me costaba recordar qué había hecho. Seguramente había leído revistas esperando que se hiciera la hora de comer, y me había sentido aislada. Quizás este fuera el comienzo de mi buena suerte, quizá de ahora en más, obtendría lo que más quería, aunque no estaba segura de si había algo que quisiera más que a Cross.

Había venido durante las últimas semanas, y casi habíamos tenido sexo. Alguna noches atrás los dos estábamos completamente desnudos y su pene había estado cerca de mí, empujando, pero no de modo que me doliera sino más bien como algo placentero. Había abierto las piernas, y ninguno de los dos había dicho nada, porque hablar habría sido reconocer lo que estaba sucediendo.

Finalmente dije: "¿Quieres...?".

Él estaba besando mi hombro y no dijo nada, pero sentí que me escuchaba.

Permanecimos en silencio. Luego él se apoyó para mirarme. Mis manos estaban a ambos lados de su caja torácica, pero me sentí incómoda y me puse los brazos sobre el pecho como si quisiera impedir que una pelota me golpeara. Él me tomó los brazos, primero uno y luego el otro, y me los puso a los costados. Eso me gustaba de él, nunca me dejaba salirme con la mía. Cada vez era como empezar de nuevo, pero no porque yo lo estuviera tanteando; lo que necesitaba eran pruebas: "Sí quieres estar aquí, sí quieres tocarme". En esos momentos, cuando me ponía tensa o sentía vergüenza, él decía. "nada de timidez", y "timidez" parecía una palabra generosa para eso.

—¿Si quiero qué? —dijo. Estaba sonriendo.

¿Qué podía decir yo para igualar la cara de Cross, su sonrisa? Más abajo, los empujones eran más suaves, pero seguíamos moviéndonos.

Volvió a posarse sobre mí y dijo:

—Tienes el cabello más suave del mundo —algo que yo amaba oír. Por ser algo que yo no podía controlar me parecía cierto, era algo distinto, por ejemplo de que él me dijera que olía bien cuando me había puesto perfume.

Él estaba separándome las piernas, comenzando a entrar, y sentí una punzada anticipatoria de dolor. Pero no noté que me estaba resistiendo, hasta que él dijo:

—¿Qué? —y luego añadió: —Está todo bien —frase que por una fracción de segundo interpreté como una forma de decirme que no había problema si yo no quería hacerlo. Pero no era eso lo que había querido decir: aún estaba tratando de abrirme las piernas con las suyas.

—No creo que... —dije, y él se detuvo. Fue bueno que se detuviera, pero también una decepción. Quería decir que lo sentía, pero sabía que no era lo adecuado. —No es que no quiera —aseguré.

—¿Eso significa que quieres?

—Sí —dije en voz baja.

—¿Entonces, cuál es el problema? —preguntó suavemente, sin sonar acusatorio.

No dije nada.

—¿Tienes miedo de que duela?

A veces me preguntaba si Cross era consciente de mi falta de experiencia; esa pregunta indicaba que sí, o al menos sabía que yo era virgen.

—Iré muy de a poco —dijo.

—Ni siquiera tenemos un condón.

—Sé que has oído todo lo que se dice en la clase de educación sexual, pero puedo salirme. Seré muy cuidadoso.

La razón de mi negativa no era realmente la falta de condón, pero me costaba señalar una razón. Y también me costaba creer que ese momento estuviera existiendo; que Cross estuviera tratando de convencerme de tener sexo con él y yo me estuviera negando. No era algo, como había imaginado, satisfactorio, sino más bien algo extraño y precario.

—Podemos hacer otras cosas —dije.

No contestó. Pero la energía había cambiado con ese sólo comentario. Yo había estado en la parte más alta del subibaja, eyectada hacia las nubes, y luego había dado estrepitosamente contra el suelo. Estaba de cuclillas en el suelo, implorando por Cross.

—Quiero hacerte sentir bien —dije, y no me di cuenta hasta que terminé de decir la frase completa, que eran exactamente las mismas palabras que él había dicho la primera vez que había venido a mi cuarto. Si él hubiera dicho "¿Por qué?" a propósito, como una forma de evocar nuestra conversación anterior, me habría encantando. Habría deseado mirar películas malas con él, ir a jugar a los bolos, comer demasiado y contarnos historias vergonzosas. Habría pensado que teníamos el mismo sentido del humor, lo que (y no se trata de una queja porque Cross me daba mucho) no era así.

—Quiero hacerte... —No podía pronunciar la palabra "acabar".

—¿Acabar? —dijo.

No contesté. En todas las ocasiones que habíamos estado juntos —me había visitado cada tres noches o algo así, cinco veces en total, y en los intervalos entre visita y vista yo siempre me había convencido de que la última vez había sido la última, de que no volvería—, él nunca había acabado. Sólo una vez, yo había tomado su pene, y había sido otro de esos momentos en los que no había tenido idea de qué hacer. Años leyendo revistas de mujeres, y ni siquiera podía recordar los pasos básicos de una masturbación. Lo único que había hecho había sido mover hacia arriba y hacia abajo mis dedos formando un círculo. Yo estaba apoyada sobre mi costado y él comenzó a frotarme el muslo y la cadera, y luego sus dedos se deslizaron dentro de mí y me pareció confuso y caótico que ambas actividades sucedieran al mismo tiempo. Me pregunté si lo que estaba tratando de decirme es que ya había tenido suficiente de mi mano. La dejé caer y me acerqué más hacia él, y él dijo: "Te gusta estar cerca, ¿no?" Yo siempre corría la bolsa de dormir cuando se enredaba entre nosotros, o me aseguraba de que todas las partes de nuestro cuerpo se estuvieran tocando cuando me abrazaba por atrás. Y me parecía que ésas eran cosas que a él también le gustaban; pero la verdad es que no había nada sobre Cross, o sobre Cross conmigo, que supiera con certeza. Pensé en contarle a Martha que Cross nunca había acabado, pero temía que la explicación revelara alguna incapacidad de mi parte, algo humillante que era mejor no compartir con nadie, ni siquiera con ella. ¿No se mencionaba siempre en chiste lo rápido que acababan los chicos de secundaria? Además, estaba segura de que tanto Martha como Cross eran personas que desaprobaban el acto de revelar detalles íntimos. Si sólo implicara molestar a uno de ellos, seguramente se lo habría contado a Martha, pero pensar en la doble fuerza de su censura me detenía.

—¿Qué dices? —preguntó Cross.

No contesté, pero supe que no tenía más remedio que llevar a cabo aquello que ni siquiera estaba segura de haber propuesto pero que su voz me confirmaba era lo que él había entendido como mi propuesta. Él no me estaba obligando a hacerlo, no estaba *tratando* de demostrarme que yo estaba colmando su paciencia, yo estaba, de hecho, colmando su paciencia, y por eso tenía que hacerlo. Y de todos modos, yo había sido la que había sacado el tema.

—Ven —dije, y me moví para que él pudiera moverse. Él se recostó y yo me puse de rodillas, dejando que mi cabello cayera sobre mi cara —como si pudiese impedir la visión de mi estómago— y me recliné hacia atrás. Estar desnuda sobre la bolsa de dormir de Hillary Tompkin, en una oscuridad que no era total, era muy distinto de estar desnuda bajo esa misma bolsa. Me puse a horcajadas sobre él. Luego fue como cuando tenías que hacer una presentación en clase y sentías que necesitabas alguna señal oficial para comenzar, como el silbido en una carrera, pero lo que en realidad sucedía es que todos estaban esperándote a ti, y lo más oficial que pasaría sería que tú dirías "Oĸ" varias veces. "Oĸ. Oĸ. La guerra de los siete años comenzó en 1754..."

Hasta dije "Oĸ". Luego me agaché y, mientras lo hacía, pensé que seguramente había mujeres que hacían eso a plena luz del día con sus culos desnudos apuntando al techo, pero yo nunca, nunca, sería una de esas mujeres. Había deseado que fuera algo distinto de lo que en realidad fue: algo en tu boca más grande de lo que normalmente ponías en tu boca, y que te impedía respirar. No me gustó. Sin duda, no me gustó, pero en la incomodidad que me producía, sentí una suerte de nobleza, un parentesco con todas las chicas que habían hecho eso antes que yo por los chicos que les gustaban (pensé en Sophie Thruler, la novia de Cross de primer año), y sentí afecto por mí misma por querer hacerlo, afecto por Cross por ser la persona por la que lo estaba haciendo. Me hacía sentir adulta, como más tarde sucedería con el vino, antes de que me gustara su sabor.

Puso sus manos sobre mis hombros, levemente, y cada tanto tomaba uno de mis pechos y lo apretaba con violencia. Nunca había pensado en él como alguien cauteloso, pero eso era lo más imprudente que había visto de parte de él, que estaba jadeando y gimiendo de un modo desigual, por momentos agudo, y esto me asustaba. Me pregunté si todos los chicos harían ruidos como éstos. Y me sentí contenta de que fuera Cross al que yo estuviera viendo por primera vez así, alguien que no podía ofenderme ni desagradarme de ningún modo. Si hubiera sido otro chico menos *cool*, o menos experimentado, lo habría juzgado, atribuyendo esa reacción a su falta de experiencia.

En el medio de la acción —hasta entonces, había estado haciendo con mi boca casi lo mismo que había hecho otras veces con mi mano, un movimiento constante de arriba abajo— recordé el consejo de una revista: "Chupa su pene como a un delicioso cono de helado". Deslicé mi boca hacia fuera, y comencé a lamer los costados. Había pasado menos de un minuto cuando Cross se sacudió una vez, y mi pecho se llenó de un líquido lechoso y caliente. Si él hubiese acabado en mi boca, yo lo habría tragado sin dudarlo. Él me trajo hacia él nuevamente, me acarició la espalda, me apretó el culo y los brazos y me besó en la frente. Dijo que había sido una gran chupada, y yo me sentí más orgullosa que si hubiese recibido una A en matemáticas. ¿Acaso poseía un talento especial? Si fuera así, sería como lo de cortar el cabello (en realidad, mejor), y el hecho de que yo no lo disfrutara era totalmente irrelevante. Cuando uno era realmente bueno en algo simplemente lo hacía porque era un desperdicio no hacerlo. Obviamente, en seguida me pregunté si Cross no estaría tratando de hacerme sentir bien, pero un segundo después pensé que si fuera así, que Cross tratara de hacerme sentir bien constituía en sí misma una razón para ser feliz.

Ese episodio había tenido lugar unos días atrás. La primera noche del fin de semana largo, mientras estaba recostada sobre el futón, el recuerdo todavía parecía brillante y denso; todavía no me daba cuenta de que en los días por venir regresaría a él hasta que estuviera deshilachado y disuelto, un ejercicio mental antes que una interacción física con otra persona.

Estaba completamente oscuro —había comenzado a oscurecer a las cuatro y media— y se me ocurrió irme a dormir hasta el día siguiente, pero entonces seguramente me despertaría a medianoche, desorientada y hambrienta. Me levanté, prendí la luz y bajé las persianas, y por primera vez me sentí sola, por primera vez sentí que quizás había sido un error quedarme en el campus. Encendí la computadora de Martha y abrí un documento llamado "Postulación Brown". Luego permanecí observando el único párrafo que había escrito la semana anterior: "Mi cualidad más original es que soy del Medio Oeste y sin embargo he vivido en Nueva Inglaterra durante los últimos tres años..." En ese momento quise estar besando a Cross en vez de estar frente a una pantalla de computadora, y que él me tocara debajo del camisón o de la ropa interior.

Me dolía la espalda y tenía sed; sin duda no estaba de ánimo para trabajar en un ensayo. Cerré el archivo y apagué la computadora, quizá después de cenar me sintiera más inspirada.

Los únicos estudiantes de cuarto aparte de mí en el comedor eran Edmundo Saldana y Sin-Jun, que estaban sentados a una mesa con algunos estudiantes de tercero: tres chicos negros (sólo había cuatro chicos negros en todo tercer año) y Nicky Gary, una chica pálida de cabello rubio de la que se decía que era una cristiana fundamentalista, pero que sus padres no lo eran. Los chicos eran Niro Williams, Derek Mile y Patrick Shaley. En otras mesas había algunos estudiantes de primero y segundo, y en una cuarta mesa estaban los pocos profesores que se habían quedado en el campus durante el fin de semana.

Lo que me sorprendió cuando eché un vistazo, algo que había olvidado desde primer año, fue cómo en un fin de semana largo, Ault dejaba de ser Ault: nadie se apuraba y no había amontonamientos, no había gente fascinante que me inhibiera, solamente había edificios vacíos. No había nada que me fuera a sorprender o entretener en los próximos días. (Solía pensar, y no estaba del todo equivocada, que así era el resto del mundo. Era casi imposible que te importara cepillarte el cabello antes de conducir hasta la verdulería, era casi imposible que trabajaras en una oficina donde te importara lo que más de dos personas pensaran sobre ti. En Ault, estar pendiente de todo era cansador pero apasionante.)

Cuando me senté, Niro y Patrick hablaban animadamente sobre un juego de video, y los demás estaban callados. Sin-Jun y yo hablamos por un momento —ella también estaba trabajando en postulaciones, y había decidido postularse tempranamente a Stanford—, pero nuestra conversación se apagó rápidamente, y unos minutos después, antes de que yo terminara de comer, se paró y se fue. Sentada ahí con Edmundo y Nicky y los chicos de tercero, pensé que habría sido bueno ir a Burlington con Martha. Sentí una desagradable y antigua sensación de no importarle a nadie, y me fue difícil creer que ese sentimiento pudiera regresar de forma tan abrupta; aunque no hubiera podido decir desde dónde regresaba. Y entonces me di cuenta de en qué medida había cambiado la idea que yo tenía de mí misma. Seguramente había sido un cambio lento, empezando con el hecho de haberme hecho amiga de Martha en la primavera de primer año, y quizá no había cambiado significativamente hasta mayo último, cuando Martha había sido elegida tutora y yo me había convertido en la compañera de cuarto de la tutora; y había vuelto a cambiar una vez más hacía unas semanas, luego de haber besado a Cross. No me sentía *cool*. Era difícil imaginar que pudiera sentirme *cool* alguna vez, pero me sentía como una persona que podía despertar curiosidad en alguien de primero o segundo año. Salvo que no había evidencia de algo así, y, por otro lado, las personas de esa clase no se quedaban en la escuela durante los fines de semana largos; al menos iban a Boston.

Y además, nadie sabía lo que pasaba entre Cross y yo. O al menos, no lo sabían oficialmente. En ese momento me di cuenta de que siempre había contado con que el secreto se divulgara, porque eso era lo que siempre sucedía con los secretos en Ault. Devin, el compañero de cuarto de Cross, tenía que saberlo, o quizás alguna chica de mi residencia había ido al baño justo a las cinco menos cuarto, la hora en que Cross se iba. (Tenía que ser Cross el que lo contara; yo no podía hacerlo.) Y no es que me hubiera comportado con hipocresía al pedirle a Cross que no lo dijera. Era simplemente que había dado por hecho que los hechos se transmitirían al resto de las personas sin necesidad de explicitarlos.

Existía la posibilidad de que a Niro, Patrick y Edmundo no les importara, obviamente, pero más bien daba la impresión de que no lo sabían. Porque, sin duda, si lo hubieran sabido, yo lo habría notado, seguramente me habrían mirado con más atención cuando me senté. Luego de la primera visita de Cross, había pensado que al oírlo la gente diría "¿Ella?", pero había durado, se había transformado en algo que Cross elegía y no en algo arbitrario. Y saber eso no cambiaba mi comportamiento, pero, sin duda, modificaba el lugar en el orden social en el que me veía a mí misma; ahora mi comportamiento cotidiano me parecía encantador y lleno de gracia. Podría haber dejado que el interés de Cross en mí se me fuera a la cabeza, pero, miren, seguía siendo tan humilde como siempre. No fui corriendo a sentarme junto a Aspeth Montgomery en la capilla, ni esperé que ella me invitara a Greenwich.

—¿Podrías pasarme el ketchup? —preguntó Derek Miles.

Parpadeé.

—Está justo a tu lado —dijo.

Le pasé la botella. Él no tenía idea. No cabía duda de que no era una noticia a lo largo de toda la escuela, entonces, la única pregunta que quedaba es si era una noticia en algún nivel, noticia entre los de cuarto, noticia entre los amigos de Cross. ¿Lo sabía Aspeth Montgomery? Si ella no lo sabía, no lo sabía nadie. Y, no, pensé, ella no lo sabía. Si lo hubiera sabido, se lo habría dicho a Dede, y Dede no habría podido evitar preguntarme.

Cuando volví a la residencia, la única luz prendida era la que yo había dejado en mi cuarto. Dormí doce horas esa noche e hice lo mismo las dos noches siguientes, esperando el regreso de Cross. El domingo, la señora Parnasett nos llevó en camioneta al centro comercial Westmoor y nos dejó ahí durante la tarde. Sin-Jun y yo vimos una película sobre una familia suburbana cuyo hijo había muerto, y todo en la película me recordó a Cross, o, para decirlo con más precisión, me hizo pensar en él y luego seguí pensando en cosas sobre él que no tenían nada que ver con la película. La cena del domingo consistía en diversas carnes frías, y esa noche la temperatura cayó a bajo cero por primera vez desde el invierno pasado. Luego fue lunes otra vez, y Cross y todos los demás, regresaron a la escuela.


Algunos días después tuvimos sexo porque era inevitable; porque ahora que estaba de regreso en el campus, yo quería todo de él; porque lo amaba; porque tenía miedo de perderlo; porque me parecía bien, o al menos todo hasta ese punto me había parecido bien y eso era lo que seguía. La realidad, obviamente, fue que el dolor me hizo apretarle los brazos y arquear la cabeza hasta presionar la coronilla contra el colchón. Me sorprendió que no me ofreciera parar, pero quizá fue bueno, porque si lo hubiera hecho, yo habría aceptado la oferta, y eso sólo habría significado posponer el dolor. Él había traído un condón, y cuando terminamos fue al baño y trajo toallas de papel mojadas para limpiar la sangre de mis muslos. Las toallas de papel estaban calientes, y pensé que en lo de Elwyn el agua caliente siempre tardaba en salir, y que él debía de haberse tomado el trabajo de esperar.

Ambos estábamos transpirados y acalorados; la bolsa de dormir de Hillary era de algodón, no era una de esas bolsas de nailon que supuestamente drenaban la humedad. Pero nuestro acaloramiento no me importaba, ni mi vientre contra su cadera; cosas que alguna vez me habían hecho sentir incómoda ya no me importaban. Al menos en la oscuridad, ya no había mucho que quisiera ocultarle. Era como si durante toda mi vida en Ault hasta ese momento, yo hubiese estado en una tormenta frenética de preocupación. Ahora estaba todo terminado y sólo sentía una profunda calma, y era difícil creer que esa sensación no fuera a durar para siempre. Tener sexo no era tan diferente de lo que habíamos hecho antes como había pensado, pero tampoco era exactamente lo mismo: después de hacerlo sentías que algo había terminado en lugar de de disminuir. Ahora, con cualquier referencia en revistas y películas podía asentir; o al menos, cuando oyera a otras personas, no tendría que apartar la mirada para que no leyeran en ella que yo no entendía realmente lo que estaban diciendo. Hasta podía no estar de acuerdo, aunque nunca lo manifestara.

Me acarició el cabello, y no sentí que hubiera nada que quisiera decirle o que quisiera que él me dijera; no había nada que quisiera fuera de eso. El dolor me hacía dudar de cuán pronto podría volver a tener sexo, pero no era un dolor malo. Era quizá como el que sentías después de escalar una montaña, un dolor del que te alegrabas porque lo había causado algo que querías hacer. Dos días después, tomé mi primera caja de anticonceptivos de la enfermería, lo que me hizo sentir tan extraña, que no me habría sorprendido si al mirarme al espejo hubiera visto a una divorciada de cuarenta años, o a una vaquera, o a una instructora de aeróbicos en un crucero por el Caribe.

Antes y después de haber estado involucrada con Cross Sugarman, oí mil veces que un chico, o un hombre, no pueden hacerte feliz, que debes ser feliz por tu cuenta antes de que puedas serlo con otra persona. Todo lo que puedo decir es que me gustaría que eso fuera cierto.


En noviembre comencé a ir a sus partidos de básquet. Él nunca venía la noche anterior a un partido. Me sentaba en la parte más alta de las gradas, con frecuencia junto a Rufina, que iba porque Nick Chafee también jugaba. Los partidos que tenían lugar los sábados por la noche estaban llenos de público —hacía que Martha me acompañara a ésos—, pero durante los de la tarde, los otros estudiantes tenían sus partidos, así que la mayoría de los espectadores eran familiares que vivían cerca, profesores al azar, o jugadores de ligas menores. La razón por la que yo podía ir era que todos los alumnos de cuarto año podían dejar deportes por un período, y yo había decidido hacerlo ese invierno. Lo más raro era que yo misma había jugado básquet durante tres años, pero cuando miraba a Cross me parecía un deporte nuevo; era casi como si todos los deportes fueran nuevos para mí, y pudiera entender por primera vez en mi vida por qué la gente los amaba.

Cundo jugaban de locales, usaban un equipo blanco con rayas marrones; Cross, que jugaba en el medio, era el número seis. Usaba zapatillas negras y sus piernas se veían largas en sus shorts blancos, sus brazos, pálidos y musculosos en la camiseta.

Cuando yo jugaba al básquet —ahora me daba cuenta— había estado siempre medio dormida, sin prestarle mucha atención al otro equipo sino más bien pensando en cosas como si mis shorts me quedarían bien, o si las croquetas de pollo que había comido en el almuerzo se estarían agitando en mi estómago. Pero durante los partidos de Cross, estaba alerta al deporte mismo: el rechinar de las zapatillas de los jugadores, los silbidos del referí, la forma en que los jugadores y entrenadores protestaban luego de un llamado que no les gustaba. En los partidos de los sábados por la noche, la gente en las gradas coreaba: "¡Vamos, Ault!", o, si Cross corría con la pelota decían: "¡Sug! ¡Sug! ¡Sug!" Yo nunca alentaba al equipo —bajo las luces brillantes, entre la masa excitada, siempre me sentía tensa y levemente mareada—, y al principio, siempre me sorprendía cuánto parecía importarles el partido a los demás. O quizá, cuán poco ocultaban su emoción.

Y luego me di cuenta de que aquí, en los deportes, estaba bien mostrar que algo te importaba. Quizá porque no importaba realmente, estaba bien comprometerse —comprometerse era algo casi irónico—, y aunque te comprometieras realmente y te importara de verdad, también estaba bien. Podías enojarte —una vez, a Niro William le cobraron una falta técnica por tirar la pelota fuera de la cancha e irse en lugar de pasársela al referí—, y estaba bien sentirse desilusionado, y estaba bien esforzarse. Podías gruñir o tropezar, podías moverte y expresar furia cuando estabas tratando de sacarle la pelota al adversario, y todo eso estaba bien. En una ocasión en que jugaron contra Hartwell, el rival de Ault, los equipos estuvieron durante todo el partido a un par de puntos de diferencia, y luego Hartwell obtuvo ocho puntos en el último minuto y medio. Cuando sonó el silbato que indicaba el final del juego, miré a Cross y me asombró verlo llorar. Aparté la mirada automáticamente, luego volví a mirar: su cara estaba tensa y roja, y se limpiaba las lágrimas de los ojos y movía la cabeza, pero no se apuraba para ir al vestuario, ni trataba de ocultar su llanto de ninguna manera. Darden Pittard se paró junto a él, y luego se les unió Niro, y Darden les dijo algo —parecía que estaba diciendo algo agradable— apoyando su mano sobre el brazo de Cross.

Los deportes contenían la verdad, decidí, la verdad indecible (con qué rapidez nos condenamos a nosotros mismos cuando comenzamos a hablar, cuán pequeños e ignominiosos sonamos siempre), y me parecía difícil creer que yo no hubiera entendido eso antes. Los deportes demostraban que ser joven, fuerte y rápido, eran las mejores cosas del mundo. Jugar un gran partido de básquet de secundaria —era algo que yo misma nunca había hecho, pero podía darme cuenta de que así era— te enseñaba lo que era estar vivo ¿Cuántas cosas en la vida de adulto pueden compararse con eso? De acuerdo, hay margaritas, o no hay tarea, pero también hay bagels blancos e hinchados bajo la luz de neón de la sala de conferencias, hay momentos en los que hay que hablar de cualquier cosa con los vecinos latosos mientras se espera al plomero.

En otra ocasión, también cerca del final de un partido parejo, Cross hizo un tiro desde la línea de tres puntos, y cuando la pelota entró en la red, sus compañeros de equipo lo rodearon, palmeándole el trasero y levantándole las manos para que él las chocara. Nadie en las gradas me miró como sí miraban a Rufina, cuando Nick convertía (hasta los profesores la miraban; no estoy segura de si sabían que ellos dos lo hacían). Cross no me pertenecía, y al verlo en el campo de juego, entendí que si hubiera sido mi novio, tampoco me habría pertenecido.

No sé si Cross sabía que yo iba a sus partidos. Nunca se lo mencioné porque temía que fuera una violación de nuestro trato. Y él nunca hablaba del tema, aunque si habían ganado y venía a verme (nunca venía cuando perdían, sólo a veces cuando habían ganado), se comportaba con más agresividad que normalmente, un poco como una llega a creer que son los hombres cuando una tiene once años: que te arrancarán la ropa y te manosearán y se apretarán fuerte contra ti. La verdad es que yo siempre quería ser tratada de ese modo. Más tarde, cuando traté de descifrar por qué arruiné las cosas, se me ocurrió que quizá no había puesto la suficiente resistencia, no se lo había hecho lo suficientemente difícil. Quizá se sintió desilusionado. Quizás era como cuando empujas con fuerza una puerta que crees cerrada con llave y la puerta se abre con facilidad —no tenía llave— y de repente te encuentras dentro del cuarto, tratando de recordar qué era lo que querías.

En primer año, había ido a casa para Acción de Gracias, pero nunca volví a hacerlo luego de aquella vez: sólo había tres semanas entre Acción de Gracias y el receso navideño y los boletos de avión eran caros. ("Te queremos" dijo una vez mi padre, "pero no tanto".) Para Acción de Gracias, en la casa de Martha nos quedábamos hasta tarde viendo películas, nos levantábamos a las once de la mañana y comíamos tarta de calabaza en el desayuno. En las camas gemelas de su cuarto había sábanas blancas de algodón, acolchados blancos de pluma que siempre temía manchar con alguna lapicera, y en los armarios había repuestos de todo, toallas, papel higiénico y cajas de cereales; hasta había una heladera extra en el sótano. Siempre que visitaba la casa de los Porter me preguntaba si mi tránsito por su modo de vida sería sólo pasajero, o si un día yo iría a vivir en una casa tan linda como ésa; si sería fácil para mí ser generosa con otras personas como ellos lo eran conmigo. Parecía genuina la despreocupación de la señora Porter si tenía que hacer una porción extra de sopa de langosta porque yo estaba ahí, o si tenían que comprar un boleto extra para la actuación del coro en su iglesia (nadie consideraba la posibilidad de que yo me pagara mi boleto, mucho menos mi porción de sopa de langosta). Había otros chicos en Ault que me parecían prometedores, chicos que venían de familias más pobres que la mía y que seguramente crecerían y harían más dinero que yo; serían cirujanos, o banqueros. Ganar mucho dinero no era algo que me pareciera posible controlar; había llegado hasta Ault, pero no estaba segura de poder llegar más allá. Yo no era inteligente o disciplinada como esos chicos, me faltaba ímpetu. Seguramente, yo siempre estaría cerca de vidas como éstas, pero sin vivirlas. No podía confundir tener familiaridad con algo con tener el derecho a algo.

El día de Acción de Gracias, vinieron los primos de Martha, y Ellie, que tenía ocho años y sentía por mí una fascinación inexplicable, se puso detrás en el sillón y me trenzó el cabello. Cuando esto se volvió aburrido, tomó uvas de la bandeja de quesos y trató de persuadirme de que abriera la boca así podía tirármelas adentro, algo que hice un par de veces cuando nadie nos miraba; me gustaba Ellie porque me recordaba a mis hermanos. El señor Porter cortó el pavo con un delantal que decía "Besen al cocinero", aunque por lo que yo sabía, habían sido la señora Porter y sus hermanas las que habían preparado todo. Comimos demasiado. Después del postre empecé a comer puré de papas otra vez y, cosa extraña, Martha también lo hizo.

Fue un buen fin de semana de Acción de Gracias; me sentí afortunada de conocer a la familia de Martha, de ser la compañera de cuarto de Martha, pero, igual, debajo de todo eso, pensé en Cross todo el tiempo.

El 14 de diciembre le llegó a Martha una carta diciendo que la aceptaban en Dartmouth. Cuando la gente la felicitaba, ella se comportaba de modo similar a cómo lo había hecho cuando había sido elegida tutora: algo avergonzada, como si en lugar de felicitarla le hubieran dicho que esta mañana la habían visto sacar la basura en piyama. Al día siguiente, Cross fue aceptado en Harvard, y cuando vino dos noches después, su reacción ante el hecho de haber sido aceptado a esa universidad fue fría y cortés. Cuando lo felicité y dijo "Gracias" —eso fue, de hecho, *todo* lo que dijo—, me di cuenta de que yo no era la clase de persona con la que él hablaría de algo tan personal como la universidad. Con qué clase de compañeros de cuarto terminaría, qué carrera seguiría, si tendría la oportunidad de jugar al básquet allí: parecía más posible que hablara con Martha sobre esos temas antes que conmigo. Las cosas que él me contaba eran aisladas y anecdóticas: que a los tres años había desaprobado la prueba de aceptación en una escuela privada porque había dicho que un elefante tenía cinco patas; que una noche de Halloween en la que pedían casa por casa golosinas con sus amigos, una mujer del cuarto piso había abierto la puerta en ropa interior y tacos altos (no tenía golosinas y les había dado un paquete abierto de galletitas de chocolate). Esas historias me daban ganas de protegerlo y me hacían adorarlo, pero también me hacían sentir lejos de él.

En la capilla se cantaban villancicos la noche anterior al comienzo del receso navideño, y Cross y Martha hacían de dos de los Reyes Magos. Los tutores de cuarto año siempre hacían ese papel, y se elegía otro estudiante de cuarto año, alguien sobresaliente para ser el tercero; ese año fue elegido Darden Pittard, lo que obviamente no sorprendió a nadie. Cuando todos nos pusimos de pie para cantar *Nosotros los Tres Reyes*, los tres caminaron por el pasillo de la capilla con túnicas y coronas, llevando los regalos (a Martha le había tocado la mirra). Esa misma noche, más tarde, cuando Cross y yo estábamos acostados sobre la cama de Hillary Tomkin, le dije:

—Estabas bien con esa corona. —Ésa no era la clase de cosas que yo solía decirle, pero no íbamos a vernos por dos semanas, y estaba bastante segura de que no podía caerle mal. Ya habíamos tenido sexo dos veces esa noche, y entre nosotros reinaba ese clima de generosidad y afecto extras que se da cuando dos personas están por separarse.

—Apuesto a que no sabes que yo también soy actriz —dije—. En cuarto grado, en mi clase hicieron una obra sobre el descubrimiento de América y yo fui la estrella.

—¿Fuiste la reina Isabel?

—¡No! —le pegué en el hombro—. Hice de Colón.

—¿En serio?

—¿Por qué te resulta tan difícil de creer? Actué bien. Usé esas calzas que se usaban en la época.

—Estoy seguro de que actuaste muy bien —dijo Cross—. Pensé que un chico haría de Colón. —Apretó sus labios contra mi oído. —Pero esas calzas deben de haber sido muy sexy.

Más adelante, recordaría ésta como nuestra mejor noche. No porque fuera especial, sino por su normalidad; por su levedad y su falta de nerviosismo; porque tuvimos sexo pero también, de algún modo, fuimos amigos.

Al día siguiente las clases terminaron al mediodía, y yo tomé el autobús hacia Logan frente a la casa del señor Byden. Mientras el bus avanzaba, miré por la ventana y pensé: "No, no, no".

En el aeropuerto, esperando para chequear mi equipaje me sentía más consciente de mi condición de alumna de secundario que en cualquier otra parte. Mi edad, mi ropa, los libros en mi mochila, probablemente hasta mi forma de pararme: todas ésas eran señales, signos de mi pertenencia a una subcultura de la que sólo me sentía parte cuando estaba lejos. Cuando terminé con ese trámite, caminé hacia el baño atravesando una gran pared de espejos, mi reflejo era un gigante cuadrado que tenía puesta mi ropa.

Lo que solía hacer después era comprar un helado y comerlo frente a un puesto de revistas, hojeando algunos ejemplares, y sólo unos minutos antes de subir al avión compraba una. Solía haber otros chicos de Ault en el aeropuerto, y cuando nos cruzábamos nos reconocíamos unos a otros —por lo general, sin decir nada—, pero yo no me juntaba con ellos. Cuando estaba en primer año, me parecía demasiado intimidante —un grupo de estudiantes fumaba y hablaba fuerte en la parte de atrás de un restaurante que vendía sopa de almejas y donas—, y ahora que era más grande, seguía sintiéndome intimidada, sobre todo por los fumadores, pero además no estaba particularmente interesada; me *gustaba* comer helado y leer revistas sola.

Pero acababa de entrar en la heladería cuando sentí que me tocaban el hombro. Me di vuelta.

—¿Cuándo es tu vuelo? —Era Horton Kinnelly, la compañera de cuarto de Aspeth, una chica de Biloxi. —Deberías venir a sentarte con nosotros. —Señaló con la cabeza en dirección al restaurante de las donas y la sopa de almejas.

—Está bien —dije, y luego, al ver la cara de Horton que me miraba fingiendo que no había entendido que yo había rechazado la invitación, agregué: —Sí, claro. ¿Están ahí?

Asintió.

—Yo, Caitlin, Pete Birney y algunos más. ¿Has hablado alguna vez con Pete Birney? Me está volviendo completamente loca.

—Iré en un segundo.

Tan pronto como se fue, me di cuenta de que no tenía sentido comprar nada. Porque si lo hacía, ¿qué? ¿iba a sentarme ahí comiendo helado delante de ellos? ¿O tendría que devorármelo ante de llegar? ¿Y qué quería Horton de mí, de todas maneras? A lo largo de los años mi camino se había cruzado con el de Aspeth muchas veces, pero nunca con el de Horton.

Entré en restaurante llamado Hotn' Snacks y los vi donde había pensado que estarían, en la parte de atrás, Horton y Caitlin Fane y Pete Birney y otros dos o tres estudiantes de tercer año, riendo en una nube de humo. Me acerqué a su grupo de sillas que rodeaban dos pequeñas mesas juntas. Todos me miraron al mismo tiempo.

—Hola, Lee —dijo Horton, y pensé que me pasaría una silla (al ser Horton, tenía que ser la anfitriona), pero luego volvió a mirar a Pete. Traje una silla de otra mesa y la puse entre Suzanne Briegre, una chica de tercero con el pelo negro, largo y lacio, y Ferdy Chotin, también de tercero, que todavía usaba aparatos dentales, pero estaba dentro del ranking nacional de tenis. Ambos hicieron algo más que asentir con la cabeza y menos que sonreír. El tema de conversación era una mujer en una película que llevaba botas y sombrero de cowboy y nada más. (Al oír esa conversión me pregunté si sería esto lo que querría Cross, una chica con botas y sombrero de cowboy. Su piel sería tersa y estaría bronceada y nunca se confundiría sobre cómo chuparla. Un rumor nervioso comenzó a dar vueltas en mi cabeza: ¿qué hacía conmigo? ¿qué hacía conmigo? ¿Por qué estuvimos juntos?)

Mientras tanto, observaba a mis compañeros con cierto sobrecogimiento, ¡tenían tantas formas distintas de comportarse! En el campus, iban a misa y entregaban ensayos, aquí prendían cigarrillos y hablaban con irreverencia. Y no es que todos fueran *cool*, sin duda no tan *cool* como Horton. Sabía con seguridad que Caitlin planeaba llegar virgen al matrimonio, pero ahí estaba, divirtiéndose, violando tranquilamente una regla de la escuela, mostrando otro lado de sí misma, mientras que yo era siempre yo. Porque sabía que no me resultaría, no tenía el impulso de comportarme en el aeropuerto de forma distinta de cómo me comportaba en el campus. Y la única vez que había fumado había sido en segundo año en la casa de Martha, cuando decidimos fumar un cigarrillo cada una, pero Martha apagó el suyo luego de dos pitadas declarándolo asqueroso, y yo seguí, pero sólo para practicar. Ahora me daba cuenta que había estado practicando para una situación como ésa. Pero aquella práctica había sido mucho tiempo atrás, y no había sido completa, y ahora no iba a aceptar un cigarrillo si me lo ofrecieran, porque a plena luz del día, frente a compañeros que casi no conocía, sería casi como besarse en público.

—No era morocha —dijo Horton—. Era una rubia oxigenada. —Seguían hablando sobre la mujer con las botas y el sombrero de cowboy.

—No todo su cabello era de ese color —dijo Ferdy lentamente y sonriendo.

—Horton —dijo Pete. Pete era un chico de tercer año que había ganado "Asesino" el año anterior, y cuando Horton lo miró, se señaló la sien. —No estamos hablando sobre aquí arriba.

Horton miró a Pete durante un segundo, luego hizo un gesto de disgusto.

—Usted es un hombre muy estúpido, señor Birney —dijo, y los chicos se largaron a reír.

—Sólo estamos bromeando —dijo Pete—. No te enojes ¿Estás enojada?

Horton le echó una mirada en silencio y finalmente dijo en voz baja:
—Tal vez.

—¡Tal vez! —exclamó Pete, y casi pensé que a él le gustaba ella, pero probablemente sólo era una demostración más de su repertorio: podía flirtear con entusiasmo con ella cuando estaban en el mismo lugar, pero tendría ese mismo entusiasmo con cualquier otra chica linda. Comenzaron a hablar el uno con el otro y deseé estar comiendo helado sola. ¿Por qué seguía sentada ahí si podía irme en cualquier momento sin llamar la atención?

En se momento, Horton se inclinó sobre la mesa y me extendió un paquete de cigarrillos.

—¿Quieres uno?

—No, gracias. —Sacudí la cabeza.

—¿No quieres por tus padres? —dijo Horton. Tenía un cigarrillo en la boca al que le acercó un encendedor de plástico rosado. El encendedor se veía a la vez barato y *cool* en su poca calidad. ¿Pero cómo había sabido Horton eso? ¿Qué era lo que no lo hacía, simplemente, un encendedor de mal gusto? —Yo siempre les digo a mis padres que el restaurante estaba tan lleno que tuve que sentarme en la sección de fumadores —dijo.

—O si no —dijo Suzanne, con voz animada—, les dices que tus amigos estuvieron fumando pero tú no. Entonces quedas como alguien honesto que delata a sus amigos.

Sonreí débilmente.

—Horton —dijo Pete—, si me das ese que acabas de encender, te encenderé otro.

—OK, eso sí que tiene sentido.

—No, sí lo tiene. Ésta es la razón...

Dejé de escucharlos. Él quería que su boca tocara el mismo lugar que había tocado la boca de ella. Quería que algo se deslizara entre ellos, que sus dedos se rozaran mientras se inclinaban uno hacia el otro. En cierta medida, los varones eran más fáciles de descifrar que las chicas; en los chicos todo era persecución y deseo, todo era esfuerzo. En muchas chicas parecía tratarse de recibir o no recibir en lugar de intentarlo. Se trataba de decir "sí" o "no", pero no "por favor", no "vamos, sólo esta vez".

Había estado en la mesa menos de diez minutos y esperé otros quince para irme. Para tomar mi avión, dije. Todos me desearon feliz Navidad y esperé a ve si Horton tenía algo que decirme, pero no lo hizo; al parecer, no me había convocado por ninguna razón en especial. O me había convocado por una razón que nadie podía articular: por mi relación con Cross. Había muchos momentos en los que estaba segura de que nadie lo sabía, pero esa tarde en el aeropuerto, cuando Horton me invitó a unirme a ellos en la mesa, fue una de las pocas veces en que pensé que quizá mi relación con Cross era de conocimiento público.

En el espacio cerrado del auto, mientras íbamos del aeropuerto a casa, pensé que seguramente mi madre podía sentir la diferencia en mí, no necesariamente que había tenido sexo, pero algo en esa dirección. Sin embargo, no le diría nada si me lo preguntara. Nunca había sido una chica que confiara mucho en su madre, en gran parte porque mi madre nunca había parecido totalmente segura de qué hacer con la información que yo le revelaba: "María McShay besó a un chico de catorce años este verano", le dije a mi madre el primer día de sexto grado.

"¿Sí?", mi madre preguntó tímidamente. "Es un chico mucho más grande". Pero eso fue todo lo que dijo: no quería saber más sobre el chico, o sobre la naturaleza del beso (de hecho había sido de lengua), o si yo misma planeaba besar a un chico de catorce años también. Creo que fue una mezcla de la timidez de mi madre y de su distracción, aunque las cosas que la distraían eran siempre cosas de madre, como el hecho de que tenía que sacar la lasaña del horno; su mente nunca parecía estar absorbida por cosas ajenas a nuestra familia. Básicamente, yo no consideraba a mi madre como una fuente de información, no como la madre de Kelli Robard que escuchaba la misma estación de radio que nosotras y conocía marcas de ropa y nombres de chicos atractivos en sexto grado. Mi madre era una presencia benevolente pero desinformada. Cuando de niña, le preguntaba por el significado de alguna expresión con sentido sexual, ella me contestaba, con sinceridad, que también la había oído, pero que no sabía muy bien qué significaba.

Aunque de todos modos, siempre me sorprendía lo que sabía o intuía pero no comentaba al menos que la presionaran. Mi madre era de muchas maneras lo que yo quería ser, alguien que conservaba sus opiniones para sí, pero no porque tuviera la capacidad de contener sus impulsos, sino porque, en primer lugar, no la asaltaban impulsos de ese tipo.

En el auto, dijo:

—Estoy tan feliz de que hayas llegado segura a casa. Papá llamó para decir que había mal tiempo en la Costa Este, y me alegro de que tu vuelo no se haya atrasado. —La autopista y el Datsun de mis padres estaban exactamente iguales que a comienzos de septiembre cuando había estado por última vez allí. Esa similitud parecía por momentos anular a Ault o hacer que pareciera sólo un sueño. —¿Qué pasó con matemáticas? —preguntó mi madre.

—No sabía todo en el examen final, pero seguramente me sacaré una B menos.

—Eso es fantástico, querida.

—O quizás una C más.

—Sé que te estás esforzando.

El comentario me pareció inexacto, pero no la corregí.

—Anoche hice galletitas para que Tim y Joe les llevaran a sus maestros, y cuando tenía que triplicar los ingredientes me hice un lío con las cantidades. Pensé, bueno, de aquí lo ha heredado Lee. Sería injusto esperar que tuvieras una buena cabeza para los números cuando yo no la tengo.

—Supongo que iremos a la casa de los Pauleczks la noche de Navidad.

—Sí, Lee, iremos y sé que no te gusta pero...

—No, está bien.

—Bueno, querida, el señor Pauleczks ha apoyado mucho a tu padre, y creo que es importante...

—Mami, ya te dije que estaba bien. —Los Pauleczks eran una pareja de sesentones. El señor Pauleczks poseía una cadena de moteles entre South Bend y Gary, y compraba todos los colchones que necesitaba en el negocio de mi padre. Durante años habíamos ido a su casa antes de la medianoche para la hora del postre y las bebidas calientes, pero ni Joseph ni yo habíamos comido o bebido nada desde que yo tenía catorce años y había encontrado un largo pelo gris en un trozo de pastel de chocolate y cereza. (Ahora Joseph tenía catorce, sólo tres años menos que yo, pero Tim todavía comía en la casa de los Pauleczks, porque sólo tenía siete años y no se daba cuenta de nada.) Luego de aquel episodio, con sólo sentir el olor de la casa de los Pauleczks sentía náuseas. La señora Pauleczk siempre preguntaba si Ault era una escuela católica, y cuando yo le contestaba que no, ella decía: "¿episcopal?", luego se dirigía a mi madre: "¿La escuela de Lee es episcopal, Linda?" Su tono implicaba la posibilidad de que yo hubiera ocultado ese sucio secreto a mis padres y que ahora ella, Janice Pauleczks, estuviera diciendo las cosas por su nombre. Mi madre, en su modo suave y risueño, siempre decía: "La tienen yendo a misa seis veces por semana. No se puede ser mejor que eso, ¿no?"

Pero ese año, en realidad, me daba lo mismo lo que dijera Janice Pauleczks. ¿Y qué importaba sentarme durante un par de horas en su living? Ahora mi felicidad estaba en otra parte. Cross me besaba por la noche y eso hacía tolerables todas las partes de mi vida que no tenían nada que ver con él. Seguramente, antes de la aparición de Cross en mi vida, yo había sido una persona con más malhumor, con menos satisfacción. Saber de dónde venía tu felicidad te otorgaba paciencia. Muchas veces te dabas cuenta de que lo único que estabas haciendo era esperar que se terminara cierta situación, y eso le sacaba presión; ya no esperabas que todas las conversaciones te dieran algo. Y por esperar menos, te volvías más generosa. Esa Navidad, por cierto, planeaba ser más generosa con todas las personas que viera en South Bend y especialmente con mi familia.

Pasamos el supermercado Kroger cercano a nuestra casa, la tintorería y el local de alquiler de películas. En South Bend siempre me chocaba la fealdad de todo y caía en la cuenta de lo mucho que me había acostumbrado a los ladrillos y baldosas de Ault, su torre de estilo gótico, su estufas con mantos de mármol y sus chicas de cabello rubio. Fuera de Ault, la gente era obesa, o usaba corbatas marrones, o parecía estar de mal humor.

Estacionamos el auto en la entrada de casa, y vi que mi madre había pegado un cartel en la puerta que se superponía, en parte, con la corona navideña que había colgada más arriba: "¡Bienvenida para Navidad, Lee!" En las esquinas del cartel, había dibujado unas ramitas de acebo.

—¡Qué lindo! —dije.

—Bueno, no soy una gran artista. Le pedí a Joe que lo hiciera pero se fue a la casa de Danny...

—Eres el próximo Leonardo da Vinci

—Más bien, el próximo Leonardo da Nadie.

Y entonces lo sentí, en la trivialidad de nuestra conversación, una especie de presión que podía convertirse en una explosión si no abriéramos las puertas del auto. Ella sabía que yo había tenido sexo. También sabía que había sido con alguien que no me amaba. Mi madre no estaba loca, pero pensaba que yo me merecía más. Sí, claro, Ault era un lugar maravilloso que siempre me había impresionado, pero ¿acaso no me daba cuenta de que yo también era especial? "No soy tan especial, mami", le decía, y ella contestaba: "Sí lo eres, quizá no te des cuenta, pero yo sí lo veo". Ni siquiera estábamos hablando, ni siquiera nos mirábamos a los ojos, bajamos del auto y yo tomé mi valija del asiento trasero, y luego dijimos algo, pero no era nada trascendente, sino sólo un debate sobre si yo necesitaba ayuda para llevar la valija hasta la casa, y el debate duró algunos minutos más de lo que me habría llevado caminar hasta la puerta de entrada.

—No quiero que te lastimes —dijo, y yo contesté:

—Soy fuerte.

Cuando eso pasó, decidí que me había inventado nuestra conversación, pero esa noche, cuando le di las buenas noches —mis hermanos y yo besábamos a nuestros padres todas las noches antes de ir a la cama—, ella volvió a mi cuarto. Llevaba una bata de tela de toalla sobre su camisón (por lo que puedo recordar era un camisón color gris con la insignia de un equipo de fútbol norteamericano que le llegaba hasta las pantorrillas; a diferencia de mi padre ella no tenía ninguna inclinación por los deportes, por lo que o bien él se lo había regalado o ella lo había encontrado en alguna rebaja), y en la mano tenía un rollo de papel higiénico, creo que para llevarlo al baño de abajo. Se paró en la puerta de mi cuarto y dijo:

—¿Trajiste tus zapatos de fiesta?

—Sí, claro.

No se movió de dónde estaba.

—¿Sabes cómo usar un preservativo, no?

—¿De qué hablas?

—Un condón, supongo que así es como lo llaman ahora.

—¡Ay, mamá!

—Sólo te estoy preguntando si te han enseñado cómo usarlo.

—Sí —dije. Con esa frase seguramente se estaba refiriendo a Ault, lo que ella en realidad quería preguntar era: "¿enseñan educación sexual en Ault?" Y sí lo hacían: se trataba de una serie de cuatro reuniones después de clase, que tenían lugar en el invierno de segundo año. Las reuniones llevaban el nombre de "Salud humana", o S.H., siglas que la mayoría de la gente pronunciaba con dos jadeos pesados. Yo siempre había evitado pronunciarlas, no quería ni hacer el ridículo ni parecer una santurrona por no querer jadear delante de los demás. Ninguno de mis padres, por otra parte, me había proporcionado ningún tipo de educación sexual, salvo que en una ocasión cuando tenía diez años, durante una cena en la que habían venido unos amigos de ellos a cenar (quizás algún amigo había hecho el comentario de que pronto los chicos estarían persiguiéndome), mi padre había rugido: "¡Lee va a quedarse virgen hasta los treinta! No hay ningún pero. Y, Lee, no dejes que nadie te convenza de que el sexo oral no es sexo".

"¡Terry!", había dicho mi madre, pero creo que se sintió peor por los invitados que por mí. Ninguno de mis padres imaginaba que yo sí sabía lo que significaban las expresiones "ser virgen", o "sexo oral".

Parada en la puerta de mi cuarto, apretando el papel higiénico, mi madre dijo:

—No te estoy acusando de nada.

Yo sólo quería que ella se fuera. Que ella hablara sobre sexo vestida con esa bata raída, hacía que el sexo pareciera, francamente, algo repugnante. Y ni siquiera repugnante de una forma misteriosa, simplemente repugnante de un modo cotidiano, hogareño. Como el olor de la mierda de otro flotando en el baño mientras te lavabas los dientes.

—Confío en ti, Lee —dijo mi madre.

—Mamá, ya entendí.

—No soy estúpida. Sé que hoy las cosas son distintas de las de mi época.

Si hubiera hablado, habría dicho algo como: "me alegro por ti".

—Sólo ten cuidado —dijo. Hizo una pausa, y luego agregó: —Si decides entregarte a alguien. —(¡Mi madre era tan torpe! ¿Cómo no había notado antes lo torpe que era?) —Es todo lo que estoy tratando de decirte, querida.

—Está bien, mamá.

—Déjame darte otro beso de buenas noches —dijo, y entró en el cuarto para besarme.

Cuando se fue, pude respirar, pude pensar algo sin tratar de aislar a mi madre de ese pensamiento; aunque era consciente de que yo había sido injusta al hacerle sentir que lo que decía era extraño y fuera de lugar. Y que ella hubiera seguido con toda esa cháchara en vez de señalármelo sólo hacía que mi comportamiento pareciera peor. Por otro lado, tal vez ella también había estado fingiendo. Quizá no quería que le contara nada, y le habría caído mal que de repente yo comenzara a describir a Cross. La verdad es que no compartíamos un vocabulario que hubiera permitido una conversación tal; era demasiado tarde para contarle algo.

Cuando bajé a la cocina en la mañana del veinticuatro, mientras me servía cereal, Joseph dijo:

—Guarda lugar para Chez Pelota de pelos esta noche —y mi madre dijo:

—Eso fue hace años.

—Oye, Linda —dijo mi padre.

Ella lo miró.

—¿Qué?

—Que tengas una peluda, peluda Navidad...

Durante la misa de medianoche, porque la iglesia olía a incienso y los villancicos me recordaban a mi infancia, porque afuera estaba oscuro y frío, deseé que Cross estuviera en el banco junto a mí para darle la mano o apoyarme contra él. Lo habría hecho disimuladamente, de modo que nadie lo notara; sólo quería que él estuviera ahí para poder sentirme segura. Me imaginé a Cross con sus padres y sus hermanos en Manhattan. En su casa seguramente tenían un árbol con luces y adornos de vidrio, bebían whisky juntos y no se regalaban cosas como medias sintéticas y llaveros de plástico sino billeteras de cuero y corbatas de seda.

Pasó Navidad, pasó Año Nuevo. Ya no me quedaban amigos en South Bend, así que me quedé en casa con Tim, comiendo pizza y viendo películas que él había elegido. Joseph salía con sus amigos y mis padres iban todos los años a una fiesta enfrente de casa. Antes de irse, mi madre exclamó alegremente: "¡Pídanla con *pepperoni*!", un comentario típico de ella, que me dio risa, pero también ganas de llorar: la idea que mi madre tenía de lo que era extravagante y especial, su amabilidad hacia mí. Luego, finalmente, faltó sólo un día para volver a Ault, pero había sido una verdadera cuenta regresiva.

Era sábado y una chica de la clase de Joseph festejaba su cumpleaños en una pista de patinaje. A las diez, acompañé a mi padre a buscar a Joseph porque él me lo pidió, y aunque normalmente hubiera dicho que no, pero faltaban menos de veinticuatro horas para mi partida. Y además, ¿acaso no había planeado ser más generosa en esas vacaciones?

La pista de patinaje quedaba a veinte minutos de nuestra casa. Mi padre paró frente a la entrada del edificio ancho y bajo. El estacionamiento era enorme y estaba casi vacío; algunos chicos merodeaban frente a las puertas de vidrio con sombreros pero sin chaquetas.

—¿Lo ves? —preguntó mi padre. Antes de que yo pudiera responder, dijo: —Maldición —y detuvo el motor del auto—. Le dije que estuviera esperando afuera.

—Iré a buscarlo —dije. Quería evitarle a Joseph lo humillante del tono gruñón de mi padre; la sensación de que los otros chicos te tenían lástima por tener un padre malo. ¿Cómo no entendían que no era una persona realmente mala, sino alguien a quien no le importaba el que dirán? Eso era una forma de maldad, pero una maldad leve.

Adentro estaba oscuro, y una bola de espejos giraba sobre la pista misma. Me quedé a un costado, mirando a la gente pasar y al principio no vi a Joseph. Luego me di vuelta y lo divisé sentado en un banco atándose los zapatos junto a otro chico. Caminé hacia él.

—Apúrate, papá está esperando.

—Dijo que vendría a las diez y cuarto.

—Ya *son* las diez y cuarto. Es más tarde incluso.

—¿Y qué crees que estoy haciendo? No te comportes como una perra.

—Vete a la mierda —dije, y cuando los ojos del otro chico se abrieron grandes, me pregunté si habría sonado como mi padre. Pero Joseph y yo éramos compañeros, no lo estaba presionando, ésta era sólo una riña estándar.

Joseph se dirigió a su amigo:

—¿Necesitas que te llevemos?

—No, voy a ir a lo de Matt.

—Bueno, nos vemos, amigo.

Cundo estuvimos lo suficientemente lejos del otro chico para que nos oyera, dije:

—Te aseguro que no le habrías ofrecido llevarlo si supieras el mal humor que tiene papá. ¿Dónde vive?

—En Larkwood.

—Eso es como a veinte minutos de casa.

—En primer lugar, es a diez minutos, y no me sorprende que no lo sepas porque ni siquiera vives aquí. Y segundo, los Petrashes me llevan a todas partes. Le debemos mucho a su familia.

Él caminaba unos metros delante, por lo que llegó primero al auto y abrió la puerta del asiento delantero.

—No te vas a sentar ahí —dije.

—¿En serio? —Subió al auto. —Hola, papá —oí que decía—. Siento haber llegado tarde.

Golpeé su ventanilla y él dijo, exagerando los movimientos de su boca:

—Siéntate atrás.

Sacudí la cabeza.

Bajó la ventanilla.

—Papá dice que vayas atrás —dijo—. Te estás comportando como una idiota.

Por un momento consideré la posibilidad de irme, llamar un taxi y pedirle al conductor que me llevara directamente al aeropuerto. Pero en realidad no era algo viable. No tenía mi billetera conmigo ni mi pasaje de avión ni la ropa y los libros que necesitaba para volver a Ault. Abrí la puerta de atrás y me subí al auto, estallaba de furia.

—¿Algún problema con la puerta ahí atrás? —dijo mi padre. Su tono era alegre y sarcástico, su malhumor parecía haberse esfumado.

—Joseph no debería estar sentado adelante —dije.

—Es justo así —dijo Joseph sin darse vuelta—. Tú viniste delante.

—Sí, exactamente vine delante para recogerte a ti, cabeza de chorlito.

—Oh, ¿le ayudaste a papá a mover el volante? Apuesto a que le ayudaste *muchísimo*. Se dice que eres una muy buena conductora. —Se rió. El chiste era que a pesar de haber cumplido diecisiete años en junio no tenía aún la licencia de conducir. Mi padre también se rió.

—Te diré una cosa, Flea —dijo mi padre—. Cuando lleguemos a casa, estacionaré, Joseph y yo entraremos, y puedes sentarte en el asiento delantero todo el tiempo que desees.

En ese momento se rieron estruendosamente y los odié. Los odié porque pensaban que yo era alguien de quien reírse, por la forma en que hacían salir lo peor de mí y eso me parecía tan familiar, casi verdadero, como si mi vida en Ault fuera algo del pasado. *Eso* es lo que yo era fundamentalmente: una persona mezquina, enojada, inútil. ¿Por qué me importaba siquiera quién se sentaba en el asiento delantero?

No volví a hablar durante el resto del viaje, y ellos hablaron sobre la fiesta de cumpleaños —Joseph les revelaba mucha más información a mis padres que lo que yo jamás había hecho—, luego el tema de la conversación viró hacia el equipo de básquet de la escuela rival a la de Joseph. Mencionaban nombres de chicos que yo ya no recordaba o nunca había conocido. Aproximadamente en la mitad del camino, mi padre miró en el espejo retrovisor, hizo contacto visual conmigo —yo aparté la mirada inmediatamente— y dijo:

—Debo decir, Joseph, que la contribución de tu hermana en la charla, nunca me ha parecido tan fascinante. —Ambos se rieron, especialmente Joseph.

Cuando llegamos, bajé del auto dando un portazo mientras el motor todavía estaba encendido y entré en la casa. En mi cuarto, me saqué el abrigo y me metí en la cama con la ropa puesta sin cepillarme los dientes ni lavarme la cara, y lloré lágrimas calientes de rabia, que no derivaron en jadeo sino en un silencio sostenido interrumpido por arranques de respiración pesada y siseante. Mi madre golpeó la puerta unos quince minutos más tarde murmurando mi nombre y cuando fingí estar dormida, abrió la puerta pero no entró. Pero dijo: "buenas noches, querida", por lo que quizá supiera que estaba fingiendo.

Ser parte de esa familia significaba que siempre estaban a punto de burlarse de ti; el humor de alguien (el humor de mi padre) estaba siempre a punto de cambiar, y no había ninguna situación en la que pudieras confiar o relajarte. Sus burlas eran tan casuales como hirientes, y podían ser sobre cualquier cosa. Así que no me extraña, no me extraña en absoluto, mi negativa a que Cross me viera desnuda.

Los odiaba porque pensaban que yo era igual a ellos, porque, si tuvieran razón, eso quería decir que yo había fracasado, pero si estuvieran equivocados, quería decir que los había traicionado.

Seguramente, ya hacía unos meses que pensaba seriamente sobre el tema de las flores para San Valentín (en segundo y tercer año, cada año me había preguntado si había alguna posibilidad, si existía la más remota probabilidad de que Cross me enviara una, y, al parecer, nunca la había habido) pero este año después de volver de las vacaciones de invierno, el tema se me volvió una obsesión.

Todos los años, acompañados por notas, recibía un clavel rosado (amistad) y un clavel blanco (admirador secreto) de Martha, cuya nota decía en su inconfundible letra algo así como: "De tu rojo y ardiente hombre misterioso". En segundo año, también había recibido un clavel rosado de Dede, lo que inmediatamente me hizo desear haberle mandado uno a ella, y uno, también rosado, de la señora Prosek, mi consejera, que era una de las pocas profesoras que participaba del intercambio; muchos de ellos manifestaban su desaprobación. Nunca había recibido una rosa, que por supuesto significaba amor, y costaba tres dólares frente al clavel que costaba un dólar y medio. El intercambio servía para juntar fondos para el CSA (Comité Social de Ault), un club supervisado por chicas lindas de segundo año, que organizaban los bailes y dirigían el carnaval de primavera. Y en eso residía el aspecto más tormentoso y apasionante del intercambio de flores: a quienquiera que le mandaras una flor, lo que fuera que escribieras en tu nota, las chicas del CSA lo verían. Ellas recibían todos los formularios, y era natural que mientras más cercano fuera el que diera o recibiera una flor, mayor fuera el interés de las chicas. Por lo tanto, no había nada realmente secreto en el envío de un clavel de admirador secreto.

Cerca de la medianoche, mientras el 13 de febrero se convertía en el 14 de febrero, las chicas de la CSA (tenían un permiso especial para estar fuera a esa hora, ¡tenían mucho trabajo que hacer!) entregaban las flores en cada residencia en grandes baldes. De las flores se desprendía un aire frío, como el que salía de la comida refrigerada en el supermercado. Las notas estaban grapadas al tallo, pero nunca de modo que alguien para quien la nota no iba dirigida, no pudiera abrirla y leer gran parte del contenido. La idea era que te encontraras con las flores por la mañana; la realidad era que alrededor de las doce y cuarto muchas eran revisadas, por lo general, por alguien como Dede, una persona que dudaba de la cantidad de flores que recibiría, incapaz de ocultar su ansiedad. Alguien como Aspeth, en cambio, podía perfectamente entrar a la mañana siguiente, unos minutos antes de misa, a la sala de estar y buscar su ramo, y era imposible decir si había esperado tanto tiempo porque quería que todo el mundo viera cuántas flores había recibido, o porque realmente no era tan importante para ella. En primer año, Aspeth había recibido —yo temía seguir recordando esas cifras luego de haber olvidado la fecha de la batalla de Waterloo o el punto de hervor del mercurio— seis claveles rosados, once claveles blancos, y dieciséis rosas rojas, doce de las cuales habían sido de Andy Kreeger, un chico de segundo que nunca había hablado con Aspeth.

A comienzos de febrero de cuarto año, pensaba tanto en el intercambio de flores que cuando el formulario apareció en mi casilla de correo, me sorprendió que hubiera llegado en un momento en el que el intercambio de flores no ocupara la mayor parte de mis pensamientos. Al tomar el formulario, lo sentí inmediatamente incriminatorio, como si en lugar de ser el formulario genérico que todos recibían se tratara de uno ya completado por mí. Lo metí rápidamente en mi mochila.

En la habitación, esa noche, Martha dijo:

—Te juro que me parece que estuviera haciendo esto para el año pasado. ¿No tienes esa sensación?

—Puede ser —dije. Hice una pausa. —¿Crees que debería enviarle una flor a Cross?

—Si quieres.

Estaba tratando de pensar qué decir después (me sentía particularmente herida y poco elocuente con respecto a este tema), cuando Martha agregó:

—Seguramente yo lo haré.

—¿Que harás qué? ¿Estás diciendo que le enviarás una flor a Cross?

Asintió.

—¿De qué color?

Se largó a reír.

—Roja, por supuesto. ¿Tú que crees?

No me parecía gracioso. Y me sorprendía que ella no lo notara.

—¿Entonces le enviarás una flor rosada?

—¿No quieres que lo haga? Si no quieres, no lo haré.

Ése era el modo en que ella siempre me desarmaba, con su apertura y flexibilidad. Ella me dejaba elegir, y luego yo había sido la que había hecho la elección.

—No, por supuesto que deberías hacerlo —dije—. Porque ustedes trabajan juntos y son amigos —¿Qué hacía yo tranquilizándola con respecto a Cross, cómo habíamos llegado a ese punto? De repente, sentí el deseo de que la conversación se detuviera.


La noche en que sonó la alarma de incendio —eso también tuvo lugar a principios de febrero— Cross y yo nos habíamos quedado dormidos, y oí la terrible sirena y abrí unos ojos llenos de pánico, primero porque no entendía lo que estaba pasando, y luego porque había entendido. Cross ya había saltado de la cama y estaba buscando su ropa. En la penumbra su pene se balanceaba, sus muslos y su pecho se veían pálidos. La verdad es que yo nunca había mirado su cuerpo, cuando había habido oportunidades, había apartado la mirada (no estaba del todo segura de querer ver su pene), y no habría estado mirado en ese momento si la alarma de incendio no hubiera estado sonando. Esa distracción, el hecho de que *él* estuviera distraído me lo permitían. Luego, nuestras miradas se encontraron y él me dijo que me levantara. Creo que él debe de haberme gritado, pero la alarma tapaba casi por completo su voz. Me paré. Ya tenía puesto el camisón; a veces, aunque a él no le gustaba, me lo volvía a poner después de tener sexo. Se abrochó los pantalones y se echó encima la camisa y el suéter. Tomó el picaporte de la puerta, miró hacia atrás y me gritó que lo siguiera. En el umbral, miró de un lado al otro del pasillo, en un gesto de duda. A la derecha estaban mi cuarto y el de Martha, dos cuartos más, el baño y una puerta de emergencia cuya salida yo no conocía; a la izquierda había más cuartos y la escalera que conducía a la sala de estar. Desde detrás de Cross, miré hacia el pasillo que curiosamente aún permanecía vacío. Cross partió. Fue hacia la derecha, corrió por el pasillo hasta la puerta de emergencia que empujó para abrir. Al verlo, pensé: "¡Dios mío!" La puerta no terminaba de cerrarse, cuando Diana Trueblood y Abby Sciver salieron de sus cuartos, ambas con chaquetas de vellón sobre sus camisones.

Me sentí abandonada. Me parecía grosero de parte de Cross que hubiera desaparecido de esa forma, sin decirme adiós, sin besarme rápidamente o al menos tocar mi hombro o mi mejilla.

El pasillo se llenó de gente, y sobre las cabezas de Diana y Abby hice contacto visual con Martha. Había salido de nuestro cuarto, me había visto y había vuelto a entrar y había salido nuevamente con mi abrigo y mis zapatos. Cuando me los pasó, Martha levantó una ceja (¿Dónde está Cross?), yo sacudí la cabeza (No nos atraparon.)

Una vez afuera, el volumen de la sirena se volvió mucho más bajo, como si la hubieran envuelto en sábanas. El aire estaba helado. Nos quedamos apiñadas frente a la entrada de la residencia. Algunas chicas estaban descalzas, entonces alguien tiró un suéter al piso y las chicas sin zapatos se apresuraron a pisarlo apretujándose unas con otras. La señora Elwyn pasó lista, y las chicas se quejaron e insultaron con voces roncas, pero había también una cierta festividad en el aire; los simulacros de incendio tenían siempre algo de festivo.

Había grupos similares al nuestro en las puertas de las otras residencias. Todas las demás residencias del mismo lado del círculo que el nuestro habían evacuado hacia el patio, y uno podía mirar hacia las habitaciones en las que las luces habían quedado encendidas y ver los pósters sobre la pared o los suéteres sobre los estantes de los armarios abiertos. Busqué a Cross entre los chicos de la residencia de Borrow, y lo encontré; tenía puesto su abrigo negro, lo que indicaba que había tenido tiempo de pasar por su cuarto. Estaba conversando con Devin y otros chicos, y sentí una confusión momentánea. ¿Habíamos estado acostados en la misma cama hacía sólo unos minutos?, ¿nos conocíamos? Él estaba a menos de quince metros de mí, pero perfectamente podría haber habido un profundo lago entre nosotros.

La velocidad con la que había escapado de la residencia tenía algo de ofensa. Había logrado huir sin que lo vieran por sólo una cuestión de segundos, lo que de todos modos significaba que había logrado huir sin que lo vieran; nada hacía sospechar que no hubiese dormido toda la noche en su cama. Deseé que él se hubiese sentido tan desorientado como yo, que no se le hubiese ocurrido usar la salida de incendio (sólo a mí podía no ocurrírseme usar la salida de incendio), y hubiese bajado por la escalera principal conmigo, tímido y distante bajo la mirada de las otras chicas, para escabullirse luego en dirección a su cuarto; quizá no lo atrapara un profesor, o quizá yo hubiese querido que lo atraparan, hubiese querido que nos atraparan a ambos. No lo habrían expulsado, porque romper el horario de visita era una ofensa menor, pero todo el mundo se habría enterado. Sentí una punzada de remordimiento que creció y pronto se esfumó, como suele suceder con el remordimiento en el medio de la noche; ¡todo había pasado tan rápido, la posibilidad de que las cosas hubieran tenido otro final era aún tan reciente! Más tarde, luego de que nos dejaran entrar, luego de dormir en el cuarto con Martha, y despertarme por la mañana, pensé que en el momento en que estábamos parados frente a nuestras respectivas residencias, no *había sido* demasiado tarde para hacer algo. Podría habérmele acercado y hecho una escena; podría haber llorado. Era como cuando estás ebrio. Nunca te sientes lo suficientemente ebrio como para hacer lo que deseas, te sientes frenado por tu razón y tu sentido de lo correcto, pero al día siguiente, con resaca, te das cuenta de lo ebrio que estabas. Había habido una ventana abierta de oportunidad. Si la hubieras usado, seguramente habrías hecho el ridículo, pero al no usarla, habías perdido algo irrecuperable.

La alarma seguía sonando, hacía muchísimo frío y la mayoría de las personas no llevaba abrigo. Algunas chicas a mi alrededor comenzaron a aullar hacia la luna, como lobos.

—Déjennos entrar —gritaba Isolde Haberny sin dirigirse a nadie en particular, y Jean Kohljepp dijo, y no estaba murmurando, sino que hablaba con un tono de voz normal:

—Sólo deseo que esto termine.

Ahora yo pienso: "¡Jean, Jean, tu deseo se cumplió!" El simulacro de incendio está terminado, al igual que todo lo demás. ¿Realmente creíamos que podíamos elegir ciertos momentos para que pasaran más rápido? Hoy, hasta las partes aburridas, hasta ese momento en que el aire estaba helado y la mitad de las chicas estaban descalzas, todo eso fue hace mucho tiempo.

No presté mucha atención cuando dos noches más tarde vi a Hillary Tompkins en la reunión de la noche. Hillary cuya bolsa de dormir con semen seco de Cross por todas partes yo consideraba mía. Hillary no estaba casi nunca en la residencia por la noche, pero yo sabía que había un examen importante de química a la mañana siguiente y supuse que ella se había quedado para estudiar.

Esa noche levantó la mano durante los anuncios, y cuando la señora Elwyn le permitió hablar, dijo:

—Ayer en mi cuarto, encontré ropa interior, y *no* estaba limpia.

Las demás chicas se rieron, y Hillary mostraba una leve sonrisa, pero también daba la impresión de estar sinceramente irritada.

—Las tiré a la basura —continuó—. Así que si era tuya, supongo que tienes un cambio de ropa interior menos. No tengo idea de cómo pueden haber llegado allí, pero por favor traten de tener algo de consideración y no tiren su ropa interior crujiente en los cuartos de otras.

Gina Márquez, una chica bulliciosa de tercero gritó:

—¡Bravo! —y comenzó a aplaudir, y casi todo el resto de la sala la siguió. La cara me quemaba y temblores de ansiedad me atravesaban el pecho. Miré de reojo a Martha, que no estaba aplaudiendo ni sonriendo. Pero tampoco me miraba, en sus ojos no había ningún atisbo de compasión. Martha era la clase de persona que nunca dejaría su ropa interior tirada por ahí mientras que yo era la clase de persona que pensaba que tampoco lo haría, pero sí lo había hecho. El simulacro de incendio, parecía decir la postura de Martha, no constituía una excusa.

—¿Era una tanga? —gritó Gina, y la señora Elwyn dijo:

—Cálmense, señoritas.

No era una tanga. Era una ropa interior de algodón con estampado de lunas y estrellas; las lunas eran de color azul, y las estrellas, amarillas y pequeñas.


Había decidido de antemano que la víspera de San Valentín no me quedaría despierta hasta tarde para revisar el balde con flores. Simplemente me iría a dormir, y a la mañana siguiente lo que estuviera ahí seguiría estando. Después de todo, era especialmente indecoroso que alguien del último año mostrara ansiedad.

Había enviado un clavel rosado a Martha, Sin-Jun, y al final, también a Cross. No podía arriesgarme a enviarle un clavel blanco o una rosa, pero tampoco podía soportar no enviarle nada. En la tarjeta, escribí: "Cross, Feliz día de San Valentín. Con amor, Lee".

Y luego a las tres de la mañana, me desperté por cuarta vez, en medio de remolinos de sueños sobre flores: que no me había enviado ninguna, que me había enviado algunas pero yo no encontraba agua donde ponerlas, que le había enviado doce rosas grotescamente enormes a Aspeth, un ramo de tres metros de alto. Fui al baño, y cuando me estaba lavando las manos, al mirarme en el espejo sobre las piletas, supe que haría lo que había estado reprimiendo.

La sala de estar estaba iluminada —como en los pasillos, las luces allí quedaban encendidas toda la noche— pero silenciosa. Había dos baldes plásticos, y al verlos mi corazón dio un salto; ¡qué inquietante era que lo que me había preguntado durante tanto tiempo tuviera ahora respuesta! Los dedos me temblaban al acercarme, y miré alrededor de la sala de estar para asegurarme de que nadie estuviera merodeando. Una vez frente a los baldes, tomé una flor, y luego otra, y otra. Al comienzo, las tomé con delicadeza, pensando en no dejar ningún rastro de mi pesquisa, pero pronto comencé a manosearlas sin cuidado, empujando hacia el costado las que no tenían mi nombre en el exterior del sobre que estaba adosado al tallo. Cuando llegué a la primera con mi nombre, mi búsqueda ya había adquirido la cualidad de una borrachera. Y la tarjeta era de Martha, pero no me molesté en abrirla porque reconocí su letra. En el primer balde, no había nada más para mí.

Pasé al siguiente, que contenía cerca de la mitad de flores que el otro; esta vez, revisé las rosas primero. Y entonces vi una con mi nombre escrito con tinta azul en letras mayúsculas, y sentí un regocijo loco, un globo de excitación. Mientras rompía el sobre, lo que se volvía eterno —debe de haber llevado menos de un solo segundo—, y me sentía emocionada y acalorada y temblando de gratitud, pensé: "Finalmente, finalmente, finalmente", y estos sentimientos se mantuvieron incluso hasta el momento de darme cuenta de que la flor no era de Cross sino de Aubrey. Entonces, al mismo tiempo que los rastros de mi antigua felicidad me hacían pensar: "Quizá Cross es mi novio ahora, quizá se convenció en los últimos meses, le llevó tiempo pero vio lo bueno de mí", ya consciente de la verdad, también pensaba: "¿Por qué mierda me enviaría Aubrey una rosa?" Pero él estaba en segundo año, y era varón, y seguramente no entendía muy bien el funcionamiento del intercambio de flores. La tarjeta decía: "Has progresado mucho en matemáticas. ¡Buen trabajo! Aubrey".

Mi alegría, surgida y desaparecida frente a nadie, era humillante. Era humillante ser alguien que se preocupaba tanto por cosas tan pequeñas. Y esa desilusión era una buena prueba, pero esto no evitó que, después de escarbar entre las flores restantes, me las arreglara para volver a sentirme desilusionada cuando descubrí que Cross no me había enviado nada. Nadie lo había hecho, salvo Martha y Aubrey, ni si quiera Sin-Jun. Como en una borrachera, sentí el deseo de deshacer lo que acababa de suceder. Aun si los resultados fueran los mismos y recibiera sólo dos flores, ¿por qué no podía levantarme por la mañana como una persona normal, recordar que era San Valentín mientras cruzaba la sala de estar camino al desayuno, tomar con calma mis flores, ponerlas en un florero en mi cuarto, y olvidarme de todo el asunto?

Resultó ser peor de lo que pensaba. Por la mañana descubrí que Martha había recibido siete flores —por cierto, en el pasado, antes de ser tutora, nunca había recibido más de cuatro—, y una era de Cross. Puso todas nuestras flores en un solo florero, y no hablamos en absoluto sobre el tema, excepto por un comentario de ella sobre mi nota. Pero no me preguntó si Cross me había enviado una flor, ni tampoco me dijo que le había enviado una a ella. Lo supe porque espié sus notas cuando ella salió del cuarto. Sólo le envió un clavel rosado. Pero igual. No es que Cross no hubiera mandado flores, era a mí a quien no le había mandado ninguna.

Lo que pasó a continuación es que Cross se lesionó el tobillo, eso sucedió hacia finales de febrero. Luego de que San Valentín pasara sin comentarios, excepto un seco: "Gracias por la flor" dicho en nuestro siguiente encuentro, pasaron ocho días sin que me visitara. Cuando lo vi en el comedor la octava noche, pasé a menos de un metro de él y no lo miré. No sé si estaba tratando de demostrarle que me importaba o que no, pero de todas maneras funcionó; esa noche me despertó y fuimos al cuarto de Hillary, y ninguno de los dos dijo nada sobre su ausencia. Yo no tenía la sensación de que ésta tuviera algo que ver con el clavel que le había enviado, el clavel no parecía haber tenido mucha importancia de todos modos.

Me pregunté si el equilibro entre nosotros había cambiado. No es que alguna vez las cosas hubieran sido muy equilibradas —yo estaba enamorada de él, y me era imposible saber qué sentía él por mí—, pero ese desequilibrio había tenido siempre sus propios patrones, y también su propia claridad.

Últimamente había sentido que me convenía tomar un poco de distancia. Me salteé tres de sus partidos de básquet seguidos, y ésa es la razón por la que no estaba ahí cuando se lesionó un ligamento del tobillo.

Jugaban contra Armony, cuyo jugador central medía dos metros cinco. Cross saltó para hacer un tiro, le cometieron falta —el jugador central de Armony intentó bloquearlo— y cayó sobre un tobillo. Terminó en el hospital, donde se lo vendaron y le indicaron el uso de muletas. Faltando sólo tres semanas para las vacaciones de primavera, obviamente quedó fuera por el resto de la temporada.

Me enteré de todo eso unas horas después, cuando uní trozos de conversación oídos durante la cena y por Martha, a quien se lo informó el señor Byden, dado que decidieron posponer la reunión del comité de disciplina prevista para esa noche. Al oír a mis compañeros durante la cena, sentí un atisbo de temor de que la lesión hubiera sido grave. Cuando me di cuenta de que no había sido así, lo que sentí fue un sentimiento de territorialidad, ¿acaso no me pertenecía el accidente en cierto modo también a mí?

—¿Ya volvió del hospital? —pregunté. Era lo primero que había dicho, y las dos personas que estaban más cerca se dieron vuelta. Eran Dede y John Brindley, uno de los chicos que había viajado con nosotros en el taxi aquella vez en primer año.

—Estoy casi seguro de que ya está en su cuarto —dijo John—. ¿Irás a verlo?

Al principio, dudé de que se estuviera dirigiendo a mí. Dada mi relación con Cross, la pregunta era perfectamente razonable. Pero debido a que esa relación era invisible, se trataba de una pregunta fuera de lugar. ¿Por qué peregrina razón iría yo al cuarto de Cross Sugarman? Casi ni nos conocíamos.

—¿Por qué iría Lee a ver a Sug? —dijo Dede, y John nos miró. "¿Qué sabes?", tuve ganas de preguntarle. Si hubiera sido un imbécil, un tipo amante de los escándalos, seguramente habría dicho más. Pero John era una buena persona, y hasta era posible que la pregunta sólo hubiera sido arbitraria.

—Por ninguna razón —dijo, y tratando de sonar distraído, añadió: —Tal vez yo vaya.

Sentí que Dede me observaba, pero evité mirarla.

Y luego, hubo un momento después de la cena en el que pensé en ir. La pregunta de John me había dado permiso; después de todo a él se le había ocurrido lo de mi visita. A las ocho y cincuenta y cinco, cinco minutos antes de que comenzara la hora de visitas, me lavé los dientes, me perfumé, me miré al espejo y me senté ante mi escritorio. ¿Cómo podía ir al cuarto de Cross? ¿Quién sabe quién estaría allí? Devin, probablemente ¿Y si Cross estuviera en la sala de estar? Tal vez había pedido piz-

344

za y estaba mirando televisión, y los chicos sentados a su alrededor no entenderían la razón de mi presencia, aunque quizá Cross tampoco la entendería. Y entonces, o bien no sería directamente grosero, pero se mostraría distante, o bien se comportaría con amabilidad, trataría de hacerme sentir bien, y sería terrible el hecho de que tuviera que esforzarse. ¿Y qué posibilidades había de que estuviera un poco confundido, pero sinceramente feliz de verme, y cuando yo me sentara a su lado en el sillón me pasara el brazo por el hombro, sin necesidad de decir nada? Las posibilidades eran infinitas. Sentada en la silla me doblé y apoyé las palmas sobre mi frente. Desearlo de ese modo era angustiante. Y era angustiante tenerlo siempre tan cerca. Había sido así durante todo el año, la proximidad de nuestras residencias, el saber que literalmente podía en menos de un minuto, levantarme, caminar hasta su cuarto y encontrarlo y tocarlo, pero la conciencia de que, en realidad, no podía hacerlo: todo eso me volvía loca. No hay enamoramiento peor que el de un internado; la universidad es más grande y todo es más disperso, y en la oficina, al menos, puedes descansar del otro durante la noche.

Era insoportable saber que actuar era equivalente a arruinar las cosas, saber que no podía confiar en mis impulsos. Lo único que deseaba era que fuera la mitad de la noche y él viniera a verme (sin duda no vendría con muletas, y eso significaba que no vendría por un tiempo) y se acostara sobre mí y yo dejara de desear todo lo que deseaba cuando él no estaba cerca. Cuando ahora pienso en Cross, una gran parte de lo que recuerdo es esa sensación de espera, de confianza en el azar. No podía ir a su cuarto, estaba decidido. Y eso significaba que para transmitirle mi preocupación por su salud, iba a tener que encontrármelo en algún lado cuando estuviera solo o con algunos estudiantes a su alrededor, y, cuando eso sucediera, iba a tener que intuir rápidamente su humor para descubrir cómo actuar si quería que nos siguiéramos viendo.

Ahora me doy cuenta de que le dejaba tomar todas las decisiones a él. Pero no era así como yo lo veía. Entonces, me parecía tan claro que las decisiones le *pertenecían a él*. Las reglas existían. Eran innombrables y no podían modificarse.


Fui a ver la obra con Martha, y cuando Cross salió al escenario —la obra era *Hamlet* y cuando tuvo que dejar básquet, le asignaron el papel de Fortinbras, que previamente el profesor de teatro había simplemente anulado— todos se rieron. Nadie esperaba verlo como Fortinbras, lo gracioso era que se trataba de Cross Sugarman, con muletas y vestido con un abrigo antiguo de armiño. En ese momento ya hacía nueve días que no venía a mi cuarto.

Los papeles de Hamlet y Ofelia eran interpretados por Jesse Middlestadt y Melodie Ryan. Jesse iba a cuarto y era de Cambridge. Delgado, nervioso, de mejillas rozagantes, era alguien que gustaba a las chicas sin enamorarlas —yo siempre me alegraba cuando me tocaba sentarme cerca de él en la mesa porque hablaba mucho y era divertido—, y que también caía bien a los chicos. Melodie era una chica de tercero con cabello rubio largo y ondulado, un lunar en la frente y enormes ojos azules. Me constaba que todos la consideraban muy atractiva, y cada vez que la veía, no podía dejar de pensar que en primer año había salido con Chris Pryce, un chico de cuarto, con el que se rumoreaba que había tenido sexo anal. Nunca me quedó claro si lo había hecho una vez o muchas; como fuera, cuando subió al escenario, pensé: "¿Pero no duele?", y durante toda la función seguí preguntándome si ella lo habría hecho porque le gustaba o sólo para complacer a Chris.

En la escena anterior al suicidio de Ofelia, Melodie y Jesse se besaron, y yo sentí celos de ellos, de cómo, por sus papeles en la obra, se habían acostumbrado a besarse en público, de cómo durante las semanas de ensayos habían contado con la existencia de ese beso. Cada día habían sabido que tocarían a otra persona sin que eso dependiera de ningún factor externo.

Debería haberme inscripto en teatro, pensé, pero también para eso se me había hecho tarde.


El mismo día que me rechazaron en la Universidad de Brown y me aceptaron en la de Mount Holyoke y en la de Michigan (a esa altura, ya había sido aceptada en Beloit, rechazada en Tufs, y me esperaba un rechazo de Wesleyan), me encontré por casualidad con Cross en la puerta de la clase del decano Fletcher. Acababa de terminar el último período de clases, y estábamos solos.

—Oye —dijo—. Felicitaciones por Michigan.

No podía imaginarme cómo se había enterado.

—¿Crees que irás?

—Probablemente. —Si duda iría, y la razón por la que lo haría, algo que sólo había hablado con la señora Stanchak y mis padres, era que la matrícula era mucho más barata que la de una universidad privada, y, además, me habían ofrecido un financiamiento parcial. Mount Holyoke estaba más cerca de Boston, donde estudiaría Cross, pero tampoco tan cerca, y entonces yo ya sabía, sin tener que decírmelo o decírselo a alguien, que lo nuestro estaba terminando. Si él no hablaba conmigo frente a otras personas, tampoco iba a cruzar el estado para verme o recibirme en su cuarto en Harvard. Y todo eso hacía que las conversaciones sobre universidades entre nosotros parecieran por demás irrelevantes. Algunas horas atrás, cuando había abierto las tres cartas me sentía conmocionada —obviamente había llorado por el rechazo de Brown antes de aburrirme de mis propias lágrimas— pero ahora, con Cross frente a mí, todo eso parecía muy lejano. Era marzo, y estábamos en Ault, y nuestras vidas universitarias parecían tan lejanas como un bazar en Marruecos.

Señalé sus muletas.

—¿Te duele?

—No mucho —dijo con una voz que me hizo pensar que estaba mintiendo. No podía imaginarme a Cross quejándose amargamente por algo que realmente le molestara, y honestamente, me costaba imaginarme qué *podría* molestarle, aunque sin duda había cosas que le molestaban. Por primera vez se me ocurrió que quizás había sido grosera o descuidada al no haberme puesto en contacto inmediatamente con él luego de su accidente. De repente me asaltó el recuerdo —¿por qué no había pensado antes en eso?— de cuán amable había sido él durante mi desmayo en primer año.

—Realmente siento lo que te pasó —dije.

—No te culpo

—No, lo que quiero decir...

—Ya sé qué quieres decir. Estoy bromeando.

Al mirarlo, quise, una vez más, decirle cuánto lo amaba. ¿Cómo podía querer decirlo aun a la luz del día? Del exterior llegaba el ruido de dos chicos hablando a los gritos. Eran las tres de la tarde, esa pequeña pausa entre las clases y los entrenamientos. No puedo decir que me sentí sorprendida cuando movió la cabeza señalando el aula del decano Fletcher.

—¿Vamos allí?

El pulso se me aceleró, y pude sentir esa pesadez en mi estómago, que era signo tanto de excitación como de ansiedad. Muy rápido contesté:

—Claro.

La puerta del aula no estaba del todo cerrada y él la empujó con la punta de su muleta derecha y luego la cerró por adentro, usando la misma muleta. Estaba nublado y por las ventanas se derramaba una luz grisácea. Cross no encendió las luces. El aula tenía una larga mesa rectangular. Tomó dos sillas de la mesa y las puso enfrentadas, y luego de que se sentara en una pensé que la otra para mí, pero pronto vi que la había traído para su pie. Me quedé parada al costado, esperando que me dijera qué hacer, y odié mi pasividad atontada. ¿Me dijo lo que me dijo a continuación porque notó que que yo quería que él me dirigiera, o ya lo tenía decidido antes de que entráramos en el aula?

Daba igual. Yo dije:

—¿Tengo que sentarme en tu regazo? —y él contestó:

—Si quieres. —Obviamente, lo siguiente que le pregunté fue:

—¿No te hago daño? —y él dijo:

—En absoluto —y yo pensé que todo estaba bien, que él quería abrazarme del mismo modo que yo quería abrazarlo, pero nos habíamos besado por menos de un minuto, cuando dijo:

—Me encantaría que me la chuparas.

El piso era de madera, y las rodillas me dolieron casi inmediatamente. Y no quería depositar el peso de la parte superior de mi cuerpo contra sus muslos, porque ésa tenía que ser una experiencia placentera y se merecía disfrutarla por completo; mi postura no tenía que ser una preocupación para él.

Y ahora no había duda, había visto su pene, lo estaba viendo en ese mismo momento. Tan fuerte había sido mi deseo de que él no viera mi cuerpo, que por momentos había imaginado que él sentía lo mismo que yo: obviamente no era así. ¿Por qué otras personas no tenían vergüenza de sacarse la ropa? Se bajó los pantalones de corderoy y su ropa interior no me pareció ni remotamente sexy; me hacía imaginármelo cagando. ¿Y qué estudiantes se sentarían mañana en esa silla sin tener la más mínima idea de que el culo desnudo de Cross había descansado sobre ella? El peso cálido, ácido, sofocante, en mi boca, la presión de su mano en mi cabeza, ¿era eso lo que había extrañado en las últimas semanas, eso, lo que me había estado negado?

Con un fuerte gemido, salió de mi boca y acabó sobre mi suéter (era de lana beige con guardas); mientras no me prestaba atención, me limpié el semen con la parte posterior de mi manga, pensando ya en que le pediría a Martha que enviara ese suéter a la tintorería junto a las prendas que ella enviaba. Me paré y dio un paso atrás con la intención de irme —en mi residencia, siempre era él que se iba, mientras que yo era la que deseaba que se quedara para siempre— y sentí que lo desagradable del momento era algo a lo que no era mala idea aferrarse; si pudiera conservarlo, nunca volvería estar a su merced.

Ya se había subido los pantalones, pero todavía no se ajustaba el cinturón. Aun sentado, dijo:

—Ven acá —y yo me sentía escéptica e irritada y me acerqué llena de dudas, y entonces él pasó sus brazos alrededor de mi cintura y apretó su cara contra mi pecho y me abrazó fuerte y mis ojos se llenaron de lágrimas. No me quedaba otra cosa que hacer más que apoyar mis manos en sus hombros y tocar su cabello con mis dedos; él siempre decía que mi cabello era suave, pero la verdad que nunca le dije era que el suyo también lo era.


Las vacaciones de primavera fueron muy parecidas a las de Navidad, salvo que la casa estaba vacía durante el día porque las vacaciones de mis hermanos ya habían tenido lugar. En la casa silenciosa, me sentaba a mirar televisión, no me duchaba, y en ocasiones, en momentos especialmente patéticos, abría el directorio de Ault de mis padres para mirar los datos de Cross. Eso era, obviamente, algo que ya había hecho tantas veces en el campus, que la visión de su nombre y su dirección habían perdido hacía tiempo su potencia.

Cuando veía a amigos de mis padres, algo que trataba de hacer lo menos posible, ellos me felicitaban por Michigan, y al aceptar sus felicitaciones, me convencí de que ése sería el lugar en el que pasaría los próximos cuatro años. El sábado anterior a mi regreso a Ault, mi madre y yo fuimos en auto hasta Ann Arbor, donde se encontraba el campus de la Universidad de Michigan. Hacía cero grado y todavía había escarcha sobre las veredas. Caminamos alrededor del campus helado y ella me compró un buzo con capucha a pesar de que insistí en que no lo necesitaba. Volvimos a South Bend por la noche porque mi padre había dicho que no tenía ningún problema en que nos quedáramos en un hotel, pero que no sería él quien lo pagaría.

Él me llevó al aeropuerto, y, otra vez, me sentí enormemente aliviada de partir. Me abrazó junto al auto, me dio un billete de cinco dólares para el almuerzo, y se fue. Luego de chequear mi equipaje caminé llorando por el aeropuerto. Cuando vas a un internado, siempre estás dejando a tu familia, no una vez, sino muchas veces; y no es lo mismo que cuando estás en la universidad, porque entonces eres mayor y en cierta forma se supone que los tienes que dejar. Lloré por la culpa que sentía, y también por cuán poco firme era mi culpa. Parada en un negocio que vendía agua embotellada, tarjetas de cumpleaños y camisetas que decían "Indiana", a menos de veinte minutos de la casa de mi familia, sentí que los extrañaba tanto que tuve la tentación de llamar a mi madre al trabajo y pedirle que viniera a acompañarme hasta que saliera el avión; se habría sentido alarmada, quizá desesperada, pero seguramente habría venido. Pero luego habría sabido lo que probablemente sólo sospechada, que yo estaba realmente trastornada, algo que les había ocultado durante los últimos cuatro años.

Me sentiría mejor en el avión, y aun mejor de vuelta en el campus. Pero mientras estaba en la ciudad, simplemente me parecía un gran error haberme ido de casa.


Recibí la nota de la oficina del director cerca de un mes después de volver de las vacaciones de primavera. Estaba escrita en la papelería oficial del señor Byden, con el escudo de Ault en la parte superior, aunque la nota en sí, de sólo dos líneas, difícilmente parecía merecer tal formalidad: "Me gustaría hablar algo con usted. Por favor pídale a la señora Dershey que arregle una hora para vernos". Un miedo frío se apoderó de mí. Entonces, así era cuando te atrapaban; obviamente iba a suceder en algún momento. Y no parecía algo romántico o aventurero en absoluto. Era la una menos diez de la tarde y estaba sola, y yo siempre había imaginado que nos atraparían juntos. Quizá me habían delatado a mí, pero no a Cross. Quizás alguna chica (Hillary Tompkins sería la primera en ocurrírseme) había dicho que me había visto con un chico no identificado.

Subí la escalera de la sala de correo, y caminé directo hacia la oficina del señor Byden; sería mejor saber lo que me esperaba de una vez. Y también obtener cierta tranquilidad. Seguramente no me echarían, pero eso era lo primero que quería confirmar.

Cuando la señora Dershey me vio, dijo:

—Es por el artículo, ¿verdad? Espera un momento.

Se paró y golpeó la puerta de la oficina del señor Byden. Miré por la ventana que ofrecía una vista del círculo de pasto. Del otro lado del círculo estaba el comedor, y pude ver a estudiantes que salían del almuerzo. Me sentía igual que cuando en tercer año supe que me podían echar: con qué rapidez tu vida podía descarrilarse y qué enfermizamente familiar parecía todo cuando eso sucedía. Pude distinguir a Martha caminando con Sin-Jun; aunque no podía ver bien sus caras, reconocí el pelo negro de Sin-Jun y la camisa rosada de Martha.

—Lee —dijo la señora Dershey—. Puede verte ahora mismo.

El señor Byden estaba sentado ante su escritorio.

—Adelante, adelante —dijo—. No seas tímida. Por favor siéntate mientras termino un pequeño asunto.

El señor Byden trataba de mostrarse accesible con los estudiantes —cuando yo estaba en segundo año, se había disfrazado de Santa Claus en la pasada de lista anterior a Navidad, y enseñaba ética como materia optativa cada primavera— pero, de todas formas, me intimidaba y hasta ahora había logrado evitar tener una conversación verdadera con él durante esos cuatro años. Sabía mi nombre, porque se tomaba el trabajo de memorizar los nombres de todos los nuevos estudiantes el primer mes de clases. Cuando nos cruzábamos en el campus, cuando yo estaba en primer año, él solía decir "Hola, Lee", o "Que tengas buenas tardes, Lee", y yo sentía la tentación de decirle que podía olvidar mi nombre, que estaba bien si utilizara ese espacio en su cerebro para retener, por ejemplo, el número de teléfono de algún alumno rico.

Me senté frente a su escritorio, en una silla tapizada en brocado azul y rojo, y apoyabrazos de madera. Había otra silla idéntica a la mía a unos metros y detrás de mí —inspeccioné la sala mientras el señor Byden escribía— había un sofá, una mesa baja, y varios sillones. Había también un hogar con manto de mármol blanco, sobre el que colgaba un retrato de Jonas Ault de 1860. Nunca había estado antes en la oficina del señor Byden, pero ya conocía el retrato del catálogo escolar. Jonas Ault, como oíamos en misa cada año para el Día del Fundador, había sido el capitán de un barco ballenero, el hijo rebelde de una familia pudiente de Boston. Una noche, antes de partir de viaje, su hija Elsa le rogó que se quedara, pero él se negó. Una vez en el mar, se encontraron con una tormenta tan poderosa que Ault juró, mientras el barco daba saltos y las olas golpeaban contra los cañones, que si volviera a tierra con vida abandonaría el comercio de ballenas. Él y su tripulación sobrevivieron, pero cuando regresó al puerto, se enteró de que tres días atrás Elsa había muerto de escarlatina. En su honor, fundó la Escuela Ault. (No Academia Ault, como mis padres le decían a veces, el nombre correcto era Escuela Ault.) Aunque la historia tenía cierta magia romántica que me atraía, siempre me había preguntado por qué Ault había fundado una escuela para varones en honor de su hija. Si ella hubiese estado viva, habría tenido que esperar ciento cuatro años para poder ir a la escuela fundada por el padre.

—Muy bien —dijo el señor Byden—. Realmente aprecio tu pronta respuesta. Si estás de acuerdo conmigo, tengo algunas preguntas para ti, y luego te explicaré más específicamente por qué te cité ¿Esto suena aceptable para ti?

—Sí —dije. Luego agregué: —Señor. —Quería que fuera un gesto de respeto, pero viniendo de mi boca, la palabra sonó casi sarcástica. (Los estudiantes sureños que conocía podían decir "señora" y "señor" sin ningún esfuerzo.)

—Llegaste aquí en primer año, ¿correcto?

No era la pregunta que esperaba. Asentí.

—¿Y cómo definirías lo que viviste en Ault? Te lo pregunto en términos amplios, y ten en cuenta que no hay una respuesta correcta.

Eso, me constaba, no era nunca así.

—Me gusta estar aquí —dije. Y lo que quería decir era: "No me eches, y si es posible no me sanciones".

Quizá no estaba allí a causa de Cross. Porque sin duda, una reprimenda no podía comenzar de ese modo. Y al pensarlo mejor, me di cuenta de que si fuera a ser sancionada, no sería el señor Byden el que me lo comunicaría sino la señora Elwyin, o tal vez el decano Fletcher.

—Sólo dime lo primero que te venga a la mente.

Miré por la venta y vi a varios estudiantes de cuarto año recostados sobre el pasto, entre los que estaban Martha y Sin-Jun. Desde las vacaciones de primavera había comenzado a hacer calor, y siempre había estudiantes sentados o recostados dentro del círculo. Yo no lo había hecho ni una sola vez porque sabía que lo sentiría como una pérdida de tiempo. Nunca había sido un problema para mí quedarme en la residencia escuchando música o mirando el techo, perder tiempo sola me parecía menos grave que mostrarme desesperada frente a otros.

Volví a mirar al señor Byden. Lo más importante de mi vida en Ault era Cross.

—Lo más importante de mi vida en Ault han sido siempre mis amigos —dije.

—Hay algo especial en vivir en una residencia, ¿no? —dijo el señor Byden—. Se desarrollan profundas amistades.

—Y Martha y yo hemos compartido cuarto durante tres años, lo cual es algo muy lindo.

—Créeme, he oído cosas muy positivas sobre ustedes dos.

"¿De quién?", pensé.

—¿Y qué tal las clases? —dijo el señor Byden—. Tuviste un pequeño problema con precálculo, ¿verdad?

—Sentí una nueva oleada de pánico, quizás ése fuera el motivo de nuestra reunión, pensé, quizá luego de todos esos meses habían descubierto mi engaño. Pero el señor Byden estaba sonriendo. Su expresión parecía decir: ¡Matemáticas, qué pesado!"

—Las cosas han mejorado este año —dije—. He sido capaz de mantenerme al día.

—E irás a la Universidad de Michigan, si no me equivoco.

Asentí.

—Una institución muy buena —dijo—. Una de las mejores universidades estatales.

Le sonreí sin decir nada. Con la gente que no pertenecía a Ault, uno fingía ser muy afortunado de ir a la Universidad de Michigan, y, dependiendo con quien uno se comparara, quizá lo fuera; pero el señor Byden y yo sabíamos que dentro de Ault, yo no era, en absoluto, afortunada.

—¿Te sientes preparada para la universidad? —preguntó el señor Byden.

—Sí, sin duda. He tenido una gran educación. —Eso, de hecho, era verdad.

—¿Tienes alguna clase favorita?

—Historia de tercer año con el decano Fletcher fue increíble. También Historia de segundo año con el señor Corning. Me gustó mucho ciencia ambiental. Mi profesora fue la señora McNally. En realidad, todos los profesores aquí han sido buenos. He sido yo la que no ha sido tan buena en algunas materias.

El señor Byden se rió.

—Nadie es perfecto, ¿verdad? Pero sé que a tu manera has hecho una gran contribución a este lugar, Lee.

Qué diablos quería de mí, me pregunté, y en ese momento él dijo:

—Te diré para qué te llamé. El *New York Times* planea publicar un artículo sobre la escuela.

—¡Guau!

—Bueno, se trata sin duda de una oportunidad, pero la atención de los medios es siempre un arma de doble filo. Es conveniente abordar una situación como ésta con un grado de precaución, especialmente en nuestra época, en que la opinión pública no se deshace en elogios hacia la institución escolar. El *New York Times* es un diario de primer nivel, por supuesto, pero a veces los medios tienden a reforzar estereotipos preexistentes en lugar de tomarse el trabajo de contar la verdad. ¿Sabes de qué hablo?

—Creo que sí.

—Todos en Ault estamos orgullosos de la escuela, y cuando el *Times* venga a hacer entrevistas, queremos que hablen con estudiantes que puedan comunicar ese orgullo. No estoy diciendo, si me perdonas la expresión, que queremos que exageres. Pero buscamos estudiantes que puedan expresar una visión de la escuela que sea equilibrada y sincera. Mi pregunta es: ¿puedo convencerte de que seas una de esos estudiantes?

—Oh —dije—. Por supuesto.

—Excelente. Ahora bien, el foco del artículo, según lo que me han dicho, es el cambio en la actitud de los internados norteamericanos. Ault funcionaría como un caso representativo de otras instituciones como Overfield, la Academia Hartwell, St. Frances, etcétera. Lo que ellos dicen es que esos lugares ya no son exclusivos para los hijos de los ricos. Tenemos mujeres, negros, latinos. A pesar de su reputación, los internados representan a la totalidad de la sociedad norteamericana.

—¿Entonces yo estaría hablando por mi condición de mujer?

—Por tu condición de mujer, o en nombre de cualquiera de tus otras características.

Me pregunté si él pensaría que había algo oculto en mí: ancestros apalaches o algo por el estilo.

—¿Hay algo en especial que tenga que decirles?

El señor Byden sonrió. En ocasiones, todavía pienso en aquella sonrisa.

—Solamente la verdad —dijo.


Cross sólo había venido una vez desde las vacaciones de primavera, unas dos semanas antes de mi reunión con el señor Byden. Luego de regresar a la escuela, lo esperé desde la primera noche, porque eso era lo que *yo* quería; una y otra vez me olvidaba de que querer algo no era condición suficiente para que eso sucediera. A medida que pasaban los días, mi esperanza de que viniera menguaba, pero mi obsesión con él iba en aumento. Lo primero que me venía a la mente cuando me despertaba por la mañana era que había pasado otro día sin su visita. Durante el día, si me era posible, lo vigilaba. Lo veía en el desayuno, o en misa si no había ido a desayunar, o en la pasada de lista si no había ido a misa; ahí tenía que estar sí o sí, ya que él y Martha eran los que pasaban lista. Tomaba nota de lo que tenía puesto, y luego, durante el resto del día, estaba siempre en busca de la camisa a rayas roja y blanca, o la chaqueta de lana negra; su ropa le daba personalidad al día. No hablaba con él en absoluto, pero me calmaba verlo: si estaba sentado a unos metros de mí en la mesa del almuerzo, al menos no estaba en el cobertizo para botes teniendo sexo sobre el césped con Aspeth.

Al principio, mi miedo había sido que Cross estuviera usando las vacaciones de primavera como un punto de corte y que nunca volviera a visitarme. Si viniera, por lo tanto, sería una señal demasiado buena que representaría más de una visita. Y luego vino, y las cosas no fueron como antes. De repente, sentí cuán lejanos estábamos, pude sentir mi tensión y su distancia. Tuvimos sexo y a él le llevó mucho tiempo acabar, más tiempo que nunca, y después sentí que quería irse. Pero no lo hizo, y nos dormimos. Cuando me desperté, fue porque él me tocaba el hombro para despedirse. Estaba fuera de la cama, con la ropa ya puesta, y sólo habían pasado unos minutos después de las tres. No debería haberme dormido, pensé, o al menos debería haberme despertado a la par de él para evitar que saliera de la cama, quizá no a través de la persuasión verbal, pero sí distrayéndolo físicamente.

Estaba inclinado hacia mí con una mano sobre mi hombro. Tomé su mano, y él me dejó hacerlo, apretó mi mano una vez y luego la soltó.

—Todavía es temprano —dije. No lo dije susurrando y mi voz sonó llorosa y áspera a causa del sueño.

—Debo irme. —Eso es todo lo que dijo, no dio ninguna razón.

Mis preguntas pedían salir a gritos: "¿Dónde has estado?". ¿Qué hice mal? ¿Vas a volver?" "Por favor vuelve, no creo poder soportar tu ausencia". Me pregunté si su visita habría sido una prueba, y si mi actitud lo habría desilusionado.

—¿Está bien? —dijo, y me tapó con la bolsa de dormir. Luego, volvió a darme un golpecito en el brazo. Obviamente no estaba bien. Pero él se fue de todas maneras, y cuando me quedé sola recordé cuántas veces había pensado que las cosas no estaban bien entre nosotros o que él había perdido interés. En todas esas ocasiones, había reprimido mi impulso de preguntarle qué pensaba, y me alegraba de haberlo hecho porque mis preguntas sólo habrían acelerado el final. Y porque —ahora lo entendía— no hacía falta preguntar. Uno sabía cuando algo había terminado.


La periodista del *New York Times* se llamaba Angela Varizi. Al oír la palabra "periodista" me había imaginado a un hombre de cincuenta años en un traje oscuro de tres piezas, pero cuando entré en la clase del decano Fletcher, el lugar donde ella se encontraba con los entrevistados, me pareció que tenía menos de treinta años. Estaba sentada a la cabecera de la mesa, y cuando se paró para darme la mano, vi que llevaba jeans —dentro del edificio escolar, una violación del código de vestimenta de Ault —, botas de cowboy y una camisa blanca. Llevaba el pelo lacio sujeto en una cola de caballo, y tenía los dientes delanteros separados. No era linda, pero había algo abierto e intenso en su rostro; además no parecía disculparse por no ser linda. Cuando me dio la mano, la tomó con firmeza.

Para ir a esa entrevista había faltado a mi clase del segundo período. Sabía, por un memo que el señor Byden había enviado, que Angela Varizi había entrevistado a Mario Balmaceda antes que a mí y que luego entrevistaría a Darden Pittard.

—Toma asiento —dijo Angela Varizi.

Me vino a la cabeza el recuerdo de cuando se la había chupado a Cross en esa misma aula e hice una mueca de dolor, aunque no podría haber dicho si se trataba una mueca de asco o de nostalgia.

—¿Habrá alguien más presente? —pregunté—. No otros estudiantes, pero ¿vendrá algún profesor para asegurarse de que no diga nada malo?

Angela Varizi se rió.

—¿Sueles decir cosas malas?

—A veces sí.

—Ya me caes bien —dijo—. Y la respuesta a tu pregunta es "no". O bien las autoridades confían en ustedes, o bien eligieron a los que no tienen nada malo que decir. Ahora, revisemos algunos datos burocráticos primero. Estás en cuarto año, ¿verdad? y ¿has estado aquí durante cuatro años?

—Sí

—Recuérdame de dónde eres.

—South Bend, Indiana.

—Bien. He hecho tantas entrevistas que se mezcla la información, pero ahora te recuerdo.

¿Quién le había dado información sobre mí?, me pregunté, ¿y qué clase de información sería ésa?

—Tú eres la que irá a la Universidad de Michigan ¿no? ¡Felicitaciones!

—Postulé a Brown, pero casi desapruebo precálculo el año pasado, así que no esperaba realmente entrar.

Asintió y anotó algo en su cuaderno.

—¿Escribió eso? ¿Ya comenzó la entrevista?

—Lee, siempre que estés hablando con un periodista estarás siendo entrevistada.

—Pensé que los periodistas usaban grabadoras.

—Algunos lo hacen, pero algunos de los que trabajamos para diarios preferimos no hacerlo. Con frecuencia los plazos de entrega son tan ajustados que no hay tiempo de transcribir las cintas.

—Perdone mis preguntas —dije.

—Pregunta todo lo que quieras. Y, a propósito, puedes llamarme Angie. Ahora, déjame hacerte una pregunta. ¿Qué les parece a tus padres que vayas a la Universidad de Michigan?

—Están felices. Estaré mucho más cerca de casa.

—¿Ellos estudiaron en Michigan?

—No, mi padre, en Western Indiana, y mi madre comenzó la universidad pero la abandonó cuando se casó.

—¿A qué se dedican tus padres?

Hice una pausa.

—Perdone que siga con esta actitud, pero no entiendo qué tienen que ver mis padres con este artículo.

—Mira, esto es lo que te propongo: tú y yo hablamos y hablamos, y de ahí saldrá el artículo, pero sólo te citaré en un párrafo o dos. Entonces te preguntarás: "¿Por qué Angie dejó afuera algunas opiniones tan buenas que le di?" Pero mucho de lo que te pregunto es sólo para tener un contexto, no estará en el artículo, pero le dará forma al artículo, si es que todo esto no te suena totalmente pretencioso.

—Mi madre trabaja como empleada contable en una empresa de seguros. Y mi padre se dedica al comercio.

—¿Qué vende? —Angie miraba hacia abajo y escribía. Su voz era neutral, me parecía que cualquier cosa que yo dijera suscitaría en ella la misma reacción.

—Colchones —dije—. Vende colchones.

No pareció sorprendida en absoluto. En lugar de eso, dijo:

—¿Y trabaja en una cadena o en una tienda independiente?

—Posee una franquicia.

—Ok. Cuéntame sobre tus hermanos.

—Mi hermano Joseph tiene catorce años, y mi hermano Tim, siete.

—¿Ellos también estudiarán en un internado?

—No creo. Joe ya tiene la misma edad que yo cuando empecé aquí. Y en mi ciudad no es tan normal ir a un internado.

—¿Entonces por qué fuiste tú?

Yo había desarrollado dos respuestas estándares para esa pregunta, que variaban dependiendo de mi interlocutor, y decidí darle ambas a Angie.

—Esta escuela es mucho mejor que la escuela pública de South Bend —dije—. Los recursos académicos de aquí son increíbles. El nivel de los profesores, el hecho de que las clases sean tan pequeñas y te presten atención individualizada, la motivación de tus compañeros. —Mientras lo decía, imaginaba mi comentario impreso en el *New York Times;* eso era lo más elocuente que había dicho hasta ahora. —La otra razón es que a los trece años tenía una idea un poco tonta de los internados, adquirida en novelas y revistas, y me parecían muy glamorosos. Entonces investigué y me postulé. A mis padres les pareció raro, pero cuando entré, me dejaron ir.

—¿Así de fácil? ¿No tuviste que convencerlos?

—Sí, en realidad sí. Pero nuestra vecina, la mejor amiga de mi madre, es maestra de escuela y a ella le pareció que era una gran oportunidad y se puso de mi lado. Al final mis padres dijeron que yo podía decidir.

—¿Todo esto cuando tenías trece años?

Asentí.

—Nada mal. Debes de haber sido mucho más madura que yo a esa misma edad. Pero déjame hacerte una pregunta, no es un secreto que los internados son muy costosos.

Mi corazón se aceleró y sentí que me ruborizaba. Me parecía imposible que me estuviera preguntando lo que estaba a punto de preguntarme. Era simplemente tan *obvio*.

—Ault, cuesta, cuánto ¿veintidós mil dólares al año? —continuó Angie—. Lo que me pregunto es si el precio fue un factor para tus padres cuando decidieron dejarte venir.

Mis mejillas ardían.

—¿Te incomoda la pregunta? —preguntó Angie.

—Aquí no se habla de... —hice una pausa—. Nunca se habla de dinero.

—¡En casa de herrero cuchillo de palo!

—Pero justamente ésa es la razón —dije—. Todos tienen tanto dinero que no necesitan mencionarlo.

—¿Los que tienen dinero son distintos de los que no lo tienen?

—En realidad no. Nunca usamos efectivo. Para comprar los libros o para tomar el autobús a Boston, sólo debes llenar una tarjeta con tu número de estudiante.

—¿Y luego tus padres pagan la cuenta?

—Sí.

Nuestras miradas se cruzaron. Ella quería hacerme decir algo que ella ya sabía. Y en ese momento, yo todavía no podía entender que sólo porque puedas reconocer lo que otra persona quiera, y sólo porque esa persona sea mayor y más poderosa que tú, no tienes por qué darle lo que te pide.

—Las cosas son un poco distintas para mí —dije—. Lo que pasa es que... tengo una beca. —En cuatro años, sólo había hablado sobre eso con dos personas: la señora Barinsky de la oficina de ayuda financiera, y la señora Stanchak. Nunca lo había mencionado frente a Martha. Yo suponía que ella lo sabía, pero no porque yo se lo hubiera dicho. —Mis padres pagan mis gastos —continué—. Pero por la matrícula, creo que este año sólo pagaron cuatro mil dólares.

—Ok. —Angie asintió varias veces, y volví a sentirme perturbada. Estaba casi segura de que ella ya lo sabía. —Eres realmente afortunada.

—Todo lo que sé es que la escuela se arrepiente de haberme aceptado. Me fue muy bien en la escuela primaria, pero luego de entrar aquí, comencé a tener problemas académicos.

—¿No estabas correctamente preparada?

—No sé si fue eso. Fue más bien que dejé de sentirme capaz. Me destaqué tan... tan poco aquí.

—Quiero que volvamos al tema de ayuda financiera. Tengo la impresión de que no es tu tema preferido, pero, por favor, sígueme. Me pregunto si piensas que los profesores tienen algún tipo de favoritismo con los estudiantes pudientes.

—No, en realidad no.

—¿No?

—Hay un profesor muy joven que es muy amable con un grupo de chicos que vienen de la misma escuela de Nueva York. Les dicen los banqueros, y son, sabes... bastante ricos. Este profesor los lleva en su auto a McDonald's, y los llevó a un partido de béisbol en una ocasión, y a todo el mundo le pareció raro porque la mayor parte de la clase no lo supo hasta después de ocurrido.

—¿Por qué les dicen los banqueros?

—Porque sus padres hacen trabajos para Bancos. En realidad, no todos, pero dan esa impresión.

—¿Y escribirías "banqueros" con mayúscula o minúscula?

La miré fijo.

—¿Pondrá esto en el artículo? Por favor, no lo haga.

—Sigamos conversando y veamos qué surge. Te contaré algo. Yo estudié en Harvard.

Recordé que le había contado que me habían rechazado en Brown, y me sentí avergonzada.

—Tú dices que no hay diferencias, entre los estudiantes que tienen dinero y los que no lo tienen, pero eso no se corresponde con mi experiencia —dijo—. Yo provengo de una familia trabajadora de Nueva Jersey, y para ir a la universidad tuve que solicitar una infinidad de préstamos. Y los chicos en Harvard, especialmente los que venían de internados, tenían una actitud hacia el dinero que yo nunca había visto. Durante primer año, mi compañera de cuarto se compró un abrigo de cachemira negro con cuello de terciopelo. Era hermoso. La ropa no me importaba mucho en general, pero frente a esa prenda sentí un poco de envidia. Y una semana luego de comprarlo, lo perdió. Lo olvidó en el metro. ¿Y sabes qué hizo?

Sacudí la cabeza.

—Volvió a la tienda y compró otro igual. Pero lo divertido fue que cuando hice un comentario, bromeando, sobre pasarle la factura a papito, ella se puso furiosa. Me llevó bastante tiempo darme cuenta de que lo que realmente estaba haciendo era proyectar su descontento consigo misma sobre mí.

Miré por la ventana. La luz caía a través de las ramas de un haya cercana.

Cuando volvió a hablar, su voz era más suave.

—¿Esta historia te hace pensar en algo?

—Una vez, cuando estaba en segundo año... —dije y luego me detuve.

—Continúa. Quizás estar hablando así te parezca extraño, Lee. Pero te diré que es extremadamente importante.

—En segundo año, tuvimos una profesora de ïnglés que no le caía muy bien a nadie. Un día iba caminando con algunas compañeras, y una dijo que la profesora era una CMB. Se refería a la vestimenta de la profesora.

—¿Y qué significa CMB?

—En ese momento no lo entendí. Más tarde, le pregunté a mi compañera de cuarto, y ella, que jamás diría algo así, se sintió un poco avergonzada. Me dijo que no estaba segura pero que creía CMB quería decir "clase media baja".

—Increíble.

—La gente aquí no es abiertamente esnob, pero su idea de lo que es normal... bueno. Pero me viene a la mente otra historia. Los sábados en los que no hay partido, uno puede tomar el autobús a Boston. Y el decano siempre nos advierte, antes de salir del campus, que las reglas de la escuela siguen en vigencia, y luego, cuando el autobús regresa, él lo espera y revisa algunos equipajes al azar. En una ocasión, el año pasado, el autobús estaba a punto de recogernos para volver al campus y me encontré con algunas chicas en una tienda de ropa muy conocida. Eran chicas de mi residencia. Un de las chicas tomaba ropa de las perchas y se ponía en la cola para pagar sin siquiera probárselas. Le pregunté a la otra si su amiga no quería ver si le quedaban bien antes de comprarlas, y ella me contestó que sólo las estaba comprando para envolver las botellas de alcohol que había comprado. No dijo "alcohol", pero eso es lo que dio a entender. Quizá fueran como cien dólares en ropa.

Angie sacudió la cabeza.

—¿Qué clase de alcohol había comprado?

—Creo que vodka. ¿Ése es el que no deja rastros en el aliento?

—Supongo que tú no bebes.

—No.

—¿Piensas que por tener una beca te cuidas más de no violar las reglas de la escuela?

Pensé en Cross y me sentí un poco herida. ¿Por qué pensaba Angie que yo me cuidaba más de no violar las reglas de la escuela? Pero todo lo que dije fue:

—Es posible.

—¿Y qué opinas de los otros alumnos becados?, ¿fuman, beben?

—No distingo a mis compañeros entre becados y no becados.

—¿Acaso se sabe quién recibe ayuda financiera y quién no?

—Se sabe. Pero nadie habla de eso.

—Entonces, ¿cómo te das cuenta?

—Si observas los cuartos, te das cuenta. Si alguien tiene o no un estéreo, o si las chicas tienen cubrecamas con flores, o portarretratos de plata. Simplemente la calidad de sus posesiones. Y también la ropa: todo el mundo compra ropa por catálogo de la misma marca, entonces ves a muchos estudiantes exactamente con el mismo suéter y también sabes cuánto les costó. Y otros detalles, por ejemplo: puedes mandar a lavar tu ropa o puedes hacerlo tú mismo en las lavadoras de las residencias. Y hasta algunos deportes, el precio del equipamiento. El hockey sobre hielo es un deporte muy costoso mientras que el básquet no lo es.

—¿Entonces puedo suponer que tú no tienes un cubrecamas floreado o portarretratos de plata?

—Tengo un cubrecama con flores. —Lo había pedido cuando cumplí catorce años. En cuanto a portarretratos de plata, como a todo lo demás: Martha me ayudaba a disimular.

—Hay otra cosa —dije—. Quizá la pista más certera de quién recibe ayuda financiera sea la raza. Nadie lo menciona, pero simplemente se sabe que las personas de ciertas minorías están casi siempre becadas.

—¿Qué minorías?

Dudé.

—Seguramente puedes adivinar.

—No vas a ofenderme, Lee.

—Bueno, negros y latinos. Básicamente. Las personas de otras minorías, como hindúes o asiáticos, por lo general no están becados, mientras que los negros y los latinos usualmente sí.

—¿Entonces cómo te das cuenta de que un estudiante blanco está becado?

—Dudo de que haya muchos de ellos que lo estén —dije—. Muchos de nosotros. —Por un momento no me vino nadie en mente de mi clase aparte de mí, y luego recordé a Scott La Rosa, de Portland, que era el capitán del equipo de hockey sobre hielo de varones. Su cara era redonda y pálida, y hablaba con acento de Maine, pero también era alto y seguro. No recordé a nadie más de nuestra clase.

—¿Por qué crees que tan pocos estudiantes blancos reciben ayuda financiera?

—No le aportamos diversidad a la escuela. Y hay muchos chicos blancos cuyos padres *sí* pueden pagar.

—Me da la impresión de que has pasado mucho tiempo sintiéndote ignorada aquí.

Antes, esa observación hubiera hecho brotar lágrimas de mis ojos, pero ahora sólo me parecía parte de la conversación. Y además, aunque quería caerle bien a Angela Varizi, no estaba completamente segura de que ella me cayera bien a mí.

—Claro que me he sentido ignorada a veces. Pero era esperable, ¿no? —Sonreí. —Soy como la nadie de Indiana.

—¿Te sientes distinta de tu familia cuando regresas a casa?

Del otro lado de la venta, comenzó a soplar una brisa y pude sentir cómo se mecían las hojas de la haya.

—Si fuera así, sería muy triste, ¿no? —dije. Permanecí en silencio, y Lugo dije: —¿Recuerdas que hace un momento preguntaste por qué había venido a Ault y yo te di dos razones? Bueno, hay otra razón que no te mencioné. Es difícil de explicar. —Respiré hondo. —Cuando tenía diez años, con mi familia fuimos de vacaciones a Florida. Fue todo un evento. Ninguno de mis padres había estado allí antes. Era verano y fuimos en auto. Nos quedamos en Tampa Bay, y un día salimos a pasear para conocer, o quizá nos perdimos, pero terminamos frente a un vecindario con casas enormes. No era un barrio recién construido, se veía que las casas eran antiguas. Muchas tenían tejas blancas, y miradores, y porches con hamacas y grandes jardines con palmeras. Frente a una casa, dos niños, que seguramente eran hermanos, jugaban al fútbol. Entonces le dije a mi padre, todavía tenía esa edad en que no puedes distinguir ente algo que cuesta mil dólares o un millón, le dije: "Deberíamos comprar una casa como ésta". Me parecían bonitas y pensé que estaríamos felices en una casa así. Y mi padre se largó a reír. Dijo: "No, no". Recuerdo que estaba sentada en al asiento delantero y que pensaba que le había dado una buena idea. Mi padre dijo "Lee, la gente como nosotros no vive en casas como ésas. Los dueños de estas casas tienen su dinero en Bancos suizos, comen caviar y mandan a sus hijos a internados". Entonces yo le dije... —¿Realmente este episodio había influido en decisión de inscribirme en Ault? Por un lado, no podía ser porque era demasiado insignificante. Pero quizá todo se deba a razones insignificantes, giros mínimos en los hechos, conversaciones que casi no existieron. —Le dije a mi padre: "¿También envían a sus hijas a internados?"

—Guau —dijo Angie.

—Dudo de que mis padres recordaran esta conversación cuando me postulé a Ault y a otras escuelas. Y obviamente yo no se la recordé.

—Estabas lista para ascender de nivel —dijo Angie.

—No sé si lo pondría en esos términos. Quiero decir, tenía diez años.

—Podía darme cuenta de que la entrevista estaba por terminar. Por momentos, mi corazón se había acelerado y me había ruborizado. Había algo emocionante en hablar con ella, como si hubiera estado esperando mucho tiempo para decir esas cosas. Pero recordar ese momento en que estaba con mis padres en el auto y todavía no sabía que en cuatro años me iría de casa, me hizo sentir triste y vacía.

—Escucha, Lee, me has proporcionado información muy importante. No sé cómo agradecerte por tu sinceridad. —Me dio una tarjeta, y la parte que decía *The New York Times* estaba escrita en la misma letra elegante de la parte superior del diario. —Llámame si tienes alguna pregunta.

Cuando salí del aula, me encontré con Darde Pittard en el pasillo.

—¿Qué me espera? —preguntó.

—Fue raro —dije.

—¿Raro bien o raro mal?

Cinco minutos antes habría dicho raro bien, pero un extraño sentimiento se estaba apoderando de mí. Le había contado a Angie Varizi demasiadas cosas sobre mí, y me era difícil saber exactamente por qué.

—No sé —dije—. Sólo raro.

En el recreo entre el tercero y el cuarto período, vi a Martha en el lugar donde siempre nos encontrábamos, junto a la cartelera de servicio comunitario en la sala de correo.

—¿Cómo te fue? —dijo—. ¿Era simpático el periodista? —Desenvolvió una barra de cereales, la partió en dos y me ofreció la mitad. La rechacé.

—Era una mujer —dije—. Creo que era simpática, pero siento que hablé demasiado. Me hizo muchas preguntas sobre el precio de la matrícula y cosas por el estilo. —Lo raro era que mientras más pensaba, menos recordaba lo que le había dicho.

—¿En serio? —Martha tenía la boca llena, lo que hacía que su voz sonara confusa, pero por sus cejas levantadas me di cuenta de que estaba sorprendida. Tragó. —¿Y por qué le interesaría eso?

—No tengo idea.

Nos miramos. Si duda había una conversación sobre las diferencias entre nosotras que podríamos haber tenido en algún momento, pero, dado que nunca la habíamos tenido, era algo demasiado grande para encarar ahora.

—No parece algo importante —dijo.

—¿Crees que debería estar preocupada?

Martha sonrió:

—No. Apuesto a que fue la mejor entrevista del día.


Cuando algo se terminaba, no necesitabas preguntar, lo sabías y sin embargo... sin embargo un día podían atraparte con la guardia baja. Lo que pensabas que sucedía podía estar en desacuerdo con lo que deseabas que sucediera. Ese sábado a la noche, cuando estaba sentada en el borde de una de las bañeras en shorts y camiseta afeitándome las piernas, Martha entró en el baño de la residencia.

—Pensé que estarías aquí —dijo.

—Hola. ¿Ya terminó el baile, tan temprano?

—No, pero hacía mucho calor y estaba un poco aburrido. Conoces a Aspeth, ¿no?

—¿Te refieres a la Aspeth que ha sido compañera nuestra durante como cuatro años?

Martha se mordió el labio inferior.

—Ella y Sug son buenos amigos, ¿no?

—¿Qué estás tratando de decirme Martha?

—Bailaron juntos. Durante mucho tiempo.

Una sensación de incomodidad comenzó a subir desde mi estómago a mi pecho.

—¿No bailan juntos normalmente?

—Quizá. Nunca me había dado cuenta. Esta noche era muy evidente. Ninguno de los dos bailó con nadie más. Y luego estuvieron en la barra y él estaba apoyado en la barandilla y ella estaba apoyada sobre él.

—Yo conocía la barra, conocía la barandilla; había atravesado el centro de actividades muchas veces, pero sólo durante el día, cuando estaba silencioso y polvoriento.

—¿De frente?

—No, no. Ambos estaban mirando hacia delante. Creo que él tenía los brazos alrededor de su cintura. —Hasta este momento, Martha había permanecido parada contra la pared. Luego se acercó y se sentó en la bañera junto a mí. —Lo siento, pero pensé que tenías que saberlo.

Miré mis piernas a medio afeitar.

—Aspeth es tonta —dijo Martha, y había muchas cosas que Aspeth Montgomery era, pero tonta nunca había sido una de ellas.

Luego de esa conversación estuve alerta. Y sí, Cross y Aspeth pasaban mucho tiempo juntos, pero quizá no más tiempo que el habitual. Terminaba mayo y el clima era más agradable, y cada vez había más estudiantes de cuarto sentados en el círculo —luego del almuerzo, en las horas libres, y durante los fines de semana—, y más de una vez, mientras pasaba fingiendo no mirarlos, oí a Aspeth gritar: "¡No!" O en otra ocasión: "¡Qué grosero!". ¿Por qué nunca me uní a ellos? Quería, pero temía ese momento insoportable en que al acercarme a ellos levantaran la vista y yo me preguntara qué hacía ahí. Habría ciertas cosas que tendría que decir, cierto lugar en el pasto en el que tendría que sentarme, cierta postura que tendría que adoptar. Para otras personas, esas decisiones eran tan naturales que dejaban de ser decisiones, para mí, nunca habían dejado de serlo.

A pesar de mi vigilancia, no pude darme cuenta de nada, pero pensé que permanecer alerta me protegía. Luego, en el último número de *La voz de Ault*, junto a la editorial titulada "Deberían permitirse los shorts a cuadros en el edificio escolar", la sección "Sottovoce", incluía la siguiente línea: "C.S. y M.R: Sugar canta una nueva Melodía". Los números nuevos de *La Voz de Ault* se distribuían una vez por mes durante la pasada de lista, y esas pasadas de lista eran silenciosas como nunca, ya que la mayoría de los estudiantes se ponían a leer durante los anuncios. Algunos profesores siempre nos llamaban la atención y nos pedían que guardáramos los periódicos, pero nadie lo hacía. Yo también leía durante la pasada de lista, pero evitaba leer "Sottovoce" en público porque siempre tenía terror —o tal vez esperanza— de que hubiera alguna mención a mi relación con Cross y alguien me observara leerlo. Por eso, recién leí aquella línea por la noche e incluso antes de comprenderla, sentí que me invadía una mezcla de sorpresa y familiaridad. Estaba asombrada, pero, a la vez, no estaba realmente sorprendida. Martha, como de costumbre no estaba cerca —estaba en una reunión—, y no regresó a la residencia hasta las diez. Cuando terminó la reunión de la noche, le susurré:

—Te necesito.

En nuestro cuarto, tomé mi periódico y se lo pasé.

—Mira esto.

Le señalé el lugar, y sus ojos se movieron a través de la página. Me parecía que tardaba más de lo normal en leerlo. Finalmente, dijo:

—¿Quién es M.R.?

—Melodie Ryan. Estaba con Cross en *Hamlet*. No había oído nada de esto antes, pero deben... no sé. Hace ya más de un mes que él no viene, Martha —dije, y me largué a llorar.

Ella me palmeó la espalda.

—¿Él te ha dicho algo? ¿Está saliendo con Melodie Ryan y todo el mundo lo sabe menos yo? ¿Está saliendo con Aspeth?

—Si Cross tiene una nueva novia, no lo sé tampoco. Pero, Lee, antes de ponerte así, recuerda que en *La Voz de Ault* escriben cualquier cosa.

—Pero no suelen equivocarse. —Me limpié la nariz con el dorso de la mano. —¿Recuerdas cuando escribieron sobre Katherine Pound y Alexander Héverd, y nadie lo creyó al principio? Pero era verdad.

—Pero quizá signifique que estuvieron juntos un par de veces, no que son una pareja.

Comencé a llorar con más fuerza; para mí estar juntos un par de veces *era* ser una pareja. Al parecer, había convencido a Martha de que lo que decía *La Voz de Ault* era verdad, y no me había resultado muy difícil.

—Tienes que hablar con Cross —dijo Martha—. Puedes preguntarle lo que quieras, Lee. Y además, ahora, no tienes nada que perder.

Pero el día siguiente era viernes y me pareció inapropiado arrinconar a Cross un fin de semana. Porque (sí, yo estaba loca, y aun pienso que existe una buena posibilidad de que vuelva a operar según esa lógica, dada la oportunidad) ¿qué si Cross y Melodie tenían algo planeado y yo lo interrumpía, o les arruinaba el humor antes de una noche romántica? Odiaba la idea de ser una molestia, esa clase de chica que siempre quiere *hablar*. Hablar con él era, obviamente, lo que quería hacer, pero no quería que se sintiera presionado y tampoco quería aburrirlo.

Además, no era cualquier fin de semana, era el fin de semana en que el artículo de Angie Varizi saldría en el *New York Times*. Ella me había advertido que podrían sacarlo a último momento dependiendo de las últimas noticias, pero que si todo sucedía con normalidad, aparecería el domingo.

Cuando recuerdo esa época de mi vida, siento tanto un temor retroactivo, como un sentido de protección por la que era entonces, por cuán angustiada me sentía con respecto a Cross, cuán triste frente a la perspectiva de graduarme de Ault. Me siento como cuando miras una película en la que una adolescente está sola de noche en la casa durante una tormenta, y se corta la electricidad. Al mismo tiempo una pareja comparte una cena romántica y sale del restaurante hacia una tormenta de nieve que les parece hermosa, y vuelven a casa por la carretera llena de curvas. De la misma forma que quieres gritarle a la adolescente: "¡Sal de la casa! ¡Detén el auto!", yo quiero decirle a la que yo era entonces: "Vete. Si te vas ahora, tu recuerdo de Ault permanecerá intacto. Pensarás que tus sentimientos sobre la escuela son complicados, pero aún poseerás la dulce convicción de que fue el lugar el que te hizo mal a ti, y no al revés".

En el transcurso del fin de semana olvidé y recordé el artículo intermitentemente. El domingo, Martha y yo nos despertamos alrededor de las ocho, algo temprano, pero no a causa del artículo. Mientras caminábamos hacia el comedor hablamos sobre qué zapatos usaríamos en la ceremonia de graduación, para la que sólo faltaba una semana. En Ault no se usaba toga y capa, sino un vestido blanco y los chicos usaban pantalones beige, blazer azul y sombrero de paja. Luego comentamos que el año anterior Annice Roule había tropezado en la escalera que conducía al escenario cuando había ido a recoger su diploma.

En el comedor se encontraban el mismo puñado de estudiantes de siempre, pero lo raro era que estaban sentados todos a la misma mesa. Los de primero y segundo se habían juntado con los de cuarto con los que Martha y yo siempre nos sentábamos: Jonathan Trenga, Russell Woo, Doug Miles, Jamie Lorison, Jenn y Sally. También era extraño que no hablaran y sólo leyeran.

—¿Están leyendo *mi* artículo? —le pregunté a Martha, y luego, a tres metros de distancia, pude ver que sí; compartían una copia del periódico entre dos o tres.

—¡Mierda! —oí que decía Jim Pintane, un chico de tercero. Cuando llegamos a la mesa, todos alzaron la vista. Por un largo rato, nadie dijo nada.

Finalmente, con una voz fría, Doug Miles dijo:

—Es la infame Lee Fiora.

Todos en la mesa clavaron sus ojos en mí.

—Debo admitir —dijo Jonathan— que no sabía que tuvieras opiniones tan firmes. —Su tono era difícil de descifrar, ni hostil ni amistoso.

—¿Qué dice? —pregunté lentamente, y cuando nadie contestó, Martha dijo: —Esto es ridículo. —Tomó uno de los periódicos. —Ven —dijo.

Mientas la seguía hacia otra mesa, Doug me gritó:

—Oye, Lee.

Me di vuelta.

—¿Nunca te dijeron que no debes orinar en tu propia piscina?

Nos sentamos a otra mesa sin buscar nuestra comida. Mi corazón latía con fuerza y mis dedos temblaban. La sección del periódico que Martha había tomado estaba abierta en la segunda página del artículo. Martha lo dio vuelta. El artículo comenzaba en la primera página de la sección, y el título era: "Los internados dicen haber cambiado. Los estudiantes no dicen lo mismo". Debajo, en letras más pequeñas: "Cómo es ser blanco, de clase media y sentirse marginal". Extrañamente, una gran foto mostraba a los hermanos Pittard —que no eran blancos— sentados en un sofá de la sala de estar. Darden hacía un gesto con la mano, y Eli, de primero, ser reía. Pero el primer párrafo no era sobre los Pittard; era sobre mí:

"Entre los grupos de la clase de cuarto año de Lee Fiora en la escuela Ault, en Raymond, Massachusetts, hay uno al que le dicen 'Los chicos banqueros', apodado así, según explica Lee Fiora: 'porque todos sus padres trabajan para bancos. Quizá no todos, pero eso es lo que parece.' El nombre de este grupo, es una de las pocas referencias que los estudiantes de Ault hacen al dinero. En general, en esta escuela, cuyas clases reducidas, campos de deportes prístinos e instalaciones de última generación vienen con una etiqueta de 22.000 dólares. Igual que en otras escuelas de elite a lo largo del país, el tema es tabú. Así, se crea un ambiente que hace sentir bien a los ricos, y mal a todos los demás, incluida la misma Lee Fiora. 'Por supuesto que me sentí ignorada'. La señorita Fiora, que recibe una ayuda financiera que cubre aproximadamente un tercio del costo de su matrícula, le dijo hace poco a un visitante de Ault: 'Soy una nadie de Indiana'. La señorita Fiora es blanca; y piensa que para los estudiantes no blancos, especialmente los afroamericanos y los latinos, las dificultades son más graves".

Seguía y seguía. Angie Varizi me hacía hablar sobre el tema de la raza (supongo que porque nadie más, nadie que no fuera blanco, había querido hacerlo), decir que yo sospechaba que Ault lamentaba la decisión de haberme becado, contar la anécdota de las chicas que compraban ropa para esconder el vodka. Me hacía exponer un método de identificar estudiantes con beca a base de sus posesiones y su comportamiento, y, por supuesto, me hacía compartir con todos los lectores la historia de la casa en Florida. A lo largo del artículo, mis comentarios estaban yuxtapuestos con calurosos elogios de la escuela por parte del señor Byden, el decano Fletcher, una chica de segundo llamada Ginny Chu, Darden Pittard, y algunos ex alumnos. Un estudiante, cuyo nombre no figuraba, decía de mí: "No es la persona más querida de nuestro año. No a todo el mundo le va bien en una escuela como ésta".

Leí el artículo completo sólo aquella vez en el comedor. Mientras lo leía, cada tanto murmuraba: "Dios mío", y Martha me palmeaba la espalda. Cuando terminamos de leerlo, su mano estaba apoyada en mi brazo.

El revuelo que había armado (¿había sido yo la que había provocado este revuelo?) era difícil de calcular. La persona que ahora era, la persona en que el artículo me había transformado, era exactamente lo opuesto de la persona que, durante los últimos cuatro años, había tratado de ser. Era el peor error que podía haber cometido.

—Bien —dijo Martha—. Sólo queda una semana y nos vamos de aquí para siempre. Simplemente vive tu vida con normalidad. Deja que los demás se ofusquen, y, sí, lo harán, pero no es tu problema.

—Me voy al cuarto.

—Escúchame —dijo—. Vamos a desayunar.

En la cocina, tomamos bandejas, llenamos nuestros vasos de leche y jugo, recibimos platos con panqueques humeantes. Me sentía mareada de arrepentimiento. Había sido una idiota, pensé. ¿Por qué diablos le había contado a Angie Varizi mis secretos? Siempre era así conmigo: nunca me daba cuenta de que algo estaba pasando (que estaba cavando mi propia fosa para beneficio de Angie) mientras ocurría. Cada detalle del artículo era humillante. Estar becada era malo, mi descontento, peor, y admitir ambas cosas, aun peor. Había sido indiscreta, eso era todo.

369

¡Cuánto mejor habría sido arruinar todo de una forma normal, como cualquier chica de secundaria!: Que me atraparan una semana antes de la graduación fumando marihuana, o nadando desnuda de noche en la piscina del gimnasio. Quejarse desde una postura políticamente correcta con una periodista del *New York Times* era, por otro lado, simplemente de mal gusto.

Cuando salimos de la cocina hacia el comedor nos cruzamos con tres chicas de primer año cuyos nombres me eran desconocidos. Normalmente no las habría mirado, pero no pude evitar hacer contacto visual con ellas. Quería que su mirada me dijera si ya habían leído el artículo, pero sus rostros no expresaban nada. Lo que sentí al mirarlas fue lo que seguí sintiendo hasta la graduación: la sospecha, pero no la certeza, de que los demás se burlaban de mí, la sensación de que su burla no era injustificada.

Ya me había dado cuenta de que, en el contexto de Ault, lo que había hecho era algo grave. Aunque al mismo tiempo, para la mayoría de los estudiantes, era algo grave que le había sucedido a otra persona. Sólo para mí era algo personal. Quizá cuando los chicos fueran a casa en el verano, la gente les diría: "¿Tan esnob es tu escuela? ¿Era tan infeliz esa chica como decía?" Pero sólo sería un tema de conversación, no sería la vida de ellos.

El domingo me fui a la cama antes de la cena —simplemente quería olvidarme de todo— y a la una y quince, después de haberme despertado ocho o nueve veces y no poder soportarlo más, me levanté, me puse una camiseta y un par de pantalones deportivos, y salí del cuarto mientras Martha roncaba suavemente. Ese día había llovido, y el patio estaba oscuro y brillante. Podría haber ido a través del sótano, que era el camino habitual de Cross, pero no tenía ningún temor de que me atraparan. Siempre he creído que las circunstancias extremas te protegen de los peligros ordinarios, y, aunque reconozco que mi creencia es ilógica, hasta ahora nunca me he equivocado.

Cuando entré, la sala de estar de la residencia de Cross parecía vacía. Pero cuando la puerta se cerró tras de mí, una cabeza se erigió del sillón frente al televisor. Era Monty Harr, un chico de primero. La televisión tenía el sonido bajo y la cara de Monty se veía gris.

—¿Dónde está el cuarto de Cross? —pregunté.

Él parpadeó.

—Cross Sugarman —dije—. ¿Cuál es su cuarto?

—Al final del pasillo, a la izquierda —dijo Monty finalmente. Cuando me fui, se restregaba los ojos.

Había un póster de un jugador de básquet sobre la puerta, un tipo vestido de verde que saltaba en el aire con una multitud borrosa tras de él. Golpeé y nadie respondió, giré el picaporte y abrí la puerta. La luz estaba encendida y había alguien sentado ante un escritorio. Primero pensé que se trataba de Cross, pero luego vi que era su compañero de cuarto, Devin. Durante los últimos cuatro años, Devin había pasado de ser delgado a ser casi gordo, tenía pelo rubio, cejas oscuras y la nariz respingada.

Mi bravuconería, o lo que fuera que me había empujado a cruzar el patio, menguó.

—Hola —dije en voz baja. Eché un vistazo a la habitación. Ambas camas estaban sin deshacer y la única luz provenía de una lámpara de escritorio y de otra lámpara apoyada en el alféizar de la ventana. Devin estaba solo en el cuarto.

Una gran sonrisa se había extendido por su cara.

—Pero si es la mujer del momento.

—Devin, por favor. —Traté de recordar si habíamos vuelto a hablar desde que yo lo había asesinado en primer año. En realidad, no, pero de todas formas, ¿no éramos seres humanos? ¿Acaso mi obvia desesperación no podía despertar en él algo de compasión?

—¿Por favor, qué? —dijo—. No tengo idea de dónde está, si eso es lo que quieres saber. De todos modos, ¿no es un poco tarde para que una joven ande sola por ahí?

—Sé muy bien qué hora es.

—Luego de ese artículo de hoy, me cuidaría de darle a Byden una razón para expulsarme.

—Vete a la mierda —dije, y tal vez cometí el error de contestar con la misma agresividad con que él me había hablado.

Me di vuelta para irme y Devin dijo:

—Sólo una pregunta.

Me detuve (obviamente) en la puerta.

—¿Eres pescado o queso?

No tenía la más mínima idea de qué estaba hablando.

—Tienes que ser alguno de los dos —dijo—. ¿Cuál?

Seguía sin entender y sólo lo miré.

—Para la lista. Tú sabes, tenemos una lista.

Hablaba con un ritmo distinto del habitual, y se me cruzó por la mente que quizás estuviera ebrio o drogado. Abrió el cajón de su escritorio, y mientras lo hacía, dijo:

—Eres una de las de cuarto que nos falta. Tu compañera de cuarto también, así que sería genial matar dos pájaros de un tiro esta noche. —Del cajón, sacó un catálogo escolar ajado. Lo abrió y me lo pasó abierto en la última página donde había una lista de la clase. En el espacio que había entre los apellidos y las direcciones —por ejemplo, entre "Deirdre Danielle Schwartz" y "Scarsdale, Nueva York"— decía en letras mayúsculas, escrito con un marcador rojo: PESCADO. No en todos los nombres decía PESCADO, en algunos decía: QUESO. Y no junto a todos los nombres sino sólo junto al de algunas chicas. Miré varias veces a Devin y luego de vuelta al anuario; no sabía muy bien de qué se trataba lo que estaba leyendo, pero me interesaba. Vi que Aspeth era QUESO, Horton Kinnelly también QUESO y Hillary Tompkins PESCADO.

Finalmente —no porque quisiera ofrecerme una explicación, creo, sino porque se sentía frustrado por el hecho de que no entendiera— Devin dijo:

—Tiene que ver con tu sabor. Todas las chicas tienen gusto a una u otra cosa. ¿Entiendes?

Se me ocurrió una pregunta, pero antes de formularla en voz alta, ya tenía también la respuesta: "No, no al besarlas". Ahora que sabía lo que la lista significaba, lo más lógico de mi parte habría sido tirar el anuario con fuerza hacia el suelo. Pero el problema era que seguía sintiendo curiosidad. La lista era tan… estaba hecha con tanta, como decirlo, dedicación. Era una lista que yo misma podría haber confeccionado en un universo paralelo.

—¿Hace cuánto que estás trabajando en esto? —pregunté.

—Oh, por Dios, no soy el único. Personalmente suscribo a la idea de que es mejor recibir que dar, si sabes a qué me refiero. Pero se trata de un esfuerzo colectivo transmitido de generación en generación. Obviamente, la lista es actualizada cada año.

—Qué tradición tan distinguida.

—Escucha. —Sus ojos se estrecharon. —Antes de que aumente tu arrogancia quizá quieras saber quién es el custodio de la lista este año.

No dije nada.

—¿No me crees? —preguntó, y por el modo en que lo dijo, sentí que esperaba que yo lo desmintiera.

—Dado que él es el custodio —continuó Devin—, yo diría que es bastante poco generoso de su parte no llenar ciertos blancos. Pero, he ahí la paradoja.

—Tal vez él respete la privacidad ajena —dije, y Devin se rió de un modo que parecía tan sincero y espontáneo que no tuve ninguna duda de que no estaba tratando de atormentarme.

—El caballeroso Sug... así es como lo ves, ¿verdad? Es genial. No eres la única.

Ahora sí necesitaba irme.

—Que sea dicho —aquí, el tono de Devin sonó genuinamente lleno de admiración—. Nadie se ha desempeñado en Ault mejor que Cross Sugarman. Lo suyo es prácticamente obsceno.

"Vete, Lee", pensé, pero me oí preguntar:

—¿Y qué se supone que signifique eso?

—Consigue buenas notas, consigue posiciones, consigue chicas, pero, lo más importante de todo, consigue respeto. Apuesto a que casi ni lo conoces.

Quizás eso es lo que había estado esperando: algo que fuera claramente un insulto.

—Eres un imbécil —dije, y salí hacia el pasillo dejando que la puerta se cerrara detrás de mí.


Mis padres finalmente me encontraron a la mañana siguiente; habían llamado varias veces el domingo, pero cada vez que una chica golpeaba nuestra puerta, yo le pedía que les dijera que no estaba. Aunque mi acción no se atenía en absoluto a las reglas de uso del teléfono, nadie se negó a hacerlo. Pude ver cómo los demás sentían cierto respeto por la dudosa fama con la que el artículo del *New York Times* me había investido. Por la noche, luego de la misa de domingo, a la que falté por segunda vez en cuatro años, todo el mundo estaba enterado. No había dejado la residencia durante todo el día, pero lo había visto en las caras de algunas chicas. "¿Hablaron del tema durante el almuerzo?", le pregunté a Martha, y ella contestó: "Algo así". Respuesta mucho más amable que un simple "sí".

Mis padres dieron conmigo porque me llamaron a las seis de la mañana del lunes. Abby Sciver golpeó nuestra puerta y nos despertó, y me di cuenta, por la expresión de su cara, de que ella también acababa de despertarse, seguramente por el sonido del teléfono.

—Es tu padre, Lee —dijo, y era demasiado temprano para pedirle que tomara el mensaje, o hacerle creer a mi padre que estaba ocupada.

No era sólo él. Mi madre estaba en el otro teléfono. Él dijo:

—¿Qué mierda te pasa? —y al mismo tiempo mi madre dijo:

—Lee, si te sientes como una nadie, me gustaría que no te sintieras así porque eres alguien muy especial.

—Mamá, yo no... no... por favor, no exageren.

—Sólo tengo una pregunta para hacerte —dijo mi padre—. ¿Por qué nos has mentido durante estos cuatro años?

—Relájate, Terry —dijo mi madre.

—Me relajaré cuando ella me conteste.

—No les mentí.

—Nos pediste que hiciéramos sacrificios por tu educación, y los hicimos. Te compramos tus libros y tus boletos de avión, y ¿por qué crees que lo hicimos? Porque nos dijiste que valía la pena. Nos dijiste que te encantaba vivir en una residencia e ir a tus brillantes clases. Y ahora dices, no, me siento pésimo, la escuela me trata mal, me dieron todos los privilegios pero no era lo que yo esperaba. Bien, no sé qué diablos era lo que esperabas, Lee.

Al escucharlo me fue difícil localizar el verdadero motivo de su enojo. Los estudiantes de Ault estaban enojados conmigo por haber hecho comentarios críticos en público, pero el descontento de mi padre era, obviamente, algo personal.

—Papá y yo sabemos que tienes muchas amigas —dijo mi madre—. Por Dios, Martha es presidenta de tu clase, y ella te ama. Y Sin-Jun y las chicas españolas...

—Mamá, no debes nombrar a todas mis amigas.

—Pero Lee, lo que esa periodista escribió sobre ti no es verdad. Eso es lo que he estado diciéndole a tu padre. No es tu culpa si confiaste en los medios porque el director te dijo que lo hicieras.

—¿Y se supone que tenemos que ir a tu graduación dentro de una semana? —dijo mi padre—. ¿Se supone que tu madre y yo debemos dejar el trabajo y sacar a tus hermanos de la escuela para que nos digan: "nunca apoyamos a su hija, pero gracias por los cheques que nos envió?" ¿Sabes qué contestaré a eso?: "Gracias pero no le agradezco". —Mi padre jamás había entendido que los cheques que enviaba eran insignificantes, prácticamente simbólicos. Creo que él estaba sinceramente convencido de que si me sacaba de Ault, el señor Byden iba a tener, por ejemplo, que vender su Mercedes.

—¿Entonces no vendrán a mi graduación? —pregunté.

—Claro que iremos —dijo mi madre.

—Tienes suerte de que ya terminas —dijo mi padre—, porque aunque no fuera tu último año, no volveríamos a mandarte allí.

—Lee, sólo piensa en qué bueno será ir a la universidad más cerca de casa. La secundaria fue una gran aventura para ti, y quizás ahora sepas que no es tan malo el lugar del que vienes.

—Nunca pensé que fuera malo el lugar del que venía.

Por primera vez, ninguno de los tres dijo nada.

—¿Mucha gente los llamó por el artículo? —pregunté ¿Qué conocidos de mis padres leían el *New York Times*?

—La señora Petrash nos contó que su madre la llamó ayer a primera hora de la mañana —dijo mi madre—. Así es como nos enteramos ¿Sabías que esa mujer tiene ochenta años? Pero tiene la vista de un lince. Y, Terry, ¿quién más dejó un mensaje?

—No oí ningún mensaje, y, con todo respeto, Linda, no me interesa hablar de la vista de Edith Petrash en este momento.

—¿Qué quieres de mí, papá? —No lo dije para pelear, no sentía ningún tipo de hostilidad hacia él. En gran parte, me sentía avergonzada. Me daba cuenta —ésa era la razón por la que había evitado sus llamadas el día anterior— de que les había fallado. Mi padre tenía razón, yo había mentido. Pero mentir no había sido la verdadera trasgresión, mi error había sido ser no poder mentir con coherencia. Los tres habíamos hecho un pacto: "Si me dejan ir, fingiré que fue una buena idea hacerlo", y yo había violado los términos de nuestro acuerdo. Al final, la traición a mis padres me pesó por mucho más tiempo que la traición a Ault.

—Quiero que dejes de sentirte impresionada por cualquier mierda —dijo mi padre.

—Lo que papá quiere decir es que ser rico no te hace mejor persona.

—Te deseo buena suerte, tratando de convencer a Lee de eso. ¿De verdad crees que escuchará a dos simplones como sus padres? —Luego, con la voz que yo más odiaba de él, agregó: —Perdón que no pudimos comprarte una gran casa con una palmera en la entrada, Lee. Lamento que te haya tocado la familia que te tocó.


En la pasada de lista Cross llevaba puesta una camiseta polo azul marino, pero el brillo de la luz matinal, la energía brutal de esa hora siempre me paralizaban. Decidí que lo abordaría luego de la cena formal, pero no estaba allí. Los nuevos tutores del comedor de tercer año habían sido elegidos una semana atrás (con qué rapidez se volvía uno obsoleto; por ser de cuarto año, la escuela te pertenecía por un breve lapso y luego ya no te pertenecía más), y ahora que podía hacerlo, Cross había faltado a la cena. Mientras la gente salía, caminé hacia donde estaba Devin y le toqué el hombro. Se dio vuelta.

—¿Dónde está? —pregunté.

Devin me miró con desdén.

—Lo último que supe es que fue a practicar básquet.

Mientras caminaba hacia el gimnasio, la luz del sol perdía intensidad y el aire olía a pasto recién cortado. Aunque en realidad creía que Devin me había mentido y que me encontraría con el gimnasio cerrado, la puerta se abrió cuando la empujé. Al subir la escalera que llevaba a la cancha de básquet pude oír el ruido de una pelota rebotando contra el piso.

Él estaba solo. Por algunos segundos permanecí en la puerta como debe de haberlo hecho él alguna vez en la puerta de mi cuarto. Corrió con la pelota unos metros y tiró desde la línea de tres puntos. La pelota entró en el aro y yo comencé a aplaudir.

Me miró mientras recogía la pelota.

—Hola.

Caminó hacia mí. Su cara estaba roja y había franjas de sudor sobre su frente que corrían hasta su nuca y sus brazos. Yo llevaba una falda de algodón azul y una blusa de lino, y lo único que quería era que él me abrazara. Obviamente no lo haría: todavía no era de noche, estábamos de pie, y él estaba sujetando la pelota. Y además, él no me había tocado en más de seis semanas.

—Anoche fui a verte —dije.

—Sí, Devin me dijo. Perdón por no haber estado. —Cuando nos miramos él pareció darse cuenta de que yo esperaba más detalles. —Estaba en la residencia de Thad y Rob —agregó. Nunca lo había visto mentir, pero parecía mucho más factible, mucho más lógico y terrible que en realidad hubiera estado en el cuarto de Melodie Ryan.

Y entonces no pude evitarlo —mi intención inicial había sido la de mostrarme relajada para no parecer nerviosa— y pregunté:

—¿Leíste *Sottovoce*?

—Sí

—¿Y?

—A ese periódico lo escribe una manga de idiotas.

Miré hacia el piso, las líneas pintadas sobre la madera brillante.

—¿Pero es verdad? —dije, y mi voz se quebró. Nunca había querido llorar frente a Cross, porque las chicas que lloran, especialmente las que lloran mientras tienen *charlas*, son muy vulgares.

—¿Ella es tu novia? —pregunté.

—No tengo novia —dijo Cross.

Parpadeé varias veces —no se me había caído una sola lágrima—, y dije:

—Claro, ¡qué tonta fui!

Él no dijo nada y entendí que lo que yo tuviera para decir, debía ser dicho con franqueza porque Cross no aceptaría ironías de mi parte.

Pero saber eso no me era de gran ayuda: de todas formas no podía expresarle lo que quería porque estaba alojado en mí, como un movimiento intestinal, y lo único que emergía era un sofocante aire caliente.

—Supongo que la gran pregunta es —dije—: ¿Soy queso o pescado?

—Oh, Dios.

—No, en serio, me interesa mucho —hice que mi voz sonara seria.

—Devin es un canalla —dijo Cross—. Y permitir que él te haga sentir mal es una pérdida de tiempo

—Si es un canalla, ¿por qué compartes cuarto con él?

—Antes era distinto. Ahora está amargado porque irá a Trinity.

Así que Cross también había estado teniendo problemas con su compañero de cuarto últimamente; después de todo, podríamos haber compartido eso. Seguramente también había otras cosas de las que podríamos haber hablado, cosas intrascendentes como lo desagradable de hacer fila para ducharse cada mañana.

—Como sea —dijo Cross—. Todo eso es basura. Es lo que los chicos dicen en la residencia cuando quieren fanfarronear.

—Pero tú eres el custodio de la lista.

—¿El qué?

—Devin dijo que...

—Lee, Devin dice estupideces. No sé cuánto más franco puedo ser contigo. —Aun al decir eso, Cross no estaba enojado, no había hecho el esfuerzo que requería enojarse y yo estaba casi segura de que quería volver a practicar básquet. —Sinceramente, me cuesta mucho ver de qué se trata esta conversación.

A esa altura, seguramente ya sabía que ésa era mi única oportunidad, lo que hacía más difícil, no más fácil, decir lo que quería.

—Simplemente no entiendo qué estabas haciendo conmigo —dije—. A veces trato de ponerme en tu lugar y ver todo desde tu perspectiva y nada tiene sentido. Entras en mi cuarto borracho, y tal vez sabías de antemano lo mucho que tú me gustabas, o quizá fue una casualidad. Y yo soy esa chica inadaptada pero me entrego. Me derrito al mínimo roce. Entonces nos besamos, nos tocamos, lo que sea. Pero luego regresas. Eso es lo que no comprendo. Jamás te acercas a mí durante la cena, pero sigues viniendo durante todo el año. —En realidad, no durante todo el año, sólo hasta poco después de las vacaciones de primavera ¿Y no estaba siendo capaz de decir eso, sólo porque él había dejado de venir? Sentí que estaba tratando de salvar algo, pero ¿no estaba todo terminado?

Cross tomó la pelota con la otra mano y la sostuvo contra su cadera derecha.

—Al decir que nunca te hablé durante la cena insinúas que estaba tratando de ocultar algo.

—¿Y bien?

—¿Estás hablando en serio? Lee, la gente sabía sobre... sobre...

—Creo que él estaba dudando si decir "nosotros" —lo que estaba sucediendo —dijo finalmente—. Estás loca si crees que nadie lo sabía. Y más allá de eso, tú eres la que puso las condiciones. No puedes negarlo.

—¿De qué hablas?

—Tú dijiste que no se lo dijéramos a nadie, que no te besara en el desayuno. Nunca me pareció que quisieras un novio.

—¿Es por eso que no me enviaste flores para San Valentín, porque te dije que no me enviaras flores?

—Eso es exactamente lo que me dijiste.

—Tú nunca habrías sido mi novio —dije.

Se le tensaron las mandíbulas, lo que significaba que finalmente mis palabras lo afectaban.

—Nunca lo habrías sido —insistí—. Estoy segura.

—Debe de ser bueno saber todo con tanta seguridad.

—No estoy segura de todo —dije—. Pero de eso sí estoy segura. Nunca habrías sido mi novio.

Nos miramos por un rato largo. Finalmente —no con maldad— dijo:

—Sí, quizá tengas razón —y yo comencé a llorar. (Cuando volví sobre la conversación parte por parte, una y otra vez y pensé en cómo esa parte me había hecho llorar, nunca me sirvió de nada recordar que yo lo había forzado a que lo admitiera.)

—Lee —dijo con voz suplicante—. Lee, hubo... hubo muchas cosas buenas. Tu humor, por ejemplo.

—Me limpié los ojos.

—Eras, quizás esto te suene extraño, como una mujer de negocios en tu practicidad. Era como si me esperaras e hicieras planes para ello. ¿Había sido como *una mujer de negocios*?

—Te sentirás mejor en la universidad —dijo.

Parpadeé.

—Creo que eres de esas personas que lo pasan mejor en la universidad.

—¿Lo que acabas de decir tiene que ver con el artículo del *New York Times*?

—No, bueno, no exactamente. En realidad, nada de lo que dijiste en el artículo me sorprendió.

Hablar de algo que no fuera nosotros y nuestros encuentros, me parecía una pérdida de tiempo, pero a la vez despertaba mi curiosidad.

—Tu error no fue expresar tus ideas —dijo—. Fue expresarlas en el *New York Times* en vez de escribir un editorial para *La Voz de Ault,* o dar una charla en misa. Al hacerlo en el *New York Times,* lo único que hiciste fue darles argumentos a las personas que piensan que las escuelas secundarias son malas, y eso no cambiará las cosas en el campus.

—¿Entonces piensas que las cosas deberían cambiar?

—Algunas cosas sí, claro. En general Ault hace un buen trabajo, pero siempre se puede mejorar. —Obviamente él pensaba de ese modo, ¡su perspectiva era tan equilibrada!

—¿Te horrorizó que le dijera esas cosas a la periodista? —pregunté.

—Podrías haber elegido otro foro. Eso es lo único que te critico. Y creo que será bueno para ti ir a una universidad más grande, en cierto modo menos conformista que Ault. Además, pienso que no eres tan rara como crees. —(Esa conversación se estaba poniendo extraña, los comentarios que salían de la boca de Cross eran sorprendentes.) —Crees que ser rara significa pasar tiempo sola —continuó—, pero cualquiera que esté realmente interesado en algo pasa tiempo solo. Como el básquet para mí, mira lo que estoy haciendo ahora. O Norie Cleehan y la cerámica, o Horton y el ballet. Podría darte veinte ejemplos más. Si quieres ser bueno en algo debes practicar, y por lo general uno practica en soledad. El hecho de que pases mucho tiempo sola no debería parecerte extraño.

"Pero yo no practico nada", pensé, o al menos si practicaba algo no sabía lo que era.

—Por otro lado —dijo—, y volviendo al artículo, si piensas que hay diferencias entre tú y los demás, es tu decisión cuánta importancia les das a los demás. Obviamente, no en cada caso, pero en la mayoría de los casos, sí. Hasta Devin me dice a veces "judío esto, judío aquello", y yo no le contesto, ¿qué lograría con enojarme?

—Espera un momento —dije—. ¿Eres judío?

—De parte de padre. Lo que técnicamente sería la mitad que no cuenta, pero con un nombre como Sugarman...

—¿Sugarman es un nombre judío?

—Es la versión inglesa de Zuckerman.

¿Cross era *judío?* Jamás se me había ocurrido. Pero era tan popular, era tutor de cuarto. (¿Los demás sabían? ¿Acaso ésa había sido una de las razones por las que le gustaba a Dede?)

—Sólo estoy diciendo que... —Su tono se suavizó. —Que estoy seguro de que las cosas serían más fáciles para ti si te dieras cuenta de que no eres tan rara o bien decidieras que ser raro no es malo.

El gimnasio estaba en silencio. Me sentía tan halagada y a la vez tan avergonzada, que no podía mirarlo a los ojos.

Oí que tragaba saliva y luego —todo ese tiempo había estado sosteniendo la pelota contra su cadera derecha— se inclinó y dejó la pelota en el piso. Cuando estuvo otra vez erguido, dijo:

—Lee... —y cuando me animé a mirarlo, vi que me miraba de un modo que era ansioso y tierno (no creo que sea una exageración decir que desde entonces he pasado la vida buscando esa mirada y que no la he encontrado por segunda vez en ese mismo equilibrio; quizá luego de la escuela secundaria no exista en ese equilibrio) y porque fuera lo que fuera lo que estaba por hacer, era exactamente lo que yo quería, pero era también algo que me daba pánico. Entonces me crucé de brazos y dije:

—Tendré que tomar todo lo que acabas de decir como un consejo.

—De inmediato supe que había sonado sarcástica, y no hice nada para corregir esa impresión. Creo que fue mi intención sonar así, porque lo que me estaba sucediendo era la cosa más terrorífica del mundo: él me conocía, y conociéndonos, íbamos a besarnos.

(Y es por eso que ahora sé que las palabras son sólo palabras, palabras, palabras que fundamentalmente no cambian nada. "No habría sido tu novio" decía, y "se terminó entre nosotros por esto", y yo decía: "no, por aquello", pero igual, en varias partes de la conversación él estuvo a punto de besarme. Nuestra relación, mientras las cosas estuvieron bien, y en ese momento podrían haber vuelto a estar bien, tuvo que ver con la irrelevancia de las palabras. Uno siente lo que siente, actúa como actúa; ¿quién en la historia de la humanidad ha sido convencido por una conversación con buenos argumentos?)

Y después de cruzar los brazos, luego de usar ese tono terrible, su postura cambió. Estaba levemente inclinado hacia adelante pero se enderezó nuevamente. Exhaló, se cruzó de brazos y dijo:

—Ok —dijo—. Tú lo hiciste.

Todavía no era demasiado tarde (¡Obviamente no era demasiado tarde! Pero me costaba tanto creer que porque había querido besarme hacía treinta segundos, todavía lo quisiera. Miren con qué facilidad lo había disuadido, o quizás era más bien que yo había interpretado mal su intento original.) No, no era demasiado tarde, pero como en el simulacro de incendio, *parecía* demasiado tarde. Y entonces, luego de decidir que el momento había pasado, dejé que el sarcasmo se apoderara de mí.

—Pero no hablemos más de mí —dije—. ¿Qué tal Melodie: pescado o queso?

—Por Dios, Lee.

—¿Acaso no somos amigos? ¿Y los amigos no comparten secretos e infidencias? Pero tú nunca me has contado ningún secreto, siento que me menosprecias.

—No seas así.

—¿Así cómo? —Me reí brevemente y con amargura. —¿Qué no sea yo misma? Pensé que acabábamos de establecer cuán práctica y divertida era.

—Sé como quieras, pero no mezcles a Melodie en esto.

Me dolió que lo que acababa de decir fuera en cierta forma en defensa de ella.

—Entonces, admites que... bueno si no estás saliendo con ella oficialmente, no sé bien cómo llamarlo., tal vez ¿teniendo sexo con ella? O, supongo que como se trata de Melodie, debería decir teniendo sexo anal con ella.

—Esto es ridículo. —Levantó la pelota y caminó hasta la línea de tiro. Mirándome por sobre el hombro, dijo:

—Dudo de que hayas hablado alguna vez con ella, pero es una muy buena persona.

—Tienes razón —dije—. Nunca he hablado con ella. —El hecho de que se hubiera alejado de mí era lo peor que había sucedido en la conversación. Elevé la voz. —No sé si es buena o mala persona, pero pienso que es atractiva. Hasta puede que lo suficientemente atractiva para que te muestres con ella en público.

Había comenzado a picar la pelota frente al aro, dándome la espalda y cuando dije eso, se detuvo, se dio vuelta —pude ver que se mordía el labio inferior— tiró la pelota hacia la puerta por la que yo había entrado y me miró.

—¿Quieres saber? —gritó—. ¿Realmente quieres saber? ¡Eres pescado!

—No puedo creer que hayas dicho eso.

—¡Tú me lo preguntaste!

—Sí, supongo que lo hice —dije, y supe que estaba aturdida, en parte porque pude oírlo en mi propia voz.

—Lee —dijo—. No fue mi intención...

Sacudí la cabeza sin dejarlo terminar la frase. Estaba a punto de largarme a llorar, y quería usar el tiempo que me quedaba. Con voz consternada dije:

—Cuando estaba en el último año de la escuela primaria, pensaba que me transformaría en un varón, y los chicos dirían "eres genial", pero nunca saldrían conmigo. No me consideraba lo suficientemente linda. Pero luego entré en Ault, y en primer lugar, no tengo ningún amigo. Y luego, contigo este año, pensé, si Cross me sigue buscando, quizá soy normal después de todo. Pero el tiempo pasó y nunca me transformé en tu novia. Entonces, no sólo pensé que me había equivocado, mi vida resultó ser lo contrario de lo que yo esperaba. Es decir, no era mi apariencia, eso no es la peor parte de mí, el problema era mi personalidad ¿Pero cómo sé qué parte de mi personalidad? No tengo idea. He tratado de pensar si es algo aislado o un conjunto de cosas, si hay algo que pueda hacer para remediarlo, o cómo convencerte. Luego pensé, quizá sea mi aspecto, quizá no estaba equivocada. Y nunca pude saber cuál de las dos cosas era. Pero pasé mucho tiempo este año tratando de saberlo. Y la razón por la que te estoy diciendo todo esto, es que quiero que sepas que nadie en mi vida me ha hecho sentir peor conmigo misma que tú.

¿Fue patético decirle eso? ¿Era completamente cierto? Ya no importa. Es lo que dije. Luego añadí:

—Supongo que ahora me iré —y salí del gimnasio.

—Lee —gritó él.

Es difícil saber si debería haberme dado vuelta. El hecho es que no lo hice, y él no me siguió, y sólo gritó mi nombre una vez.


En la cabina telefónica de Elwyn, levanté el auricular. Había apoyado la tarjeta de Angie Varizi sobre uno de mis muslos y una pila de monedas de veinticinco centavos para pagar la llamada sobre el otro. El teléfono sonó dos veces, y una voz conocida dijo:

—Habla Angie Varizi, en el *New York Times*.

—Soy Lee Fiora —dije.

—Ella dudó.

—De Ault —agregué.

—Por supuesto. Qué bueno oírte, Lee. Perdóname si parecí distraída, pero tengo miles de cosas en la cabeza en este momento.

Abrí la boca sin saber muy bien qué decir.

—¿Quieres algunas copias extra del artículo?

—No. Gracias.

—¿Qué puedo hacer por ti?

—El artículo… —me detuve—. ¿Por qué no me dijo que sería así? Pensé que sólo le estaba contando cosas para el contexto.

—Lee, a menos que especifiques que algún comentario es *off the record*, todo lo que digas en una entrevista puede ser usado por el entrevistador. ¿Tus profesores y compañeros están disgustados?

No dije nada.

—¿Ése es tu problema? ¿O es el problema de ellos?

—Me graduaré en menos de una semana —dije—. Y soy la que ventiló la ropa sucia de la escuela.

—Estás en una comunidad muy pequeña —dijo—. Pero yo he recibido cientos de respuestas positivas sobre el artículo, incluso de personas que fueron a internados. Quizá te sientas mal ahora, pero estoy segura de que cuando mires hacia atrás, sabrás que hiciste lo correcto. Esto será algo de lo que te sentirás orgullosa.

Al escucharla, me di cuenta de lo tonta que había sido al llamarla; ¿por qué había creído que algo que ella pudiera decir mejoraría la situación?

—Tus compañeros están a la defensiva —dijo—. Verse retratado con objetividad es algo difícil para todo el mundo, pero más difícil para los privilegiados. Te contaré una historia. Yo estudié en Harvard. Cuando estaba en primer año, tenía una compañera de cuarto que se compró un hermoso abrigo negro de cachemira. Bien, en menos de una semana...

La voz grabada de la compañía telefónica me pidió que insertara otros noventa centavos. Angie seguía hablando, quizás en su teléfono la voz no se oía. Todavía tenía varias monedas sobre mi muslo, pero me quedé inmóvil escuchando hasta que la llamada se desconectó.

El miércoles hubo una cena especial para los profesores y alumnos de cuarto año, con el fin de darnos la bienvenida a la asociación de ex alumnos. Antes de salir me senté en el futón de nuestro cuarto, vestida pero paralizada, y Martha dijo:

—Ni siquiera lo pienses. Sólo sígueme. Mientras caminábamos hacia la terraza que estaba frente al comedor, tuve que refrenar el impulso de apretar el brazo de Martha. Al principio, sentí que no era tan grave, que hasta podía fingir que se trataba de un evento habitual en el que yo me sentía, como siempre, nerviosa; pero cuando me puse en la cola del bufé, oí que Hunter Jergenson, que estaba unos metros más adelante, decía:

—Entonces podría haberse ido. Nadie la tenía prisionera, no es que... —y luego Sally Bishop le tocó la espalda—. ¿Qué? —dijo Hunter y se dio vuelta, y nuestras miradas se cruzaron. Ya habían pasado tres días desde la publicación del artículo, pero la gente parecía hablar cada vez más sobre él. Había oído que algunos alumnos habían contactado la oficina de admisiones porque estaban reconsiderando su inscripción para el próximo año y que el lunes en la segunda parte de la clase del señor Corning habían discutido el artículo.

Cuando tuvimos nuestra comida, Martha y yo nos sentamos sobre un parapeto de piedra. Luego de comer, tiramos nuestros platos descartables, y cuando volvíamos del tacho de basura nos cruzamos con Horton Kinnelly que dijo:

—Irás a la Universidad de Michigan, ¿no, Lee?

Asentí.

—Eso es lo que pensé —dijo, y siguió caminando.

Miré a Martha.

—¿Qué quiso decir? ¿Qué insulté a Ault porque no entré en una universidad mejor?

—Lee, no vale la pena que pierdas el tiempo pensando en eso.

—Voy a regresar al cuarto.

—Pero ahora comenzará el show del coro de tercero. —Los ojos de Martha buscaron los míos. —¿Quieres que te acompañe?

Por supuesto que quería que me acompañara. También quería, como había querido siempre en Ault, ser otra persona. Esa vez, una persona que pudiera quedarse a oír el coro sin problema.

—No, quédate —dije.

Al borde de la terraza, me crucé con la señora Stanchak.

—Fuiste muy valiente —dijo y me puse a llorar. Podía oír cómo a mi alrededor mis compañeros conversaban y se reían. Era una tarde cálida de principios de junio. La señora Stanchak me abrazó y yo temblé entre sus brazos.

Había llorado muchas veces en Ault, pero nunca a la vista de todos; mis ojos estaba cerrados y temí no poder volver a abrirlos. Luego, sentí otro par de manos en mi espalda, una voz conocida que me decía:

—Salgamos de aquí.

Luego de caminar varios metros en dirección a mi residencia, vi que mi acompañante era Darden Pittard. Noté su presencia de un modo completamente objetivo; estaba demasiado afligida para considerar lo extraño de la situación. Simplemente acepté su presencia, y quizás ese fue un momento, pensé después, en el que supe cómo era ser una persona que experimentaba la vida sin diseccionarla.

Cuando llegamos al arco que daba al patio de la residencia, yo seguía llorando y mis hombros temblaban.

—¿Quieres seguir caminando? —dijo Darden Pittard—. Sigamos caminando. —Me llevó hasta la entrada del edificio escolar, donde nos sentamos en unos escalones. Del otro lado del círculo, nuestros compañeros comían el postre en la terraza.

—Sólo necesitas un poco de tiempo —dijo Darden—. Pero estarás bien.

En un momento dejé de sollozar. Pensé —nunca había pensado algo así de alguien de mi edad— que Darden sería un buen padre. Miramos cómo los alumnos de tercero salían de las residencias y caminaban hacia la terraza.

—Ella no era trigo limpio.

Al principio, no supe a quién se refería, pero luego me di cuenta.

—No puedo culparla. —Era lo primero que decía en quince minutos y mi voz sonó rasgada. —A menos que le avises que algo es *off the record*, un periodista puede utilizar cualquier cosa que le digas.

—Como sea. Ella venía con sus planes. De mí esperaba un negro enojado. Ya nos tenía a todos encasillados antes de que pusiéramos un pie en el aula del decano Fletcher.

—Pero tú no estás enojado —lo miré—. ¿O sí?

—No más que el promedio de la gente

—¿Y por qué... por qué yo caí en la trampa de Angie y tú no?

—Porque eres blanca.

Lo miré para ver si estaba bromeando. No encontré ninguna señal de que fuera así.

—Los negros que viven en un mundo de blancos, aprenden a ser cuidadosos —dijo—. Aprendes a no hacer olas. —La única vez que había oído a alguien hablar de su raza, había sido aquella vez en la clase de la señora Moray cuando Darden, Dede y Aspeth se habían metido en problemas por su teatralización del tío Tom. —O déjame formularlo de este modo: no haces olas a menos que tengas una razón. Y mejor que sea una buena razón, porque una vez que lo haces no hay vuelta atrás, eres un buscapleitos, y nunca volverán a verte de otra forma.

—Entonces, también debe suceder lo opuesto —dije—. El señor Byden debe de amarte ahora. Seguramente quiere que seas fideicomisario de Ault.

Darden se rió.

—¿Te dijo algo? A mí no me ha dirigido la palabra.

—De pasada —dijo Darden—. Nada importante.

—Debe de estar furioso conmigo. —En realidad estaba un poco sorprendida de que no me hubiera mandado llamar; al salir de la pasada de lista la mañana anterior había tratado de hacer contacto visual con él, pero él simplemente había apartado la mirada.

—Si necesitas desahogarte, escríbele una carta este verano —dijo Darden—. Ahora deja que las aguas se calmen.

Los alumnos de tercero se habían juntado en la terraza.

—No quiero que pierdas el show —dije.

—No es grave —dijo Darden.

Luego, pudimos oírlos. No las letras de las canciones, pero sí el sonido del piano y las voces. Se los oía lejanos.

—No puedo creer que estemos a punto de graduarnos —dije.

—Yo estoy listo. —Sonrió, y pensé que era una sonrisa triste. Había tanto que yo ignoraba de Darden.

Dejamos de hablar y simplemente oímos la música, las letras que no podíamos descifrar. Cuando la canción terminó, los alumnos de cuarto tomaron cada uno un globo blanco y caminaron hacia el círculo, donde los soltaron todos al mismo tiempo. Estaba oscureciendo y los globos flotando en el cielo eran como lunitas incandescentes; la gente estuvo durante un rato mirándolos desaparecer. Ése era el último año que Ault soltaba globos. Habían decidido dejar de hacerlo porque era malo para el medio ambiente, lo cual constituía un argumento difícil de rebatir. ¡Pero los globos eran tan lindos! Con esto no quiero decir que deberían continuar la tradición. Pero eran realmente lindos. Y tuve la sensación de que muchas otras cosas se terminaron por esa época, que mis compañeros y yo éramos el final de algo. Nosotros todavía oíamos música de los sesenta y setenta, pero los chicos algunos años más jóvenes que nosotros, como mis hermanos, ya tenían su propia música. Y también su manera particular de vestirse. Durante cuarto año yo solía llevar vestidos floreados que me llegaban hasta la pantorrilla, algunos con un cinturón de tela en la cintura, otros con mangas con volados, otros con escote cuadrado o cuello de encaje. Todas las chicas usaban vestidos como ésos, incluso las chicas más lindas; en realidad ésa era la razón por la que yo los usaba. Algunos años después de salir de la universidad regalé todos esos vestidos, aunque me era difícil imaginarme quién podría quererlos, la abuelita de alguien, quizá. Por ese entonces, las chicas adolescentes usaban faldas cortas, camisetas y suéteres ajustados, y el año siguiente, la moda acortó más las faldas y ajustó más las camisetas. Y la tecnología. Creo que ya existía el e-mail cuando estaba en Ault, pero nunca lo había oído nombrar. Nadie tenía contestador telefónico tampoco, porque no teníamos teléfonos en nuestros cuartos, y, sin duda, ningún estudiante poesía un teléfono celular. Cuando pienso que toda una residencia tenía que compartir un solo teléfono público, que a veces nuestros padres llamaban y nadie los atendía o siempre les daba ocupado, me parece estar recordando los años cincuenta. Y sé que el mundo siempre cambia, sólo que siento que para nosotros cambió con cierta velocidad.

—Darden —dije. Los globos habían desaparecido hacía rato, y nuestros compañeros comenzaban a dispersarse. Sentada en los escalones junto a él me sentía intocable, protegida tanto del juicio de los otros como del tiempo mismo. Mientras Darden estuviera al lado mío, seguíamos estando en Ault, nuestros futuros todavía no habían tenido lugar, pero sabía que tenía que dejarlo ir. En parte porque me interesaba la respuesta pero también porque quería retenerlo, dije: —¿Alguna vez oíste que Cross Sugarman y yo... que nosotros... ya sabes?"

—Algo oí —dijo Darden—. Pero no mucho.

—¿Oíste que nosotros... estábamos... qué oíste? —Darden era alguien tan digno, y yo, tan rara e insaciable.

—Que salieron por un tiempo. Algo así. Yo en tu lugar no me preocuparía.

No podía corregirlo. Decirle que estaba tratando de hacerme sentir bien del modo equivocado, del modo opuesto al que yo deseaba, habría echado una sombra sobre el hecho de que hacía unos pocos momentos él había entendido exactamente mis necesidades.

—De todos modos —dijo Darden—, fue hace algunos meses. Y sólo un tonto puede creer que todo lo que se dice en este lugar es cierto.

¿Qué quería darme a entender con eso? ¿que creía que no era vedad, o más bien que tenía ganas de terminar la conversación? Seguramente, esto último.

Nos paramos.

—¿Estás bien? —dijo.

Cuando asentí, me abrazó. Fue un abrazo como el que él y Aspeth podrían haberse dado luego de volver juntos desde la biblioteca hacia sus respectivas residencias, un abrazo cariñoso pero de despedida; para mí, era la primera vez que un chico aparte de Cross me abrazaba en Ault.

—Siento haber metido la pata —dije.

Él sacudió la cabeza. No me contradijo. (Probablemente él pensara como yo; por otro lado, seguramente había sido él quien le había dicho, de un modo objetivo, no malicioso, a Angela Varizi que yo no era alguien muy querida.) En lugar de eso dijo:

—Sé que lo sientes.

Martha vino a buscarme a la biblioteca. Como todo el mundo pasaba la mayor parte del tiempo al aire libre, la biblioteca era el lugar en el que me refugiaba cuando no soportaba más estar en el cuarto. Los alumnos de cuarto fuimos exceptuados de dar exámenes, por lo que no había mucho que hacer. Lo único que quedaba era la graduación, y luego de eso, la semana de los graduados, en la que iríamos de fiesta en fiesta en Dedham, Lyme y Locust Valley. Yo, en realidad, planeaba ir a todos esos eventos. Era la última parte de Ault, ¿cómo iba a perdérmela?

Los últimos días habían sido soleados e interminables, y yo había tenido miedo de todos los estudiantes, y una nostalgia desesperada por Cross. Había pasado la mayor parte del tiempo tratando de empacar. Todos los años, cuando en junio habíamos tenido que sacar nuestros pósters, desarmar el futón de Martha y poner nuestros libros en cajas que guardábamos en el sótano de la residencia, la tarea me había deprimido. El espacio libre en el cuarto, las paredes vacías, todo me recordaba lo efímero de nuestras vidas en Ault. Esta vez, luego de doblar y poner en una caja algunos suéteres, salía del cuarto, observaba por la ventana, y si no había moros en la costa, corría hacia la biblioteca, donde me metía en la sala de periódicos, que estaba vacía, oscura y fresca, y leía revistas; a veces, en la mitad de un artículo, levantaba la vista y pensaba: "Arruiné todo". Durante mi estada en Ault, siempre había sentido que tenía cosas que ocultar, razones para pedir disculpas. Pero ahora veía que nunca lo había hecho. Extrañamente, era como si todo el tiempo hubiera estado anticipando lo que sucedería con el *New York Times*, como si siempre hubiera sabido cómo terminaría todo.

Cuando entró en la sala de periódicos, Martha respiraba agitada como si hubiera venido corriendo.

—Muévete —dijo.

Yo estaba sentada en el piso con la espalda contra la pared. Me corrí y ella se sentó a mi lado.

—¿Sabías que la misa de mañana será la última del año? Asentí.

—Parece que algunos estudiantes de cuarto estaban buscando a alguien para que diera una charla refutando lo que dijiste en el artículo. Y creo que encontraron a alguien.

—¿Quién?

—Eso es lo que no sé. Se comenta que querían que fuera alguien de una minoría o alguien blanco con beca.

—Que tengan suerte. ¿Quiénes fueron los de la idea?

—Eso tampoco lo sé.

La miré.

—Bueno, ¿qué esperabas? —dijo—. Horton Kinnelly, Doug Miles.

—¿Y ahora viene la parte en que me dices que debería ir? —dije—. ¿para fortalecer mi carácter o algo por el estilo?

—No para fortalecer tu carácter. Pero sí pienso que tendrías que ir porque es la última misa.

—Martha, seguramente la mitad de nuestros compañeros no irán.

—No lo creo. —Sacudió la cabeza. —La gente se pone emotiva.

Pensé en Darden y dije:

—No todos. Tú no.

—Espera y verás. Seguramente estaré berreando el día de la graduación.

Nos quedamos en silencio, y pude oír el sonido de una sierra. Junto a la capilla, los empleados de mantenimiento construían el escenario para la graduación. La ceremonia se realizaría al aire libre, y todos estaban obsesionados con el tema del clima. A mí no me importaba mucho; de hecho, una parte de mí habría estado satisfecha si lloviera y tuviéramos que trasladarnos al gimnasio.

Y del mismo modo, una parte de mí se sentía aliviada de saber que sería reprendida en público. Ésa parecía ser la forma que Ault tenía de hacerte responsable. A lo largo de los años, ya me había salvado de varias.

—No cabe duda de que arruiné todo.

Martha permaneció en silencio, y luego dijo:

—Bueno, no fue un accidente.

Me puse tensa. "Por favor, tú no, Martha", pensé. No podría soportarlo, aunque en ese momento me di cuenta de que ella no me había dicho nunca algo como: "No estuviste mal", o: "No fue tu culpa". Lo que en cambio siempre había dicho era: "No dejes que esto te afecte", que no debe ser confundido con "Estoy de tu lado".

—¿Sugieres que yo deseaba que esto sucediera?

—No lo veo de manera tan absoluta.

Sentadas ahí, tan cerca, la odié un poco. Pero eso no quería decir que pensara que estaba totalmente equivocada. Quizá la razón por la que había tenido la premonición de que todo terminaría mal en Ault era porque en realidad yo iba a provocarlo voluntariamente. Porque, ¿cómo era posible que hubiera pasado cuatro años sin mostrarme ante nadie para luego estallar así en la última semana? Quizá secretamente había ansiado la oportunidad de decirles a todos en Ault: "Tú crees que no pienso en nada. Pero si no hablo es porque estoy pensando. Tengo mis opiniones sobre este lugar, sobre todos ustedes". Quizás ése había sido mi deseo. Quizá. Pero si había sido así, también había querido que sucediera en mis propios términos. Quizá le había contado todo eso a Angie Varizi imaginando que ella me haría parecer elocuente y persuasiva. No amargada y aislada, no vulnerable.

—¿Estás enojada conmigo por hacerte quedar mal frente al señor Byden? —pregunté, y mientras decía eso se me ocurrió otra cosa. —¿Fuiste tú la que le sugirió que me hicieran la entrevista?

Martha no dijo nada, y luego dijo:

—No creo que haya que buscar culpables. Es el modo en que se dieron las cosas. Yo tomé la decisión en proponerte, él tomó la decisión de que tú lo hicieras, tú tomaste la decisión de contarle a esa mujer lo que le contaste.

Era tan terrible, que casi no podía ni pensarlo: Martha había creído que me hacía un regalo. Había querido ser generosa, dándome una oportunidad de destacarme, algo que yo nunca me había podido dar a mí misma. Me sentía culpable hasta la náusea, pero también enojada, más enojada que antes. En primer lugar, porque ella debería habérmelo dicho; seguramente habría dicho lo mismo que dije, pero habría entendido que había que elogiar la escuela. Y segundo, porque había otra cosa por la que yo estaba enojada con Martha. Algo que había estado dando vueltas durante los últimos días o quizá meses. En ese momento en la biblioteca entendí cuál era la causa de mi oscuro resentimiento, y también supe que jamás sería capaz de expresárselo. Estaba ofendida con ella porque cuando Cross vino a verme por primera vez, ella dijo que no podía imaginárselo como mi novio. ¡Su pronóstico se había hecho realidad! Si hubiera dicho que podía imaginárselo, no significaba que habría sucedido. Pero al decir que no podía imaginárselo, había más o menos clausurado las posibilidades. ¿Acaso ella no había entendido que yo tomaba sus consejos al pie de la letra? Con su postura, ella había desalentado mis esperanzas ¿Cómo se puede perdonar a alguien por eso? Por otro lado, yo jamás podría decirle nada de eso a ella. Sería demasiado feo. Que yo hubiera hecho algo mal, que yo necesitara su perdón por algo, no era algo inusual. Que ella hubiera cometido una falta, sería algo que habría desequilibrado nuestra amistad. Por mi parte, no trataría de explicarle nada. El error que yo había cometido era público y evidente, el de ella, privado y subjetivo; yo era la única que lo conocía. No, no le diría nada, sería la buena incompetente de siempre Lee, la imperfecta y querible Lee, el cachorrito mojado que se cayó al charco y regresa a casa con el rabo entre las piernas.

—¿Entonces crees que traicioné a la escuela? —dije, y supe que había sonado irritada, pero eso era algo de lo que ambas podíamos recuperarnos.

—No es eso lo que dije.

—Quizá sí. —Me pregunté si todavía quedaría algo por perder: Ault, Cross, Martha.

—Creo que le dijiste a la periodista lo que querías decirle. —dijo Martha.

—¿Te lavaron el cerebro por ser tutora, Martha? ¿Cuándo decidiste que criticar a Ault estaba en contra de la ley?

—Exacto. Eso es lo que quiero decir. Tenías críticas y las expresaste.

—¿Entonces ahora debería atenerme a las consecuencias?

Martha no contestó por un largo rato. Luego, finalmente, dijo:

—Sí, algo así.

—¿Entonces qué haces aquí? ¿Por qué me estás advirtiendo sobre la misa si es lo que me merezco?

—Eres mi mejor amiga, Lee. Puedo no estar de acuerdo con tus decisiones y aun así quererte.

"Bueno, tú sí que eres compleja", pensé, pero no lo dije. En lugar de eso, doblé las rodillas contra el pecho, me abracé las piernas y dejé caer la cabeza contra mis manos.

—¿Estás llorando? —preguntó Martha.

—No.

Martha me tocó la espalda.

—Olvida lo que te dije. Yo sólo… hablé por hablar.

—Es lo que piensas.

—Sí, pero ¿qué importa lo que pienso?

Levanté la vista y la miré.

—No quiero que esto opaque tus recuerdos —dijo—. Sólo porque es el final, quiero decir, el final no es lo más importante.

No dije nada.

—Lo que deberías recordar son esas cosas como… bien, ¿qué te parece esto? Ese sábado por la mañana cuando nos levantamos muy temprano y fuimos en bicicleta hacia el pueblo y tomamos el desayuno en esa cafetería junto a la estación de servicio. Y los huevos estaban un poco crudos, pero muy ricos.

—Era tu cumpleaños —dije—. Por eso fuimos.

—Es verdad. Olvidé esa parte.

—Cumplías dieciséis —dije. Volvió a oírse la sierra.

—Como esa mañana —dijo Martha—. Así es como fueron nuestras vidas en Ault.

El lado humillante de eso es que fui a buscarlo por segunda vez, o por tercera, si contara la vez que había ido a su residencia a mitad de la noche y sólo había encontrado a Devin en su cuarto. Nunca antes había estado en su cuarto, y en la última semana de clases fui dos veces en cuatro días. Era la tarde, antes de la cena, y crucé la sala de estar hacia el pasillo. Casi choco con Mario Balmaceda que salía del baño y me miró confundido, pero no me detuve a disculparme. Cuando llegué a su cuarto, golpeé la puerta —el póster del jugador de básquet seguía ahí—, y cuando nadie contestó la abrí. El cuarto estaba vacío. Todavía había luz afuera, pero adentro estaba oscuro y se oía el tictac de un despertador apoyado sobre una caja de embalaje junto a una cama.

En mi imaginación, él estaba leyendo en la cama y se incorporaba al verme entrar. Yo me subía a su regazo y lo rodeaba con mis piernas y brazos, y me largaba a llorar, pero luego él me acariciaba el cabello, me murmuraba cosas lindas, y obviamente, en un segundo, todo se volvía sexual de una forma frenética. Nos apretábamos y mordíamos, quizá yo se la chupaba, arrodillaba sobre su sucia alfombra, con una camiseta arriba pero nada abajo, y él me rodeaba con las piernas y me apoyaba los talones en el culo. Gracias a mí, él experimentaba un placer agónico.

Salvo que él no estaba ahí, y al mirar los objetos desconocidos de su cuarto —ni siquiera sabía cuál era su cama— me di cuenta de lo absurdo que había sido suponer que él estaría en el mismo estado que yo, esperándome. Con rapidez, pasé de sentirme desilusionada por su ausencia a temer que regresara antes de que yo saliera. Parecería —ésta sería la palabra que él y otras personas usarían— un acto psicópata. Es decir, algo tan desagradable como una chica llorando, pero además agresivo.

Él no me estaba esperando, él no me estaba buscando. Habría sido una mentira decir que la única razón por lo que yo quería verlo era limar las asperezas de nuestro último encuentro, pero ésa era una de las razones, y la posibilidad de que él deseara lo mismo ¿era demasiado inverosímil? Ahora creo que sí. Que mi impulso era femenino, y que la respuesta masculina (quizá sólo quiero decir la respuesta más desapegada) era darse cuenta de que nuestro último encuentro había sido desafortunado, pero que los dos sabíamos bien en qué posición se encontraba el otro. Otro encuentro habría significado reiteración, pero no habría servido para aclarar nada.

Cerré la puerta y me apresuré a salir de la residencia. De vuelta en Elwyn, tuve que esperar varios minutos hasta que el ritmo de mi corazón se normalizara. Pero cuando lo hizo, me di cuenta de que en realidad no había pasado nada. ¿De qué tenía que recuperarme? Estaba sola, el ventilador chirriaba, sobre el piso había cajas semivacías. "Está todo terminado con Cross", pensé. Si lo hubiera dicho en voz alta, quizás habría dejado de desear que no fuera así.

La persona que daba la charla siempre se sentaba junto al capellán, y a la mañana siguiente, ese asiento estaba ocupado por Conchita Maxwell. No puedo decir que fue una verdadera sorpresa. Cuando subió los escalones hacia el púlpito, vi que llevaba una falda de lino negra y una blusa blanca; hacía mucho que había dejado de vestirse excéntricamente y ahora usaba el cabello largo. Se aclaró la garganta y dijo:

—El artículo que apareció en el *New York Times* del último domingo ha hecho que muchas personas en la comunidad de Ault se sientan enojadas, heridas y descriptas engañosamente. Yo soy una de esas personas. Como norteamericana de origen mejicano, afirmo que el artículo no me representa en absoluto. De ningún modo refleja la experiencia que he tenido en los últimos cuatro años en este lugar que ahora llamo mi hogar.

Al escucharla, primero me sentí indignada, luego triste, y finalmente ni siquiera eso sino más bien un sentimiento de distancia con respecto a toda la situación. La charla, que estaba llena de frases hechas y bastante mal escrita, me recordó la lectura de un ensayo de historia de otra persona sobre un tema que no me interesaba, y por momentos, sin siquiera proponérmelo, dejaba de oír y me ponía a pensar en otras cosas. Nos recordaba a Conchita y a mí en primer año, yo enseñándole a andar en bicicleta detrás de la enfermería. Qué lejano parecía todo aquello, cuán distantes estábamos la una de la otra. No podía recordar haber hablado con ella una sola vez durante cuarto año. Y luego de la graduación dejaríamos de vernos para siempre; la distancia entre nosotras sería física y definitiva, y quizá nunca volveríamos a hablar. Parecía algo imposible. Durante tanto tiempo habíamos estado juntas en Ault que había empezado a pensar que la vida estaba hecha de sumas y no de restas; y sin embargo, mientras más pasaran los años, el tiempo que había compartido con Conchita o con cualquiera de mis compañeros parecería cada vez más insignificante y finalmente sería sólo un telón de fondo en nuestras vidas reales. En algún cóctel dentro de muchos años, al hurgar en busca de una anécdota, encontraría la de una chica que conocí en el internado cuya madre un día nos invitó a comer a un hotel donde el guardaespaldas estuvo sentado en una mesa cercana. Al contarlo, no sentiría ningún tipo de nostalgia. No sentiría nada en absoluto, salvo, quizás, el deseo de que mis compañeros encontraran interesante mi anécdota.

Cuando Conchita terminó, se produjo el habitual momento de silencio —nunca debía aplaudirse luego de la charla en misa— y nos paramos para cantar el himno. Era la última misa del año para toda la escuela; el día de la graduación habría otra, pero sólo para padres y graduados. Antes de las vacaciones, lo que cantábamos era siempre *Que Dios sea contigo hasta que volvamos a vernos*, y eso es lo que cantamos ese día. Cantamos las cuatro estrofas —en Ault siempre se cantaban los himnos completos— y cuando llegamos a la tercera, a las líneas que dicen: "Cuando los peligros de la vida te confundan, pon sus brazos incansables a tu alrededor", los ojos se me llenaron de lágrimas. "No otra vez", pensé, pero unos segundos después eché un vistazo a mi alrededor y entendí que la charla de Conchita tenía poco que ver que con lo que la mayoría de las personas estaban sintiendo en ese momento y que, al menos en un sentido, no estaba sola: la capilla estaba llena de alumnos de cuarto que lloraban.


Luego tuvo lugar la graduación, que fue decepcionante como cualquier ceremonia. Mi familia se alojó en el Raymond TraveLodge, el mismo lugar en el que se habían quedado mis padres cuando me visitaron en segundo año, y lo primero que me contaron cuando nos encontramos el sábado por la noche en el estacionamiento de la escuela para ir a la cena en la casa del señor Byden fue que, luego de registrarse, Tim había ido al baño y había cagado tan grande que había tapado el inodoro. "¡Tiene seis años!", gritaba Joseph, "¿Cómo puede ser que un niño de seis años cague así?" Mientras tanto, Tim se ruborizaba y sonreía como si hubiese logrado algo grandioso que la modestia le impedía reconocer directamente. Al principio, mi padre me ignoró, pero todo era tan agitado que ignorarme resultaba poco práctico; controló su enojo para hablarme secamente. El domingo, durante la ceremonia de graduación, el señor Byden me dio la mano de una forma completamente neutral. (Joseph me contó que nuestro padre había amenazado con enfrentar al señor Byden, pero yo sabía que no lo haría.) Mis padres y hermanos se sentaron con los padres y hermanos de Martha (finalmente se concretaba el deseo de mi madre de conocerlos) y mi familia se fue esa misma tarde, con el baúl del auto sobrecargado con todas las posesiones que yo había acumulado durante los últimos cuatro años.

Como regalo por mi graduación, Tim me dio un par de medias con estampado de melones ("Las eligió él mismo", me susurró mi madre), Joseph un casete mezclado por él, y mis padres, cien dólares en efectivo que usé para ayudar a comprar nafta a las personas que me llevaron en sus autos durante la semana de cuarto año, Dede, Norie Cleehan y el novio de Martha, Colby. La última fiesta fue en Keene, New Hampshire y Colby condujo desde Burlington para buscarnos y luego siguió conduciendo hacia el sur para dejarme en el aeropuerto de Logan antes de regresar a Vermont con Martha. Al abrazarlos —nunca había abrazado a Colby, y nunca volví a verlo después de aquella vez— sentí la necesidad desesperada de que se fueran y de que todo estuviera terminado; quería estar sola. Y pronto lo estuve. Llevaba shorts y camiseta y el aire acondicionado del aeropuerto era helado. Durante el vuelo hacia South Bend me congelé; además estaba exhausta de beber mucho y dormir poco durante una semana, de despedirme de tanta gente, de la amabilidad. Al final sólo unos pocos había sido visiblemente antipáticos conmigo durante esa semana. Al llegar a South Bend, me esperaban Tim y mi madre. El aire era una ráfaga gruesa y caliente, y Ault estaba absolutamente en el pasado. No tenía ninguna razón para volver allí; ninguna razón verdadera, de ahora en más dependía sólo de mí.

Por supuesto que volví, para las reuniones de cinco y diez años de graduados. ¿Quieren saber qué fue de las vidas de todos? Esto es lo que sucedió: Dede es abogada en Nueva York y aunque se ha vuelto más humilde con el tiempo, es muy exitosa. El verano después de terminar segundo año de la universidad, recibí una tarjeta por correo de ella. En el frente había una foto de Dede vestida como una típica alumna universitaria —una falda tableada, un chaleco a rombos sobre una camisa, anteojos de marco delgado y una pila de libros bajo el brazo— y bajo la foto se leía: "¡Sí, finalmente lo hice! Mi cirugía de nariz fue terminada el 19 de junio a las 4.37 de la tarde. La novedad mejor bienvenida en mi vida." Luego de eso Dede me cayó bien, me cayó bien de un modo certero, algo que nunca había sentido en Ault. Ahora la veo cuando voy a Nueva York, cenamos y hablamos de hombres. Me hace reír, y no sé si es que ahora es más divertida que antes o si en Ault fui yo la que no quiso notar su sentido del humor.

Como Dede, Aspeth Montgomery vive en New York y es dueña de una taller de diseño de interiores, algo que cada vez que lo pienso me desilusiona un poco: parece algo tan insignificante. En cuanto a Darden, yo tenía razón (también es abogado), se convirtió en fideicomisario de Ault a los veintiocho años. Sin-Jun, como ya saben, vive con su novia en Seattle y es neurobióloga. Amy Dennaker, con quien nunca volví a compartir residencia después de primer año en Broussard, es una erudita conservadora; no suelo mirar esos programas de política de los domingos por la mañana, pero lo hago si estoy en un hotel, y suelo verla discutiendo vestida de ejecutiva y se la ve muy entretenida. Oí que la señora Prosek y su apuesto esposo se divorciaron algunos años después de que me graduara. Espero que ella lo haya dejado o que, al menos, haya sido mutuo. Ella ya no enseña en Ault, y no sé dónde trabaja ahora. Rufina Sánchez y Nick Chafee están casados; se casaron dos años luego de que ella se graduara en Dartmouth y él en Duke. En iguales medidas, todo esto me resulta asfixiante —amorcitos de secundaria y todo eso— y envidiable: debe de ser lindo terminar con alguien que sabe cómo eras de adolescente.

No he vuelto a ver a Cross desde que nos graduamos porque durante nuestra reunión de los cinco años él estaba viviendo en Hong Kong, trabajando para una firma de inversiones norteamericana, y luego pensaba venir a la reunión de los diez años —ahora vive en Boston— pero su mujer dio a luz la noche anterior. Hace poco, Martha y su esposo, que también viven en Boston, cenaron con Cross y su esposa, y Martha me llamó el día siguiente y me dejó un mensaje que decía: "Siempre tiene palos de golf en el baúl de su auto. No sé muy bien por qué te estoy contando esto, pero pensé que sería la clase de cosa que te gustaría saber". Sé como es Cross ahora porque había una foto de su boda en el *Ault Trimestral*. Se le está cayendo el pelo y es atractivo, pero de una forma distinta de cuando éramos adolescentes. Yo sabía que era él en la foto, por eso pude reconocerlo, pero si me lo habría cruzado en la calle no sé si lo hubiera reconocido. Su esposa se llama Elizabeth Fairfield-Sugarman.

Martha es profesora de lenguas clásicas. Fui la dama de honor en su boda, pero la verdad es que sólo hablamos unas dos veces por año y nos vemos aun menos que eso.

Y en cuanto a mí: Cross se equivocaba, no lo pasé particularmente bien en la universidad, al menos durante los primeros años; me parecía tan grande y tan sosa. Pero luego, en tercer año, terminé alquilando un departamento con una chica y dos chicos, aunque antes de mudarnos sólo conocía un poco a la chica. Uno de los chicos no estaba mucho en la casa, pero el otro, Mark, que estaba en el último año, la chica, Karen, y yo cocinábamos juntos casi todas las noches y luego de eso mirábamos televisión. Poco después de mudarme con ellos, pensé que eran CMB, pero después no pensé más en eso. Mark me enseñó a cocinar y, ese verano, algunas semanas antes de que se graduara, nos involucramos sentimentalmente; él fue la segunda persona a la que besé y la segunda con quien tuve sexo. (En un momento había creído que el primer chico con el que tenías algo era sólo tu iniciador y que luego de eso empezabas a tener citas todo el tiempo, pero me había equivocado.) Luego de besar a Mark por primera vez, estuve hablando con Karen sobre el tema —no estaba completamente segura de si Mark me gustaba— y mencioné a Cross. Quería decir que él sí había sido alguien sobre quien yo había estado segura, pero antes de que pudiera seguir, Karen dijo:

—Espera un momento. ¿El chico con el que salías en la secundaria se llamaba Cross Sugarman? —Se largó a reír. —¿Qué clase de persona se llama Cross Sugarman?

No es que me gustara —no me gusta— particularmente hablar de Ault. Ni siquiera me gusta leer el *Ault Trimestral*, aunque lo suelo hojear. Pero si lo leo con atención mi ánimo se desmorona, me vienen recuerdos de mi vida allí, de las personas y de cómo me sentía. En la universidad, o después, en el curso de una conversación normal, alguien podía decir: "Oh, ¿estuviste en un internado?", y yo sentía mi corazón acelerarse con la necesidad de explicar algo que seguramente no le importaba realmente a mi interlocutor. En mi tercer año de Michigan, si salía el tema, sólo contestaba con frases hechas: "estuvo bien", "fue difícil", "fui afortunada de ir". Esas conversaciones eran como un lago por que yo cruzaba, y mientras no nos explayáramos en el tema, o mientras yo no creyera que la otra persona pudiera entender, podía permanecer en la superficie. Pero a veces, si hablaba demasiado, era arrastrada hacia las aguas frías y barrosas del fondo. Allí abajo no podía ver ni respirar; y lo peor no era la inmersión, lo peor era volver. Mi mundo presente era siempre, en su suavidad, un poco decepcionante. Desde Ault, nunca he vuelto a estar en un lugar donde todos deseen las mismas cosas. Ahora, a veces ni siquiera me es claro qué quiero yo misma. Y de todos modos, nadie te está mirando para ver si consigues o no lo que deseas. Si en Ault casi siempre me sentía ignorada, algunas veces también me sentía observada. Luego de Ault, dejé de ser alguien que los demás tuvieran en cuenta.

Pero debería decir también que ya no observo a los demás como alguna vez lo hice. No conservé mi obsesión con el control cuando me fui de Ault; nunca he vuelto a prestar tanta atención a mi vida o a la de los demás como lo hice entonces. ¿Cómo pude prestar tanta atención? Me recuerdo frecuentemente infeliz en Ault. Y sin embargo, era una infelicidad alerta y expectante, y, en realidad, por la energía que poseía, no era un sentimiento tan distinto de la felicidad.

Y todo tiene que evolucionar de alguna forma. También me han pasado otras cosas —un trabajo, un posgrado, otro trabajo— y siempre hay palabras para describir el modo en que uno llena su vida, siempre hay una secuencia de eventos.

La noche de mi graduación de Ault, hubo una fiesta en un club en Back Bay, un lugar que era de los padres de Phoebe Ordway. Ellos eran los que organizaban la fiesta. Mis padres ya habían partido hacia South Bend, pero otros padres partieron luego de cenar ahí, y mis compañeros, muchos de los cuales habían bebido delante de sus padres, se quedaron, bailaron y gritaron. Yo bebí cerveza en botellas de vidrio verde y me embriagué por primera vez, y me pareció algo genial y peligroso. Genial, porque me parecía estar usando una capa que me hacía invisible y que me permitía observar a todo el mundo sin ser observada; en un momento, Martha se puso a bailar con Ruscll Woo (yo no bailé en absoluto, obviamente) y me senté sola a una mesa para ocho personas, completamente desinhibida. Y peligroso porque ¿qué podía detenerme de caminar hasta donde estaba Cross y hacer lo que tenía ganas de hacer, abrazarlo, apretar mi cara contra su pecho, quedarme ahí para siempre? Había tomado cuatro cervezas; sin duda estaba menos borracha de lo que creía, y eso fue lo que me detuvo.

Un poco antes de la medianoche, Martha me dijo que estaba exhausta y que quería irse. Yo me encontraba en el medio de una larga conversación con Dede, que estaba ebria y me decía con un tono extrañamente benévolo:

—Siempre estuviste triste y enojada. Incluso en primer año ¿Por qué estabas tan triste y enojada? Si hubiese sabido que estabas becada, podría haberte prestado dinero. El año pasado estabas saliendo con el chico de la cocina, ¿no? Yo sé que sí. —Yo no le estaba prestando toda mi atención porque estaba mirando cómo Cross iba de un lado al otro, bailaba, se detenía, se iba, volvía, hablaba con Thad Maloney y Darden. Me quedé en la fiesta para poder seguir observándolo. Se suponía que Martha y yo pasaríamos la noche en la casa de sus tíos en Summerville, pero cuando Martha se fue, yo decidí quedarme. Pensé que quizás, al estar borracha, todo sería diferente y al final de la noche Cross vendría a buscarme. Pero en lugar de eso, cuando tocaron *Escalera al cielo* como canción de cierre, Cross bailó lento con Horton Kinnelly, y cuando la canción terminó, se quedaron juntos muy cerca uno del otro mientras Cross le acariciaba la espalda. Todo parecía a la vez casual y deliberado;

parecían haberse puesto de novios en las últimas cuatro horas. Y aunque no habían hablado durante toda la noche, de repente entendí que, así como yo había estado observando a Cross, él había estado observando a Horton. Él también había estado guardándose algo para el final, pero la diferencia entre Cross y yo era que él tomaba decisiones, él ejercía el control, sus planes tenían éxito. Los míos no. Yo lo esperaba a él, y él no me miraba. Y en cada fiesta que siguió, sucedió lo mismo, aunque cada vez lo tomé con menos sorpresa. Al final de la semana, Cross y Horton ni siquiera esperaban a estar borrachos y a que fuera tarde; uno podía verlos abrazados por la tarde en la hamaca del jardín de John Brindley, o en la cocina de la casa de Emily Phillip, Cross sentado en una silla y Horton sobre su regazo.

Fue en la casa de Emily —era la última fiesta, en Keene— donde abrí la nota de Aubrey, la nota donde me declaraba su amor. Eran las tres y media de la mañana y me encontraba en el campo donde estaba estacionado el auto de Norie, buscando el cepillo de dientes en mi mochila, cuando encontré la tarjeta. Me emocioné mucho, no sólo por la dulzura de lo que había escrito, sino también porque, aunque viniera de Aubrey —el delgado y delicado Aubrey—, significaba que el artículo del *New York Times* no me había hecho completamente indeseable; Cross Sugarman no era el único chico en Ault que había visto algo valioso en mí.

Pero la primera noche de esa semana, la noche en el club en Back Bay, cuando Martha me dijo que se iba, yo todavía no sabía que Cross y Horton estaban juntos y quería quedarme.

—Pero tengo sólo una llave de la casa de mi tía. ¿Cómo entrarás?

—Ya se me ocurrirá algo —dije.

—Tengo una habitación en el Hilton, si quieres puedes quedarte ahí —dijo Dede.

—Gracias —dije y Martha me miró incrédula—. Te llamaré por la mañana —le dije.

Terminé durmiendo vestida en la misma cama que Dan Ponce y Jenny Carter; Jenny durmió en el medio entre Dan y yo, y Dede durmió en otra cama con Sohini Khurana. Apagamos la luz a las tres y media, yo me desperté a las siete y me fui inmediatamente. No me sentía tan mal como había pensado que me sentiría, podía pararme y caminar sin problemas, por lo que pensé que el alcohol no me había afectado realmente después de todo.

Tomé el metro en la estación Copley y fui hasta la calle Park, donde sabía que tenía que cambiar a la línea roja para ir a la casa de la tía de

Martha. Pero en la calle Park me desorienté, bajé unos escalones y luego subí otros. El nivel superior era verde y había mucha gente apurada a mi alrededor . Estaba nuevamente en el nivel verde, del que me acababa de bajar. Volví a bajar las escaleras hasta el nivel rojo, donde había menos gente. Estaba parada ahí con la ropa de la noche anterior, zuecos, una falda larga y una blusa de mangas cortas, y cuando miré a las vías, noté que algo se movía. Ratones, o quizá pequeñas ratas. Se deslizaban rápidamente a lo largo de toda la vías, confundiéndose con la grava de los costados.

Recordé que era lunes. Y hora punta, por eso estaba tan llena la estación. A mi alrededor, en el andén, la gente pasaba o se detenía a esperar: un hombre negro con una camisa azul y un traje negro a rayas; un adolescente blanco con auriculares, que llevaba una camiseta ajustada y jeans demasiado grandes para él; dos mujeres de cerca de cuarenta años, ambas con el pelo recogido en colas de caballo y uniformes de enfermeras. Había una mujer con rodete que llevaba una chaqueta de seda y una falda haciendo juego, un tipo en ropa de trabajo manchada de pintura. ¡Toda esa gente! ¡Eran demasiados! Una abuela negra con su nieto de la mano, que parecía de seis años; otros tres hombres blancos con trajes de ejecutivos; una mujer embarazada con una camiseta. ¿Qué habían estado haciendo ellos durante los últimos cuatro años? Sus vidas no tenían nada que ver con Ault.

Es cierto que tenía mi primera resaca, y que aun era demasiado ingenua para entenderlo. Pero toda esa gente abriéndose paso en la mañana, todas sus reuniones, itinerarios y obligaciones. Y eso era sólo ahí, en esa estación. ¡El mundo era tan grande!

La claridad de ese pensamiento desapareció en cuanto me subí al metro, pero ha regresado a lo largo de los años, e incluso ahora, que soy mayor y mi vida es muy distinta, puedo sentir lo sorprendida que me sentí esa mañana.

# Agradecimientos

Mi increíble agente, Shana Kelly, creyó en este libro antes de que existiera y me ha ayudado enormemente al alentarme a escribirlo, con su trabajo esforzado y su inteligencia superior. También en William Morris, Andy McNicol apoyó este libro con vigor. En Random House, realmente tengo la mejor editora del mundo: la sabia y divertida Lee Boudreaux. En cada etapa, Lee vio lo que más le convenía al libro, lo dejó desarrollarse y mostró verdadero entusiasmo. Estoy en igual deuda con Laura Ford, que es una persona maravillosa y apoyó el libro desde el comienzo prestándome su ayuda paciente. Lo mismo para las colegas de Lee y Laura en Random House, Holly Combs, Veronica Windholz, Vicki Wong y mi maravilloso equipo de prensa, Jynne Martin, Kate Blum, Jen Huwer y Jennifer Jones, por su creatividad y dedicación.

He aprendido muchísimo de mis profesores, incluyendo a Bill Gifford y Laine Snowman. Hace poco, en el Taller de Escritores de Iowa tuve el privilegio de estudiar con Chris Offutt; Marilynne Robinson; Ethan Canin, quien fue un consejero maravilloso; y Frank Conroy, cuya fe ha sido de gran inspiración para mí. También aprendí mucho de mis talentosos compañeros de Iowa, especialmente Susanna Daniel y Elana Matthews, que son mis queridas amigas y Trish Walsh, que siempre me alentó a seguir escribiendo.

Mientras trabajaba en este libro, recibí ayuda fiananciera de la Michener-Copernicus Society of America. Además, la St. Alban School me dio literalmente un hogar y sus alumnos profesores y empleados me dieron una bienvenida tan buena que aún estoy aquí.

He podido vivir sin trabajar en una oficina, gracias a encargos de distintos editores de revistas y diarios, entre los que está Roy Evans, quien me ha ayudado desde mis diecisiete años. Bill Taylor y Alan Webber, los editores fundadores de Fast Company me contrataron para mi primer y único trabajo de tiempo completo y siguieron dándome increíbles oportunidades para escribir cuando continué mi camino.

Estoy profundamente agradecida a mis otros amigos, lectores y combinaciones de las dos cosas: Sarah DiMare, Consuelo Henderson Macpherson, Cammie McGovern, Annie Morriss, Emily Miller, Thisbe Nissen, Jesse Oxfeld, Samuel Park, Shauna Seliy y Carolyn Sleeth. Matt Klam ha sido un abogado valioso y me ha enviado excelentes y locos mensajes electrónicos. Field Maloney me dio inteligentes consejos de edición. Peter Saunders trajo a mi disco rígido nuevamente a la vida y realizó otros actos de magia tecnológica. Matt Carlson me hace feliz en muchas ciudades.

Finalmente, por supuesto, está mi familia: Mi tía Dede Alexander ha sido una presencia elegante y atenta durante toda mi vida. Mi otra tía, Ellen Battistelli, es mi lectora más fiel, por momentos ha sido mi única lectora y es mi espíritu afín en la neurosis. Mi hermana Tiernan sufrió sin quejarse lo indigno de ser el personaje principal de casi todo lo que escribí hasta los dieciocho años. Mi hermana Jo conversó conmigo sobre muchos de los aspectos de este libro, y cuando no venía a mi departamento a sentarse a un centímetro de distancia de mí y hablar en su especial lenguaje, insistió siempre en que tenía que terminarlo. Mi hermano, P. G. estaba en la secundaria durante los años en que escribí sobre la experiencia de Lee Fiora, y sabiamente me aconsejó sobre matemáticas, deporte, y cuestiones del corazón. Finalmente, por todo su amor, les agradezco a mis padres. Tengo mucha suerte por ser hija de ellos.

# Índice

emecé
editores

**España**
Av. Diagonal, 662-664
08034 Barcelona (España)
Tel. (34) 93 492 80 36
Fax (34) 93 496 70 58
Mail: info@planetaint.com
*www.planeta.es*

**Argentina**
Av. Independencia, 1668
C1100 ABQ Buenos Aires
(Argentina)
Tel. (5411) 4382 40 43/45
Fax (5411) 4383 37 93
Mail: info@eplaneta.com.ar
*www.editorialplaneta.com.ar*

**Brasil**
Rua Ministro Rocha Azevedo, 346 -
8º andar
Bairro Cerqueira César
01410-000 São Paulo, SP (Brasil)
Tel. (5511) 3088 25 88
Fax (5511) 3898 20 39
Mail: info@editoraplaneta.com.br

**Chile**
Av. 11 de Septiembre, 2353,
piso 16
Torre San Ramón, Providencia
Santiago (Chile)
Tel. Gerencia (562) 431 05 20
Fax (562) 431 05 14
Mail: info@planeta.cl
*www.editorialplaneta.cl*

**Colombia**
Calle 73, 7-60, pisos 7 al 11
Santafé de Bogotá, D.C.
(Colombia)
Tel. (571) 607 99 97
Fax (571) 607 99 76
Mail: info@planeta.com.co
*www.editorialplaneta.com.co*

**Ecuador**
Whymper, 27-166 y Av. Orellana
Quito (Ecuador)
Tel. (5932) 290 89 99
Fax (5932) 250 72 34
Mail: planeta@access.net.ec
*www.editorialplaneta.com.ec*

**Estados Unidos y Centroamérica**
2057 NW 87th Avenue
·33172 Miami, Florida (USA)
Tel. (1305) 470 0016
Fax (1305) 470 62 67
Mail: infosales@planetapublishing.com
*www.planeta.es*

**México**
Av. Insurgentes Sur, 1898, piso 11
Torre Siglum, Colonia Florida, CP-01030
Delegación Álvaro Obregón
México, D.F. (México)
Tel. (52) 55 53 22 36 10
Fax (52) 55 53 22 36 36
Mail: info@planeta.com.mx
*www.editorialplaneta.com.mx*
*www.planeta.com.mx*

**Perú**
Grupo Editor
Jirón Talara, 223
Jesús María, Lima (Perú)
Tel. (511) 424 56 57
Fax (511) 424 51 49
*www.editorialplaneta.com.co*

**Portugal**
Publicações Dom Quixote
Rua Ivone Silva, 6, 2.º
1050-124 Lisboa (Portugal)
Tel. (351) 21 120 90 00
Fax (351) 21 120 90 39
Mail: editorial@dquixote.pt
*www.dquixote.pt*

**Uruguay**
Cuareim, 1647
11100 Montevideo (Uruguay)
Tel. (5982) 901 40 26
Fax (5982) 902 25 50
Mail: info@planeta.com.uy
*www.editorialplaneta.com.uy*

**Venezuela**
Calle Madrid, entre New York y Trinidad
Quinta Toscanella
Las Mercedes, Caracas (Venezuela)
Tel. (58212) 991 33 38
Fax (58212) 991 37 92
Mail: info@planeta.com.ve
*www.editorialplaneta.com.ve*

Grupo 🌐 Planeta    Emecé es un sello editorial del Grupo Planeta    www.planeta.es